应用型本科院校"十三五"规划教材/经济管理类

Logistics Management

物流管理学

主　编　王晓博　马　翔
副主编　王成东　姜　颖　张　尧

哈尔滨工业大学出版社
HARBIN INSTITUTE OF TECHNOLOGY PRESS

内容简介

本书以物流管理作为研究对象,全面系统地介绍了物流各个职能环节的基本运作过程,系统地阐述了物流的基本概念、基本理论与基本方法。全书共分十五章,全面系统地介绍了现代物流的基本概念,物流系统的含义以及仓储、采购、运输、包装、装卸搬运、流通加工、配送、物流信息管理等环节的基本流程;同时,对供应链管理、绿色物流、第三方物流、逆向物流、物流管理战略等方面也进行了全面介绍。

本书适合经济管理类专业的本科及大专学生使用,也可作为成人高校、民办高校和企业管理人员的学习和参考用书。

图书在版编目(CIP)数据

物流管理学/王晓博,马翔主编. —哈尔滨:哈尔滨工业大学出版社,2010.8(2017.8 重印)
应用型本科院校"十三五"规划教材
ISBN 978-7-5603-3077-8

Ⅰ.①物… Ⅱ.①王… ②马… Ⅲ.①物流-物资管理-高等学校-教材 Ⅳ.①F252

中国版本图书馆 CIP 数据核字(2010)第 158005 号

策划编辑　赵文斌　杜　燕
责任编辑　李广鑫
出版发行　哈尔滨工业大学出版社
社　　址　哈尔滨市南岗区复华四道街 10 号　邮编 150006
传　　真　0451-86414749
网　　址　http://hitpress.hit.edu.cn
印　　刷　哈尔滨市经典印业有限公司
开　　本　787mm×960mm　1/16　印张 23.75　字数 510 千字
版　　次　2010 年 8 月第 1 版　2017 年 8 月第 2 次印刷
书　　号　ISBN 978-7-5603-3077-8
定　　价　37.00 元

(如因印装质量问题影响阅读,我社负责调换)

《应用型本科院校"十三五"规划教材》编委会

主　任　修朋月　竺培国

副主任　王玉文　吕其诚　线恒录　李敬来

委　员　（按姓氏笔画排序）

　　　　丁福庆　于长福　马志民　王庄严　王建华
　　　　王德章　刘金祺　刘宝华　刘通学　刘福荣
　　　　关晓冬　李云波　杨玉顺　吴知丰　张幸刚
　　　　陈江波　林　艳　林文华　周方圆　姜思政
　　　　庹　莉　韩毓洁　蔡柏岩　臧玉英　霍　琳

序

哈尔滨工业大学出版社策划的《应用型本科院校"十三五"规划教材》即将付梓,诚可贺也。

该系列教材卷帙浩繁,凡百余种,涉及众多学科门类,定位准确,内容新颖,体系完整,实用性强,突出实践能力培养。不仅便于教师教学和学生学习,而且满足就业市场对应用型人才的迫切需求。

应用型本科院校的人才培养目标是面对现代社会生产、建设、管理、服务等一线岗位,培养能直接从事实际工作、解决具体问题、维持工作有效运行的高等应用型人才。应用型本科与研究型本科和高职高专院校在人才培养上有着明显的区别,其培养的人才特征是:①就业导向与社会需求高度吻合;②扎实的理论基础和过硬的实践能力紧密结合;③具备良好的人文素质和科学技术素质;④富于面对职业应用的创新精神。因此,应用型本科院校只有着力培养"进入角色快、业务水平高、动手能力强、综合素质好"的人才,才能在激烈的就业市场竞争中站稳脚跟。

目前国内应用型本科院校所采用的教材往往只是对理论性较强的本科院校教材的简单删减,针对性、应用性不够突出,因材施教的目的难以达到。因此亟须既有一定的理论深度又注重实践能力培养的系列教材,以满足应用型本科院校教学目标、培养方向和办学特色的需要。

哈尔滨工业大学出版社出版的《应用型本科院校"十三五"规划教材》,在选题设计思路上认真贯彻教育部关于培养适应地方、区域经济和社会发展需要的"本科应用型高级专门人才"精神,根据前黑龙江省委书记吉炳轩同志提出的关于加强应用型本科院校建设的意见,在应用型本科试点院校成功经验总结的基础上,特邀请黑龙江省9所知名的应用型本科院校的专家、学者联合编写。

本系列教材突出与办学定位、教学目标的一致性和适应性,既严格遵照学科体系的知识构成和教材编写的一般规律，又针对应用型本科人才培养目标及与之相适应的教学特点，精心设计写作体例，科学安排知识内容，围绕应用讲授理论，做到"基础知识够用、实践技能实用、专业理论管用"。同时注意适当融入新理论、新技术、新工艺、新成果，并且制作了与本书配套的PPT多媒体教学课件，形成立体化教材，供教师参考使用。

《应用型本科院校"十三五"规划教材》的编辑出版，是适应"科教兴国"战略对复合型、应用型人才的需求，是推动相对滞后的应用型本科院校教材建设的一种有益尝试，在应用型创新人才培养方面是一件具有开创意义的工作，为应用型人才的培养提供了及时、可靠、坚实的保证。

希望本系列教材在使用过程中，通过编者、作者和读者的共同努力，厚积薄发、推陈出新、细上加细、精益求精，不断丰富、不断完善、不断创新，力争成为同类教材中的精品。

前　言

　　物流管理是20世纪中期发展起来的一门新兴学科,最早产生于二战时期的美国。时至今日,物流管理已成为西方企业管理中不可或缺的一部分。现代物流以满足消费者的需求为目标,把制造、运输、销售等市场环节统一起来,涉及生产商、中间商、消费者三方面,通过采购、仓储、包装、运输、销售、配送等活动,解决物资供需之间存在的时间、空间、数量、品种、价格等方面的矛盾,以此衔接社会生产的各环节。更由于物流装备的进步和信息网络技术的应用以及管理理念的变革,使得现代物流业的发展进入了一个规模化产业链的全新时期。

　　在国际上,现代物流业已成为与高科技产业、金融业并驾齐驱的朝阳产业,受到各国政府的高度重视。我国领导人曾经多次明确指出,要把现代物流业作为国民经济重要产业与新的经济增长点。同时指出,要加强电子商务物流人才队伍的培养,推动各类学校按需施教,培养适应流通领域电子商务发展要求的物流专业技术人才和管理人才队伍。为加大推进力度,商务部已经把现代物流与连锁经营、电子商务一起作为推进流通现代化的三大重点。国家鼓励并支持高等学校、科研院所、职业学校进一步完善电子商务与物流管理学科建设。

　　2010年是落实国家"十一五"规划的最后一年,也是落实我国"物流业调整和振兴规划"的关键年。当前中国现代物流业发展的基本趋势是什么,需要我们各方有清醒的认识。把握准物流业的发展方向,才有利于我们在新的市场竞争中快速地、稳健地发展。一是物流业需求呈扩张趋势;二是企业物流社会化与专业化趋势越发明显;三是物流企业呈个性化趋势;四是物流市场细分化与国际化的趋势明显;五是区域物流呈集聚与扩散之势;六是物流基础设施建设与整合的趋势更加明显。物流专业市场在我国刚刚起步,发展前景光明。

　　近年来,物流作为一门新兴的学科领域成长迅速,物流学和物流管理学等学科逐渐被丰富、发展和完善。但是在学科建设中也存在一些问题,比如物流科学的总体架构尚不清晰、学科领域和子学科的边界尚不规范等。在物流科学中主要涉及物流工程和物流管理两大问题,传统研究主要以物流工程为主,物流管理的研究比较滞后,也不够完善,因此迫切要求加快物流管理学的建设。

　　本书在集中、整理、加工和积极吸收国内外现有成果的基础上系统地阐述了物流的基本概念、基本理论与基本方法。目的是让学生通过学习,正确理解物流管理学的基本原理,为以后从事相关工作打下良好的基础。全书共分十五章,全面系统地介绍了现代物流的基本概念,物流系统的含义以及仓储、采购、运输、包装、装卸搬运、流通加工、配送、物流信息管理等环节的基本流程。同时对供应链管理、国际物流、绿色物流、第三方物流、逆向物流、物流管理战略等方面也进行了全面介绍,以期使读者对物流管理的各方面都有一个大致的了解。

本书由黑龙江大学的王晓博、哈尔滨德强商务学院的马翔担任主编,具体分工如下:第一章和第三章由哈尔滨德强商务学院的姜颖负责编写;第二章由哈尔滨德强商务学院的刘忠梅负责编写;第四章由哈尔滨商业大学广厦学院的冯天罡负责编写;第五章和第七章由黑龙江东方学院的张尧负责编写;第六章由黑龙江东方学院的梁峻松负责编写;第八章由黑龙江东方学院的王倩兰负责编写;第九章装和第十四章由哈尔滨理工大学远东学院的王成东负责编写;第十章和第十三章由黑龙江大学的王晓博负责编写;第十一章、第十二章和第十五章由哈尔滨德强商务学院的马翔负责编写。最后由王晓博负责统撰和定稿。

在编写过程中,编者翻阅、参考和采纳了大量国内外专家学者的论著和文献资料,在此谨向各位专家学者表示诚挚的感谢。

由于编写水平有限,书中还存在不少缺点和错误,敬请专家学者和广大读者批评指正。

编 者
2010 年 6 月

目　　录

第一章　物流管理概论 ··· 1
第一节　物流概述 ··· 3
第二节　物流的功能与作用 ··· 11
第三节　物流的分类 ··· 14
本章小结 ··· 22
复习思考题 ··· 23
参考文献 ··· 25

第二章　物流系统 ··· 26
第一节　系统和物流系统 ··· 27
第二节　物流系统分析 ··· 35
第三节　物流系统规划 ··· 41
第四节　物流系统合理化 ··· 46
本章小结 ··· 53
复习思考题 ··· 53
参考文献 ··· 54

第三章　采购供应与管理 ··· 55
第一节　采购管理概述 ··· 56
第二节　采购实施过程管理 ··· 66
第三节　供应商管理 ··· 71
本章小结 ··· 79
复习思考题 ··· 80
参考文献 ··· 81

第四章　物流战略管理 ··· 82
第一节　物流战略概述 ··· 84
第二节　物流战略环境分析 ··· 87
第三节　物流战略管理与规划 ··· 90
第四节　物流战略的实施与控制 ··· 97
本章小结 ··· 101
复习思考题 ··· 102
参考文献 ··· 105

第五章　仓储管理 106
第一节　仓储概述 107
第二节　仓储规划与布局 112
第三节　仓储设施与设备 114
第四节　仓储流程管理 118
本章小结 123
复习思考题 123
参考文献 124

第六章　库存管理 126
第一节　库存概述 129
第二节　库存管理过程 132
第三节　库存成本管理 134
第四节　库存控制管理 137
本章小结 144
复习思考题 144
参考文献 148

第七章　运输管理 149
第一节　运输概述 150
第二节　运输方式及选择 153
第三节　运输法规及合同 161
第四节　运输管理业务 164
本章小结 170
复习思考题 170
参考文献 172

第八章　包装与流通加工 173
第一节　包装的功能与分类 174
第二节　包装技术 180
第三节　集装单元化 182
第四节　流通加工 185
本章小结 190
复习思考题 190
参考文献 192

第九章　装卸搬运 193
第一节　装卸搬运概述 194
第二节　装卸搬运机械及作业 199
第三节　装卸搬运管理 205
本章小结 210
复习思考题 210
参考文献 212

第十章　物流配送管理 213
第一节　配送概述 214
第二节　配送中心 217
第三节　配送合理化 224
第四节　配送中心的基本运作和管理 228
本章小结 231
复习思考题 233
参考文献 233

第十一章　逆向物流 235
第一节　逆向物流概述 236
第二节　逆向物流的运作模式 244
第三节　逆向物流的管理 250
本章小结 256
复习思考题 257
参考文献 259

第十二章　第三方物流 260
第一节　第三方物流概述 261
第二节　第三方物流运作模式与能力 270
第三节　第三方物流的服务管理 276
本章小结 282
复习思考题 282
参考文献 285

第十三章　供应链管理 286
第一节　供应链概述 287
第二节　供应链管理下的企业业务外包 292

第三节　供应链的构建 …………………………………………………… 296
　　第四节　基于供应链的物流管理 ………………………………………… 303
　　本章小结 ……………………………………………………………………… 306
　　复习思考题 …………………………………………………………………… 306
　　参考文献 ……………………………………………………………………… 309

第十四章　物流信息技术及信息系统 …………………………………………… 311
　　第一节　物流信息 ………………………………………………………… 313
　　第二节　物流信息技术 …………………………………………………… 316
　　第三节　物流管理信息化 ………………………………………………… 327
　　本章小结 ……………………………………………………………………… 330
　　复习思考题 …………………………………………………………………… 330
　　参考文献 ……………………………………………………………………… 333

第十五章　绿色物流 ……………………………………………………………… 335
　　第一节　绿色物流概述 …………………………………………………… 336
　　第二节　企业绿色物流管理 ……………………………………………… 345
　　第三节　绿色物流发展现状与对策 ……………………………………… 353
　　本章小结 ……………………………………………………………………… 359
　　复习思考题 …………………………………………………………………… 360
　　参考文献 ……………………………………………………………………… 363

第一章 Chapter 1

物流管理概论

【本章导读】

自从人类社会有了商品交换,就有了物流活动(如运输、仓储、装卸、搬运等)。如果从物体的流动来理解,物流是一种既古老又平常的现象。而将物流作为一门科学,却仅有几十年的时间。物流作为一门科学的诞生是社会生产力发展的结果,目前物流对人们的经济生活产生了重要的影响。

【关键概念】

物流(Logistics)

商流(Commodity Distribution)

社会物流(Social Logistics)

国际物流(International Logistics)

回收物流(Returned Logistics)

废弃物流(Waste Material Logistics)

【学习目标】

通过对本章的学习,重点掌握物流概念及传统物流(Physical Distribution)与现代物流(Logistics)的区别;掌握物流与商流的关系;掌握物流的分类及物流的基本功能。通过本章的学习,读者可对物流及相关的基本概念、物流与商流的关系,物流的特征、功能与作用,物流的分类以及物流的发展有一定的认识和了解。

【案例导入】

第三利润源理论及其渊源

第三利润源理论来自于日本学者西泽修的著作,"第三利润源"是对物流潜力及效益的描述。

从历史的发展来看,人类历史上曾经有过两个大量提供利润的领域:第一是原材料资源领域,第二个是人力资源领域。

原材料资源领域起初是廉价原材料、燃料的掠夺或获得,其后则是依靠科技进步,节约原材料消耗,原材料节约代用,原材料综合利用,原材料回收利用,乃至大量人工合成原材料资源而获取高额利润,习惯称之为"第一利润源"。

人力资源领域起初是利用廉价劳动力,其后则是依靠科技进步提高劳动生产率,降低人力资源消耗,或采用机械化、自动化来降低劳动耗用,从而降低成本,或通过提高劳动力的训练程度来提高劳动生产率,从而增加利润,这个领域习惯称之为"第二利润源"。

在前两个利润源潜力越来越小,利润开拓越来越困难的情况下,物流领域的潜力被人所重视,按时间序列排为"第三利润源"。物流作为第三利润源,就是合理组织产供销环节,将货物按必要的数量以必要的方式,在要求的时间内送到必要的地点,就是让每一个要素、每一个环节都做到最好。

我国的很多企业和一些研究学者在引用这一概念时,忽略了其利润的来源,以为物流可以像生产企业一样直接创造利润。其结果作为物流的需求方则不断要求物流供应方降低价格,压低成本,以减少物流企业的第三利润源。最终导致我国物流价格特别是干线运输和仓储价格连年下降,直接影响了物流对GDP的贡献,使得很多国有大型物流企业退出这一领域,或将物流设施设备转租给个人经营,使物流企业的规模逐渐减小。

日本早稻田大学教授、权威物流成本研究学者西泽修先生1970年提出的"第三利润源"说,早在1979年就被原国家物资总局组织的赴日考察团带回我国,在该代表团考察报告中对此有过介绍。

西泽修教授在他的著作《物流——降低成本的关键》中谈到,企业的利润源泉随着时代的发展和企业经营重点的转移而变化。日本1950年因朝鲜战争受到美国的经济援助和技术支持,很快实现了企业机械化、自动化生产。当时日本正处于工业化大生产时期,企业的经营重点放在了降低制造成本上,这便是日本二次世界大战后企业经营的第一利润源。然而,依靠自动化生产手段制造出来的大量产品,引起了市场泛滥,产生了对大量销售的需求。于是,1955年日本从美国引进了市场营销技术,迎来了市场营销时代。这一时期,企业顺应日本政府经济高速增长政策,把增加销售额作为企业的经营重点。这便是日本二次世界大战后企业经营的第二个利润源。1965年起,日本政府开始重视物流,1970年开始,产业界大举向物流进军,日本又进入了物流发展时代。这一时期,降低制造成本已经有限,增加销售额也已经走到尽头,切望寻求新的利润源,物流成本的降低使"第三利润源"的提法恰恰符合当时企业经营的需要,因而"第三利润源"说一提出,就备受关注,广为流传。

西泽修教授"第三利润源"说原理见下图：

时代	经营的重点	利润源
工业时代	制造成本的降低	第一利润源
市场营销时代	销售额的增大	第二利润源
物流时代	物流费的降低	第三利润源

西泽修教授在书中还谈到，当时他提出"第三利润源"时，是受一个再度公演的著名电影《第三个男人》的启示，因为"第三"隐有"未知"的含义，所以才把降低物流成本说成"未知的第三利润源"。

西泽修教授的"第三利润源泉"说，不仅推动了当时日本物流的发展，也对我国和亚太地区的物流发展产生了重要影响。

[资源来源：MBA智库百科 http://wiki.mbalib.com/wiki]

第一节 物流概述

一、物流的概念

物流业作为新兴的生产性服务业，对人们经济生活的影响越来越大，而物流如许多看似新鲜的经济概念一样，其活动其实古已有之，并非现代社会的发明创造，只是未有专业说法而已。美国物流学者伯纳德·拉·隆德（Bernard J. Lalonde）认为，物流活动源于由地区产品剩余导致的地区间的产品交换，而生产力在工业革命后的迅速发展，则推动着物流活动不断发展。但早期的物流活动，只能称为物流"意识"，还不是明确的物流概念，美国唐纳德·J·鲍尔索克斯（Donald J. Bowersox）说："在20世纪50年代以前，物流企业所进行的纯粹是建立在功能基础上的后勤工作，对所存在的综合物流根本没有什么概念或理论。"

1. 物流概念的产生

物流中的"物"，指一切可以进行物理性位置移动的物质资料，它的一个重要特点是其必须可以发生物理性位移，而这一位移的参照系是地球。因此，固定的设施等，不是物流要研究的对象。

物流中的"流"，指的是物理性运动。这种物理性运动也有其限定的含义，即以地球为参照系，相对于地球而发生的物理性移动，这种运动也称为"位移"。很明显，诸如建筑物、未砍伐的森林、矿山等由于不会发生物理性运动,尽管其所有权会发生转移,也不在物流的研究范畴之中。所以,只有当建筑物整体移位或拆除、森林砍伐成木材、矿山开采出矿石,木材、矿石发生了物理性移动,才可归纳到物流的"流"之中。

关于是谁最先认识到物流并提出了物流这个名词,国内外的文献存在着不同的看法。

一种观点认为,物流概念产生于经济原因,即起源于人们对协调经济活动中物流及其相关活动的追求。美国经济学家阿奇·萧(Arch W. Shaw)1915年在哈佛大学出版社出版的《市场流通中的若干问题》(Some Problems in Marketing Distribution)一书中,最早提出了物流(Physical Distribution)概念。英国克兰菲尔德物流与运输中心(Cranfield Centre for Logistics and Transportation,CCLT)主任、资深物流与市场营销专家马丁·克里斯托弗(Martin Christopher)认为,阿奇·萧是最早提出物流概念并进行实际探讨的学者,自从阿奇·萧的物流概念提出以后,"又经过了70年左右的时间才对物流管理的基本原则有了明确的定义。"

另一种观点认为,物流概念产生于军事原因,并且第一次在军事中明确地解释物流这个概念是在1905年。1905年,美国少校琼西·贝克(Major Chauncey B. Baker)称"那个与军备的移动与供应相关的战争的艺术的分支就叫'物流'"。詹姆士·约翰逊(James C. Johnson)和唐纳德·伍德(Donald F. wood)认为,"物流一词首先用于军事。"在第二次世界大战中,美军及其盟军的军事人员、物资、装备的制造、供应、战前配置与调运、战中补给与养护等军事后勤活动使物流方法和系统分析方法得到了有效应用,并在战后被很多国家运用到了民用领域,促进了20世纪六七十年代世界经济的发展,也促进了现代"物流学"(Logistics)理论的形成与发展。

对于以上两种观点,人们倾向于认为物流源于军事领域,即在1905年就有人明确地提出并解释物流这个概念,在第二次世界大战中物流理论和方法得到完善。无论是经济原因,还是军事原因促使物流概念的产生,都反映了人们在实践中对系统、合理组织和管理物流活动的一致追求。

2. 传统物流(Physical Distribution)与现代物流(Logistics)

物流目前在英文中比较流行的名称为Logistics,但物流最初的名称为Physical Distribution,为了区分二者,我们一般将前者称为现代物流,后者称为传统物流。

(1)由传统物流到现代物流

物流的概念最早在美国形成,当时被称为"Physical Distribution"(简称PD),被译成汉语为"实物分配"或"实体分销"。1915年,阿奇·萧在《市场流通中的若干问题》(Some Problems in Market Distribution)一书中提出物流是与创造需求不同的一个问题,并提到物资经过时间或空间的转移,会产生附加价值。这里,Market Distribution指的是商流,时间和空间的转移指的是销售过程的物流。

第二次世界大战期间,美国及其盟国为了战争的目的,需要在横跨欧洲、美洲、大西洋的广大空间范围内进行军需物品的补充调运。美国及其盟国围绕战争期间军需物资的生产、采购、运输、配给等建立了军事后勤理论,对战时物资进行全面管理,开始使用后勤管理(Logistics

Management)这一术语。军事后勤管理的成效为人们对综合物流的认识以及战后物流的发展提供了重要的实证依据,使战后实业界对物流活动极为重视。

二战以后,西方经济快速发展,生产力水平提高,市场竞争加剧,进入了大量生产、大量销售的时期。为了进一步扩大市场占有率,降低流通成本,企业界和理论界更加关注"物流",军事后勤管理的方法被引入到商业活动(生产、流通)中,应用于流通领域和生产经营管理全过程中,应用于所有与物品获取、运输、库存控制、储存、分销等有关的活动,取得了很好的效果。在20世纪50年代的日本,面对经济的高速发展所带来的大量生产、大量流通的局面,日本人发现美国人讲的"Physical Distribution"涉及大量的流通技术,对提高流通的劳动生产率很有好处,随后把"Physical Distribution"译为"物的流通",1965年更进一步简化为"物流"。在"物流"理论的指导下,日本加强了道路、港口等物流基础设施建设,实现运输手段的大型化、专用化和高速化,建设物流中心、配送中心,扩大了市场,提高了货物的处理能力、商品供应效率和服务水平降低了商品的流通成本,取得了显著效果。

在20世纪50年代至70年代期间,人们研究的对象主要是狭义的物流,是与商品销售有关的物流活动,是流通过程中的商品实体运动。因此,这一时期通常采用的是Physical Distribution一词。

进入20世纪80年代末,人们对"物流"概念逐步有了较全面而深刻的认识,认为原来的"Physical Distribution"作为"物流"概念已经不够确切,因为它的领域较窄,只能描述分销物流,而实际上物流不仅包括分销物流,还包括购进物流、生产物流、回收物流、废弃物流、再生物流等。物流应该是一个闭环的全过程,就像军事后勤管理所包含的内容一样广泛,用"Logistics"作为物流的概念更加合适一些。最具代表性的是1985年美国物流管理协会的更名,由"N.C.P.D.M,National Council of Physical Distribution Management"改名为"C.L.M,The Council of Logistics Management",它标志着现代物流(Logistics)观念的确立。在20世纪80年代末90年代初,人们逐渐正式把"Logistics"作为物流的概念。此后,Logistics逐渐取代Physical Distribution,成为"物流"的概念和英文名词,这是物流科学走向成熟的标志。

(2)现代物流(Logistics)与传统物流(Physical Distribution)的区别

Logistics一词的出现,是世界经济和科学技术发展的必然结果。可以说,在20世纪80年代后,传统物流已向现代物流转变。Logistics与Physical Distribution的不同,在于Logistics已经突破了商品流通的范围,把物流活动扩大到生产领域。物流已不仅仅从产品出厂开始,而是包括从原材料采购、加工生产到产品销售、售后服务直到废旧物品回收等整个物理性的流通过程。这是因为,随着生产的发展,社会分工越来越细,大型的制造商往往把成品零部件的生产任务外包给其他专业性制造商,自己只是把这些零部件进行组装,而这些专业性制造商可能位于世界上劳动力比较便宜的地方。在这种情况下,物流不但与流通系统维持密切的关系,同时与生产系统也产生了密切的关系。这样,将物流、商流和生产三个方面结合在一起,就能产生更高的效率和效益。近些年来,日、美的进口批发及连锁零售业等运用这种观念积累了不少成功的经验。

3. 我国物流的概念

中国的"物流"实践源远流长。京杭大运河就是中国古代劳动人民创造的一项伟大的"物流工程",其全长1794公里,通达黄河、淮河、长江、钱塘江和海河五大水系,打通了中国东南沿海和华北大平原的水上运输通道,形成了一个南北东西全方位的水上物流网,是中国古代南北交通的大动脉。驿运与八百里快递则是中国古代快递高度发展的生动写照。而丝绸之路是中国冲出国门"走向世界",进行世界范围内物流活动的见证,可以说是世界上最远古的供应链雏形。丝绸之路在中国境内实际上是一个交通网,包括草原森林丝路、高山峡谷丝路、沙漠绿洲丝路(丝路的主干道)以及海上丝绸之路,从海陆全方位构成了世界上最早、最长的物流通道和范围最广的物流网络,推动了以东方中国为中心的世界经济的交融和发展。其他如古栈道、木牛流马、漕运制度以及万里长城、故宫等大型古建筑所用的巨石、巨木、大量建筑材料的采集、装卸、运输和安装所采用的先进的物料搬运技术及组织管理等,也都充分体现出中国先人们的聪明才智和恒书千载的物流实践。

我国的物流概念主要是通过两条途径从国外引入的,一个是在20世纪80年代初随欧美"市场营销"理论的引入而传入中国。在欧美"市场营销"理论中,都要介绍"Physical Distribution"。这两个单词直译为中文是"实体分配"、"实物流通"的意思。所谓"实体分配",指商品实体从供给者向需求者进行的物理性移动。另一个是"Physical Distribution"从欧美传入日本,日本人将其译为日文"物流",而中国于20世纪80年代初从日本直接引入"物流"这一概念,这是对日文汉字的直接引用。1979年6月,中国物资经济学会派代表团参加了在日本举行的第三届国际物流会议,并首次对日本的物流进行了考察。在代表团回国后撰写的考察报告中,首次出现了"物流"一词。由于该考察报告由中国物资经济学会以简报的形式发往全国物资系统,"物流"一词也首次以文字形式在中国流传。1979年10月,赴日代表团秘书长(原国家物资总局储运局副局长)桓玉栅向在京的1700名物资工作者作了题为《国外重视物流研究》的学术报告,第一次在公开场所介绍了日本的物流现状。同年11月20日出版的中国物资经济学会筹备组刊物《物资经济研究通讯》,刊载了该学术报告的全文,这是中国内部专业刊物上第一次出现的"物流"用语。之后,随着国内外物流交流的增多,"物流"用语和知识进一步在中国传播开来。

我国的物流概念一般主要依据《中华人民共和国国家标准物流术语》(GB/T18354—2001)的规定,即定义为:物流是物品从供应地到接收地的实体流动过程,根据实际需要,将运输、储存、装卸、搬运、包装、流通加工、配送、信息处理等基本功能实施有机结合。

物流概念传入我国之前,我国实际上一直存在着物流活动,即运输、保管、包装、装卸、流通加工等物流活动,其中主要是存储和运输,即储运活动。但国外的物流业与我国的储运业并不完全相同,主要差别在于:一是物流比储运所包含的内容更广泛。一般认为,物流包括运输、保管、配送、包装、装卸、流通加工及相关的信息活动,而储运仅指储存和运输两个环节。虽然储运其中也涉及包装、装卸、流通加工及信息活动,但这些活动并不包含在储运概念之中。二是物流强调诸活动的系统化,从而达到整个物流活动的整体最优化,储运概念则不涉及存储与运输及其他活动整体的系统化和最优化问题。三是物流是一个现代的概念,在第二次世界大战后才在各国兴起,而我国的储运则是一个十分古老、传统的概念。

物流是一个发展中的概念,其定义不是永恒不变的。物流的概念产生以后,随着物流管理理论和物流实践活动的飞速发展,物流概念的内涵和外延也在不断地变化,各种物流定义也层出不穷。在不同的经济发展阶段,为适应不同的经济活动目的,物流定义也会不断地进化和完善。即便在同一历史时期、同一经济发展阶段,物流定义也因不同的团体组织和学派所站的角度和出发点及认识的不同而有所差别。不过,物流定义的改变过程恰恰也反映了不同时期物流理论、物流管理和物流效率的进步轨迹。

二、物流与商流的关系

物流最初伴随生产而产生,随着流通的出现而发展。流通分为商流和物流两类。物流是流通的实物表现形式,是商品流通的重要物质基础,对商品流通有最后实现的决定作用。流通首先从商流开始,通过生产者与消费者之间商品所有权的转移来实现商品的价值效用,从而将生产与消费有机地联系起来,这种流通活动就是通常的市场买卖活动。

商品从制造商、批发商、零售商到消费者手中的物品流动过程称为物流。商流是由零售商处接收订货信息,向供货商订货的一系列商业活动,即商品流动过程中所有权转移。商流是物流的先导,商流的交易活动完成后,物流作为将商品有效地从生产者转移到消费者手中的一种职能,创造了流通的场所价值和时间价值。物流在商流发生之后,即所有权的转移达成交易之后,货物必然要根据新货主的需要进行转移,这就导致相应物流活动的出现。

商流与物流的活动内容与运动规律并不相同,这是因为商流一般要经过一定的经营环节来进行业务活动,而物流则不受经营环节的限制。物流可以根据商品的种类、数量、交货要求、运输条件等,使商品尽可能由产地通过最少环节、以最短的运输路线、按时保质地送到用户手中,以达到降低物流费用、提高经济效益的目的。

合理组织流通活动,实行商、物分离的原则是提高社会经济效益的客观需要,也是企业现代化发展的需要。随着社会专业分工的发展,商流和物流必然会出现分离的趋势,如专业化物流企业的产生就是商物分离的产物,也是人们常说的第三方物流。作为商品供应方和需求方之外的外部物流服务提供者,物流企业并不拥有商品的所有权,故与商品的供应方和需求方之间都不存在商流关系。

1. **物流和商流合一**(图1.1)

在物流和商流合一时,物流与信息流的方向也完全一致。最原始的流通形态中物流和商流是统一的,批发企业与工厂签订合同的同时送货,批发企业与零售企业也是一手交钱、一手交货的形式。

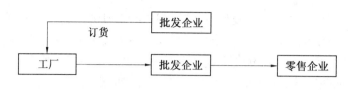

图 1.1　物流与商流合一

2. 物流和商流分离（图 1.2）

在现代企业的运营方式中,物流和商流多数是分离的,例如连锁企业,工厂一般和总公司签订合约,工厂按照总公司信息中心对工厂下达的补充指令,直接向总公司下属的零售商店、批发商店和配送中心送货。然后,根据合同,工厂直接和总公司结账。这种方式,可以大大节约连锁企业的库存成本,也可以通过集约送货提高货物的配送效率。

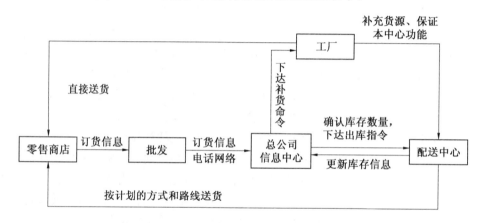

图 1.2　物流和商流分离

具体来说,商流和物流的关系可以概括为以下几种情况:
①有商流而无物流,如产权交易、专利转让等。
②有物流而无商流,如企业内部调拨物流。
③有商流和输入物流(指采购过程的物流)而无输出物流(指销售过程的物流),如房地产开发企业和一些服务企业。
④有商流也有物流,但时间上不同步,如商品的信用交易。
⑤有商流也有物流,但流转路径不同,如第三方物流、电子商务物流。
⑥商流、物流合一,如超市购买食品和一般的日用品。

随着网络与电子商务的发展和普及,物流与商流的分离更为彻底,第三方物流已经成为了发展趋势。第三方物流,英文表达为 Third-Party Logistics,简称 3PL,也简称 TPL,是相对"第一方"发货人和"第二方"收货人而言的,通过与第一方或第二方的合作来提供其专业化的物流服务,它不拥有商品,不参与商品的买卖,而是为客户提供以合同为约束、以结盟为基础的系列化、个性化、信息化的物流代理服务。最常见的第三方物流服务包括设计物流系统、配送管理、货物集运、选择承运人、货代人、海关代理、信息管理、仓储、咨询、运费支付、运费谈判、报表管理等。由于第三方物流服务方式一般是与企业签订一定期限的物流服务合同,所以有人称之为"合同契约物流(Contract Logistics)"。企业将自己的物流业务委托给第三方物流商,称为业务外包,承接委托业务的企业一般是物流企业。

三、物流的发展

物流活动从人类从事产品交换时就已经存在,20世纪50年代起进入了新的发展阶段,物流成为一个组织化、系统化的新型产业。随着经济的发展、科技的进步,物流正向着专业化、规模化、信息化和国际化的趋势快速发展。

1. 物流的发展阶段

人们对物流及其作用的认识,随着社会经济的不断发展而深化;同时,物流发展也反映了社会经济的发展。物流的发展过程,大体上经历了三个不同的阶段:初级阶段、开发阶段和现代化阶段。

(1)物流初级阶段

物流初级阶段主要是在经济发展的初期,一般认为是在20世纪50年代前后。在这一时期,由于生产社会化、专业化程度不高,生产与流通之间的联系较为简单,生产企业的精力主要集中在生产上,管理的重点是放在如何增加产品的数量,对物流在发展经济中的作用缺乏充分认识,重生产轻流通。随着社会经济的不断发展,生产和生活消费对物资产品需求数量的增加,各种矛盾日益暴露出来,这些都直接影响着经济的发展,并迫使人们逐渐重视物流的研究,加强物流的管理工作。

(2)物流开发阶段

物流开发阶段的标志,是经济学界和实业界对物流的重要性有了较为深刻的认识,并进行了推动整个社会经济的物流开发。这一阶段,大体上是在20世纪60年代至70年代。随着生产社会化的迅速发展,单纯依靠技术革新、扩大生产规模、提高生产率来获得利润的难度越来越大,这就促使人们开始寻求新的途径,如通过改进和加强流通管理、降低流通费用,相对来说可以比较容易获得较高的利润。因此,改进流通、加强物流管理就成为现代企业获得利润的新的重要源泉之一。美国经济学家和商业咨询家彼得·特拉克,把流通领域的潜力比喻为"一块经济界的黑大陆","一块未被开垦的处女地"。美国慧纳埃公司提出的一项关于物流效益的研究报告认为,节约流通费用对美国来说,等于有一座价值400亿美元的金矿尚待开发。在20世纪70年代中期出现的经济衰退,迫使企业更要重视降低成本,以提高商品的竞争力,但其着眼点却从生产领域转向了流通领域,通过流通开发、改进对顾客的服务和降低运输费用、储存费用来增加利润。在这种情况下,20世纪70年代以后,物流界掀起了革命性的变革。日本早稻田大学商学部教授西泽修在《主要社会的物流战》中指出:"1970年开始,物流革命以惊人的势头不断进行,有突然进入物流时代的感觉。"在这一时期,日本先后成立了"日本物流通协会"、"物流管理协会",发行和出版了《流通设计》、《物流》、《物流管理》等杂志和许多物流方面的著作。在产业界,设立了物流部、物流管理部、物流对策室、流通服务部等机构。物流革命之所以如此急速发展,可以肯定地说是因为人们认识到它是降低产品成本、提高经济效益的有力武器。这一时期改进物流的工作,主要是在各企业内部进行,尽管在包装、装卸、保管、运输、情报信息方面实现了局部的合理化,但由于缺乏从整体上研究、开发物流系统,各部门、行业之间缺乏紧密配合,所以从整个社会来看,物流费用并没有明显的下降,总体上经济效益不高。

(3) 物流现代化阶段

这一阶段和历史上的石油危机相关,1973年中东战争引起石油危机以后,世界范围内的原材料和燃料价格猛涨,人工费用不断增加,这使得一向依靠廉价原材料和劳动力获取利润的企业,不能再轻而易举地从这两个方面获取利润。这种情况,迫使企业在物流方面采取强有力的措施,大幅度降低物流费用,以弥补原材料、燃料和劳动力费用上涨造成的损失。现代系统理论、系统工程、价值工程等科学管理理论和方法的出现,使在更大范围内实现物流合理化成为可能。这一时期物流研究和管理上的特点,是把物流的各项职能作为一个大系统进行研究,从整体上进行开发。

2. 物流的发展趋势

对于物流的发展趋势,不同的学者有不同的观点,这里简单介绍以下几个方面:

(1) 物流企业向集约化与协同化发展

物流规模和物流活动的范围进一步扩大,到21世纪已经进入了物流全球化的时代。企业之间的竞争异常激烈,为了满足全球化和区域化的物流服务,企业可通过企业合并、企业间的合作和联盟等扩大规模,走集约化、协同化的道路,来提高自身的竞争力和实力。

(2) 物流服务的优质化与全球化

物流成本已不再是客户选择物流服务的唯一标准,更多的是注重物流服务的质量。物流服务的优质化是物流发展的重要优势,"5 right 服务"(好的产品在规定的时间、规定的地点,以适当的数量、合理的价格提供给客户)将会成为物流企业优质服务的共同标准。

(3) 第三方物流快速发展

在物流渠道中脱离第一方(供应方)和第二方(需求方)的第三方物流,可以根据客户的不同需要提供各具特色的高效率的物流服务,来增强企业的规模效应,使物流服务向专业化发展。

(4) 绿色物流

物流虽然促进了经济的发展,但物流发展的同时,也给城市环境带来了不利的影响。绿色物流,要求对物流系统在活动规划与决策中出现的污染情况进行控制,建立工业和生活废料处理的物流系统。物流服务建立在符合社会利益和经济可持续发展基础之上是保持物流业健康、持续发展的前提之一。

第二节 物流的功能与作用

物流在国民经济中占有重要地位,物流产业不仅包括公路、铁路、水运、空运等运输行业,也包括储备、邮政、电信等公共行业,它存在于各个经济领域和各类企业的各个经济活动中,是其他所有产业发展的支柱。物流的各项功能在社会经济活动中发挥着重要的作用。

一、物流的功能

根据我国的物流术语标准,物流活动由物品的包装、装卸搬运、运输、储存保管、流通加工、配送、物流信息管理等构成,这些功能的有效组合可以合理高效地实现企业物流活动的总目标。

1. 运输

运输主要是实现物质实体由供应方向需求方的空间移动,克服产需之间的空间距离,创造商品的空间效用。运输在物流活动中处于中心地位,是物流的核心业务之一,也是物流的一个重要职能。对运输问题进行研究的内容主要有运输方式及其运输工具的选择、运输线路的确定,以及为了实现运输安全、迅速、准时、价廉的目的所实行的各种技术措施和合理化问题的研究等。运输工具包括车、船、飞机、管道等,相应的运输方式有铁路、公路、航空、水路和管道等。选择何种运输手段,对于物流效率具有十分重要的意义。在决定运输手段时,必须权衡运输系统要求的运输服务和运输成本,可以将运输机具的服务特性作为判断的基准,包括运费、运输时间、频度、运输能力、货物的安全性、时间的准确性、适用性和信息等。

2. 储存保管

物质资料的储存,是社会再生产过程中客观存在的现象,也是保证社会再生产连续不断运行的基本条件之一。物质资料只要有储存,就必然产生如何保持储存物质资料的使用价值和价值不至于发生损害的问题。为此就需要对储存物品进行以保养、维护为主要内容的一系列技术活动和保管作业活动,以及为了进行有效的保管,需要对保管设施的配置、构造、用途及合理使用、保管方法和保养技术的选择等方面做适当处理。

在物流系统中,储存保管和运输是同样重要的职能。储存保管包括对进入物流系统的货物进行堆存、管理、保管、保养、维护等一系列活动,起着缓冲和调节作用,克服产需之间的时间距离,创造商品的时间效用。

随着经济的发展,物流由少品种、大批量物流进入到多品种、小批量或多批次、小批量物流时代,仓储在原来的储存保管基础上发展起来,它从重视保管效率逐渐变为重视如何才能顺利地进行发货和配送作业。流通仓库作为物流仓储的服务据点,在流通作业中发挥着重要的作用,它将不再以储存保管为其主要目的。流通仓库包括拣选、配货、检验、分类等作业,并具有多品种、小批量以及多批次、小批量等收货配送功能,以及附加标签、重新包装等流通加工功能。

3. 包装

为了使物流过程中的货物完好地运送到用户手中,并满足用户和服务对象的要求,需要对大多数商品进行不同方式、不同程度的包装。包装具有保护物品、方便储存运输、促进销售的基本功能。它存在于物流过程的各环节,包括产品的出厂包装和生产过程中在制品、半成品的换装,以及物流过程中的包装、分装、再包装等。

一般来讲,包装分为工业包装和商业包装两种,工业包装的作用是便于运输并保护在途货物;商业包装是把商品分装成方便顾客购买和消费的商品单位,目的是便于商品销售。因此,工业包装属物流研究的内容,商业包装属营销研究的内容。

4. 装卸搬运

装卸搬运指在一定的区域内,以改变物品存放状态和位置为主要内容的活动。装卸搬运是随运输和保管而产生的必要物流活动,是对运输、保管、包装、流通加工等物流活动进行衔接的中间环节,以及在保管等活动中为进行检验、维护、保养所进行的装卸活动,如货物的装上卸下、移送、拣选、分类等。在物流活动的全过程中,装卸搬运活动是频繁发生的,因而是产品损坏的重要原因之一。

对装卸搬运的管理,主要是通过对装卸搬运方式、装卸搬运机械设备的选择和合理配置与使用,以及对装卸搬运物品灵活性和可运性的研究。实现装卸搬运合理化,尽可能减少装卸搬运次数,以节约物流费用,获得较好的经济效益。

5. 流通加工

流通加工是指在物品从生产领域向消费领域流动的过程中,为了促进产品销售,维护产品质量和实现物流效率化,对物品进行加工处理,使物品发生物理或化学性变化的职能。这种在流通过程中对商品做进一步的辅助性加工,可以弥补商品在生产过程中加工程度的不足,更有效地满足用户的需求,更好地衔接生产和需求环节,使流通过程更加合理化,是物流活动中的一项重要增值服务,也是现代物流发展的一个重要趋势。

流通加工的内容非常丰富,诸如装袋、定量化小包装、拴牌子、贴标签、配货、挑选、混装、标记、剪断、打孔、拉拔、组装、改装、配套等。流通加工职能的作用主要表现在:通过进行初级加工,方便用户;提高原材料利用率;提高加工效率及设备利用率;充分发挥各种运输手段的最高效率;改变品质,提高收益等。

6. 配送

配送是物流的一种特殊的、综合的活动形式,它几乎包括了物流的所有职能,是物流的一个缩影,或在某一范围内物流全部活动的体现。一般来讲,配送是集包装、装卸搬运、保管、运输于一体,并通过这些活动完成将物品送达的目的。

配送问题的研究包括配送方式的合理选择、不同物品配送模式的研究,以及围绕配送中心建设相关的配送中心地址的确定、设施构造、内部布置和配送作业及管理等问题的研究。配送是现代物流的一个最重要的特征。

7. 物流信息管理

物流整体职能的发挥，是通过物流各种职能之间的相互联系、相互依赖和相互作用来实现的。各种职能的作用不是孤立存在的，需要及时交换信息。信息的基本职能在于合理地收集、加工、传递、存储、检索、使用信息，保证信息的可靠性和及时性，以达到促进物流整体职能的发挥。对物流信息活动的管理，要求建立信息系统，合理确定信息的收集、汇总、统计、使用方式，以保证其可靠性和及时性。

物流是需要依靠信息技术来保证物流体系正常动作的。物流系统的信息服务职能包括与上述各项职能有关的计划、预测、动态（运量、收、发、存数）的信息及有关的费用信息、生产信息、市场信息。

从信息的载体及服务对象看，该职能还可分成物流信息服务职能和商流信息服务职能。商流信息主要包括进行交易的有关信息，如货源信息、物价信息、市场信息、资金信息、合同信息、付款结算信息等。商流中的交易、合同等信息，不但提供了交易的结果，也提供了物流的依据，是两种信息流主要的交汇处。物流信息主要包括物流数量、物流地区、物流费用等信息。物流信息中的库存量信息不但是物流的结果，也是商流的依据。

物流系统的信息服务职能必须建立在计算机网络技术和国际通用的 EDI 信息技术基础之上，只有这样，才能高效地实现物流活动一系列环节的准确对接，真正创造"场所效用"及"时间效用"。可以说，信息服务是物流活动的中枢神经，该职能在物流系统中处于不可或缺的重要地位。信息服务职能的作用主要表现为：缩短从接受订货到发货的时间；使库存适量化；提高搬运作业效率；提高运输效率；使接受订货和发出订货更为省力；提高订单处理的精度；防止发货、配送出现差错；调整需求和供给；提供信息咨询等。

二、物流的作用

物流是社会经济这个大系统中的一个重要子系统，它与社会经济发展的关系极为密切。物流是一个独立的经济过程，是社会经济发展的必然结果；反过来物流自身的不断发展也取决于社会经济发展的程度。物流的作用可以从两个方面来表现，一方面为物流在社会经济活动中的作用；另一方面为物流在经济运行中的作用。

物流作为一种社会经济活动，对社会生产和生活活动的作用主要表现为创造时间效用和创造空间效用两个方面。物流在创造时间效用时，时间价值可以通过缩短时间、弥补时间差、延长时间差等形式获得。物流在创造空间效用时，具体形式有：从集中生产场所流入分散需求场所创造价值；从分散生产场所流入集中需求场所创造价值；在低价值地生产流入高价值地需求创造场所价值。无论从微观经济的运行，还是从宏观经济的运行上，物流都发挥着非常重要的作用。

企业是国民经济的细胞。在社会主义市场经济下,企业是市场的主体,企业生产经营采取资金循环的形式,由购买(供应)、生产和销售三个阶段构成。物流在这种微观经济运行过程中的作用,主要表现在:物流是企业生产连续进行的前提条件;物流是商流的必要条件;物流信息是企业经营决策的重要依据。

社会再生产是千千万万个企业再生产的总体运动过程,这个总体运动就是宏观经济的运行。如果把整个经济社会看做是一个大系统的话,那么物流仅是这个大系统中的一个子系统。

物流在这种宏观经济运行过程中的作用主要表现在:物流是连接社会生产各个部门有机整体的纽带;物流的发展对社会经济发展的制约作用;物流的改进是提高经济效益的重要源泉。

物流组织的好坏,直接影响着生产过程的顺利进行,决定着物品的价值和使用价值能否实现。而且物流成本已成为生产成本和流通成本的重要组成部分。通过采取合理组织运输、减少装卸次数、提高装卸效率、改进商品包装和装卸工具来减少物品损耗等措施,降低物流费用,将成为企业"第三利润"的源泉。当代一些经济发达的国家已开始把重点放到"第三利润"的挖掘上,在节约物流费用上大做文章,并取得了较好的效果。在我国,节约物资消耗和提高劳动生产率的潜力固然很大,但节约流通费用的潜力更大。开发物流、改进物流、提高物流管理水平无论对于企业经济效益还是对于社会宏观经济效益,都具有十分重要的意义。

第三节 物流的分类

社会经济领域中的物流活动是普遍存在的,但在不同的领域和条件下,物流的表现形态、基本结构、技术特征和运作方式等都存在诸多差异。构建合理、高效的物流系统,强化物流管理,必须从不同的角度研究物流的分类,探讨各种类型物流的特点和差异,以便对症下药、有的放矢。由于物流对象、目的、范围、范畴不同,形成了不同类型的物流。目前物流在分类标准方面并没有统一的看法。综合已有的论述,本文从物流系统的构成、物流活动的空间范围和物流活动的性质等不同角度将物流分成不同的类别,如图1.3所示。

一、按照物流系统的性质分类

按照物流系统的性质,物流活动可以划分为社会物流、行业物流和企业物流。

1. 社会物流

社会物流是对全社会物流的总称,指社会再生产总体的物流活动,是从社会再生产总体的角度来认识和研究物流活动的总体行为,一般是指流通领域发生的物流,也是企业外部的物流活动的总体,带有宏观性和广泛性,所以也称之为大物流或宏观物流。

社会物流存在于流通领域,常伴随商流发生,对国民经济影响很大,是物流业关注的重点。社会物流是超越一家一户的以整个社会为范畴、以面向社会为目的的物流。这种物流的社会

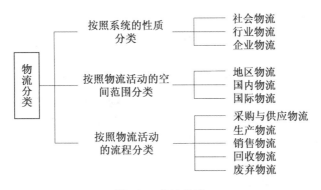

图1.3 物流分类

性很强,经常是由专业的物流承担者来完成,即社会再生产各过程之间、国民经济各部门之间及国与国之间的实物流通,直接影响到国民经济的效益。例如,社会物流中的运输系统,涉及公路、铁路、水路、航空和管道的架构和网络,是行业物流和企业物流的基础。所以,2004年我国发布《关于促进我国现代物流业发展的意见》时,需要国家发改委、商务部、公安部、铁道部、交通部、海关总署、税务总局、民航总局、工商总局九部委联合发文。

社会物流的一个标志是,它是伴随商业活动(贸易)发生的。也就是说,社会物流的过程与所有权的更迭有关。当前物流科学的研究重点之一就是社会物流,因为社会物资流通网络是国民经济的命脉,流通网络分布的合理性、渠道是否畅通对国民经济的运行有至关重要的影响,必须进行科学管理和有效控制。采用先进的技术手段,才能保证高效能、低运行成本的社会物流系统带来巨大的经济效益和社会效益。这也是物流科学受到高度重视的原因。

2. 行业物流

在一个行业内部发生的物流活动被称为行业物流。同一行业中的企业,虽然在产品市场上是竞争对手,但是物流有共性,存在共同利益,在物流领域中可以互相协作,共同促进行业物流的合理化。行业物流系统化的结果是使行业内的各个企业都得到相应的利益,实现真正意义上的"共赢"。德国和日本的行业物流做得比较好,其行业协会多是自发形成的非营利组织,切实为行业的利益着想。例如,在日本的建筑机械行业内,提出了行业物流系统化的具体内容,包括:各种运输工具的有效利用;建设共同的零部件仓库,实行共同集中配送;建立新旧车辆、设备及零部件的共同流通中心;建立技术中心,共同培训操作人员和维修人员;统一建设机械设计标准和规格等。在大量消费品方面,他们还倡导采用统一的发票、统一的商品规格、统一的法规政策、统一的托盘规格、统一的陈列柜和包装模数等,也有利于行业物流活动的系统化。目前,国内许多行业协会正在根据本行业的特点提出自己的行业物流系统化标准。我国的行业物流因为多数具备政府背景或者成立后依靠政府单位,许多成为了一个变相的行政监督机构,其规划、促进行业物流的作用有限,这也是我国需要解决的问题。

3. 企业物流

企业是经济网络的节点,是独立的经济实体,也是物流网络的节点、物流合理化的基点。

在一个企业的范围内,由于生产经营活动的需要而发生的物流称为企业物流。《中华人民共和国国家标准物流术语》(GB/T18354—2001)对企业物流的定义为"企业内部的物品的实体流动"。企业物流,是在企业经营范围内由生产或服务活动所形成的物流系统,运用生产要素,为各类用户从事各种保障活动,即流通和服务活动,依法自主经营、自负盈亏、自我发展,并具有独立法人资格的经济实体。企业物流包括第三方物流企业和企业的自营物流。例如,一个制造企业要购进原材料,经过若干道工序的加工、装配,形成产品销售出去,在此过程中形成的物流;一个物流企业要按照客户要求将货物输送到指定地点也属于企业物流。

企业物流系统主要有两种结构形式,即水平结构和垂直结构。根据企业物流活动发生的先后次序,从水平的方向上,可以将企业物流活动划分为供应物流、生产物流、销售物流、回收物流和废弃物流。企业物流的垂直结构,主要可以分为管理层、控制层和作业层三个层次。企业物流系统通过这三个层次的协调配合实现其总体功能。管理层的任务是对整个系统进行统一的计划、实施和控制,包括物流系统战略规划、系统控制和成绩评定,以形成有效的反馈约束和激励机制。控制层的任务是控制物料的流动过程,主要包括订货处理与顾客服务、库存计划与控制、生产计划与控制、用料管理和采购等。作业层的任务是完成物料的时间转移和空间转移,主要包括发货与进货运输、厂内装卸搬运、包装、保管和流通加工等。

二、按照物流活动的空间范围分类

按照物流活动的空间范围,物流活动可以划分为地区物流、国内物流和国际物流。

1. 地区物流

地区物流是根据地区特点规划和发展的物流系统。地区有不同的划分原则,可以按照行政区域、地理位置、经济圈划分。例如,按行政区域划分,有西南地区、华北地区等;按经济圈划分,有苏(州)(无)锡常(州)经济区、黑龙江边境贸易区等;按地理位置划分,可划分为长江三角洲地区、珠江三角洲地区、环渤海地区等。

地区物流系统对提高该地区内企业物流活动的效率、保障当地居民的生活环境,具有不可或缺的重要作用。研究地区物流应根据地区的特点,从本地区的利益出发组织好物流活动。例如,某城市建设一个大型物流中心,显然对提高当地物流效率、降低物流成本、稳定物价有很大作用;但是这也会引起由于供应点集中、货车来往频繁而产生废气、噪声、交通事故等问题,所以,物流中心的建设不单是物流问题,还要从城市建设规划、地区开发计划等方面统一考虑、妥善安排。地区物流的划分还有一个重要原则,就是打破条块分割,特别是省与省之间为了当地利益,人为的行政干预而导致的物流效率低下。因为地域关系,地区之间物流协调一般比国内物流和国际物流容易些。

2. 国内物流

国家或相当于国家的拥有自己的领土、领海和领空权力的政治经济实体,所制定的各项计划、法令和政策,都应该是为其自身的整体利益服务的,因此,物流作为国民经济的一个重要方面,应该纳入国家的总体规划。全国物流系统的发展必须从全局着眼,对于部门分割、地区分割所造成的物流障碍应该清除。在物流系统的建设投资方面,也要从全局考虑,使一些大型物流项目能尽早建成,为经济建设服务。

国家整体物流系统的推进,必须发挥政府的宏观调控作用。一是加强物流基础设施的建设,如公路、港口、机场、铁路的建设,以及大型物流基地的配置等;二是制定各种交通政策法规,如铁路运输、卡车运输、海运、空运的价格规定,以及税收标准等;三是遵照先进的"物流模数"——物流系统各个要素的基准尺寸,将与物流活动有关的各种设施、装置、机械及相关票据标准化、规格化;四是开发引进新的物流技术,培养物流技术专门人才。

我国在2008年《全国现代物流业发展规划》出台的优惠政策主要有:鼓励制造企业分离外包物流业务,推动物流业与制造业联动发展;实施有利于物流企业发展的政策措施,支持第三方物流企业做强做大;加强物流信息化和标准化建设,推进物流业技术创新;深化区域物流合作,促进物流集聚区加快发展;贯彻国家产业政策,重点支持农业和农村物流、大宗生产资料物流和生活消费品物流;实施可持续发展战略,更多关注食品、药品物流,危险化学品物流,回收物流和应急物流等涉及民生和社会安全的物流问题等。

3. 国际物流

全球经济一体化使国家与国家之间的经济交流越来越频繁,不置身于国际经济大协作的交流之中,本国的经济技术很难得到良好的发展。国家之间、洲际之间的原材料与产品的流通越来越发达,因此研究国际物流已成为物流研究的一个重要分支。

国际物流,是指当生产和消费在两个或两个以上的国家(或地区)独立进行的情况下,为了克服生产和消费之间的空间距离和时间距离,而对物资(货物)所进行的物理性移动的一项国际经济贸易活动。因此,国际物流是不同国家(地区)之间的物流,它是伴随和支撑国际间经济交往、贸易活动和其他国际交流所发生的物流活动,是国际间贸易的一个必然组成部分。各国(或地区)之间的相互贸易最终要通过国际物流来实现。国际物流近20多年有很大发展,是现代物流系统中重要的物流领域,也是一种新的物流形态。

东西方冷战结束后,贸易国际化的势头越来越猛。随着国际贸易壁垒的拆除,新的国际贸易组织的建立,欧洲等若干地区已突破国界的限制形成统一市场,这又使国际物流出现了新的情况,国际物流形式也随之不断变化。所以,近年来各国学者非常关注并研究国际物流问题,物流的观念及方法随物流的国际化步伐不断扩展。

从企业角度看,近20多年来,随着全球经济的发展,跨国企业的迅猛发展,国内有实力的企业也在推行国际战略,例如,很多大型企业进行全球性采购活动。企业在全世界寻找贸易机会,寻找最理想的市场,寻找最好的生产基地,这就将企业的经济活动领域必然地由地区、由一个国家扩展到国际之间。这样一来,企业的国际物流也被提到议事日程上来,企业必须为支持这种国际贸易战略,更新自己的物流观念,扩展物流设施,按国际物流要求对原来的物流系统进行改造。

对跨国公司来讲,国际物流不仅是由商贸活动决定的,而且也是本身生产活动的必然产物。企业的国际化战略的实施,使企业分别在不同的国度中生产零件、配件,又在另一些国家组装或装配整机,企业的这种生产环节之间的衔接也需要依靠国际物流。国际物流具有以下特点:

(1)物流环境存在差异

国际物流一个非常重要的特点,是各国物流环境的差异,尤其是物流软环境的差异。不同国家的不同物流适用不同的法律,从而使国际物流的复杂性远高于一国的国内物流,甚至会阻断国际物流。例如,国际海运三大主要法规《海牙规则》《维斯比规则》《汉堡规则》对承运人的赔偿责任限额及向承运人追诉货损责任的渠道都不尽相同;不同国家不同经济和科技发展水平造成国际物流处于不同科技条件的支撑,甚至有些地区根本无法应用某些技术而迫使国际物流全系统水平下降;不同国家不同物流标准,也造成国际间"接轨"的困难,因而使国际物流系统难以建立;不同国家的风俗人文也使国际物流受到很大局限。

(2)物流系统范围广

物流本身的功能要素、系统与外界的沟通是很复杂的,国际物流在这复杂系统上增加不同国家的要素,这不仅是地域的广阔和空间的广阔,而且所涉及的内外因素更多,所需的时间更长,广阔范围带来的直接后果是难度和复杂性增加,风险增大。

(3)国际物流必须有国际化信息系统的支持

国际化信息系统是国际物流,尤其是国际联运非常重要的支持手段。国际信息系统建立的难度很大,一是由于管理困难,二是由于投资巨大,再由于世界上有些地区物流信息水平较高,有些地区较低,所以会出现信息水平不均衡,因而导致信息系统的建立更为困难。互联网的普及在一定程度上缓解了这种情况,但是情况还不理想,特别是发展中国家的信息化程度过低阻碍了国际物流的发展。

(4)国际物流的标准化要求较高

要使国际间物流畅通起来,统一标准是非常重要的。如果没有统一的标准,国际物流水平是提高不了的。例如,集装箱尺寸大小的统一大大提高了运输和装卸搬运的效率。可以说,国际集装箱运输量的提高主要得益于集装箱标准化。

三、按照物流活动的空间范围分类

企业物流活动几乎渗透到制造企业的所有生产活动和管理工作中,对企业的影响甚为重要。按照物流活动的流程,可以把物流分为采购与供应物流、生产物流、销售物流、回收物流和废弃物流,如图1.4所示。

按照物流在整个生产制造过程中的流程来看,物流包括主要涉及原材料等生产资料的采购、运输、仓储和用料管理,生产环节的采购与供应物流;主要涉及生产计划与控制、厂内运输(装卸搬运)、在制品仓储与管理等活动的生产物流;主要涉及产成品的库存管理、仓储发货运

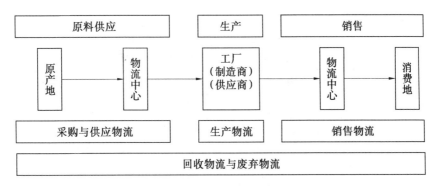

图 1.4 物流活动的流程及相应分类

输、订货处理与顾客服务等活动的销售物流;主要涉及废旧物资、边角余料的回收利用、各种废弃物的处理等活动的回收与废弃物流。具体解释如下:

1. 采购与供应物流

采购与供应物流是指物资生产者、持有者至使用者之间的物资流通,即生产企业、流通企业或消费者购入原材料、零部件或商品的物流过程。对于生产型企业而言,是指对于生产活动所需要的原材料、备品备件等物资的采购供应所产生的物流活动;对于流通领域而言,是指交易活动中从买方角度出发的交易行为中所发生的物流活动。

企业为保证本身生产的节奏,不断组织原材料、零部件、燃料、辅助材料供应的物流活动,这种物流活动对企业生产的正常、高效进行起着重要作用。企业供应物流的目标,不仅仅是保证供应,而且还是在以最低成本、最少消耗、最大保证等限定条件下来组织供应的物流活动,因此具有很大难度。目前,物流学是基于非短缺商品市场这样一个宏观环境来研究物流活动的,在这种市场环境下,供应数量的保证是容易做到的,企业竞争的关键在于如何降低这一物流过程的成本,这可以说是企业物流的最大难点。为此,企业供应物流就必须解决有效的供应网络问题、供应方式问题、零库存问题等。

采购供应物流不仅是企业组织生产的先决条件,而且是降低成本、获取利润的重要源泉。企业的流动资金大部分被购入的物资材料及半成品等所占用,因此供应物流的严格管理及合理化对于营业的成本有重要影响。传统上,采购与供应管理理论注重于采购行为本身,考虑如何选择供应商、决定采购的数量、确定合理的价格、签订采购合同及如何谈判,使企业在采购行为中获利;目前的采购与供应物流管理理论,则更加强调企业与供应商之间的关系管理,认为如果制造企业与供应商之间建立起一种"互利双赢"的合作关系,则更有利于双方的长远发展。

2. 生产物流

生产物流是指生产过程中,原材料、在制品、半成品、产成品等从企业仓库或企业"门口"进入到生产线的开端,随生产加工过程各个环节,直到生产加工终结,再流至生产成品仓库。

生产物流是企业内部物流,属于企业内部物资的流动。生产物流的内容随着时间和市场环境的变化而变化。表1.1表明了传统生产物流管理与现代生产物流管理的区别。

表1.1 传统生产物流管理与现代生产物流管理的区别

	传统生产物流管理	现代生产物流管理
市场	卖方市场,市场竞争少	买方市场,竞争激烈
产品	产品类别少,生命周期长,技术含量低	产品类别多,生命周期短,技术含量高
生产	满负荷大批量生产,柔性小,提前期长,自制件为主	满负荷小批量生产,柔性大,提前期短,外购件较多
服务水平	高服务水平,高库存,运输慢,物流流程缓慢	高服务水平,少库存,运输快,物流流程快捷
信息技术	人工数据处理,有纸张消费	电子数据处理,无纸化工厂
企业战略	面向生产	面向顾客和市场

生产物流管理的重要性,体现在通过生产物流管理工作,能够按照企业生产、销售和科研的需要,制订生产物料供应的目标和实现方案,指导整个生产物流活动;能够协调各方面的关系,正确处理生产物料供需矛盾,保证生产顺利进行;能够降低企业产品成本,使企业取得更多的经济效益。企业生产物流管理的目标主要在于:协调企业内部各职能部门之间的关系,从整个企业的角度控制生产活动中的物流,做到供应好、周转快、消耗低、费用省、取得好的经济效益,以保证企业生产顺利进行。生产物流管理的发展趋势体现在:

①从专业部门管理发展到全面综合管理。
②从单纯的生产物料储备发展到生产物流 JIT 管理。
③从手工操作发展到机械化、自动化。
④从简单的生产物流预测发展到科学的 MRP 系统。

JIT(Just in Time)和精益生产起源于日本丰田公司,该公司开发了一种多变化、小批量的动作体系来减少浪费和降低成本,这种生产动作体系的成功带来了制造业的革命。JIT 往往和精益生产联系在一起,是精益生产的一种表现形式。精益生产,是指用最小化资源(包括时间)来完成企业的生产活动,在整个物流和供应链网络中,找出并且尽力消除生产中一切不增值的活动。消灭浪费是精益生产企业始终不渝的追求,其重点是消除生产流程中一切不能增加价值的活动,精益企业在自己的各个领域都贯彻这个原则。

生产物流的关键,是制定生产物流计划。生产物流计划是指为保证生产顺利进行而编制的生产物流供应计划,是企业计划期内生产物流供应活动的行动纲领。它是和企业的物流能力、物料需求、制造需求、采购需求等紧密联系在一起的。企业生产物流计划主要包括以下内容:确定企业计划期的生产物料需用量;确定生产物料的消耗定额;清查企业的库存资源,经过综合平衡,编制出物料需求计划,并组织实现。

在编制生产物流计划前,必须了解生产物料的市场供求状况、生产物料的需用量、储备量及生产物料分销要求等情况,然后运用系统分析和综合平衡的方法制定出科学合理的生产物流计划,具体来说,包括做好市场预测、掌握生产物流市场动态、搜集企业内部的相关数据资料、制订有关生产物流的消耗定额等。

人们过去在研究生产活动时,注重每一个生产加工过程,而忽视了将每一个生产加工过程串在一起的,并且又和每一个生产加工过程同时出现的物流活动。例如,不断地离开上一工序,进入下一工序,便会不断发生搬上搬下、向前运动、暂时停滞等物流活动。实际上,一个生产周期,物流活动所用的时间远多于实际加工的时间。所以,企业生产物流研究的潜力、时间节约的潜力、劳动节约的潜力也是非常大的。

3. 销售物流

销售物流是指物资的生产者或持有者至用户或消费者之间的物流活动,即生产企业、流通企业售出产品或商品的物流过程。对于生产型企业而言,是指生产出的产成品的销售活动而发生的物流活动;对于流通领域,是指交易活动中从卖方角度出发的交易行为的物流。通过销售物流,生产企业得以回收资金,进行再生产;流通企业得以实现商品的交换价值,获取差价收益。销售物流的效果,直接关系到企业的存在价值是否被市场消费者认可,销售物流所发生的成本会在产品或商品的最终价格中得到体现。因此,在市场经济中,为了增强企业竞争能力,销售物流的合理化改革可以立即收到明显的市场效果。

销售物流与企业的分销渠道紧密相连,因此销售物流又叫做分销物流(Physical Distribution),是销售过程中的物流活动,是伴随销售而进行的物流活动。制造企业典型分销渠道一般是从制造商开始,经过批发商,最后到零售商,如图 1.5 所示。

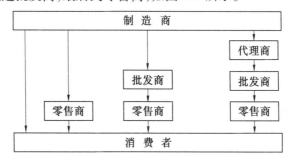

图 1.5 制造企业典型分销渠道示意图

从系统角度来看,分销渠道可以被看做是参与产品和服务买卖过程中的企业构成的系统。通过合作行为减少风险、提高渠道的效率,同时合作也为排除浪费和重复活动创造了条件。在市场日益规范、竞争日益激烈的情况下,企业可以采取以下主要步骤来提高销售物流管理的水平:明确自己在分销渠道中的定位;建立物流网络、配送网络;广泛采用信息技术。

企业销售物流是企业为保证本身的经营利益,不断伴随销售活动,将产品所有权转给用户的物流活动。如上所述,市场环境在现代社会中是一个完全的买方市场。因此,销售物流活动带有极强的服务性,以满足买方的要求,最终实现销售。在这种市场前提下,销售往往以送达用户并经过售后服务才算终止。因此,销售物流的空间范围很大,这也是销售物流的难度所在。在这种前提下,企业销售物流的特点,便是通过包装、送货、配送等一系列物流实现销售,这就需要研究送货方式、包装水平、运输路线等并采取各种诸如少批量、多批次、定时、定量配送等特殊的物流方式达到目的,因而,其研究领域是很宽的。

4. 回收物流

在生产及流通活动中有一些材料是要回收并再加以利用的。例如,作为包装容器的纸箱、塑料框、酒瓶等,建筑行业的脚手架等也属于这一类物资,还有冶金生产的废钢铁等。我国冶金生产目前每年有三千万吨废钢铁作为炼钢原料使用,也就是说我国钢产量中有30%以上是由回收的废钢铁重熔冶炼而成的。不合格物品的返修、退货及周转使用的包装容器从需方返回到供方所形成的物品实体流动都属于回收物流。企业在生产、供应、销售的活动中总会产生各种边角余料和废料,对这些东西进行回收是需要伴随物流活动的。如果企业回收物品处理不当,往往会影响整个生产环境,甚至影响产品质量,也会占用很大空间,造成浪费。

合理组织回收物流的意义在于:可以使社会资源量相对增加;回收利用废旧物料比原始性开发具有更好的经济效益;可以节约能源,减少废旧物料对环境的破坏污染;可以节约时间,加快工业发展速度等。

5. 废弃物流

废弃物流是指将经济活动中失去原有使用价值的物品,根据实际需要进行收集、分类、加工、包装、搬运、储存等,并分送到专门处理场所时所形成的物品实体流动。废弃物流是指企业对排放的无用物(如污水、废气、垃圾等)进行运输、装卸、处理等的物流活动,是从环保的角度关注的物流。生产和流通系统中所产生的无用的废弃物,如开采矿山时产生的土石,炼钢生产中的钢渣、工业废水及其他一些无机垃圾等,已没有再利用的价值。现代化生产需要对包装、流通加工等过程产生的废弃物进行回收再利用。钢渣就地堆放会占用生产用地以至妨碍生产,工业废水如果不妥善处理,就会造成环境污染,对这类物资的处理过程就产生了废弃物流。保护自然环境,利用好废弃物流,保障好人们的生活和生产的正常秩序,使得对废弃物流合理化的研究成为人们目前非常重视的问题。

本章小结

1. 物流是物品从供应地到接收地的实体流动过程,根据实际需要,将运输、储存、装卸、搬运、包装、流通加工、配送、信息处理等基本功能实施有机结合。

2. 物流发展到现代阶段的一些特征有:系统化、总成本最小化、信息化、手段现代化、服务社会化、管理专门化、电子化、快速反应化、网络化、柔性化等。

3. 物流的功能由运输、包装、装卸搬运、储存保管、流通加工、配送、物流信息管理等构成,这些功能的有效组合可以合理高效地实现企业物流活动的总目标。

4. 物流的作用在社会经济活动中表现为创造时间效用和创造空间效用；在经济运行中也从宏观和微观两个方面发挥着重要作用。

5. 物流的分类：按照物流系统的性质，物流活动可以划分为社会物流、行业物流和企业物流；按照物流活动的空间范围，物流活动可以划分为地区物流、国内物流和国际物流；按照物流活动的流程，可以把物流分为采购与供应物流、生产物流、销售物流、回收物流和废弃物流。

复习思考题

一、判断题（正确的用√表示，错误的用×表示）

1. 物流是物品从供应地到接收地的实体流动过程，根据实际需要，将运输、储存、装卸、搬运、包装、流通加工、配送、信息处理等基本功能实施有机结合。（　　）

2. 物流的功能由运输、包装、装卸搬运、储存保管、流通加工、配送、物流信息管理等构成，这些功能的有效组合可以合理高效地实现企业物流活动的总目标。（　　）

3. 按照物流系统的性质，物流活动可以划分为地区物流、国内物流和国际物流；按照物流活动的空间范围，物流活动可以划分为社会物流、行业物流和企业物流。（　　）

4. 物流是流通的实物表现形式，是商品流通的重要物质基础，对商品流通有最后实现的决定作用。（　　）

5. 物流的概念最早在美国形成，当时被称为"Physical Distribution"（简称PD），译成汉语是"实物分配"或"实体分销"。（　　）

6. 物流是一个发展中的概念，但其定义是永恒不变的。（　　）

7. 销售物流是指物资的生产者或持有者至用户或消费者之间的物流活动，即生产企业、流通企业售出产品或商品的物流过程。（　　）

8. 企业物流包括第三方物流和企业的自营物流。（　　）

9. 运输主要是实现物质实体由供应方向需求方的空间移动，克服产需之间的空间距离，创造商品的空间效用。运输在物流活动中处于中心地位，是物流的核心业务之一，但不是物流的一个重要职能。（　　）

10. 一般来讲，配送是集包装、装卸搬运、保管、运输于一体，并通过这些活动完成将物品送达的目的。（　　）

二、名词解释

物流　商流　社会物流　国际物流　回收物流　废弃物流

三、简答题

1. 简述物流概念产生的两种观点。

2. 传统物流（Physical Distribution）与现代物流（Logistics）有何区别？

3. 请简述物流和商流的关系。

4. 物流的基本功能是什么?
5. 物流有哪些作用?
6. 请从不同角度探讨物流的分类。

三、论述题
通过了解物流的发展,请查阅资料试讨论一下我国物流业未来的发展趋势。

【案例分析】

国家"十一五"规划明确提出:要大力发展现代物流业。"十一五"期间,现代物流作为生产性服务业将在国民经济发展中发挥越来越重要的作用。而建立快捷、高效、安全、方便并具有国际竞争力的现代物流服务体系,则需要大幅度提高物流的社会化、专业化和现代化水平。在整个行业发展上,应加快改变中国物流业运输方式单一的现状,推进多式联运业务,引导物流行业由传统向现代转变,物流企业向高科技企业转变,实现行业规模运营。2008年中外物流企业国际合作高峰论坛上有人指出,中国物流业开放与发展的显著特点是在政府加大推动力度之下的物流业全面发展,物流企业、物流咨询、物流教育、物流科技、物流标准、物流展览、物流金融、物流装备、物流信息、物流统计、物流仲裁同时推进,形成全面发展的总格局;区域物流逐步整合,泛珠三角、长三角与长江流域、京津冀、东三省、中部地区都在推动区域物流的整合,区域物流中心与国际物流中心正在形成;第三方物流企业快速成长。

按照国际通行的社会物流费用占GDP比率计算,2007年中国该比率高达18.4%。这意味着每100元GDP产值中,就需付出近20元的物流成本。而在美、日等发达国家,这一比率仅为10%,甚至8%。我国2008年GDP现价总量约为28万亿元,如果物流费用降为世界平均比率水平的14%,中国将可以节约物流费用超过1万亿元,这是从宏观意义上的"第三方利润源"。

物流业作为新兴的生产性服务业,已成为推动我国经济发展的重要因素。随着2005年底中国物流业全面开放,越来越多的跨国物流企业、战略投资者开始关注和进入中国物流市场。我国物流业目前正进入一个新的发展阶段。在"十五"期间持续快速增长的基础上,2007年,我国社会物流总额达到74.8万亿元,同比增长25.5%;国内物流业增加值达1.68万亿元,同比增长18.8%;物流业增加值占全部服务业增加值的比重,由2006年的17.1%提高到17.5%左右;社会物流总费用4.5万亿元,与GDP的比率为18.4%。根据我国商务部商贸服务管理司统计,我国2008年全国社会物流总额实际为89.9万亿元,同比增长19.5%,仍保持了较快的增长态势。2008年全国社会物流总费用为54 542亿元,同比增长16.2%,物流业增加值增长15.4%。物流在我国国民经济中的地位日益突出,2009年我国将物流产业列入十大产业振兴计划。据了解,中国物流市场有近2万亿元的规模,而且随着国民经济的发展,这一市场还会不断扩大。中国从事物流行业的企业有2万多家,其中不乏各行业的国际知名企业。

[资料来源:2008年中外物流企业国际合作高峰论坛]

问题

1. 我国社会物流总费用与 GDP 的比率为 18.4%,这一数据能够凸现物流的地位吗?
2. 这个 18.4% 的比率能够揭示我国物流的发展水平吗?

参 考 文 献

[1] 李松庆. 物流学[M]. 北京:清华大学出版社,2008.
[2] 周启蕾. 物流学概论[M]. 北京:清华大学出版社,2005.
[3] 黄福华,邓胜前. 现代企业物流管理[M]. 湖南:湖南人民出版社,2005.
[4] 王斌义. 现代物流实务[M]. 北京:对外经济贸易大学出版社,2002.
[5] 张庆. 物流管理[M]. 北京:科学出版社,2006.

第二章 Chapter 2

物流系统

【本章导读】

系统的概念,是物流学最基本的概念,一般物流活动都是一个物流系统。只有系统化,才能科学化。物流要形成一门学科,就必须建立在系统的概念基础上,所以我们把系统的概念放在物流管理学非常重要的位置上。本章主要是通过对物流系统的概念、特点、功能、分类、目标以及物流系统分析和物流系统合理化措施几方面内容的介绍,来全面阐述物流系统。

【关键概念】

系统　system

物流系统　logistics system

物流系统分析　logistics system analysis

物流系统评价指标　evaluating indicator of logistics system

【学习目标】

通过对本章的学习,使学生了解物流系统的概念、构成、特征以及物流系统的功能,了解物流系统分析的内容和步骤,了解物流系统规划的内容以及采用的原则,了解物流系统合理化的措施等。

【案例导入】

国美电器的物流系统

国美,一个在家电价格大战中脱颖而出的响亮的名字,仅仅用了13年的时间,就从街边一家小店发展成为今天在北京、天津、上海、成都、重庆、河北六地拥有40家大型家用电器专营连锁超市的大公司,从一个毫无名气、单纯经营电视机的小门脸,发展到如今专门经营进口与国产名优品牌的家用电器、计算机、通信产品及发烧音响器材,影响辐射全国的著名电器连锁企业。

日益强大的国美也加快了奋进的脚步,提出了建立全国性最大家电连锁超市体系的发展目标。国美电器凭借什么实现她的宏伟蓝图?支持国美高速扩张的物流系统是如何运作的?

从供应链的角度来看,国美的物流系统可分为三部分:采购、配送、销售,其中的核心环节是销售。

正是在薄利多销、优质低价、引导消费、服务争先等经营理念的指引下,依托连锁经营搭建起来的庞大的销售网络,国美在全国家电产品销售中力拔头筹,把对手远远抛在身后。凭借较大份额的市场占有率,国美与生产厂家建立起良好的合作关系,创建了承诺经销这一新型供销模式,以大规模集团采购掌握了主动权,大大增强采购能力,能以较低的价格拿到满意的商品,反过来支撑了销售。而适应连锁超市需要的仓储与配送系统建设合理,管理严格,成为国美这一销售巨人永葆活力的血脉,使国美能在市场上叱咤风云。

从系统的观点来看,国美电器的物流系统是一种典型的大物流系统。

首先,从职能上看,它是由大范围的原材料采购物流系统、企业内部的生产物流系统以及末端产品在全国范围内的分销物流系统构成的。这每个子系统可以作为国美电器公司大物流系统的子系统,每个子系统下又可以分成更小的子系统。例如,采购子系统按空间又可以分成武汉采购子系统、北京采购子系统、上海采购子系统以及国内其他地区采购子系统等;生产物流系统可以分为原材料储存子系统、生产加工子系统、检验子系统、装配子系统、包装子系统、成品储存子系统等;分销物流系统可以分为关系管理子系统、仓库管理子系统、销售管理子系统、结算管理子系统、配送管理子系统、监控管理子系统、行政管理子系统等。每个子系统再往下又可以按功能、性质分成更小的子系统,例如,其中分销物流系统下的配送子系统又可以分为包装子系统、装卸子系统、运输子系统、储存子系统、拣选子系统、信息处理子系统、配装子系统等。这些功能子系统还可以按时间、按作业班组等再往下分……这样最后分到什么地方为止呢?一直可以分到最基本单元(作业班组、人、车、机械、工序)为止。这样构成一个既相互区别又相互联系、共同协调合作的一个等级层次结构,一个能圆满完成整个物流任务的有机结合体,这个有机结合体就是一个物流系统。

[资料来源:彭扬. 现代物流学案例与习题[M]. 北京:中国物资出版社,2010.]

第一节 系统和物流系统

一、系统的定义

系统(system)一词源自于拉丁文"systema",表示"群、集合"等。系统思想源远流长,但作为一门科学的系统论,人们公认是美籍奥地利人、理论生物学家 L·V·贝塔朗菲(L. Von. Bertalanffy)创立的。确立这门科学学术地位的是 1968 年贝塔朗菲发表的专著《一般系统理论基础、发展和应用》(*General System Theory Foundations, Development and Applications*),该书被公认为是这门学科的代表作。

所谓系统就是同类或相关事物按照一定的内在联系组成的,相对于环境而言的,有一定的目的、功能和相对独立的整体。我国著名的科学家钱学森这样表述系统的概念:"把极其复杂的研究对象称为系统,即由内部相互作用和相互依赖的若干组成部分(称为子系统)结合而成的,具有特定功能的有机整体集合,而且,这个整体又是它所从属的更大的系统的组成部分。"

系统是普遍存在于我们周围的,我们身处的环境,我们身边的事物,甚至包括我们自己,都毫无例外地处于这样或那样的系统之中。

系统论的基本思想方法,就是把所研究和处理的对象,当做一个系统,分析系统的结构和功能,研究系统、要素、环境三者的相互关系和变动的规律性,并用优化系统观点看问题,世界上任何事物都可以看成是一个系统,系统是普遍存在的。大至渺茫的宇宙,小至微观的原子,一粒种子、一群蜜蜂、一台机器、一个工厂、一个学会团体……都是系统,整个世界就是系统的集合。

二、系统的特点

系统普遍具有以下几个基本特征:

1. 集合性

系统整体由两个或两个以上的要素构成。例如,我们的班级就是一个系统,一个班级至少由两个以上的同学构成,每个同学就是构成班级这个系统的要素。

2. 相关性

各个要素组成了系统是因为它们之间存在相互联系、相互作用、相互影响的关系,这个关系不是简单的加和关系,它们之间可能是互相增强也可能是互相减弱的关系。有效的系统一般追求要素之间互补增强,使系统保持稳定,具有较强的生命力。在班级这个系统中,每个同学之间都是相互关联的,他们之间相互影响,形成特定的班级氛围,具有相对的稳定性。

3. 目的性

系统具有使各个要素集合在一起的共同目的,各个要素互相影响、互相增强,从而使系统具有一定的功能。在班级这个系统中,每个同学组成这个班级的目的就是为了让每一个同学都更好地完成阶段性的学业。那么促进每个同学的学习,让每个同学顺利完成阶段性的学业就是班级这个系统的目的。

4. 动态性

动态性,主要是系统随时间变化的一种属性,有些书把它称为"时变性"。比如在班级这个系统中,随着时间的变化,班级的每一个成员都在发生变化,同学们年龄在增长,身高在变化,知识储量在增加,与此同时,班级这个系统也在发生着变化。可能随着每个班级成员的成长,这个集体更加团结,更加有凝聚力。再比如把电风扇看成一个系统,一方面,这个系统随时与所处的环境存在物质与交换,电风扇的微观结构、组织结构发生变化,如塑料构件的老化、铁质构件的老化,都是动态性的表现;另一方面,系统是有一定功能的,存在一定的输入与输出,电流输入产生风、热量,在这个过程中,零件之间由于相对运动而产生磨损,与原先的系统略有变化,这也是动态性。

5. **适应性**

系统是相对环境而言的,环境的制约是系统形成和存在的条件,因此必须具有适应性。系统的环境适应性,主要是指系统保持和恢复原有特性能力,泛指一个系统在环境中的生存能力。比如在班级这个系统中,学校会有各种各样的规章和制度来约束这个班级和班级的成员,班级和其班级成员能积极遵守学校的规章和制度,那么这个班级可能会有较多的评优评奖的机会,这样这个班级就会体现出对学校的良好的适应性;如果班级的成员都不遵守学校的规章制度,那么这个班级可能就会被冠之以差班,所有的评优评奖活动都与之绝缘。

以上几个特点是所有系统共同的基本特征。这些既是系统所具有的基本思想观点,而且也是系统方法的基本原则。

三、物流系统(Logistics System)

1. **物流系统的含义**

所谓物流系统是指在一定的时间和空间里,由所需输送的物料和包括有关设备、输送工具、仓储设备、人员以及通信联系等若干相互制约的动态要素构成的具有特定功能的有机整体。

2. **物流系统特点**

(1)物流系统具有远程性

物流系统是一个大跨度系统,这反映在两个方面:一是地域跨度大;二是时间跨度大。

在现代经济社会中,企业间物流经常会跨越不同地域,比如物流活动经常会跨市、跨省、跨地区,甚至会跨越国界、洲界。而企业为了解决产需之间的时间矛盾通常采取储存的方式,这样造成时间上的跨度往往也很大。

大跨度系统所面临的问题主要是管理难度大,而且对信息的依赖程度非常高。

(2)物流系统稳定性较差而动态性较强

一般的物流系统总是联结多个生产企业和用户,随需求、供应、渠道、价格的变化,系统内的要素及系统的运行也经常发生变化。也就是说,社会物资的生产状况、社会物资的需求变化、企业间的合作关系的变化,都随时随地地影响着物流系统,制约着物流系统。

物流系统是一个具有满足社会需要、适应环境能力的动态系统。基于经常变化的社会环境,人们必须对物流系统的各组成部分经常不断地修改、完善,以使之对社会环境具有更好的适应性,这就要求物流系统具有足够的灵活性与可改变性,这自然会增加管理和运营的难度。

(3)物流系统属于中间层次系统范围,本身具有可分性

作为物流系统,无论其规模多么庞大,都可以分解成若干个相互联系的子系统。这些子系

统的多少和层次的阶数,是随着人们对物流的认识和研究的深入而不断扩充的。系统与子系统之间、子系统与子系统之间存在着时间和空间上及资源利用方面的联系;也存在总的目标、总的费用以及总的运行结果等方面的相互联系。

根据物流系统的运行环节,可以划分为以下几个子系统:物资的包装系统,物资的装卸系统,物资的运输系统,物资的储存系统,物资的流通加工系统,物资的回收复用系统,物资的情报系统,物流的管理系统等。物流各子系统,又可分成下一层次的系统。如运输系统中可分为水运系统、空运系统、铁路运输系统、公路运输系统及管道运输系统等。

物流系统虽然本身是一个复杂的社会系统,但同时处在国民经济这个比他更大、更复杂的大系统之中,是国民经济系统之中的一个子系统,而且是一个非常庞大、非常复杂的子系统,它对整个国民经济系统的运行起着特别重要的作用。

(4)要素之间存在较强的"效益背反"现象

所谓的效益背反是指对同一资源的两个方面处于相互矛盾的关系之中,想要较多地达到其中一个方面的目的,必然使另一方面的目的受到损失。就货物库存与保管费用这两个成本费用关系而言,增加库存量,虽然保管费用在增加,但是可以避免脱销,降低货物的脱销率;反之,减少库存量,虽然可以降低保管费用,但增加了脱销的可能性,使货物的脱销率上升。再比如就包装成本与仓容利用率以及包装成本与破损率这两方面关系而言,企业为降低包装成本可以简化货物包装,但简化包装会容易造成包装强度降低,导致仓库里的货物不能堆放太高,这样实际是在无形中减少了仓库的使用面积,也降低了保管效率;同时采用简化包装在装卸搬运和运输过程中容易出现破损,致使搬运效率下降,而破损率增加;如果企业不采用简化包装,可以提高仓库利用率,减少货物在运输中的破损率,但会增加企业包装成本。这是典型的效益背反的现象。

物流系统的复杂性使系统结构要素间有非常强的"背反"现象,常称之为"交替损益"或"效益背反"现象,处理时稍有不慎就会出现系统总体恶化的结果。

(5)物流系统是一个复杂的系统

物流系统运行对象——"物",遍及全部社会物质资源,资源的大量化和多样化带来了物流的复杂化。从物资资源上看,品种成千上万,数量极大;从从事物流活动的人员上看,需要数以百万计的庞大队伍;从资金占用上看,占用着大量的流动资金;从物资供应点上看,遍及全国城乡各地。这些人力、物力、财力资源的组织和合理利用,是一个非常复杂的问题;而且在物流活动的全过程中,始终贯穿着大量的物流信息。物流系统要通过物流信息把各个部分有机地联系起来。因此如何把信息收集全、处理好,并使之指导物流活动,亦是非常复杂的事情。

近些年来随着计算机科学和自动化技术的发展,物流管理系统也从简单的方式迅速向自动化管理方式演变,在很多的物流中心和配送中心都开始采用各种自动化设备,其主要标志是自动搬运和拣选设备,如自动导引车(Automated Guided Vehicle,AGV)、自动存储/提取系统(Automated Storage/Retrieve System,AS/RS)、空中单轨自动车(SKY-RAV,Rail Automated Vehicle)、堆垛机(Stacker Crane)等,这些自动化设备的使用一方面对物流从业人员素质要求比较高,另一方面也对物流信息管理提出了更高的要求。这些都使物流系统的管理更为复杂。

3. 物流系统的功能

(1) 运输功能

运输是物流的核心业务之一,也是物流系统的一个重要功能。选择何种运输手段对于计算机科学和自动化技术的发展、物流管理中提高物流效率具有十分重要的意义。在决定采用何种运输手段时,必须权衡运输系统要求的运输服务和运输成本,可以把运输机具有的服务特性作为判断的基准,如运费、运输时间、频度、运输能力、货物的安全性、时间的准确性、适用性、伸缩性、网络性和信息等。

(2) 仓储功能

在物流系统中,仓储和运输是同样重要的构成因素。仓储功能包括了对进入物流系统的货物进行储存、管理、保管、保养、维护等一系列活动。仓储的作用主要表现在两个方面:一是完好地保证货物的使用价值和价值,二是为将货物配送给用户,在物流中心进行必要的加工活动而进行的保存。随着经济的发展,开始由少品种、大批量物流进入到多品种、小批量或多批次、小批次物流时代,仓储功能从重视保管效率逐渐变为重视如何才能顺利地进行发货和配送作业。流通仓库作为物流仓储功能的服务据点,在流通作业中发挥着重要的作用,它将不再以储存保管为其主要目的。流通仓库包括拣选、配货、检验、分类等作业并具有多品种、小批量,多批次、小批量等收货配送功能以及附加标签、重新包装等流通加工功能。根据使用目的,仓库的形式可分为:

①配送中心(流通中心)型仓库:具有发货、配送和流通加工的功能。

②存储中心型仓库:以存储为主的仓库。

③物流中心性仓库:具有存储、发货、配送、流通加工功能的仓库。

物流系统现代化仓储功能的设置,以生产支持仓库的形式,为有关企业提供稳定的零部件和材料供给,将企业独自承担的安全储备逐步转为社会承担的公共储备,减少企业经营的风险,降低物流成本,促使企业逐步形成零库存的生产物资管理模式。

(3) 包装功能

为使物流过程中的货物完好地运送到用户手中,并满足用户和服务对象的要求,需要对大多数商品进行不同方式、不同程度的包装。包装是物流系统的构成要素之一,它既是生产的终点,又是物流的起点,与运输、报关、搬运、流通加工均有密切的关系。合理的包装能提高服务水平,降低费用,改善材料搬运和储运的效率。物流系统的所有构成因素均与包装有关,同时受包装的制约。

实际的工作中,主要有两种包装形式:一种是工业包装,一种是商业包装。工业包装的作用是按单位分开产品,便于运输,并能在运输中起到保护货物的作用。商品包装的目的是便于最后的销售。这种包装的特点是外形美观,有必要的装潢,包装单位适于顾客的购买量以及商店陈设的要求。在物流过程中,商品越接近顾客,越要求包装能起到促进销售和作用。因此,包装的功能体现在保护商品、单位化、便利化和商品广告等几个方面。

(4)装卸搬运功能

装卸搬运是随运输和保管而产生的必要物流活动,是对运输、保管、包装、流通加工等物流活动进行衔接的中间环节,以及在保管等活动中为进行检验、维护、保养所进行的装卸活动,如货物的装上卸下、移送、拣选、分类等。装卸作业的代表形式是集装箱化和托盘化,使用的装卸机械设备有吊车、叉车、传送带和各种台车等。在物流活动的全过程中,装卸搬运活动是频繁发生的,因而是产品损坏的重要原因之一。对装卸搬运的管理,主要是对装卸搬运方式、装卸搬运设备的选择、合理配置与使用以及装卸搬运合理化,尽可能减少装卸搬运次数,以节约物流费用,获得较好的经济效益。

(5)流通加工功能

流通加工功能是在物品从生产领域向消费领域流动的过程中,为了促进产品销售、维护产品质量和实现物流效率化,对物品进行加工处理,能够使物品发生物理或化学性变化的功能。这种在流通过程中对商品进一步的辅助性加工,可以弥补企业、物资部门、商业部门生产过程中加工深度的不足,更有效地满足用户多样化的需求,有效地衔接生产和需求环节,使流通过程更加合理化。流通加工是物流活动中的一项重要增值服务,也是现代物流发展的一个重要趋势。

(6)配送功能

配送功能的设置,可采取物流中心集中库存、共同配货的形式,使用户或服务对象实现零库存的管理要求。这样用户只须依靠物流中心的准时配送,而无须保持自己的库存或只须保持少量的保险储备,以此来降低物流成本的投入。配送是物流活动的重要环节,也是现代物流的一个最重要的特征和发展的必然趋势。

(7)信息服务功能

现代物流需要依靠信息技术来保证物流体系正常运作。物流系统的信息服务功能,包括进行与上述各项功能有关的计划、预测、动态(运量、收、发、存数)的情报及有关的费用情报、生产情报、市场情报、物流情报活动的管理。信息服务功能的实现要求建立情报系统和情报渠道,正确选定情报科目和情报的收集、汇总、统计、使用方式,才能保证信息的可靠性和及时性。

从信息的载体及服务对象来看,该功能还可分成物流信息服务功能和商流信息服务功能。商流信息主要包括进行交易的有关信息,如货源信息、物价信息、市场信息、资金信息、合同信息、付款结算信息等。商流中交易、合同等信息,不但提供了交易的结果,也提供了物流的依据,是两种信息流主要的交汇处;物流信息主要包括物流数量、物流地区、物流费用等信息。物流信息中库存量信息不但是物流的结果,也是商流的依据。

物流系统的信息服务功能必须建立在计算机网络技术和国际通用的 EDI 信息技术基础之上,才能高效地实现物流活动一系列环节的准确对接,真正创造"场所效用"及"时间效用"。

可以说,信息服务是物流活动的中枢神经,该功能在物流系统中处于不可或缺的重要地位。

4. 物流系统的目标

(1)服务目标

物流系统就是一个服务系统,它的所有活动都是服务活动,为生产服务,为流通服务,为客户服务。而这种服务的核心,就是满足客户的需求。而满足客户的需求体现在各个方面,最主要的就是满足客户对于所需物资的需求,不缺货;还要保质、保量、及时送达,安全可靠的运输、储存、包装,做到物流成本低,服务态度好。因此,要服务好,实际上就是需要物流系统做好各个方面的工作。

(2)节约目标

节约是经济领域的重要规律,在物流领域中除流通时间的节约外,由于流通过程消耗大而又基本上不增加或提高商品使用价值,所以用节约来降低投入,是提高相对产出的重要手段。物流系统是由多个单元构成的,物流活动又是由多种类型、多个环节组成的,因此各种物流方式、各个物流环节都会发生物流费用。一个物流系统所有的物流方式和物流环节所发生的费用总和,就是这个物流系统的总费用。所以物流系统的第二个目标就是要使这个总费用最小。

要做到物流费用最小,则要求整个物流系统要优化,各个单元也要优化,要尽量利用各种物流优化技术,充分利用资源,提高工作效率,还要求整个物流系统各个单元、各个环节都要协调配合,提高生产力,以此来降低物流成本,实现总费用最省的目标。

5. 物流系统的构成

物流系统主要由物流硬件系统、物流作业系统、物流信息系统和物流管理系统构成。其中物流作业系统和物流信息系统是物流系统中最重要的两个组成部分。

(1)物流硬件系统

基础设施:主要是交通设施,包括公路、铁路、港口、机场等。

运输工具:汽车、火车、货运船只、飞机等。

物流中心及其设备:仓库、搬运机械、仓储货架、托盘、自动搬运设施等。

物流硬件系统是物流系统正常运行的前提和保证。

(2)物流作业系统

物流作业系统是由运输、储存、包装、装卸、加工几个子系统中一个或几个有机结合而成。物流作业系统的中心在物流中心或配送中心,它与物流信息系统是物流系统中两个重要组成部分,二者紧密相连、密不可分。

(3)物流信息系统

物流信息系统是指由人员、设备和程序组成的为物流管理者执行计划、实施、控制等职能提供信息的交互系统,它的中心主要是在公司的信息中心。

物流信息系统是建立在物流信息的基础上的,只有具备了大量的物流信息,物流信息系统才能发挥作用。在物流管理中,人们要寻找最经济、最有效的方法来克服生产和消费之间的时间距离和空间距离,就必须传递和处理各种与物流相关的情报,这种情报就是物流信息。它与物流过程中的订货、收货、库存管理、发货、配送及回收等职能有机地联系在一起,使整个物流活动顺利进行。

物流信息系统是物流系统的神经中枢,它作为整个物流系统的指挥和控制系统,可以分为多种子系统或者多种基本功能。通常,可以将其基本功能归纳为以下几个方面:

①数据的收集和输入。物流数据的收集首先是将数据通过收集子系统从系统内部或者外部收集到预处理系统中,并整理成为系统要求的格式和形式,然后再通过输入子系统输入到物流信息系统中。这一过程是其他功能发挥作用的前提和基础,如果一开始收集和输入的信息不完整或不正确,在接下来的过程中得到的结果就可能与实际情况完全相左,这将会导致严重的后果。因此,在衡量一个信息系统性能时,应注意它收集数据的完善性、准确性,以及校验能力和预防抵抗破坏能力等。

②信息的存储。物流数据经过收集和输入阶段后,在其得到处理之前,必须在系统中存储下来。即使在处理之后,若信息还有利用价值,也要将其保存下来,以供以后使用。物流信息系统的存储功能就是要保证已得到的物流信息能够不丢失、不走样、不外泄、整理得当、随时可用。无论哪一种物流信息系统,在涉及信息存储问题时,都要考虑到存储量、信息格式、存储方式、使用方式、存储时间、安全保密等问题。如果这些问题没有得到妥善解决,信息系统是不可能投入使用的。

③信息的传输。物流信息在物流系统中,一定要准确、及时地传输到各个职能环节,否则信息就会失去其使用价值了。这就需要物流信息系统具有克服空间障碍的功能。物流信息系统在实际运行前,必须要充分考虑所要传递的信息种类、数量、频率、可靠性要求等因素。只有这些因素符合物流系统的实际需要时,物流信息系统才是有实际使用价值的。

④信息的处理。物流信息系统的最根本目的就是要将输入的数据加工处理成物流系统所需要的物流信息。数据和信息有所不同,数据是得到信息的基础,但数据往往不能直接利用,信息是由数据加工得到,它可以直接利用。只有得到了具有实际使用价值的物流信息,物流信息系统的功能才算发挥。

⑤信息的输出。信息的输出是物流信息系统的最后一项功能,也只有在实现了这个功能后,物流信息系统的任务才算完成。信息的输出必须采用便于人或计算机理解的形式,在输出形式上力求易读易懂,直观醒目。

这五项功能是物流信息系统的基本功能,缺一不可。而且,只有五个过程都没有出错,最后得到的物流信息才具有实际使用价值,否则会造成严重的后果。

(4) 物流管理系统

物流管理系统主要是为物流公司解决日常办公和项目管理的需求,协助工作人员进行日常物流管理和人员管理,提高管理效率,降低运作成本,增强企业长期竞争力。通过该系统,物流公司运输管理人员能实现对车队、车辆的动态管理;调度人员能随时了解车辆动向和使用情况;承运业务员能开出和接受承运单;财务人员也能通过该系统进行运输成本的核算。

第二节 物流系统分析

一、物流系统分析的含义

物流系统分析是指从对象系统整体最优出发,在优先系统目标、确定系统准则的基础上,根据物流的目标要求,分析构成系统各级子系统的功能和相互关系,以及系统同环境的相互影响,寻求实现系统目标的最佳途径。

物流系统分析时要运用科学的分析工具和计算方法,对系统的目的、功能、结构、环境、费用和效益等进行充分、细致的调查研究,收集、比较、分析和处理有关数据,建立若干个拟订方案,比较和评价物流结果,寻求系统整体效益最佳和有限资源配备最佳方案,为决策者最后抉择提供科学依据。

物流系统分析的目的在于通过分析,比较各种拟订方案的功能、费用、效益和可靠习惯等各项技术、经济指标,向决策者提供可做出正确决策的资料和信息。所以,物流系统分析实际上就是在明确目的的前提下,来分析和确定系统所应具备的功能和相应的环境条件,向决策者提供达到目的的各种途径。就像一面镜子将各种行动方案的效益、成本等各方面的后果显示出来,为决策、判断提供依据。

二、物流系统分析采用的原则

1. 目的性原则

系统的建立总是为了达到某种预期的目的。因此,人进行物流系统分析时,应在尊重物流系统的内在联系和发展规律的前提下,确定物流系统应达到的目标。

2. 整体性原则

建立物流系统,如能保证整体利益最大,而且还能保证各子系统也有最大利益,这是人们所希望的,但是,事实上这又是很难做到的,因为各物流环节是互相影响、互相制约的。系统化的准则是整体利益最大,在这个前提下尽量使某一个子系统获得最大利益。

3. 系统要素间的层次性、结构性和相关性原则

任何一个系统既是更大系统的构成要素,同时该系统又由下一层子系统要素组成。如此相互包含的关系就构成了系统的层次,所以分析物流系统,要注意整体与层次、层次与层次间的相互影响、相互制约关系。

4. 内外因素相结合的原则

物流系统不是一个孤立的系统,而是一个与社会环境紧密相连的、开放的系统。它受到外部社会、经济、政策以及科学技术等要素的制约,特别是社会资源状况、物资需要状况、社会购

买力的制约。从物流系统内部而言,装卸、运输、储存等各个环节发展的不平衡,各物流功能间的制约、影响也处处存在。因此,人们不仅要注意物流系统内各环节的协调发展,更要对外部环境进行分析。这样,才能使系统在一定的环境中正常运行。

5. 利益长远性原则

在进行物流系统分析时,不仅要考虑当前利益,而且还要考虑长远利益。如果只顾当前利益不顾长远利益,会影响企业发展的后劲;如果只顾长远不顾当前,会挫伤企业发展的积极性。例如,物流设施系统、交通运输系统等的建设是提高国民经济效益的重要因素之一,但这些项目的经济效益需要通过一段时间以后才能反映出来,如果对这种滞后性不能客观对待,只看重眼前利益,不考虑长远利益,不重视基础性投资和建设,只会是欲速则不达。只有将当前利益与长远利益相结合,才能使系统健康发展。

6. 定量分析与定性分析相结合的原则

定量分析是指采用数学模型进行的数量指标的分析。物流系统强调定量分析。在物流活动中的许多问题有的可能数量化,如运输能力、仓库容量、物流成本、装卸费用等。但有的做不到,如物流方针、政策、制度、环境因素等。社会经济系统中还存在着众多无法量化的相互交叉、相互影响的社会因素,对这些因素的分析,只能依靠人的经验和判断力进行定性分析。因此在系统分析中,定性分析不可忽视,必须把定性分析与定量分析结合起来进行综合分析,或者交叉地进行,这样才能达到系统选优的目的。这样,物流系统分析必须强调定量分析与定性分析相结合。

对物流系统的分析,除了要采用上述的一些原则外,还会应用到很多领域的理论方法。

三、物流系统分析采用的理论方法

1. 数学规划法(运筹学)

这是一种对系统进行统筹规划,寻求最优方案的数学方法。其具体理论与方法包括线性规划、动态规划、整数规划、排队规划和库存论等。这些理论和方法可以解决物流系统中物流设施选址、物流作业的资源配置、货物配载、物料储存的时间与数量的问题。

2. 统筹法(网络计划技术)

统筹法,是指运用网络来统筹安排,合理规划系统的各个环节。它用网络图来描述活动流程的线路,把事件作为结点,在保证关键线路的前提下安排其他活动,调整相互关系,以保证按期完成整个计划。该项技术可用于物流作业的合理安排。

3. 系统优化法

在一定约束条件下,求出使目标函数最优的解。物流系统包括许多参数,这些参数相互制约、互为条件,同时受外界环境的影响。系统优化研究就是在不可控参数变化时,根据系统的目标,确定可控参数的值,以使系统达到最优状况。

4. 系统仿真

利用模型对实际系统进行仿真实验研究。

上述不同的方法各有特点,在实际中都得到广泛的应用,其中系统仿真技术近年来应用最为普遍。系统仿真技术的发展及应用依赖于计算机软件技术的飞速发展。今天,随着计算机科学与技术的巨大发展,系统仿真技术的研究也不断完善,其应用也在不断扩大。

四、物流系统分析的思路、内容以及要点和步骤

1. 物流系统分析的思路

在复杂的世界中,几乎任何事物都是与其他事物相互联系着的,而系统的思维推理方法,就是把所要研究的对象理解为一个从周围环境中划分出来的整体。这个整体包括许多从属的子系统。子系统间相互作用着,每个子系统在整体中都可能受到其他子系统的制约。系统整体的作用只有在弄清楚所有子系统的相互作用时才能理解清楚。

当然,在什么地方来划分所要考虑物流系统的边界,有时是不太容易的。但是,我们仍然要用确定它的边界范围来鉴定它的要素和组成部分。要在边界内进行分析,而且不能对物流系统内影响整体的所有问题都进行分析解决,而是对这个整体起重要作用的基本要素进行分析,找出主要矛盾,解决主要矛盾。至于物流系统以外的因素对物流系统所施加的影响也要注意,有哪些有关因素是在控制范围之内的,以及对这些因素可能产生的结果,要调查清楚。

2. 物流系统分析涵盖的内容

物流系统分析的内容很广泛,其核心问题是如何使物流系统的整体效益达到最优化。在物流系统中,主要是在以下几个方面的应用。

(1)制订发展规划以及发展计划

主要是运用规划论的方法寻求优化方案,在保证物流系统协调一致的前提下,对物流系统的输入和输出进行权衡,从这些优化方案中选择一个比较满意的规划和计划方案。比如扩建中企业的物流系统整体规划分析、企业物流系统的长期规划与分析等。

(2)重大物流项目的组织管理

主要是针对工程项目的各个部分,运用网络分析的方法,进行全面的计划协调,以保证其各个环节密切配合,保质保期地完成计划项目。比如物流企业仓库、配送中心的选址和规划。

(3)厂址选择和建厂规划

在新建一个工厂确定最佳建厂方案时,可运用物流系统分析的方法对各原材料的来源、技术条件、交通运输、市场状况和生活设施等方面进行论证,以保证其经济上的合理性和建设上的可行性。

(4)组织企业的生产布局和生产线

企业的生产布局和生产线的规划和分析是企业物流系统分析中的重要组成部分,只在通过对企业物资、人员和设备等各种生产设施所需要的空间进行最佳的分配和安排,才能使其有

效地配合和安全地运行,企业才能达到最佳的生产效益。

(5)生产调度

对于生产调度方面,可以运用产入产出分析法,做好各个零部件的投入产出平衡,确定合理的生产周期、生产批量标准以及在制品的储备周期和库存量,安排好各个加工工序,这样才能实现准时生产和均衡生产。

3. 物流系统分析的要点

在进行物流系统分析时要运用逻辑推理。特别是探索系统分析的目标时,分析人员要追求一系列的"为什么",直到问题取得圆满的答复为止。以下的表2.1列出了物流系统分析的要点。

表2.1 物流系统分析的要点

	第一次提问	第二次提问	第三次提问
目的	是什么?	为什么要确定这个?	目的是否已经明确?
地点	何处做?	为什么在这里做?	有无更合适的地点?
时间	何时做?	为什么在这时做?	有无更合适的时间?
人员	由谁做?	为什么由此人做?	有无更合适的人选?
方法	怎么做?	为什么要这么做?	有无更合适的方法?

上面的这些内容可归纳为系统分析要解决问题的"5W1H",即英文What,Why,When,Where,Who,How。

例如,当我们接受了某个系统的开发任务时,我们必须首先设定问题,然后才能对问题进行分析研究,找到解决问题的对策。如果此时拟出下列疑问句自问自答,就很容易抓住问题的要点,找到解决问题的关键。

物流系统分析必须回答以下几个问题:

(1)目的(Why,为什么?)

(2)对象(What,是什么?)

(3)地点(Where,在哪里做?)

(4)时间(When,何时做?)

(5)人(Who,谁来做?)

(6)方法(How,怎么做?)

实践证明,对那些技术比较复杂、投资费用比较大、系统建设周期比较长,特别是存在不确定的、相互矛盾的系统,物流系统分析更是不可缺少的一环。只有做好了物流系统分析工作,才能获得良好的系统设计方案,才能避免技术上的大量返工和经济上的重大损失。

4. 物流系统分析的步骤

通过解答以上几个问题,我们可以归纳出如下的步骤:

(1) 物流问题的提出

(2) 资料的收集

(3) 模型的建立

(4) 可行性方案的对比

(5) 优劣方案的判断

(6) 可行方案的建立

这是一次分析过程的几个必要的环节,但在实际中,可能一次系统分析的结果并不令人满意,那么就要进行第二次系统分析,重新提出问题,重新收集资料,重新分析论证,如此循环往复,直到得到满意的方案为止。

5. 案例(二汽物流系统改造)

"二汽"(第二汽车制造厂)最早于1952年底提出建设,于1969年9月正式开始在湖北省十堰市进行建设,直至20世纪90年代,主要生产"东风牌"卡车,1992年9月1日更名为东风汽车公司。从那时起,先后通过与法国PSA集团、日本日产、本田等公司合资,大规模生产、销售乘用车。

二汽初建时期,从各个部件到总装厂的物料搬运系统比较粗糙。在东西长约30公里,南北宽约8公里的十堰的一个山沟里,分布着二汽的27个部件厂。总装系统试运行的时候,由于搬运系统的原因,曾经出现了总装厂前面车辆堵塞、人满为患的现象,急需装配的部件运不进来,暂时不需要装配的部件挤满了车间,严重影响了总装配线的顺利运行。

为了改变这种局面,需要改造二汽的物料搬运系统,于是二汽组织国内外专家进行了一次重大的物流系统工程改造工作。这个工作的全过程一共分成了七个步骤,如图2.1所示。

第一步:提出问题。

就是进行系统调查,弄清问题所在。二汽从原材料到毛坯、半成品、零部件再到装配成整车,生产过程非常复杂,涉及的工序很多,物料搬运的范围很广,存在问题很多。为此专家们决定从主要问题着手。几次进行调研会,理出5个急需解决的问题。并在调查的基础上,汇集了资料,例如产品设计图纸、工厂平面图、工厂组成以及产品分布图、汽车生产路线示意图、里程表以及物料搬运方面的具体资料,并把收集到的资料进行了进一步的整理工作。

第二步:确定目标。

这一步中主要是分成了几方面:建立目标树;选定子目标;建立评价准则。

首先是建立目标树。专家们把物料搬运系统的目标(A)分成三个子目标:一是对外运输子目标(N);二是专业厂之间的运输子目标(N);三是专业厂内部运输子目标(P)。

其次,专家们选定专业厂之间的运输(P)这一子目标。而这一子目标又是可以按各个专业厂的重要程度分为总装厂(J)、车轿厂(K)、发动机厂(L)、变速箱厂(M)等。又选定子子目标总装厂(J)作为重点,而总装厂与其他厂之间的物料搬运问题(J)又可以分为搬运组织(G)、搬运质量(H)、搬运频次(I)。这样选定子子目标以后,还要建立起评价方案是否达到目标的

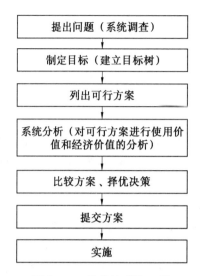

图 2.1 二汽物流系统工程

评价准则,专家经过研讨后具体选定了 8 个准则。

第三步:系统综合。

所谓系统综合就是提出设想,制定能够达到目标的各种可行性方案。例如,对于车身运送的各种设想方案,是通过专业座谈会的形式来提出的。与会人员为总装厂、车身制造厂、工厂设计等部门的生产调度、工程师以及与运输有关的专业人员。会议中一共提出了 14 种可行方案,最后经过归纳,汇成 10 种可行方案。

第四步:系统分析。

在这一步中主要是建立模型,进行使用价值分析和经济价值分析。

专家综合以上 10 个方案建立起 8 个模型。在所有的评价准则中首先评定相对重要的 8 个准则,并确定各自的权重,以这 8 个准则来评价以上 10 个方案。

与此同时,计算出每种方案的装卸时间、在路行驶时间、车数、每年折旧费用、每年能源费用、维修费用、人员费用以及每年的总费用,如表 2.2 所示。

表 2.2　各个方案的年总费用　　　　　　　　　　　　单位:万元

A	B	C	D	E	F	G	H	I
83	79	57	108	255	528	611	113	52

第五步:择优决策。

在这一步中综合考虑使用价值分析和经济价值分析的结果,进行综合价值的分析计算,求出单位使用价值的年总费用,如表 2.3 所示。

表2.3　各个方案单位使用价值的年总费用　　　　　　　　　　单位:万元

A	B	C	D	E	F	G	H	I
198	217	57	267	668	1427	1679	247	166

按单位使用价值的年总费用由小到大的顺序将上述方案排列如下:

C、I、A、B、H、D、E、F、G

所以C方案最好。

第六步:提交成果。

第七步:实施。

第三节　物流系统规划

每个企业都承担着一种产品或者多种产品的生产,从原材料进厂开始,要经过一系列的生产工艺流程,加工、检验、存储和装配等步骤,最后产成品出厂。在加工过程中各车间、各工序既相互独立又相互联系。企业生产是一个生产系统,其物流组织必须按照整个生产系统的特点和要求去组织,这样各车间、各工序才能按照预定的步骤和节奏进行,因此,企业的物流系统是否恰当,能否与生产要求相一致,直接决定了企业的生产效率和生产效益。企业的物流系统规划对企业而言至关重要。

企业物流系统规划的主要内容主要包括物流系统设施选址和物流系统的局部设施布置问题。

物流系统设施选址主要指企业各种大型设施,如工厂、仓库、车间、销售点以及物流供应地等相互位置布局;物流系统的局部设施布置主要是指具体的某个区域内各个设施的布局,如生产区域内各种工位的配置以及物料的搬运路线。

一、物流系统设施选址

企业物流系统的选址将直接影响实际营运的效率与成本,以及日后企业规模的扩充与发展。因此,企业在进行物流系统的规划时,必须谨慎参考相关因素,并按适当步骤进行。

1. 物流系统设施选址的内容

设施选址主要是针对新建或扩建项目,对将要建设的设施位置、大小、形状进行分析、评估、评价和选择的过程。

物流系统设施选址包括两方面的内容,即地区选择和地点选择,通常称为选点和定址。

通常场址选择首先要根据设施的要求合理选择建设的地区,然后在确定的地区内进一步选择适宜的具体地点。

2. 设施选址的分类

(1) 单一设施选址

单一设施选址,是指根据确定的产品或服务、生产规模等目标为一个独立的设施选择最佳位置。

(2) 复合设施选址

复合设施选址,是指为一个企业的若干个下属的车间、仓库、销售点或服务中心,选择各自的位置,使这些设施的数目、规模和位置达到最佳化。

3. 物流系统设施选址的原则

(1) 战略性原则

企业物流系统的选址,应具有战略眼光,一是要考虑全局;二是要考虑长远。局部要服从全局,当前利益要服从长远利益,既要考虑目前的实际需要,又要考虑日后发展的可能。

(2) 经济性原则

企业物流系统的选址定在市区、近郊区或远郊区,其物流活动辅助设施的建设规模和建设费用以及运费是不同的,选址时应以总费用最小作为物流系统选址的经济性原则,包括节省建厂投资、缩短建设周期,工厂投产后能取得理想的经济效益等。

(3) 适应性原则

企业物流系统的选址应与国家及省市的经济发展方针、政策相适应,与国民经济和社会发展相适应。

(4) 整体优化的原则

场址选择需要根据设计任务确定的建厂目标、生产规模、资源开发等内容,在大量的资源勘探、水文地质勘探、交通运输和社会基础设施等调查的基础上,从社会环境、地理环境和资源环境等方面,运用现代化管理方法和手段对各种因素进行定性和定量的分析、比较,实行整体最优化。

4. 物流系统设施选址的影响因素

(1) 成本因素

①运输成本。运输成本对企业而言占有相当大的比重,在进行系统规划时应注意缩短运输距离,减少运输环节当中的装卸次数,并在选址时尽量靠近码头、公路、铁路等交通设施,且考虑铁路、公路以及水路三者之间的均衡问题。

②原材料供应。在实际生产中,某些产品对原材料的质量有着很严格的要求,如钢材类产品,这样生产地必须主要分布在原料产地附近,以降低运费,保证生产所需物料的供应。但是有些产品又可以根据企业实际情况进行大范围采购,比如很多汽车产品、船舶的生产均是全球采购、全球销售。所以,进行物流系统网络规划的时候,要根据企业生产的特点选择与原材料供应适当的位置。

③动力、能源的供应成本。动力、能源的供应是决定是否能够正常生产经营的重要因素,

因此企业在进行物流系统规划时一定要充分考虑到所选地址能源、动力的供应状况。

④劳动力成本。劳工的质量和数量直接影响着劳动力成本,因此,劳动力供应状况以及劳动力素质也是企业选址考虑的重要因素。

⑤建筑成本。企业在进行选址时,如果需要征用土地,还要考虑土地征用、赔偿、平整等所产生的一系列费用。

(2) 自然环境因素

①气象条件和地质条件。在选址过程中,主要考虑的气象条件有温度、风力、降水量等,因为气温等条件会对产品和作业人员产生影响,气温过冷或过热都将增加气温调节的费用,而且对物料的搬运影响极大。而且工厂是大量加工设备以及原材料的集结地,某些容重很大的建筑材料会对地面造成很大压力。如果地面以下存在淤泥层、流沙层、松土层等不良地质条件,会在受压地段造成沉陷、翻浆等严重后果,为此土壤的承重力要高。

②水文条件。企业在物流规划选址时要远离容易泛滥的河川流域与上溢地下水的区域。要认真考察近年的水文资料,地下水位不能过高,洪泛区、内涝区、干河滩区域绝对禁止使用。

(3) 经营环境因素

①当地政府的政策。在地区选择时,必须考虑国家和地方的政策导向,包括国家和地区的产业发展规划、税收政策等。有些地方为了鼓励投资,规划出工业区及各种经济开发区,低价出租或出售土地、厂房、仓库,并在税收、资金等方面提供优惠政策。

②经营环境。企业在进行物流规划选址时要充分考虑到当地经济状态、文化习俗和当地竞争者对企业发展的影响因素以及当地市场对企业产品和服务的需求情况和消费水平。

③环保的要求。企业在规划选址时应考虑保护自然环境与人文环境因素,尽可能降低对城市生活的干扰。应适当设置在远离市中心区的地方,使得城市生态建设得以维持和增进。

④基础设施的配套供应状况。企业在选址时要充分考虑到选址地区的交通道路、邮电通信、动力/燃料管线、废水处理等能够提供的运输途径以及运力、运费等条件。

5. 场址选择影响因素重要性分析

各个因素对企业场址的选择的重要程度是不同的,其具体的重要性等级,如表 2.4 所示。

表 2.4 设施选址的影响因素重要性分析

经济因素	重要性等级	非经济因素	重要性等级
原材料供应	关键	当地政策法规	关键
动力、能源供应	关键	环境保护标准	关键
水资源及成本	关键	气候和地理环境	重要
劳动力成本	重要	文化习俗	重要
成品运输成本	重要	城市规划和社区情况	重要

续表 2.4

经济因素	重要性等级	非经济因素	重要性等级
原材料供应运输成本	重要	同一地区竞争对手	次要
建筑和土地成本	重要	地区教育服务	次要
资本市场和流动资金	次要	供应、合作环境	次要
各种服务及维修费用	次要	发展机会	次要

6. 选址的方法

选址应综合运用定性和定量分析相结合的方法,在全面考虑选址影响因素的基础上,粗选出若干个可选的地点,进一步借助比较法、专家评价法、模糊综合评价等数学方法量化比较,最终得出较优的方案。

(1) 定性分析法

定性分析法也叫专家打分法,在常用的选址方法中是使用得比较广泛的一种,因为它以简单易懂的模式将各种不同因素综合起来。

定性分析法的具体步骤如下:

① 决定一组相关的选址决策因素。

② 对每一因素赋予一个权重以反映这个因素在所有权重中的重要性。每一因素的分值根据权重来确定,而权重则要根据成本的标准差来确定,而不是根据成本值来确定。

③ 对所有因素的打分设定一个共同的取值范围,一般是 1~10,或 1~100。

④ 对每一个备选地址,对所有因素按设定范围打分。

⑤ 用各个因素的得分与相应的权重相乘,并把所有因素的加权值相加,得到每一个备选地址的最终得分,选择具有最高总得分的地址作为最佳的选址。

运用这种定性分析法应注意:在运用因素评分法计算过程中可以感觉到,由于确定权数和等级得分完全靠人的主观判断,只要判断有误差就会影响评分数值,最后影响决策的可能性。

(2) 定量分析法——重心法

重心法是一种设置单个厂房或仓库的方法,这种方法主要考虑的因素是现有设施之间的距离和要运输的货物量,经常用于中间仓库或分销仓库的选择。商品运输量是影响商品运输费用的主要因素,仓库尽可能接近运量较大的网点,从而使较大的商品运量走相对较短的路程,这就要求出本地区实际商品运量的重心所在的位置。

重心法首先要在坐标系中标出各个地点的位置,目的在于确定各点的相对距离。坐标系可以随便建立。在国际选址中,经常采用经度和纬度建立坐标。然后,根据各点在坐标系中的横纵坐标值求出成本运输最低的位置坐标 X 和 Y,重心法使用的公式是

$$C_x = \frac{\sum D_{ix} V_i}{\sum V_i} \tag{2.1}$$

$$C_y = \frac{\sum D_{iy} V_i}{\sum V_i} \quad (2.2)$$

式中　　C_x——重心的 x 坐标；

C_y——重心的 y 坐标；

D_{ix}——第 i 个地点的 x 坐标；

D_{iy}——第 i 个地点的 y 坐标；

V_i——运到第 i 个地点或从第 i 个地点运出的货物量。

最后,选择求出的重心点坐标值对应的地点作为要布置设施的地点。

(3)定性定量结合法

重心法只考虑了费用,而实际选址工作中还要受到许多环境因素的影响,因此选址是一项系统工程。一般场址选择是根据各种因素及内在要求,提出若干选择的具体要求和原则,并采用定性和定量相结合的方法辅助进行工厂区位和具体位置的选择。常用的方法如下:

①关联矩阵法。此方法主要是找出选址的评价指标,主要是费用、效益以及对社会的作用等,并根据这些评价指标的重要性赋予不同的权重,然后对各种备选方案进行评分,最后得出综合评分。

②层次分析法。层次分析法是一种定性与定量相结合的评价与决策方法。它是将评价主体或决策主体对评价对象进行的思维过程数量化。应用这种方法首先是将评价对象的各种评价要素分解成若干个层次,并按同一层次的各个要素以上一层要素为准则,进行两两的比较、判断和计算,以求得其权重,从而为选择最优替代方案提供依据。

二、物流设施布置规划

1. 设施布置规划的主要内容

生产设施布置就是在已确定的空间场所内,按照从原材料的接收、零件和产品的制造到成品的包装、发运的全过程,将人员、设备、物料所需要的空间做最适当的分配和最有效的组合,以便获得最大的生产经济效益。

设施布置与设计决定着企业的长期运营效率,因此设施布置设计对生产系统极为重要。据测算,物料搬运和布置有关的成本占工厂生产总运营成本的 20%~50%。采用有效的布置方法,可以使这些成本降低 30%,甚至更多。

从企业生产作业的角度来看,设施布置规划主要包括以下几方面的内容:

(1)工厂总体布置设计

主要是指在进行设施布置时,考虑厂区的地形面积、产品种类及工艺过程,合理布置各个组成部分,包括生产车间、辅助生产车间、仓库、动力站、办公室、露天作业场地等各种作业单位和运输线路、管线、绿化和美化设施的相互位置,同时确定物料的流向和流程、厂内外运输的联接及运输方式。

(2) 车间布置设计

车间布置设计主要是在车间内合理布置各工位、辅助服务部门、储存设施等作业单位及工作地、设备、通道、管线之间的相互位置,使工件搬运的工作量最小,便于生产和降低运输费用。

2. 设施布置的原则

设施布置的好坏直接影响整个系统的物流、信息流、生产经营能力、工艺过程、灵活性、效率、成本和安全等方面,并反映一个组织的工作质量、顾客印象和企业形象等内涵。

因此在设施布置设计时要采用以下几个基本原则:

(1) 整体综合原则

整体综合原则是指在设计时将对设施布置产生影响的所有因素都考虑在内,以达到优化的方案。

(2) 移动距离最小原则

产品搬运距离的大小,不仅反映搬运费用的高低,也反映物料流动的通畅程度,因此应以搬运距离最小原则选择最佳方案。

(3) 空间利用原则

空间利用原则是指对生产区域或储存区域的空间进行合理安排利用,力求有限空间的充分利用。

(4) 柔化原则

柔化原则是指在进行厂房设施规划布置前,应充分考虑各种因素变化可能带来的布置上的变更,以便将来的扩展和调整。

(5) 安全原则

安全原则是指在设施规划布置时,充分考虑作业人员的安全问题,使从业人员有安全感。

第四节 物流系统合理化

一、物流系统合理化的含义

物流系统合理化是指物流过程中各系统、各要素之间的优化组合、协调运行,能适应和促进商品经济的发展,从而取得最佳经济效益的一种经济准则。即在一定的条件下,物流的运行速度最快,劳动耗费最省,流量最多,流质最好,服务最优,效力和效果最佳。

物流系统合理化的程度主要以上述诸因素综合运行效果的好坏程度来衡量。

物流合理化的目的,在于适应商品生产和商品流通的需要,充分发挥各项功能的效用,提高物流效益。

判断已建立的物流系统方案是否合理,是否为最优方案,我们可以从系统功能、效益和物流质量几方面对系统进行分析和评价,以考核其满足程度,从而发现问题,并进行进一步的系统改进工作。

对物流系统设计方案进行评价,必须建立能对照和衡量各个替代方案的统一尺度,以及评价指标体系。

二、物流系统的评价指标

评价指标体系是指衡量系统状态的技术、经济指标。建立一套完整的评价指标体系,有助于对物流系统进行合理的规划和有效的控制,有助于准确反映物流系统的合理化以及评价改善的潜力和效果。

我们可以进一步来了解物流系统评价指标体系的具体内容。

1. 物流系统评价指标体系

物流系统评价指标体系如表2.5所示。

表2.5 物流系统评价指标体系

目标层	指标层	子指标层	变量层
物流系统绩效水平	物流生产率	实际生产率	人均仓储物品周转量
			运输车量每吨年货运量
		行为水平	每人每小时实际件数与定额比值
			生产费用与预算比值
		成本	实际成本与定额成本的比值
		库存	库存周转天数
			库存结构
		资源利用率	物流设施对土地资源的占用
			单位产品公路运输的能源消耗
			原材料的综合利用率
			可替代资源的利用率
			物流包装的循环利用率
			车辆实载率

续表 2.5

目标层	指标层	子指标层	变量层
物流系统绩效水平	经济效益指标	物流规模	货物运输周转量
			物流利润率
			固定资产投资
		物流结构	第三方物流比例
			共同配送比例
			集中加工比例
	质量评价指标	物料流转质量	品种和数量的正确性
			质量的正确性
			时间的正确性
			工作的完善率
		物流服务质量	客户服务水平
			客户满意程度
			交货水平
			货物损耗率

(1)物流生产率

物流生产率指标是指物流系统投入转出效率的指标。物流系统的运行过程,是一定的劳动消耗和劳动占有(投入)完成某种任务(产出)的过程。物流系统的投入包括人力资源、物质资源、能源和技术等。各项投入在价值形态上统一表现为物流成本。物流系统的产出,就是为生产系统和销售系统提供服务。物流生产率指标是物流系统指标体系的重要组成部分,它通常包括实际生产率、行为水平、成本、库存和资源利用率五个方面的指标。

①实际生产率。实际生产率是指系统实际完成的产出与实际消耗的投入之比。它反映出了企业物流生产的效率。

②行为水平。物流系统的行为水平是指系统实际产出与期望产出之比,也就是对系统各要素工作额完成情况的评价,例如,每人每小时的实际产出与定额之比,生产与预算之比等。它反映出企业计划产出与实际产出之间的相符程度。

③成本。物流系统的各项投入在价值形态上统一表现为物流系统成本。成本能有效地反映物流系统的运行状况,并且是评价物流过程中各项活动的共同尺度。但是只单一比较两个不同的物流系统的绝对成本是没有意义的,因此还需要比较成本的单件质量,来衡量物流系统的行为水平。

④库存。库存是指物流系统劳动占用形式的投入。库存的数量与周转速度是体现物流投入产出转换效率高低重要标志。

⑤资源利用率。物流系统的资源利用率是指系统所需的投入与实际投入之比,例如,运输车辆的运力利用率、运输车辆每吨年货运量等。物流资源利用率是反映物流系统内各项物流设施和物流活动对于各种资源的利用情况。

这一指标可以通过以下几个方面来体现:

(a)物流设施对土地资源的占用。物流设施对土地资源的占用是指物流设施所占用的土地面积或使用面积与其所占土地面积的比率。通过该指标体现物流系统土地资源的利用效率。

(b)单位产品公路运输的能源消耗。单位产品公路运输的能源消耗是指报告期内物流系统用于运输的能源消耗总量与同期系统的产品总量的比值。该指标通过系统内运输能源的利用情况来体现物流系统对环境的影响。其中运输是物流作业中对环境影响最大的部分,运输特别是公路运输造成废气排放、噪音和交通阻塞,通过控制单位产品公路运输的能源消耗,可以有效地控制运输对环境的影响。

(c)原材料的综合利用率。原材料的综合利用率是指系统内能够进行综合利用的原材料数量占原材料总量的比率。该指标一般按照原材料类别进行统计,进行总量统计时要将各种原材料以金额反映。

(d)可替代资源的利用率。可替代资源的利用率是指进行综合利用的可替代资源占可替代资源总量的比率。该指标反映物流系统对于资源依赖的灵活性。

(e)物流包装的循环利用率。物流包装的循环利用率是指系统内采用可降解的包装材料数量及可回收使用包装材料数量之和占所有包装材料数量的比率。

(f)车辆实载率。车辆实载率是指报告期内系统内运输车辆的平均实载率,与平均空载率之和为1。该指标反映的是系统内车辆的使用效率。

(2)经济效益评价指标

该指标反映物流系统可能给社会、企业带来经济效益的潜力和作用。围绕着物流系统的经济效益评价,分别从物流规模、物流结构、资源利用率设置了子指标。

①物流规模。这一指标又可以通过货物运输周转量、物流利润率以及固定资产投资几个方面来体现。

(a)货物运输周转量。货物周转量是指在报告期内实际运送的货物重量乘以其运送里程的综合数。该指标反映货物运输量和运输规模。

(b)物流利润率。物流利润率是衡量物流业的收益水平的指标,物流企业利润率等于物流企业利润总额与物流企业资本金总额的比值,这项指标越高,说明物流企业获取利润的能力越强。

(c)固定资产投资。固定资产投资是以货币表现的建造和购置固定资产活动的总量,是综合性指标。

②物流结构。物流结构这一指标可由第三方物流比例、共同配送比例以及集中加工比例三个子指标来体现。

（a）第三方物流比例。该指标反映物流运作中使用第三方物流的比例。实践证明，企业应用第三方物流，不仅可以减少企业的物流成本，提高配送效率和积载率，而且可减少在途运行车辆，降低大气污染。

（b）共同配送比例。该指标反映物流运作中进行共同配送的比例。共同配送指由多个企业联合组织实施的配送活动。共同配送可以最大限度地提高人员、物资、资金、时间等资源的利用效率，取得最大化的经济效益。同时，可以去除多余的交错运输，并取得缓解交通、保护环境等社会效益。

（c）集中加工比例。该指标反映物流运作中进行集中加工的比例。包括两种方式：一是变消费者加工为专业集中加工，以规模作业方式提高资源利用效率，减少环境污染；二是集中处理消费品加工中产生的边角废料，以减少消费者分散加工所造成的废弃物的污染。

（3）物流的质量评价指标

物流的质量指标是物流系统指标体系的重要组成部分。它是对物流系统产出质量的衡量。根据物流系统的产出，可以将物流质量指标细分为物料流转质量和物流的服务质量几个指标。

①物料流转质量。物料的流转质量是对物流系统所提供的物品在品种、数量、质量、时间和地点上的正确性评价。物料的流转质量指标可以细分为品种数量正确性、质量正确性、时间正确性和工作的完善率几个子指标。

（a）品种数量正确性。这一指标是指物流过程中实际品种和数量与要求的品种和数量的符合程度，常见的指标有仓储物品的盈亏率、错发率等。

（b）质量的正确性。这一指标指的是物流过程中实际质量与要求质量的符合程度，常见的指标有仓储物品完好率、进货质量合格率等。

（c）时间的正确性。这一指标指的是物流过程中物品流向的实际时间与要求时间的符合程度，常见的指标有及时进货率、及时供货率等。

（d）工作的完善率。这一指标是指物流过程中物流业务工作的完善程度，常见的指标有对客户问询的响应率、用户特殊送货要求的满足率、售后服务的完善性等。

②物流服务质量。物流服务质量指标又可以细分为客户服务水平、客户满意程度、交货水平以及货物损耗率四个指标。

（a）客户服务水平。客户服务水平可以通过客户需求满足次数与客户需求次数之比来体现，或者可以通过客户缺货次数与客户需求次数之比来体现。客户需求满足次数越多，客户缺货次数越少，则客户服务水平越高；反之，则客户服务水平越低。

（b）客户满意程度。客户满足程度指标可以通过满足客户需求数量与客户实际需求数量之比来体现。比值越趋近于1,则客户满意程度越高,反之则客户满意程度越低。

(c)交货水平。交货水平这一指标可以通过按期交货的次数与总交货次数的比值来体现。比值越趋近于1,则交货水平越高;反之,则交货水平越低。

(d)货物损耗率。货物损耗率是指物流活动中货物缺损的数量与交货物资总量的比率。货物损耗率越趋近于零,则物流系统的经济效益越好;反之,则物流系统的经济效益越差。

三、物流系统合理化的措施

物流系统合理化要从以下几个方面入手:

1. 物流系统设计要合理化

物流系统设计的基本原则,是从物流的需求和供给两个方面谋求物流的大量化、时间和成本的均衡化、货物的直达化、搬运装卸的省力化以及经济上的合理化。对于已建立的物流系统方案是否合理,是否为最优方案,我们可以从系统功能、目标、要求和费用几方面对系统进行分析和评价,考核其满足程度,借以发现问题,提出改进措施。

2. 物流结构各要素之间的关系要合理化

物流结构合理化是一个系统的工程,它涉及物流的各个方面,需要考虑企业内部因素,同样也需要考虑外部因素。各种物流模式的选择既要遵循物流设计的原则,也要考虑公司的定位、品牌形象、销售政策以及物流各要素与物流成本和服务质量之间的关系。

3. 销售物流合理化

企业通过利用自有的储运设施或者利用专业储运公司,物流中心组织物流实现商品的销售时,企业就处于为销售组织物流的地位。在销售学中,至关重要的是进行调查研究,选择目标市场,制订合理的销售策略。在物流过程中,销售策略往往给物流状况带来决定性的影响。在销售策略上,一方面要有效地发挥物流活动的作用,按服务的需要程度,提高物流活动的质量;另一方面又要降低销售费用,以节约物流费用。这两者之间必须不断进行必要的调整。物流合理化有时会与销售、生产等环节发生冲突,比如销售人员为了扩大销售,或为了维持市场份额,有时,哪怕是超小批量订单也要求单独送货;而物流人员却希望有规律、大批量地送货,这样才能不浪费物流成本,这类物流与销售的矛盾会时有发生,这就要求销售人员也能认识到物流合理化的重要性,否则整个企业的物流合理化就会出现问题。另一方面物流合理化不单单是物流部门的任务和责任,与企业的其他部门也密切相关。比如企业各个分厂、车间、仓库及产品重量、大小、形状设计等都应考虑物流的合理性,这就需要企业决策、设计、生产、销售等各部门全体员工对物流合理化认识上的一致。

销售物流合理化的形式是多种多样的,一般表现为计划化、大量化、共同化、短距化等类型,它们可以同时在销售物流合理化中得到应用,以收到多重效益。

(1)计划化

计划化是实现物流合理化的首要条件,也是提高物流服务质量的重要标志。随着我国市场经济的发展和改革开放的深入，商品量在不断增长。这势头使目前已显紧张的交通运输负担更重，造成运输和发送成本的增加和对顾客服务水平的下降。对商业企业来说，为了在销售竞争中立于不败之地，保持扩大销售的势头，提高物流效率势在必行。这就要求企业制订周密的发送计划，实现送货的计划化和集中化。为此，企业在运输发送活动中，应实现按最高效率的路线发送和按行车时间表发送的计划物流策略。它是为了实现向顾客配送商品集中化，而采取的根据客户的一次订货量，安排顺序向顾客配送货物的方法。这种策略不是单纯按顾客要求进行配送，而是按顾客要求和配送量，适当采取不同的方法进行配送，达到顾客满意。

（2）大量化

随着需求变化的多样性，商品生产也实行了多品种化。需求方每次订货量小，订货次数频繁，要求迅速进货的情况日益普遍。与此相反，在接受订货方面，为了尽可能扩大发货量，则采用最低订货制，以期降低成本。为解决上述发货的大量化和需求的零星化的矛盾，可采用大量化策略。所谓大量化策略，是一种增大一次物流批量折扣的办法，或者称为"大量发货减少收费制"。这种做法，因实行物流合理化而节约费用金额，由双方分享，对于确定销售物流合理批量是特别重要的。

在批发企业和百货商店方面，为提高向本企业各商店和门市部供应商品的工作效率，要改变过去从厂商和批发商那里将商品向各个门市部个别地发送的方式，而采用中间设置配送中心，在那里集中管理交纳商品，进行检查分类、理货，然后向各门市部及时交货的体制。

（3）共同化

在配送合理化方面，最先进的方式之一是"共同配送"，它打破了一个公司（或企业）物流合理化的局限，而采取与其他公司（或企业）联合起来，实现进一步的合理化。其目的在于集中配送量，提高配送车辆的利用率。而这种配送系统必须建立在周密的市场预测基础上，保证各公司的发货信息在时点上协调一致。因此，积极创造配送系统的条件，是使配送系统持久的关键所在。实现共同化，主要应包括共同运输和其间发送两个方面。可分为以下几种：

①运往地方的货物，采用成批集货的方式。物流企业在组织货物配送时，把几个货主的多种商品，凡是发往同一地区、同一方向的，采取成批集中、化零为整、混装的形式，进行集中运送，以提高火车、汽车装载效率，因而降低了费用。

②对百货商店和批发商店，采用共同交货的方式。共同交货是商业企业通过选定特定的储运单位，由他们将商品成批集中，送往配送中心，然后按各百货商店和批发店的需要进行分类交货。

③运往市内和郊区零售店的货物采用共同配送方式。

设在市内的批发企业，主要是以市内和近郊的许多零售店为推销对象。从各批发店向零售店发货，不但线路多，而且次数频繁。势必助长交通拥堵现象。为此，应采用同一地区、同一行业的批发企业，通过共同配送加强对零售商的服务。

(4)短距化

目前,我国商业企业的销售物流,对一般普通的大宗物资或商品,应采取就近、分片供应和调运办法,使物流的里程最近。即确定适当的供应、销售区域,选择合理的运输路线,最短的运送距离,制定最优的物流合理化方案,达到短距化。这样可以使商业交易流通和实物流通互相分离。商品物流不经过中间阶段,路线简短化,因而商品移动次数减少,总的库存就会压缩,从而降低物流费用。

本章小结

1. 本章讨论了物流学中的一些基本概念,包括系统、物流系统以及物流系统分析等,在此基础上进一步阐述了物流系统的特点、功能、物流系统的目标。

2. 详细阐述了物流系统的分类、物流系统分析采用的原则和理论方法以及物流分析的思路、要点和步骤。

3. 阐述了物流系统规划的主要内容以及所采用的原则。

4. 建立了物流系统评价的指标体系,对每一个指标又细分为几个子指标。物流系统设计是否合理可以通过系统指标体系来进行校验。

5. 提出物流系统合理化应采取的主要措施。

文中列举了两个实际案例,从理论与实践相结合的角度对物流系统组成以及物流系统分析方法和分析步骤进行了翔实的阐述。其目的就是想让读者真正掌握物流系统的思想方法,并在实际工作中能结合实际进行分析和应用。

复习思考题

一、简答题

1. 怎样正确理解物流系统的概念?
2. 物流系统的特征有哪些?
3. 举例说明物流系统是一个往下可以再分、往上可以再合的等级层次结构。这种层次结构有什么好处?
4. 物流系统由哪些子系统构成?
5. 物流系统如何分类?并说明每一类别下的具体内容。
6. 物流系统的目标是什么?为什么说物流系统是一个服务系统?
7. 物流系统分析的理论方法有哪些?
8. 物流系统分析的步骤有哪几步?
9. 分析选址的影响因素有哪些?
10. 简述物流设施布置规划的主要内容和原则。

二、论述题

试论述物流系统规划的主要内容。

【案例分析】

真优美公司是一家国内外知名度很高的服装加工贸易集团型企业,与日本、欧美以及东南亚一些名气很响的服装进出口商和代理商签有长期合作合同,负责来料加工,来样定制和提供各种款式和季节性服装和时装。真优美公司的总部设在上海,与国内的许多生产厂家签订长期和短期的加工合同;在南部片区昆山、杭州以及北部片区天津、大连各拥有一个成品仓库和材料仓库;在南京、上海等地也拥有自己的仓库。该公司加工所使用的纺织品原材料有两大来源:一是与国内35家供应商和生产厂家签有供货合同,由它们直接提供;二是与国外的服装贸易公司建立了长期合作伙伴关系,定期地由国外代理商和经纪人以及客户直接提供。随着近几年来公司业务量的迅速膨胀,该公司的物流服务出现了许多不协调的情况:一方面自己拥有的仓库利用率并不高,管理费用却在不断上升;另一方面,大量的业务又得不到物流的准时化响应,错失了很多商机。现在到了公司不得不对其物流系统进行重组的关键时期,该公司计划用供应链管理理念,与第三方合作,由第三方承担一揽子物流服务。

现从物流服务供应商的角度,为真优美公司提出合理方案,以提高该公司物流效率和市场响应效率。

[资料来源:彭扬. 现代物流学案例与习题[M]. 北京:中国物资出版社,2010.]

问题:

1. 该公司是否需建立集散中心?为什么?
2. 该公司的运输配送系统如何建立?

参 考 文 献

[1]韦恒. 物流学[M]. 北京:清华大学出版社,2007.
[2]王槐林. 物流管理学 [M]. 武汉:武汉大学出版社,2005.
[3]徐勇谋. 现代物流管理基础[M]. 北京:化学工业出版社,2003.
[4]喻丽辉. 现代物流管理基础[M]. 北京:清华大学出版社,2009.
[5]张国方. 物流工程[M]. 北京:机械工业出版社,2002.
[6]彭扬. 现代物流学案例与习题[M]. 北京:中国物资出版社,2010.
[7]陈荣秋. 生产与运作管理[M]. 北京:高等教育出版社,1999.

Chapter 3

采购供应与管理

【本章导读】

随着物流管理内涵的扩展,采购供应已成为当前物流的一项重要功能,也是企业管理的重要领域之一。企业采购与社会采购具有不同的特点,企业为销售而生产,为生产而采购,在这个环环相扣的动态过程中,采购管理的目标就是以正确的价格、在正确的时间、从正确的供应商处购买到正确数量和质量的商品或服务。现实中,采购活动内容也十分丰富。

【关键概念】

采购(Purchase)
供应(Supply)
采购管理(Purchase Management)
供应商管理(Suppliers Relationship Management)

【学习目标】

通过对本章的学习,重点掌握采购和供应商管理的基本概念;掌握采购与供应的关系;掌握采购实施过程管理的主要环节;掌握供应商选择与评估、供应商关系管理、采购管理的相关策略。通过本章的学习,读者可对企业物流中位于前端的采购供应与管理的基本概念、采购与供应的关系、采购实施过程、供应商关系管理理论以及采购管理的相关策略有初步的认识。

【案例导入】

加强采购管理,增大企业利润

众所周知,公司的根本目标是追求利润最大化。制造企业中采购的原材料和零部件成本占产品销售成本比例因行业而不同,比例在30%~90%,平均水平在60%左右,采购在企业管理中是非常有价值的部分。例如,某企业总销售额为2 000万元,物料和服务采购成本为1 400

万元,工资与福利为400万元,管理费用为100万元,因此该公司的毛利润为100万元。如果使利润翻倍,毛利润达到200万元,那么可以采用的方法有:将销售收入增加100%即实现销售额4 000万元,或者将工资与福利减少25%即达到300万元,或者将管理费用减少100%即达到0万元,或者将采购成本减少7.1%即达到1 300万元。完成销售额4 000万元的任务,对企业而言是比较困难的事;而管理费用减少为0也是不可能的事情;工资与福利减少25%达到300万元,显然会降低员工工作的积极性;只有将采购成本降低7.1%即降低100万元,相对来说更容易。由此可见,这里采购的经济杠杆效应最明显,加强企业采购管理将会增大企业利润。

第一节 采购管理概述

一、采购活动

采购这种常见的经济活动,是企业从供应商处获取商品或服务的一种商业行为。由于企业经营活动所需要的物资绝大部分是通过采购获得的,因而可以说,采购是企业物流管理的起点。企业要做好采购管理,首先要对采购活动进行正确的认识,了解采购管理的重要性以及重点管理内容。

1. 采购活动过程

采购,应当包含着两个基本意思:一是"采",二是"购"。"采"者,采集、采摘也,是从众多的对象中选择若干个之意。"购"者,购买也,是通过商品交易手段把所选定的对象从对方手中转移到自己手中之意。狭义的采购(Purchase),是指以购买(Buying)的方式,由买方支付对等的代价,向卖方换取物品的行为过程,在买卖双方的交易过程中,伴随着所有权的转移。然而作为物流活动起点的采购,是指通过商品交换和物流手段从资源市场获取资源的过程。采购既是一个商流过程,也是一个物流过程,采购过程实际上是商流过程与物流过程的统一。采购引起物料向企业内流动,故而也称内向物流(Inbound Logistics),它是企业与供应商相连接的环节。

采购活动一般包括了解企业需求、选择供应商、协商价格、签订合同、选择运输方案、催促交货、保证供应等事项。其过程如图3.1所示。

不同类型的企业,在采购时有不同的特点。例如,生产企业采购的目的是为生产服务的,采购回来的东西,要能够加工或装配成自己的合格产品。因此,他们对供应商、所订货物、交货期的要求都很苛刻,所以生产企业的采购程序,每一步都很谨慎、严格,难度大、周期长。而流通企业采购的目的是为销售服务的,采购回来的东西,是为了卖给别人,他们自己不是最终用户。对于所采购的商品,没有特别苛刻的要求,采购程序每一步也简单得多,周期也短得多。

对于上面的采购业务活动,物流管理人员不会直接参与采购的全部活动,也就是说采购不

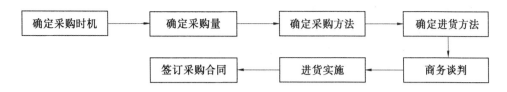

图 3.1 采购的一般过程

完全是物流人员的职责,但是采购间接影响了货物在实物供应渠道中的流动,供应商发货地点的选择、采购数量的确定、货物供应的时间安排、产品形态和运输方式的选择等决策都是影响物流成本的重要因素。

企业采购需要涉及企业的各个部门,要真正地做到为企业提供低成本、高效率的物流服务,采购活动必须实施以下基本功能:

①积极配合设计部门和生产车间研究用料的品种、规格与质量,为择优采购与寻求代用品打下基础。

②不断搜集和整理市场有关资料,作为选择供应厂商、协商价格的依据,据以预测市场变化,为择优采购创造有利条件。

③结合企业库存情况,适时、适量地组织订货,在保障正常生产的情况下,不断降低库存。

④加强供应商管理,密切本企业与供应厂商的关系,派出人员协助指导供应商生产经营,提高供应商的管理水平,以保证对本企业需要物品的供应。

采购功能引起物料向企业内流动,故而也称为内向物流,它是企业与供应商相连接的环节。功能完善、运行良好的采购程序可以大大减少企业的损失,增加企业的利润。

2. 采购的重要性

在企业里,采购占据着非常重要的地位,采购资金一般在总成本中占很大比重,采购工作质量直接关系到企业产品的成本和质量。随着社会分工的进一步细化,企业经营方式向专业化、协作化方向发展,采购活动的作用将会越来越突出。

(1)采购可以降低企业成本和提高资金效率

在制造业中,为生产经营购进的各种原料、零部件和辅助材料一般要占到最终产品销售价值的40%~60%,这意味着采购成功与否在一定程度上影响着企业的竞争力。采购成本的节约对增加企业利润方面产生着重要的影响,其效果要大于企业其他领域内相同数量的成本节约所给企业利润带来的影响。采购往往可以通过一些简单的手段来大幅降低成本,比如让两个供应商对同一产品报价、与供应商紧密协作来控制成本、利用供应商的数量折扣,或者仔细选择货源、运输路线、运输方式等。这些方面成本下降的百分比不需要很大就可以实现绝对成本的大幅下降和利润的大幅提高,这实际上体现了物流管理中的杠杆作用的原理。

另外,企业在采购过程中,通过提高物资采购的周转率,可提高资金的使用效率。合理的采购数量与恰当的采购时机,既能避免生产车间停工待料,又能降低物料库存,减少资金积压。

（2）采购可以满足制造产品的需求

企业生产部门对采购物品的要求不仅仅局限于数量方面,还有质量、性能与时间等方面的要求。采购物品的成本是直接的,所以每个组织的领导层都非常重视,而品质成本是间接的,往往容易被许多领导层忽视,但原材料和零部件的性能和质量却直接关系到产品的性能和质量。在时间方面,采购必须满足生产需要,保证物料及时供应,而为了达到这个要求,企业采购部门往往会采取大批量采购的办法来应付,这样又造成了过高的库存水平和较高的资金占用。因此,物流管理要求做到准时化采购,即 JIT 采购,它是 JIT 生产对采购物流的必然要求。

（3）采购在企业中的战略角色

众所周知,企业的根本目标是追求市场价值最大化,追求利润最大化。随着市场竞争的日益激烈,企业内部的获利空间已经越来越小,增加利润的方法之一是增加销售额。假设某公司购进 50 000 元的原材料,加工成本为 50 000 元,若销售利润为 10 000 元,需实现销售额 110 000 元。如果将销售利润提高到 15 000 元而利润率不变,那么销售额就需实现 165 000 元。这意味着公司的销售能力必须提高 50%,这是非常困难的。我们通过另一种方法也可实现增加利润,假定加工成本不变,通过有效的采购管理,使原材料只花费 45 000 元,节余的 5 000 元就直接转化为利润,从而在 110 000 元的销售额上把利润提高到 15 000 元。上面的例子说明了良好的采购将直接增加企业的利润和价值,有利于企业在市场竞争中赢得优势。

企业开始发现,要进一步提高资源的利用率,只能把盈利的视角扩大到整个供应渠道上。分析原因主要有两方面:一方面,传统的生产方式已经走到了尽头,大而全、小而全的企业结构已经越来越不能适应外部经营环境的变化,社会发展呼唤生产方式的变革;另一方面,人们发现在企业同上下游企业组成的系统中,存在着巨大的改进空间,可以更好地利用整个供应渠道的资源,争取更多的获利条件。

虚拟企业、敏捷制造、供应链管理等新的概念预示着新的生产方式的出现,这些生产方式无一不对采购管理提出了全新的要求,采购的重要性理所当然地要被提升到企业发展的战略高度来认识。

（4）企业在采购环节还存有改进空间

自 20 世纪 90 年代末以来,我国经济由卖方市场转向买方市场,从生产资料到生活资料,大多数商品供大于求,随之而变化的是销售部门与采购部门在企业中的地位。在激烈的竞争情况下,巩固和开拓市场成为企业经营的重中之重,因此销售部门受到大多数企业的重视,采购部门反而成了上游企业销售人员的"工作对象",几乎不用外出奔波就有人送货上门。这时,无论是企业界还是理论界,对采购管理都失去了足够的重视。这说明,采购工作在我国企业管理中是一个很薄弱的环节,同时也说明企业采购环节存在着巨大的改进空间,所以,强化采购管理能使企业在市场竞争中领先一步,具有特殊的重要意义。

二、采购管理的内容和目标

1. 采购管理的概念

所谓采购管理,就是指为保障企业物资供应而对企业采购进货活动进行的管理活动,是对整个企业采购活动的计划、组织、指挥、协调和控制活动。具体的采购管理,包括制订采购计划、采购活动的管理、采购人员的管理、采购资金的管理、运储的管理、采购评估价和采购监控,也包括建立采购管理组织、管理机制和基础建设等。

采购管理和采购不是一回事,二者之间既有区别又有联系。采购只是指具体的采购业务活动,是作业活动,一般是由采购员承担的工作,只涉及采购员个人,其使命就是完成具体采购任务;其权力,只能调动采购部门分配的有限资源。但是,采购本身也有具体管理工作,采购管理可以直接管到具体的采购业务的每一个步骤、每一个环节、每一个采购员。相对来说,采购管理是面向整个企业的,不但面向企业全体采购员,而且也面向企业组织其他人员(进行有关采购的协调配合工作),一般由企业的采购科(部、处)长,或供应科(部、处)长,或企业副总(以下统称为采购科长)来承担,其使命,就是要保证整个企业的物资供应;其权力,可以调动整个企业的资源。

2. 采购管理的目标

企业采购部门负责向供应商发出送货指令,一旦送货延误可能引起整个企业的生产和销售混乱,造成巨大损失。功能完善、运行良好的采购程序则可以大大减少企业由于此类问题造成的损失,增加企业的利润。

总的来说,企业采购管理的目标可分为四个方面:

(1)适时适量保证供应,不缺货

适时适量很重要。采购管理要根据企业的总体经营目标,建立起一个高效、精悍的采购管理系统,科学制订采购战略和采购计划,安排好各项采购活动,保证把所需要的物资按时采购进来,及时地供应到生产生活的需求者手中,保证不缺货,保障生产和生活的顺利进行。

采购物资不是把货物进得越多越好,也不是进得越早越好。货物进少了会产生缺货,影响生产;而货物进多了,不但占用了较多的资金,而且还要增加仓储,增加保管费用,造成了浪费,使成本升高。货物进迟了也会造成缺货,但是进早了又等于增加了存储时间,相当于增加了仓储、保管费用,同样升高了成本。因此要求采购适时适量,就是要求采购做到既保证供应,又使成本最小。

(2)保证所采购物品质量

保证质量,就是要保证采购的物品能够达到企业生产所需要的质量标准,保证企业用它生产出来的产品都是质量合格的产品。货物保证质量,也要做到适度。质量太差不行;而质量过好,一是没有必要,二是必然价格高、增加购买费用,也是不经济的。所以要求物资采购要在保证质量的前提下尽量采购价格低廉的物品。

（3）费用最省

费用最省是企业采购要始终贯穿于方方面面的准绳。采购过程决定着产品成本的主体部分,涉及许多费用。在采购的每个环节、每个方面都要发生各种各样的费用:购买费用、进货费用、检验费用、入库费用、搬运装卸费用、保管费用和库存占用资金的银行利息等。采购管理的好坏,一个重要的指标,就是看它能否把产品成本降到最低。因此在采购的全过程中,企业要运用各种各样的采购策略,使总的采购费用最小。

（4）协调供应商和管理供应链

协调好企业与供应商关系,管理好供应链,建立起一个好的供应商队伍,是采购管理的一个目标,也是搞好采购的前提条件。采购管理最经常的工作,就是要和供应商打交道。企业采购管理要达到通过采购,实现和资源市场的纽带作用,建立其与资源市场的友好和有效的关系,协调好与供应商关系,管理好供应链。可以说,资源市场也是企业的生命线,它不但是企业的物料来源,也是资源市场信息的来源。作为物料来源,它是通过采购人员的采购活动为企业生产适时地提供原材料、设备和工具,保障企业生产得以顺利进行;作为信息来源,它是通过采购人员的采购活动,与资源市场广泛接触,了解资源市场的产品信息、技术水平信息、发展动态信息和运输信息等。

3. 企业采购管理的内容

为了实现采购管理的基本目标,保证好企业各种物资的供应,与资源市场供应商建立起友好且有效的关系,从资源市场获取各种有价值信息,为企业物资采购和生产决策提供信息支持,企业采购需要有一系列的业务内容和业务模式。采购管理的基本内容和模式如图3.2所示。

从图3.2中可以看出,一个完整的采购管理过程基本上包含八大块内容:

（1）采购管理组织

采购管理组织是采购管理最基本的组成部分。为了搞好企业纷繁复杂的采购管理工作,需要有一套科学的管理机制和一个合理的管理组织机构,要有一些能干的管理人员和操作人员。

（2）需求分析

需求分析,就是要弄清楚企业需要采购一些什么品种、需要采购多少、什么时候需要什么品种、需要多少等问题。作为采购管理部门应当掌握整个企业的物资需求情况,制订物料需求计划,从而为制订出科学合理的采购订货计划做准备。

（3）资源市场分析

资源市场分析,就是根据本企业所需要的物资品种,分析资源市场的情况,包括资源分布情况、供应商情况、品种质量情况、价格情况、交通运输情况等。资源市场分析的重点是供应商分析和品种分析。分析的目的是为制订采购订货计划做准备。

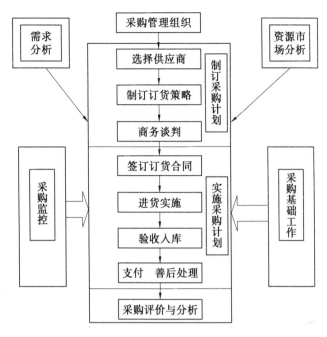

图 3.2 采购管理的基本内容和模式

(4) 制订采购计划

制订采购订货计划,是根据需求品种情况和供应商的情况,制订出切实可行的采购订货计划,包括选定供应商、供应品种、具体的订货策略、运输进货策略以及具体的实施进度计划等。制订采购订货计划,具体地解决什么时候订货、订购什么、订多少、向谁订、怎样订、怎样进货、怎样支付等这样一些具体的计划问题。相当于为整个采购订货计划画了一张蓝图。

(5) 实施采购计划

计划实施,就是把上面制订的采购订货计划具体落实,根据既定的进度实施。具体包括去联系指定的供应商、进行贸易谈判、签订订货合同、运输进货、到货验收入库、支付货款以及善后处理等。通过这样的具体活动完成一次完整的采购活动。

(6) 采购评价与分析

采购评估,就是在一次采购完成以后对这次采购的评估,或月末、季末、年末对一定时期内的采购活动的总结评估。其目的主要在于评估采购活动的效果、总结经验教训、找出问题、提出改进方法等。通过总结评估,可以肯定成绩,发现问题,制定措施,改进工作,从而不断提高采购管理水平。

(7) 采购监控

采购监控,是指对采购活动进行的监控活动,包括对采购有关人员、采购资金、采购实务活动的监控。

（8）采购基础工作

采购基础工作是指为建立科学、有效的采购系统,需要进行的一些基础建设工作,包括管理基础工作、软件基础工作和硬件基础工作。

三、采购管理的策略

采购是企业生产和销售的前提条件,采购活动直接影响到物流渠道中商品和服务的流动。目前,在采购管理中,对采购工作的要求已经不能仅局限于简单地补充库存,而应该纳入企业全面的适时计划管理过程中。企业应根据自身的具体情况,选择适宜的采购管理策略。

1. 基于准时制(JIT)下的采购策略

准时化采购是准时制(JIT)生产系统的一个重要组成部分,所以人们也把它称做JIT采购。在JIT系统中,要保持生产物流的连续性、平行性、均衡节奏性、柔性等组织生产的要求,位于生产前端的采购物流必须是准时化的,即采购部门根据生产经营的情况形成订单时,供应商立刻着手准备作业。与此同时,在详细采购计划编制的过程中,生产部门开始调整生产,做到敏捷生产;而在订单交给供应商的时候,供应商要以最短的时间将最优的产品交付给用户。由此,如果企业从"准时"的战略高度重视其采购、生产、销售各环节,就形成了准时采购战略和物流策略。

JIT采购的基本思想是:把合适的数量、合适的质量的物品,在合适的时间供应到合适的地点,最大限度满足客户的需要。采购方根据自己生产线需求的节拍,向供应商发出看板指令,要求供应商根据看板指令的需求品种、数量,在指定的时间送到指定的需求地点。供应商连续多频次小批量地送货,采购方不设库存,实现零库存生产,供应商也可以不设库存,与采购方实行同步生产,按照采购方生产线的节拍进行生产和送货,将生产出来的产品直接送到采购方需求点上。

JIT采购的主要特点有:采用较少的供应商,甚至单源供应;小批量采购;合理选择供应商;从根源上保障采购质量;可靠的送货和特定的包装要求;加强信息交流等。

2. 基于数量和价格的采购策略

对于采购数量和时间如何安排,始终是企业采购最为重要的决策问题,下面介绍几种企业采购策略:

（1）JIT采购策略

JIT采购策略是仅在需求产生时购买,采购量就是需求量。实际上,JIT采购不仅仅是一种采购策略,更多的是一种企业生产经营的哲学。在企业采购的实践中,企业也可以采用其他方法,如某种形式的先期采购或预测采购,还有采购者为回避未来价格上涨的风险而采用的投机性采购等。此外,企业的采购数量在很多情况下,一定程度地受到供应商价格折扣的影响,因此,在价格折扣条件下采购的方法和策略也是值得重视的。

（2）混合采购策略

混合采购策略是指企业既有遵循 JIT 采购原则的按需采购,同时也有先期采购(物料需要发生之前的预测采购)。当某种物料采购存在可以预测的价格周期性变化或季节性变化时,采用混合采购策略能使企业物料采购价格要比单纯地适时按需采购得到的平均价格更低,从而节约物料成本。先期采购指采购的数量大于当前的需求量,但不超过未来可预见的需求量,在物料(主要是诸如铜、银、金等一些原材料)价格上涨时,这种采购策略对企业来说是很有吸引力的,因为可以以较低的价格购买更多的产品,但也由此产生了一定量的库存,从而必须权衡价格优势与库存增加引起的成本负担情况。另一方面,准时按需采购在价格下跌时很有优势,因为这样做可以避免在当前的高价位上采购。当物料产品需求呈季节性大幅度变化时,把准时按需采购和先期采购结合起来的混合采购策略可以产生巨大的价格优势。

（3）数量折扣采购策略

供应商为了享受规模经济的利益,通常愿意通过价格折扣来鼓励大量购买行为。企业在日常采购中对此应该给予关注,在考虑需求和采购成本时采用某种折扣采购策略,可以获得一定的经济效益。实施折扣采购策略的基本点是要比较折扣前后的总成本,包括购买成本、订货成本和保管成本。选择合适的采购批量,企业可以从中节省费用;采购批量选得不合适,可能增加费用。

企业在进行此类采购时,可以采用节约比较法和成本比较法。节约比较法,即比较折扣前后的费用,节约量大于零,就接受折扣;节约量小于零,就不接受折扣。成本比较法,即比较折扣前后的总成本,当折扣后的总成本小于折扣前的总成本时,则可以接受折扣。

3. 基于品种的采购策略

（1）基于品种采购的一般策略

基于品种的采购策略主要是根据品种的市场性质和需求性质来选择合适的采购策略,例如,是紧缺品还是供大于求的品种,是重要品还是非重要品,是高价品还是低价品等。因此要认真进行品种分析。采购品种分析工作包括三个方面:一是用户需求分析,就是企业各个品种的用户对于品种需求情况的分析,了解品种在生产中的重要程度,能否代用,需求的数量、质量要求等。二是市场供应分析,了解所购产品的供应商是卖方市场还是买方市场,具体来说,要了解品种在市场上的紧缺情况、市场前景情况等。有些品种,供应商特别多,供应充足,甚至供大于求;有些品种非常紧缺,供应商少,甚至是独家供应商。有些品种处在成长期,前景广阔,可以放心大胆采购;有些品种可能处在需求衰退,甚至淘汰过程之中,要谨慎采购,限制采购。三是品种性质分析,主要弄清品种的物理化学性质、用途、价值、装运特性等,为制订采购战略提供依据。

一般地,品种采购策略如图 3.3 所示。

①常规品种采购。所谓常规品种,就是所谓大路品种。它们共同的特点,就是供大于求,供应商多,供应品种数量多,采购容易,到处都可以买到,或者代用品多,想什么时候采购就能

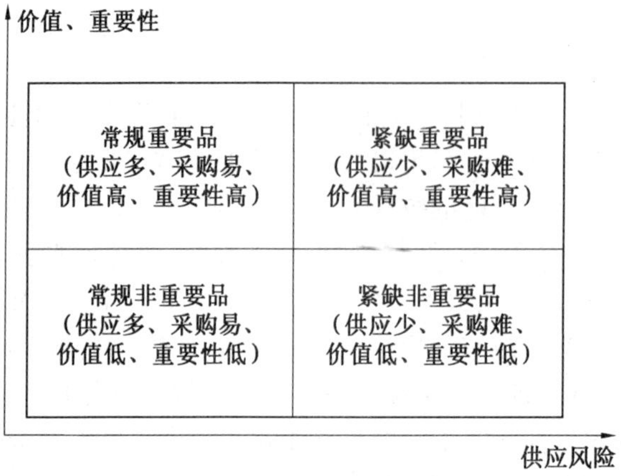

```
         价值、重要性
         ↑
    ┌─────────────┬─────────────┐
    │  常规重要品  │  紧缺重要品  │
    │ (供应多、采购易、│ (供应少、采购难、│
    │  价值高、重要性高)│ 价值高、重要性高)│
    ├─────────────┼─────────────┤
    │ 常规非重要品 │ 紧缺非重要品 │
    │ (供应多、采购易、│ (供应少、采购难、│
    │ 价值低、重要性低)│ 价值低、重要性低)│
    └─────────────┴─────────────┘
                                    → 供应风险
```

图 3.3　品种采购策略

够在什么时候采购得到,想采购多少就能够采购多少,即使采购不到,也可以用代替品替代。这一类品种按品种重要性的不同又可以分成重要品和非重要品。这里所谓重要性,是指价值高、关键品、紧要品、竞争性强等(具备一项或同时具备几项)。这两类性质的品种,它们应当分别采用不同的采购策略:对于常规重要品,一般采用集中竞价采购。在实施订货点法采购中,可以采用定量订货采购策略;对于常规非重要品,可以实行一般化、系统化、程序化的采购。在实施订货点法采购中,可以采用定期订货采购策略。

②紧缺品采购。紧缺品的共同特点,就是供小于求,供应商少,供应品种数量少,不容易买到,想什么时候采购不一定就能够采购得到,想采购多少不一定就能够采购多少。这一类品种根据品种重要性的不同也可以分成重要品和非重要品两类,它们也应当分别采用不同的采购策略:对于紧缺重要商品采购,一般与供应商建立战略伙伴关系,当然视情况也可以采用代用、自制来确保供应。在订货点法采购中,可以采用定量订货采购策略;对于紧缺非重要品,如果有代用品就应该采购代用品,如果能够自制就应该采用自制;如果既没有代用,又不可能自制(或自制不合算),则可以采取高库存,或者与供应商建立某种契约、联盟关系等策略。在订货点法采购中采用定量订货或定期订货采购策略都可以。

(2)一次性采购策略

所谓一次性采购,就是只考虑一次订货进货,不考虑第二次,或者根本就没有第二次订货进货,因而也不可能存在后续订货进货的利益补偿和利益牵挂问题。所以这次采购时,就只权衡考虑这次采购的得失,做出采购品种数量的决策。

一次性采购策略,主要适用于生鲜品、时令品、珍稀品的采购。此类物品的共同特点就是商品价值的时间性很强,抓住了时间机会,可以获取可观的利益;时间一过,获利的可能性急剧变小,甚至反而造成极大的损失。所以,这一类品种的采购,只能进行一次性采购;而且采购的风险特别大,要特别注意采购品种和数量的决策问题。

一次性采购,关键就在于选择一个合适的一次订货进货数量,使它能够恰好满足有效期内的需要,不少也不多。而这个订货进货数量的确定,就是要认真分析预测,确定好一次性采购品未来可能的需求量。

(3) 多品种联合采购策略

企业在采购中按采购品种的多少可以分为单一品种采购和多品种联合采购。同类多品种、同地多品种联合订购可以降低订货成本、提高订货效率,降低运输成本、提高运输效率。所以应当尽可能地实现多品种联合订购。

联合订购可以分为定量联合订购和定期联合订购策略。定量联合订购策略,是以各品种经济订货批量为基础的定量订货采购策略。联合订购视运输包装单元情况可以用经济订货批量或附属经济批量订购。定期联合订购策略是以各品种经济订货周期为基础的定期订货采购策略。联合订购中的各品种的订货周期都化为某个标准周期的简单倍数,然后以标准周期为单位进行周期运行,在不同的运行周期中实现不同品种的联合订购。

4. 其他采购策略

除了以上的采购策略以外,目前企业还采用其他的采购策略,例如招标采购策略、基于反向营销的采购策略、基于反拍卖的采购策略等。

(1) 招标采购策略

所谓招标采购,就是通过招标方式寻找最好的供应商进行采购的采购方法。招标可以分成公开招标和邀请招标两种形式。公开招标是指招标人以招标公告的方式邀请不特定的投标者。邀请招标是指招标人以投标邀请书的方式邀请特定的投标者。二者除邀请方式不同以外,其他步骤都大体相同。招标采购是在众多供应商情况下选择最优供应商的有效方法。它有很多优越性,它既体现了公开、公正和公平,招标采购的操作过程全部公开,接受公众的监督,防止了暗箱操作;也体现了竞争,利用竞争机制,造成一种力争上游的局面,使得投标活动生机勃勃,提高了投标的水平和质量;还体现了最优化,最后的中标方案一般都是在集中了众多投资者集体智慧的基础上所形成的最优方案。招标采购一般是一项比较庞大的活动,牵涉面广,费时间,费精力,成本高。因此,并不是什么情况都要用招标投标的方法。一般只适宜于比较重大的项目或者影响比较深远的项目中。

(2) 基于反向营销的采购策略

反向营销的核心是要求企业像对待自己的客户一样对待供应商,不是供应商说服制造商来采购他们的产品,而是制造商主动向供应商提供机会。反向营销认为制造企业为了某件产品将过多的精力花费在合格的供应商的选择上是不明智的,企业应该将精力放在供应商的能力与发展潜力上,而不仅仅是关注供应商现有的产品组合。这样一旦企业有需求,供应商就能够提供企业所需要的任何商品。供应商关系管理是反向营销的核心,建立友好合作的供应商关系是企业反向营销战略成功的基础。反向营销是 Leenders & Blenkhorn 于 1988 年提出来的,它不是一种技术,而是一种采购和供应商管理的新理念,是供应商关系管理发展的必然趋势。

（3）基于反向拍卖的采购策略

反向拍卖（Reverse Auction）是指企业采购产品或者服务采用公开的方式，事先通知产业同仁或者过去的合作伙伴，让他们在某段时间内公开竞价。企业往往根据竞价结果，与价格较低的某一个或者某几个供应商签订采购协议。随着互联网的普及，反向拍卖一般表现为网上竞价。投标人一般能够看见其他任何投标者的价格，从而不断被迫压低自己的出标价格；或者采购方隐藏投标者的出标价格，投标者只知道他们所出价格的顺序，根据出价顺序不断压低出标价格使自己中标。

四、采购与供应的关系

许多人将企业的采购与供应混为一谈，实际上，采购与供应虽然关系密切，但是两者在概念上并不完全一致。企业的供应系统包括与以优化的方式识别和满足对物料、设备及服务需求有关的内部职能部门和外部供应商。从这个意义上讲，供应的范畴大于采购。正因为如此，美国国家采购协会（the National Association of Purchasing Management）2001年5月改名为美国供应管理协会（the Institute for Supply Management）。供应管理包括四个主要阶段：需求产生阶段、采购阶段、定价阶段和事后评估阶段。供应管理是从满足企业需求的角度讲，采购是指企业主动向外界获取所需要的物料或者服务。采购职能传统上包括购买过程，包括确定需求、选择供应商、达成一个合适的价格、确定条款和条件，发出合同或订单和随后的确定合适的交货时间和方式。简而言之，"采购职能是从正确的来源获得满足质量、数量和价格要求的合适的设备、原料、储备物资和服务"。美国学者Arijan将采购定义为：从外部获得的，使运营、维护和管理公司的基本活动和辅助活动处于最有利位置所必需的所有货物、服务、能力和知识。除了上述活动，采购职能还与物资需求计划、原料的安排、存货管理、引入检查和质量控制方面密切相关。采购涵盖了企业接受外部当事人发出货物要求的所有活动。采购的作用范围包括企业的业务、对等贸易协定、从外部机构雇用临时人员、缔结广告合同等。采购职能的范围比采购部门处理业务的范围要广得多。现实生活中，一般没有将采购与供应进行严格区分，只是将其视为同一个问题的两个角度。

第二节 采购实施过程管理

采购实施过程，就是在确定了采购需求的基础上，企业把所制定的采购订货计划具体落实，根据既定的进度实施的过程。具体包括选择供应商、进行贸易谈判、签订采购合同、订货与接收、支付货款以及善后处理等，通过这样的具体活动完成一次完整的采购活动。现就此过程中的几个重要环节加以介绍。

一、确定采购需求

企业采购工作的第一步,就是收集采购申请,确定采购需求。确定采购需求就是要确定采购什么,采购多少,什么时候采购等。对于制造企业,首先要了解市场需求,结合市场需求制定产品计划,再根据产品制作要求确定所需的原材料、零配件等。对于商业企业,如超市需要根据销售情况判断消费者需求,再采购相应的商品来满足市场需要。而不论什么企业都还会采购一些耗材,如办公用品、维修用品等。

1. 采购申请的提出

采购申请一般是由企业的使用者提出的。企业的使用者,就是企业的各个部门、各个人。采购申请的提出时间,正常情况下一般是月末、季末和年末,但是一些特殊情况,特别是紧急需求的情况,则也可以随时接受申请。采购申请的文件有多种,例如请购单、采购申请单、请购计划表、物料需求计划表等。采购申请的基本内容有需求单位(或需求者)、需求品种、需求规格、需求型号、需求数量、需求时间、品种的用途以及特别要求等。

2. 采购申请的审核

采购部门是代整个企业各个部门、各个人进行采购的。采购申请的审核,就是要根据采购管理部门对产品需求规律的了解,对资源市场可供物品变化革新的了解,考虑采购的可行性、采购的价值和成本、库存控制等因素,对所申请的每一种物品,进行审核分析,并及时与采购申请部门沟通,最后把好关,使得每一项采购申请都真正合理和必要。

例如请购单,作为采购申请的一种,一般由物料的使用部门开出,用来描述所要申购物料的编号(对于长期使用的标准化原材料等)、规格、用途、数量、需要日期等。一般一张请购单只填写一项物料的需求情况,这样便于物料管理。请购单填写完毕之后要依据所请购物料的规格、数量、金额的不同,按照规定的流程递送不同层次的主管和部门进行审批,通常是物料管理部门、生产管理部门或专门的项目负责部门等。最后请购单汇总到采购部门,由采购部门确定需要计划,进行集中采购。

二、选择供应商

在企业确认了采购需求之后,就要选择供应商了。供应商是指可以为企业生产提供原材料、设备、工具及其他资源的企业。供应商可以是生产企业,也可以是流通企业。选择供应商,就是在要求供应商能持续满足预先设定的质量标准的前提下,保证按时供货。供应商的选择是一项非常关键的工作。选择好供应商,建立起一支稳定可靠的供应商队伍,才能为企业生产提供可靠的物资供应。

最合适的供应商应具备很多条件,但能提供合适的品质、充分的数量及准时交货,合理的价格以及热情的服务,应该是共同的要求。为了更好地选择合适的供应商,一般可以遵循以下的步骤进行:

1. 成立评选小组

成立调查小组,对合格供应商各项资格或条件进行分析与审议。小组的成员有采购部门、工程部门、生产部门、品保部门、财务及工业单位部门等。

其次,决定评审的项目。不同的供应商的条件必定不同,因此,必须有客观的评分项目。成立的评选小组应对供应商的一般经营状况、制造能力、技术能力、管理能力绩效、品质能力等项目进行评估。

2. 设定评审项目权数

针对每个评审项目,权衡彼此的重要性,分别给予不同分数。

3. 合格供应商分类分级

依据分数按专业程度予以分类、分级是将各采购的合格供应商按其能力划分等级。分类的目的是为了避免供应商包办各种采购案件,预防外行人做内行事;分级的目的是防止供应商大小通吃,配合采购的需求,选择适当的供应商。

当然,在实际采购工作中,企业也可以根据自身的情况结合其他因素,按照其他步骤进行。

三、签订采购合同

选择供应商之后,采购方一般要通过与供应商的谈判签订正式的采购合同。采购合同没有标准的格式,根据采购商品的特点、合同双方的要求、采购方针等的不同而不同。

1. 采购合同的洽谈

(1) 摸底阶段

在正式谈判开始前,双方主要任务是相互摸底,希望知道对方的谈判目标底线,所以在这一阶段说话往往非常谨慎,通常以介绍自己的来意、谈判人员的情况(姓名、职务、分工等)、本企业的历史、产品的有关情况等为主,并倾听对方的意见和观察其反应。在这一阶段,价格这一敏感问题往往先不在谈话中涉及,而是在倾听对方意见之后,再做决定。

(2) 询价阶段

价格是采购谈判的敏感问题,也是谈判关键的环节,在这一阶段要考虑的问题是:谁先开价、如何开价、对方开价后如何还价等问题。

(3) 磋商阶段

在进行询价后,谈判就进入了艰难的磋商阶段,双方都已经知道了对方的初始报价,所以在磋商阶段主要是双方彼此讨价还价,尽力为己方争取更多利益的阶段。而初始报价已经表明了双方分歧的差距,要为己方争取更多的利益,就必须判断对方为何如此报价,他们的真实意图是什么。可以通过一系列审慎的询问来获得信息,比如这一报价和购买数量的关系,是否包括运费、零配件费用和其他费用在内等。

(4) 解决分歧阶段

在明确了分歧类型和产生的原因之后,就要想办法消除双方之间分歧。对由于误解而造成的分歧,通过加强沟通、增进了解,一般是可以消除的。由于策略的考虑而人为造成的分歧,比如双方立场相差很远而形成的真正分歧,其消除是非常困难和漫长的,需要高明的策略和技巧。

(5) 成交阶段

经过磋商之后,双方的分歧得到解决,就进入成交阶段。在这个阶段,谈判人员应将意见已经一致的方面进行归纳和总结,并办理成交的手续或起草成交协议文件。

(6) 采购合同的签订

这是谈判的最后阶段,在这一阶段主要做好以下三方面工作:第一,检查成交协议文本。应该对文本进行一次详细的检查,尤其是对关键的词、句子和数字的检查一定要仔细认真。一般应该采用统一的、经过公司法律顾问审定的标准格式文本,如合同书、订货单等。对大宗或成套项目交易,其最后文本一定要经过公司法律顾问的审核。第二,签字认可。经过检查审核之后,由谈判小组长或谈判人员签字并加盖公章,予以认可。第三,做好小额交易的处理。小额交易是直接进行交易,再检查确认,应主要做好货款的结算和产品的检查移交工作。

无论是什么样的谈判及谈判的结果如何,双方都应该诚恳地感谢对方并礼貌地道别,致力于建立长期的合作关系。

四、订货与接收

当签订了采购合同之后,就要准备订货和接收货物了。对于小型的采购,采购方签订了合同就相当于下了订单,而对于大型的采购或有长期合作的供应商,采购方要选择在适当的时候发出订货单。订货单发出之后就要准备检验和接受货物。

1. 订购

订货所发的订货单,是向供应商发出的有关货物的详细信息和指令。订货单包括的要素有:订单编号、产品的名称、规格、品质简介、单价、需求数量、交易条件、运输方式、交货期限、交货地址、发票单位等。采购方将订货单寄给厂商,厂商确认后留存一联作为交货时的凭证,回执联寄给采购方作为验收及物料管理的参考。其他详细的执行情况一般按合同中的约定进行。

供应商需提供交货单据和发票。供应商收到订单后要准备发货,准备交货单据和发票,其内容和订单的内容大致对应,同时这也是采购方评价供应商履行合同的一个依据。

对于原材料、耗材、消费品等库存物品,订货单形成于各个部门的请购单或领料单。很多企业已经应用了 MRP(货物需求计划)系统或 MRPⅡ(制造资源计划)系统来分析库存量能够满足一定时期内生产所需的原料或物品。当库存量低于一定水平时,该系统就会对采购部门有所反应,采购部门根据缺货和需求信息拟订订货单。

2. 物料验收

物料验收应做到进出验收,品质第一。物料的验收工作,是做好仓库管理的基础。一般来

说,物料的验收主要包括以下四个方面的内容:

①品名、规格。出入库的物料是否与相关单据的品名、规格一致。

②数量。明确出入库物料的计量单位,物料进出仓前应严格点数或过磅。

③品质。进库物料,只有接到海关检验书面合格报告方可入库;出库物料,也要检验其品质,确保不良品不投入使用或不流向市场。

④凭据。单据不全不收,手续不齐不办。入库要有入库单据及检验合格证明,出库要有出库单据。

物料验收入库工作涉及货仓、品质、物料控制、财务等诸多部门,其主要验收步骤如下:

①确认供应厂商。应确认物料从何而来,有无错误。如果一批物料分别向多家供应商采购,或同时数种不同的物料进厂时,验收工作更应注意,验收完后的标志工作非常重要。

②确定交运日期与验收完工时间。交运日期是交易的重要日期,交运日期可以判定厂商交货是否延误,有时可以作为延期罚款的依据,而验收完工时间被不少公司作为付款的起始日期。

③确定物料名称与物料品质。确定物料是否与所订购的物料相符合并确定物料的品质。

④清点数量。查清实际成交数量与订购数量或送货单上记载的数量是否相符。对短交物料,及时促请供应商补足;对超交的物料,在不缺料的情况下退回供应商。

⑤通知验收结果。将允收、拒收或特采的验收结果填写于物料验收单上通知有关单位。物料控制部门可以进一步决定物料进仓的数量,采购部门得以跟踪短交或超交的物料,财务部门则可根据验收结果决定如何付款。

⑥退回不良物料。供应商送交的物料品质不良时,应立即通知供应商,将该批不良物料退回,或促请供应商前来用合格品交换,再重新检验。

⑦入库。验收完毕后的物料,入库并通知物料控制部门,以备产品制造之用。

⑧记录。

五、支付货款

一般对国内供应商的付款都是在采购货物检验和接收入库之后进行的。采购人员应向财务部门提供采购货物检验合格及入库证明,连同发票一起向财务部门申请支票用于付款。对于长期合作的供应商,可以在签订合作协议时就规定一个付款结算的周期,周期以内该供应商的发票、汇票及验收入库的证明都汇总在一起,以便周期末进行结算。具体的付款过程是:

1. 付款申请

一般由采购人员或者某采购项目的负责人员在完成货物入库之后准备付款申请所需的单据,包括付款申请单、合同复印件、物料检验单据(采购物品验收报告)、物料入库单价、发票,这些单据中的合同编号、物料名称或代号、物品单价、合同总价、数量、供应商名称等信息必须一致。

2. 付款审批

财务部门在接到付款申请及全套单据后要对该申请进行审批,主要看单据的三方面内容:首先要看看单据是否是真实的,要避免出现假发票、伪造的检验或入库单据。其次要观察一下单据是否规范,各类单据都有其格式和要求,一般要求同类单据遵循统一、标准的格式,并达到清楚说明问题的作用。最后要认真核对单据内容,看看是否匹配,即上面提到的单据信息是否一致,是否正确。

六、采购的跟踪与评估

采购跟踪是对采购合同的执行、采购订单的状态、接收货物的数量即退货情况的动态跟踪。采购跟踪的目的是促使合同正常执行、协调企业和供应商的合作,即满足企业的货物需求同时又保持最低的库存水平。采购跟踪的主要内容有,了解供应商的货物准备过程、企业进货过程、控制好货物的检验与接收过程、控制好库存水平情况、督促付款等方面的工作,加强采购过程管理,提高采购环节的连接,进而提高采购工作的质量。

采购评估是在采购跟踪的基础上对整个采购过程各个环节工作绩效的评价。对采购工作的绩效进行评估是为了及时进行总结,有利于改进今后的采购工作,从而进一步提高工作绩效。采购部门作为企业中的一个重要部门,其工作绩效对于整个企业的生产、决策、规划等都有着重要意义,因此,采购工作绩效的评估能有效服务于整个企业的发展。企业根据自身的具体情况建立绩效衡量指标、绩效评估方法、标准及制度,在此基础上不断提高采购绩效。

第三节 供应商管理

一、供应商管理的概念

所谓供应商管理,是指对供应商的了解、选择、开发、使用和控制等综合性的管理工作的总称。其中,了解供应商是基础,选择、开发、控制是手段,使用是目的,供应商管理的目的,就是要建立起一支稳定可靠的供应商队伍,保障企业物资供应。供应商管理是企业采购管理中最重要、最关键的工作之一,是企业保证物料供应、确保采购质量和节约采购成本的重要环节。供应商管理的重要性在20世纪40年代就受到发达国家的重视,经过60多年的实践以及理论探索,供应商管理已经有了很多的研究成果。供应商管理最主要的两个研究领域及成果是供应商的选择评估和供应商关系管理。

二、供应商选择与评估

企业之间的竞争将逐渐转变为企业供应链之间的竞争,因此从供应链的角度来提升企业的竞争力已成为企业必然的选择。而选择良好的供应商并与其维持稳定的合作关系将会使企业整体的供应链更具竞争力。但在供过于求的市场环境下,企业面临着诸多可供选择的供应商,并且许多企业推行国际化战略,在全球范围进行采购,这使企业对供应商的选择与评估变得更加复杂。因此供应商的评估与选择在实践中需要科学的方法与规范的程序来指导。

1. 供应商评选的目标

企业处于一种动态的环境之中,必须随时根据内外环境的变化调整其行动策略,供应商管理是其中的一个方面。企业从选择供应商开始就必须将其纳入整个企业管理系统之中,以适应这一管理的需要。供应商评选的目标是:

①获得符合企业总体质量和数量要求的产品和服务。每一个采购企业都有一套战略规划和方针,在选择供应商时,必须充分考虑该供应商与本企业的发展方向是否一致,他所提供的产品和服务能否满足本企业的质量及数量的要求。

②确保供应商能够按企业需求及时提供最优质产品服务。

③力争以最低的成本获得最优的产品和服务。企业总是以追求利润为其目标之一,因此,在供需关系发生后,采购方也会采取多种措施来降低自己取得最优产品和服务的成本。能够提供最大供应价值的供应商是所有采购企业都希望与之合作的。

④淘汰不合格的供应商,开发有潜质的供应商,不断推陈出新。采购企业与供应商之间并非是从一而终的既定关系。双方都会不断地审视和衡量自身利益是否在和对方的合作中得以实现,不符合自身利益的合作伙伴最终会被摒弃。

⑤维护发展合作良好的且长期稳定的供应商合作关系。越来越多的企业意识到,同供应商发展战略伙伴关系更加有利于自身的长远发展,这是经过市场检验过的基本规律。采购企业谋求的应该是同供应商的长期的伙伴关系。

企业在选择供应商时,以及双方供需关系确立以后,都必须将以上几点作为评选供应商的根本原则。

2. 供应商评选的操作步骤

供应商的评估和选择程序可以归纳为图3.4所示的七个步骤。在实际操作时,企业必须确定各个步骤的开始时间。每一个步骤对企业来说都是动态的(企业可以自行决定先后和开始时间),是一次改善业务的过程。

(1)分析市场竞争环境

分析市场竞争环境的目的在于找到针对哪些产品开发供应合作关系才有效,企业必须在需求分析的基础上,知道现在的产品需求是什么、产品的类型和特征是什么,以此来确认客户的需求,确认是否有建立供应关系的必要。如果已建立供应合作关系,则根据需求的变化确认供应合作关系变化的必要性,同时根据需要对部分供应商,结合供应商的初步调查以及深入调查情况,来分析现有供应商的现状,总结企业存在的问题。

(2)确立供应商选择目标

企业必须确定供应商评价程序如何实施,而且必须建立实质性的目标。供应商选择评价

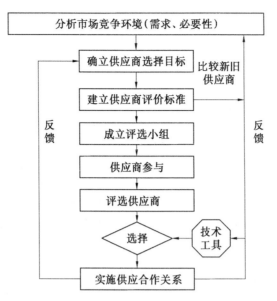

图 3.4 供应商评估、选择程序

不仅仅是一个简单的过程,它本身也是企业自身的一次业务流程重构过程。如果实施得好,就可以带来一系列的好处。

(3)建立供应商评价标准

供应商评价指标体系是企业对供应商进行综合评价的依据和标准,是反映企业本身和环境所构成的复杂系统的不同属性的指标,是按隶属关系、层次结构有序组成的集合。不同行业、企业,不同产品需求和环境下的供应商评价指标体系可能各有不同,但不外乎都涉及以下几个可能影响供应链合作关系的方面:供应商业绩、设备管理、人力资源开发、质量控制、成本控制、技术开发、客户满意度、交货协议等。

(4)建立供应商评选小组

企业必须建立一个专门的小组来控制和实施供应商评价,这个小组的成员以来自采购、质量、生产、工程等与供应链合作关系密切的部门为主。这些成员必须有团队合作精神,而且还应具有一定的专业技能。另外,这个评选小组必须同时得到采购企业和供应商企业最高领导层的支持。

(5)供应商参与

一旦企业决定实施供应商评选,评选小组必须与初步选定的供应商取得联系,来确认他们是否愿意与企业建立供应关系,是否有获得更高业绩水平的愿望。所以,企业应尽可能早地让供应商参与到评选的设计过程中。然而,企业的力量和资源毕竟是有限的,只能与少数关键的供应商保持紧密的合作关系,所以在能够满足本企业供应任务的条件下,参与评选的供应商应该尽量少一些。

(6)评选供应商

评选供应商的一个主要工作是供应商调查,收集有关供应商生产运作等全方位的信息。根据企业需要,在供应商初步调查和深入调查基础上,就可以利用一定的分析工具和技术方法进行供应商的评选了。

(7)实施供应合作关系

在实施供应合作关系的过程中,市场需求将不断变化。企业可以根据实际情况的需要及时修改供应商评选标准,或重新开始供应商评估选择。在重新选择供应商的时候,应给予新旧供应商以足够的时间来适应变化。

3. 供应商选择的方法

选择供应商的方法有许多种,要根据供应商的数量、供应商的生产规模和生产能力,结合本企业所采购物品的特点、采购的规模以及采购的时间性要求等因素具体确定。下面列举几种常见的选择方法。

(1)直观判断法

直观判断法是指通过调查、征询意见、综合分析和判断来选择供应商的一种方法。这是一种主观性较强的判断方法,主要是倾听和采纳有经验的采购人员的意见,或者直接由采购人员凭经验做出判断。这种方法的质量取决于对供应商资料掌握得是否正确、齐全和决策者的分析判断能力与经验。这种方法的运作方式简单、快速、方便,但是缺乏科学性,受掌握信息的详尽程度限制,常用于选择企业非主要原材料的供应商。

(2)评分法

评分法是指依据供应商评价的各项指标,按供应商的优劣档次,分别对各供应商进行评分,选得分高者为最佳供应商。供应商的选择与评估是一个多对象、多因素(指标)的综合评价问题,有关此类问题的决策已经建立了几种数学模型。它们的基本思路是相似的,先对各个评估指标确定权重,权重可用数字 $1\sim10$ 之间的某个数值表示,可以是小数(也可取 $0\sim1$ 的一个数值,并且规定全部的权重之和为1);然后对每个评估指标打分,也可用 $1\sim10$ 的一个数表示;再对所得分数乘以该指标的权重,进行综合处理后得到一个总分;最后根据每个供应商的总得分进行排序、比较和选择。

(3)采购成本比较法

对于采购商品质量与交付时间均满足要求的供应商,通常是进行采购成本比较,即分析不同采购价格和采购中其他费用的支出,以选择采购成本较低的供应商。采购成本一般包括售价、采购费用、交易费用、运输费用等各项支出的总和。采购成本比较法是通过计算分析,针对各个不同供应商的采购成本,选择采购成本较低的供应商的一种方法。

(4)招标法

当采购物资数量大、供应市场竞争激烈的时候,可以采用招标方法来选择供应商。它是由采购单位提出招标条件,各投标单位进行竞标,然后采购单位决标,与提出最有利条件的供应商签订协议。招标方法竞争性强,采购单位能在更广泛的范围选择供应商,以获得供应条件有利、价格便宜、符合企业需要的物资。但招标方法手续繁杂,时间长,不能适应紧急订购的需要;订购机动性差,有时订购者了解不够,双方未能充分协商,造成货不对路或不能按时到货。

(5) 协商选择方法

在可供单位多、采购单位难以抉择时,也可以采用协商选择的方法,即由采购单位选出供应条件较为有利的几个供应商,同他们分别进行协商,再确定合适的供应商。和招标方法比较,协商选择方法因双方能充分协商,在商品质量、交货日期和售后服务等方面较有保证;但由于选择范围有限,不一定能得到最便宜、供应条件最有利的供应商。当采购时间紧迫,投标单位少,供应商竞争不激烈,订购物资规格和技术条件比较复杂时,协商选择方法比招标方法更为合适。

三、供应商关系管理

从传统的供应商关系管理发展到现代的供应商关系管理,企业在供应商管理方面有了很大的创新。通过表3.1的比较可以看出,两种管理模式有着根本的区别。目前,许多企业将供应商关系管理提高到了公司战略的高度来对待,并且在实践中继续不断探求管理与供应商关系的合适方法与途径。

表3.1 传统供应商关系管理与现代供应商关系管理的比较

比较项目	传统供应商关系管理	现代供应商关系管理
供应商数目	多数	少数
供应商关系	短期、买卖关系	长期合作、伙伴关系
企业与供应商的沟通	仅限于采购部与供应商销售部之间	双方多个部门沟通
信息交流	仅限于订货收货信息	多项信息共享
价格谈判	尽可能低的价格	互惠的价格,双赢
供应商选择	凭采购员经验	完善的程序
供应商对企业的支持	无	提出建议
企业对供应商的支持	无	技术支持

1. 供应商关系分类

供应商分类是供应商关系管理的先行环节,只有在供应商细分的基础上,企业才有可能根据细分供应商的不同情况实行不同的供应商关系策略。企业与供应商之间的目标关系大致可以分成五种:短期目标型、长期目标型、渗透型、联盟型、纵向集成型。

(1) 短期目标型

这种类型的最主要特征是双方之间的关系是交易关系，即买卖关系。双方希望能保持比较长期的买卖关系，获得稳定的供应，但是双方所做的努力只停留在短期的交易合同上。各自关注的是如何谈判，如何提高自己的谈判技巧，使自己获利，而不是考虑如何改善自己的工作，使双方都获利。供应方最多提供标准化的产品或服务，以保证每一笔交易的信誉，当买卖完成时，关系也终止了，双方只有供销人员之间有联系，其他部门人员一般不参与双方之间的业务活动。

(2) 长期目标型

与供应商保持长期关系的好处在于，双方有可能为了共同利益对改进各自的工作感兴趣，并在此基础上建立起超越买卖关系的合作关系。长期目标型的特征是建立一种合作伙伴关系，双方的工作重点是从长远利益出发，相互配合，不断改进产品质量与服务质量，共同降低成本，提高供应链的竞争力。合作的范围遍及企业内的多个部门。例如由于是长期合作，对供应商就有了新的技术要求，而供应商目前还没有相应能力，在这种情况下，可以对供应商提供技术、资金等方面的支持。供应商的技术创新和发展也会促进企业产品的改进，所以对供应商进行技术支持与鼓励是有利于企业长远利益的。

(3) 渗透型

这种关系形式是在长期目标型基础上发展起来的。其管理思想是把对方企业看成为自己企业的延伸，是自己的一部分，因此，对对方的关心程度大大提高。为了能够参与对方的业务活动，有时会在产权关系上采取适当的措施，如互相投资、参股等，以保证双方利益的共享与一致性。在组织上也会采取相应措施，保证双方派员加入对方的有关业务活动。这样做的优点是可以更好地了解对方的情况，供应方可以了解自己的产品在对方是怎样起作用的，容易找到改进的方向，而采购方可以知道供应方是如何制造的，也可以提出改进的要求。

(4) 联盟型

联盟型是从供应链的角度提出的。它的特点是从更长的纵向链条上管理成员之间的关系来考虑问题，难度提高了，要求也更高。由于成员增加，往往需要一个处于供应链上核心地位的企业出面协调成员之间的关系，这个企业被称为主导者。

(5) 纵向集成型

这种类型被认为是最复杂的关系类型，即把供应链上的成员整合起来，像一个企业一样，但各成员是完全独立的企业，决策权属于自己。在这种关系中，要求每个企业在充分了解供应链的目标、要求，以及充分掌握信息的条件下，能自觉做出有利于供应链整体利益的决策。

2. 供应商的激励

要保持长期供需双赢的合作伙伴关系，保证采购企业物资供应顺利进行，充分发挥供应商的积极性和主动性，对供应商给予适当激励是非常必要的，也是非常重要的。没有有效的激励机制，就不可能维持良好的供应关系，因此，在激励机制的设计上，要体现公平、一致的原则。

要给予供应商价格折扣和柔性合同,以及采用赠送股权等,使供应商和本企业共同分享成功,同时也使供应商从合作中体会到供需合作双赢机制的好处。一般而言,有以下几种激励模式可供参考。

(1)价格激励

供应商管理的思想虽然要求供需企业在战略上是相互合作关系,但是各企业的利益是不能被忽视的。供应链的各个企业间的利益分配主要体现在交易价格上。

有的采购企业在挑选供应商时,由于过分强调低价格的谈判,其结果影响了产品的质量、交货期等。看重眼前的利益是导致这一现象的一个不可忽视的原因,但出现这种劣质供应商排挤优质供应商的最根本的原因,是在签约前对供应商调查不充分、了解不够,没意识到报价低于合理价格以下,意味着违约风险的增加。

价格对企业的激励是显然的,适度调高价格能增强供应企业的积极性。不合理的低价,特别是让供应商无利可图的价格,会严重挫伤供应企业的积极性。

(2)订单激励

供应商获得更多的订单是一种极大的激励,在供应链内的企业也需要更多的订单激励。一般地说,一个制造商拥有多个供应商。多个供应商竞争来自于制造商的订单,更多的订单对供应商来说是一种激励。

(3)商誉激励

商誉是一个企业的无形资产,对于企业极其重要。商誉来自于供应链内其他企业的评价和在公众中的声誉,反映企业的社会地位(包括经济地位、政治地位和文化地位)。委托-代理理论认为:在激烈的竞争市场上,代理人的代理量(决定其收入)取决于其过去的代理质量与合作水平。从长期来看,代理人必须对自己的行为负完全的责任。因此,即使没有显性激励合同,代理人也有积极性努力工作,因为这样做可以改进自己在代理人市场上的声誉,从而提高未来收入。

(4)信息激励

在信息时代里,信息对企业意味着生存。企业获得更多的信息意味着企业拥有更多的机会、更多的资源,从而获得激励。信息对供应链的激励实质上属于一种间接的激励模式,但是它的激励作用不可低估。如果能够快捷地获得合作企业的需求信息,本企业能够主动采取措施提供优质服务,必然使合作方的满意度大为提高。这对在合作方之间建立起信任有着非常重要的作用。因此,企业在新的信息不断产生的条件下,始终保持着对了解信息的欲望,也更加关注合作双方的运行状况,不断探求解决新问题的方法,这样就达到了对供应链企业激励的目的。

信息激励机制的提出,也在某种程度上克服了由于信息不对称而使供需双方企业相互猜忌的弊端,消除了由此带来的风险。

(5) 淘汰激励

淘汰激励是一种负激励。优胜劣汰是世间事物生存的自然法则,供应商管理也不例外。为了使供应链的整体竞争力保持在一个较高的水平,供应链必须建立对成员企业的淘汰机制,同时供应链自身也面临淘汰。淘汰激励是在供应链系统内形成一种危机激励机制,让所有合作企业都有一种危机感。这样一来,企业为了能在供应链管理体系获得群体优势的同时自己也获得发展,就必须承担一定的责任和义务,对自己承担的供货任务,从成本、质量、交货期等负有全方位的责任。这一点对防止短期行为和"一锤子买卖"给供应链群体带来的风险也起到一定的作用。

(6) 共同开发新产品、新技术

新产品、新技术的共同开发和共同投资也是一种激励机制。让供应商全面掌握企业新产品的开发信息,有利于新技术在供应链企业中的推广,有利于开拓供应商市场。供应链管理实施好的企业,都将供应商、经销商甚至用户结合到产品的研究开发工作中来,按照团队的工作方式展开全面合作。在这种环境下,合作企业也成为整个产品开发中的一分子,其成败不仅影响制造商,而且也影响供应商及经销商。因此,每个人都会关心产品的开发工作,这就形成了一种激励机制,构成对供应链上企业的激励作用。

(7) 组织激励

在一个较好的供应链环境下,企业之间的合作愉快,供应链的运作也通畅,少有争执。也就是说,一个组织良好的供应链对供应链及供应链内的企业都是一种激励。减少供应商的数量,并与主要的供应商保持长期稳定的合作关系是制造商采取的组织激励的主要措施。

3. 供应商的控制

企业的不断发展要求企业逐步走上合作、联盟的道路。但在行业供应链的各个节点企业之间或多或少都存在着利益上的矛盾。供应商的不轨行为,有可能对相关企业和社会造成不确定性损失,因此在供应商关系管理中,供应商控制也是企业需要重视的一个领域,它包括控制供应商和防止供应商控制两个内容。控制供应商的方法主要有:

(1) 完全竞争控制

完全竞争控制是正常交易模型中的典范,它通过采购企业对其上游供应商的控制,来引起其供应商之间的竞争。通常,这种竞争近乎是完全竞争,它可以提高产品的质量并且降低购买价格。运用竞争来驾驭供应商的做法类似于"招标",只不过从内容和形式上都更加灵活。因此,通过完全竞争控制来实现对供应商的管理是行之有效的,也是企业采购管理中不可忽视的方面。当然,完全竞争控制有其适用性要求,在卖方垄断的市场上是无法使用这种方法的,而在买方垄断的市场上,完全竞争控制是可行的。

(2) 合约控制

合约控制是采购企业通过与供应商进行谈判、协商,根据双方的利益达成某种一致,并由双方签署框架协议。它的目的是使双方在今后的具体购销活动中能更好地履行各自的权利和义务,基于该合同产生的一切买卖行为都要以框架协议的规定为准。这种方式的特点为供需双方的关系比完全竞争控制密切,但又不像股权控制和管理输出控制那样紧密。因此,它更像是一种比较松散的合作。现在,很多大型企业都通过合约控制方式来进行供应商的管理。

(3) 股权控制

市场的激烈竞争使得采购企业日趋与其供应商建立一种比较亲密的伙伴关系,从而达到对供应商控制的目的。同时,作为供应商也希望能够与企业进行较长期的合作,实现稳定销售及发展。在这种情况下,双方就可以通过协商的方式互相购买对方的股份进行股权交换。在此过程中,双方需要在权利和义务上相互做出承诺和保证。此后,还要在信息、技术、数据和人员等方面进行交换,以实现对对方的监督和控制。因为股权交换关系到企业今后的发展,所以在实施这种方法的前期、中期及晚期都必须进行严谨的决策和认真的分析,保证合作的成功。

(4) 管理输出控制

管理输出控制是属于伙伴型供应商管理模式的一种控制方法,它往往与股权控制并存,是在股权控制或其他形式合作的企业之间,通过向对方企业输出管理人员,进行技术和管理支持,实现对对方企业状况的掌握、信息的了解。管理输出控制使得合作企业双方的关系更为密切,降低了双方的交易成本。

本章小结

1. 采购管理,就是指为保障企业物资供应而对企业采购进货活动进行的管理活动,是对整个企业采购活动的计划、组织、指挥、协调和控制活动。具体的采购管理,包括制订采购计划、采购活动的管理、采购人员的管理、采购资金的管理、运储的管理、采购评估价和采购监控,也包括建立采购管理组织、采购管理机制和采购基础建设等。

2. 企业采购管理的目标可分为四个方面:一是适时适量保证供应,不缺货;二是保证所采购物品质量;三是费用最省;四是协调供应商和管理供应链。

3. 采购管理策略,有基于准时制(JIT)下的采购策略、基于数量和价格的采购策略、基于品种的采购策略、招标采购策略、其他新型的采购策略等。

4. 采购实施过程,就是在确实了采购需求的基础上,企业把所制定的采购订货计划具体落实,根据既定的进度实施的过程。具体包括选择供应商、进行贸易谈判、签订采购合同、订货与接收、支付货款以及善后处理等,通过这样的具体活动完成一次完整的采购活动。

5. 供应商管理,是指对供应商的了解、选择、开发、使用和控制等综合性的管理工作的总称。其中,了解供应商是基础,选择、开发、控制是手段,使用是目的,供应商管理的目的,就是要建立起一支稳定可靠的供应商队伍,保障企业物资供应。供应商管理是企业采购管理中最重要、最关键的工作之一,是企业保证物料供应、确保采购质量和节约采购成本的重要环节。供应商管理是采购管理的重要内容,其中供应商选择与评估、供应商关系管理、供应商绩效管理与激励是供应商管理的核心内容。

6. 供应商分类是供应商关系管理的先行环节,只有在供应商细分的基础上,企业才有可能根据细分供应商的不同情况实行不同的供应商关系策略。企业与供应商之间的目标关系大致可以分成五种:短期目标型、长期目标型、渗透型、联盟型、纵向集成型。

复习思考题

一、判断题(正确的用√表示,错误的用×表示)

1. 采购需求分析要分析弄清采购管理机构所代理的全体需求者们究竟需要什么、需要多少、什么时候需要的问题,从而明确应当采购什么、采购多少、什么时候采购以及怎样采购的问题。( )
2. 采购只是一个商流过程,不是一个物流过程。( )
3. 招标采购一般是一项比较庞大的活动,牵涉面广,费时间,费精力,成本高。因此,并不是什么情况都要用招标投标的方法。( )
4. 所有采购都是从资源市场获取资源的过程。( )
5. JIT采购采用较多的供应商。( )
6. 采购管理和采购是一回事,二者之间没有区别。( )
7. 采购实施过程,就是在确定了采购需求的基础上,企业把所制订的采购订货计划具体落实,根据既定的进度实施的过程。具体来说,只有购买这一环节。( )
8. 了解供应商是基础,使用是手段,选择、开发、控制是目的,供应商管理的目的,就是要建立起一支稳定可靠的供应商队伍,保障企业物资供应。( )
9. 企业与供应商之间的目标关系大致可以分成五种:短期目标型、长期目标型、渗透型、联盟型、纵向集成型。( )
10. 供应商管理,是指对供应商的了解、选择、开发、使用和控制等综合性的管理工作的总称。( )

二、名词解释

采购 采购管理 供应商管理

三、简答题

1. 采购管理的内容主要有哪些?
2. 采购与供应有什么关系?
3. 简述采购实施过程管理的内容。
4. 可以把供应商关系分成哪几类?
5. 你可以通过哪些措施来激励和控制供应商?

四、论述题

本章介绍的采购策略有哪些,除了这些你还知道其他哪些采购策略?

【案例分析】

沃尔玛眼中的最佳供应商

2005年7月末,全球第一连锁巨头沃尔玛在上海的第一家店开业。当普通消费者争相涌进沃尔玛店铺选购商品的同时,许多制造商也在盘算着如何打入沃尔玛的采购体系。那么,怎样才能博得沃尔玛的青睐?或者说沃尔玛眼中的最佳供应商是什么样的呢?在不久前举办的世界经理人夏季论坛上,专家们对此有一番描述。

卖一万件还是卖一千件?

首先要弄清楚的是:进入沃尔玛采购体系对制造商来说会有什么好处?

"过来人"的经验往往是最好的证明。"袜业大王"浪莎集团海外销售的15%是通过沃尔玛实现的,尽管他们在抱怨由沃尔玛采购获得的利润低于国内市场的平均利润,但是浪莎依然希望能在未来几年间将通过沃尔玛的销售比重提升至50%左右。"国内市场已经饱和了,进入沃尔玛是帮助你打开全球通路的重要方式。"浪莎集团外贸部负责人说。

沃尔玛全球采购中国区域杂品部总经理黄育才分析了沃尔玛的低价为啥还能让自己、让供应商赚钱的道理:"沃尔玛会要求比较低的价格,但是就算采购的价格是一样的,沃尔玛可以比别人更有条件去赚钱,因为数量可以影响到你的成本,你给沃尔玛的货是一元钱,你给其他零售商也是一元钱,可你在沃尔玛卖一万件产品,跟你在其他店卖一千件产品成本是不一样的。"

专门从事帮助消费品生产商与大型零售商建立业务合作的美国银矿咨询公司总裁保罗·凯利认为,那些让沃尔玛成功的因素,比如高效率、快速将货物销售出去、低成本等,也是制造商成功的要素。他说,与沃尔玛做生意最大的好处或许就是可预见性。促销和其他短期手段容易误导供应商生产太多或者太少的产品,而沃尔玛通过每日的低价策略,使销售结果不再受此影响。这样,供应商就能更加高效和准确地安排计划、预测、购买原材料等,从而使利润更高。

[资料来源:http://buyer.top-sales.com.cn/Index.html]

问题:

1. 通过案例请回答进入沃尔玛采购体系对制造商来说会有什么好处?
2. 沃尔玛眼中的最佳供应商是怎样的?
3. 通过本案例,你会有怎样的启示?

参 考 文 献

[1] 王斌义.现代物流实务[M].北京:对外经济贸易大学出版社,2002.
[2] 张庆.物流管理[M].北京:科学出版社,2006.
[3] 徐杰,鞠颂东.采购管理[M].北京:机械工业出版社,2009.
[4] 梁军.采购管理[M].北京:电子工业出版社,2006.
[5] 黄福华,邓胜前.现代企业物流管理[M].湖南:湖南人民出版社,2005.
[6] 潘波,田建军.现代物流采购[M].北京:机械工业出版社,2005.
[7] 王槐林.采购管理与库存控制[M].北京:中国物资出版社,2008.

第四章
Chapter 4

物流战略管理

【本章导读】

过去,我国企业很少认识到物流的战略作用,物流重要的商业价值一直没有得到广泛利用或认同。20世纪90年代以后,越来越多的企业开始认识到物流在战略管理中的重要地位。这是经营环境的变化促使企业的经营视角发生了变化。现在,企业物流已经受到大多数行业与市场的重视。物流已经与企业的发展战略紧密联系到一起了,于是物流本身战略性发展也被提到议事日程上来。事实上,对物流与供应链管理在企业的竞争力和重要性的认识提高,使物流成为一个真正的战略问题,并把物流推向了企业战略的核心地位。制订合理的物流战略,对于经济的可持续发展意义深远。本章将通过分析推动物流战略管理发展的环境变量,讨论物流市场的经营战略。

【关键概念】

战略(Stralegy)

物流战略(Logistics Strategy)

物流战略管理(Logistics Strategy Management)

【学习目标】

通过对本章的学习,正确理解物流战略的含义、特征及内容,了解物流战略制订的环境分析及物流环境的新变化,掌握物流战略规划的基本内容,了解物流战略实施的制约因素;掌握物流战略控制的步骤与方法,了解物流战略管理的新策略。

【案例导入】

济南汽运总公司成功实施物流战略规划

济南汽运总公司作为山东省经贸委指定的"优化企业物流管理试点单位",近年来遵循物流业的发展规律,不断追踪业界新动态,在基础设施建设、网络建设、信息管理等方面都取得了长足的进步与发展,并以规范的管理、优质的服务赢得了众多大客户的青睐。

在确定发展物流战略之前,济南汽运总公司还在为日益萎缩的货运市场愁眉不展。为了探求新的发展道路,济南汽运总公司较早地接触并引进了物流经营管理理念。在南开大学物流专家组对公司进行了全面的系统调研之后,双方共同研究制定了《济运物流发展战略研究报告》,完全突破了"以货物位移为主"的传统货运经营思路束缚,提出了"以代理为龙头、以网络为基础、以场站为依托、以运力为配套、以多种方式联运为方向,向现代物流企业发展"的指导思想。与此同时,公司加快了物流经营的基础设施建设。

济南汽运总公司通过承运山东松下影像产业有限公司的产品,结识了松下物流公司(松下的专业物流子公司),并以优质的服务给对方留下了深刻的印象。在与日本松下物流公司合作过程中,济南汽运总公司坚持将学习融于服务,积极采纳、借鉴外方先进的管理经验,并根据自己的发展战略,积极开拓国际市场、加强网络建设和发展现代科技,在努力为松下物流公司提供优质服务的同时,有力地拓展了服务空间,提高了自身的竞争力。

济南汽运总公司还力图进入国际市场,并于1998年组建了山东贸通国际货运代理有限公司,经国家外贸部审验批准取得了国际货运一级代理权,可独立承办进口物资的制单、报关等多种业务。在网络建设方面,济南汽运总公司在山东省内建立了以强大的客运网络体系为依托的快运配送网络,主要以高时效、批量小、高附加值的小件货物为服务对象,在省外则致力于将原有的联运网络、零担货运网络改造为物流服务网络,并参加了中国物流联盟,与24家物流企业建立了稳定的关系。

面对飞速发展的信息技术,济南汽运总公司于1999年投资40万元与西安亚桥公司合作,开发了山东省内第一套专业物流管理信息系统,实现了对受托、配送、过程查询、管理、结算等环节的全程控制和自动化管理,目前正着手构筑基于微软主流平台和因特网技术的第三方物流信息系统。2000年9月,汽运总公司在济南市高新技术开发区修建了物流交易大厅,交易中心引进了大屏幕、微机自动查询、自动报价等先进科技设备,成为山东省内最大的货运信息交易中心。

济南汽运总公司经过与松下公司近五年的携手合作,服务能力有了极大的提高:仓储面积由1996年年初的5 000平方米增加到20 000平方米,各种运输车辆达到100余部,并与国内外几十家客户建立了稳定的合作关系。前不久,济南汽运总公司又与日本松下电器有限公司中国分公司正式签约,由济南汽运总公司全面代理其电器产品的整机、配件、样品机等货物品种的物流业务,负责在全国范围内为其提供多功能、一体化的综合性物流服务。这次新的合作,打破了以往以运输、仓储为主的单一服务模式,由济南汽运总公司根据松下公司需求自行设计服务方案,开始了真正意义上的物流运作。我们相信,济南汽运总公司在进行物流战略的规划与管理过程中,同时在为松下公司这样的知名企业服务的过程中,迅速成长为具有较强竞争能力的国内知名物流企业。

[资料来源:中国劳动咨询网 http://www.51Labour.com/2009年8月4日]

第一节 物流战略概述

一、物流战略的概念、特征与内容

1. 物流战略(Logistics Strategy)的定义

战略(Stralegy)原是一个军事术语,其本意是对战争全面的谋划与安排,后引入到各个领域。20世纪60年代被广泛用于企业管理,主要是对企业全局性、长远发展方向和指导思想的策划与研究,是对企业未来活动和发展筹划和部署,所以战略就是泛指重大的、带有全局长远发展的谋划,被引入物流领域,用于说明物流企业的未来发展规划,就称为物流战略。

物流战略是物流企业战略思想的集中体现,是企业经营范围、发展方向的科学规定,企业的一切活动都是围绕企业战略进行的。物流战略根据企业经营决策层次可以概括为企业战略、能战略、术战略,这其中还包括一些局部性的战略,如市场战略、争战略、象战略等。

所以物流战略就是指企业或其他组织为了适应未来环境的变化,为寻求物流的可持续发展,就物流发展目标以及达到目标的途径与手段而制定的长远性、全局性的规划与谋略。

2. 物流战略的特征

市场经济的发展带来了物流服务市场的巨大需求,为物流业提供巨大的发展机会,但物流市场的竞争也日趋激烈,物流企业必须制定适合自身要求的发展战略,物流战略一般具有以下特征:

(1) 全局性

物流战略是根据企业总体发展的需要而制定的,它以全局观实现对局部的领导与协调,发挥战略的主导性和整体优化效应,使整体发展目前能顺利实现,达到最大的经济效果。

(2) 长远性

物流战略是对企业未来发展的谋划。它考虑的是长期的和全局的利益,不会为眼前利益和局部利益所左右而改变策略,具有相对稳定性。只有在企业内外部环境发生重大变化时的特殊情况下,才会引起战略的转移。

(3) 纲领性

物流战略是物流企业发展总体纲领,企业发展的战略目标、战略步骤、战略重点都具有原则性、方向性,是发展的纲领,具有权威性的统领和指导作用。

(4)竞争性

战略是竞争的产物和需要,又是竞争的结果和有效工具。物流战略不仅要物流的内外部环境相适应,而且要面对市场的激烈竞争,必须面对复杂多变的市场环境,制定出自己的发展战略。而且物流企业间的战略也具有竞争性,获得市场、快速发展是其唯一目的。

(5)风险性

物流战略面临着市场的考验,成功与失败直接关系到企业的发展命运。由于未来环境的多变性和不确定性,所以物流战略制定必须结合市场的情况和未来的预期,充分考虑实现的可能性,采取应对风险的策略,根据变化的情况不断完善战略,以期减少风险,实现目标。

3. 物流战略的内容构成

物流企业的战略多种多样,但不论何种都包括以下基本内容。

(1)战略目标

战略目标是企业战略的灵魂,是企业使命的具体化,是企业在一定时期内实施战略、经受风险所要达到的预期结果或经营成果指标。它为整个物流系统设置了一个可见和可以达到的未来,是物流战略规划中各项策略制定的基本依据。

(2)战略方针

战略方针是为了实现物流战略目标所制定的行为规范和政策性决定,是战略的指导性准则,它在战略体系中处于关键和核心地位,对战略目标的实现起保证作用。

(3)战略措施

战略措施是实现战略目标、创造优势和竞争的主动地位而采取的具体方法和手段,其中包括战略实施中各种重要事件的短期决策。一般包括四个方面:研究变化、捕捉战机、调整行动、改变态势。

(4)战略步骤

战略步骤是整个战略实施期间根据特定战略任务而进行的前后顺序,它具有时序性。

(5)战略优胜条件

战略优胜条件是战略制定和取胜的决定性因素和条件,是制定战略的关键因素。

(6)战略机会

战略机会主要来自于外部,表现于外部一般环境的变化,这是制定企业物流战略的客观依据。

二、物流战略与企业战略的关系

企业战略管理是依据企业外部环境和自身条件的状况及其变化来制定和实施战略,并根据对实施过程与结果的评价和反馈来调整、制定新战略的过程。企业战略规划是企业战略管理的核心,包括企业理念、企业发展战略方向、阶段、目标、重点、措施、结构等总体战略;企业战略规划要通过战略实施加以实现,企业战略实施是将企业战略规划的宏伟蓝图变成现实的过程,主要包括企业战略结构调整、企业资源战略配置、企业年度计划、企业目标管理、企业绩效管理等。物流企业战略规划是物流企业在分析经营管理环境和自身资源条件的基础上,从整个供应链的角度,挖掘企业内部和物流服务在供应链中所创造的市场价值和企业的竞争优势,拟订物流企业战略规划,选择和实施适当的战略行动,保证物流企业可以持续获得长期竞争优势。

企业战略包括物流战略。物流战略已经成为企业战略重点内容之一,为企业长期发展服务,实施相应的战略举措。只有理解了公司战略,物流才能形成自己最好的战略。物流战略规划在许多方面支持着公司的战略规划,增加公司价值。

企业战略规划与职能部门战略规划的关系紧密,企业战略将会带动各职能部门战略的制定,因为后者包含在前者之中。战略管理与企业战略还存在一定区别。简单来说,企业战略是企业的一种谋划或方案,而战略管理则是对这个谋划或方案的制订、实施、控制的过程。

三、物流战略的类型

物流战略从不同角度可以有不同的划分方式。

1. 按照战略层次分类

(1)公司总体战略

这是物流企业最高层次的战略。它是为实现物流企业总体目标,对物流企业未来发展方向所作出的总体性战略;它是统筹物流企业各项分战略的全局性指导纲领。

(2)事业部战略

它是一种分散的物流战略。在分散物流条件下,各事业部也要制定发展战略。

(3)职能战略

职能战略(又称部门战略),它的特点是按照物流职能分别确定任务使用的资源。

2. 按照物流企业发展方向划分

(1)紧缩战略(又称撤退战略)

紧缩战略是指企业在一定时期内缩小物流规模或取消某些物流服务项目的一种战略。

(2)稳定战略(又称维持战略)

稳定战略是指企业在原来经营领域中逐渐取得优势地位,内部条件和外部环境又没有发生重大变化的一种巩固成果、维持现状的战略。

(3)成长战略(又称发展战略)

成长战略是指物流企业在现有基础水平上向更高一级的方向发展的战略。

3. 按照物流服务的范围广度和功能整合性不同划分

(1)先驱型物流战略

先驱型物流战略是一种功能整合度高、物流服务广的物流战略。这种物流战略一般适用于综合型专业化物流企业。

(2)功能结合型物流战略

功能结合型物流战略是指功能整合度高、物流服务范围较窄的物流战略。它通过系统化提高功能整合度来充分发挥竞争优势。

(3)运送代理型物流战略

运送代理型物流战略是指物流服务范围广、功能整合度低的物流战略,一般适用于物流市场中的运输代理者。

(4)缝隙型物流战略

缝隙型物流战略是指功能整合度低、物流服务窄的物流战略。该战略适用于经营资源数量和质量都受到限制的中小企业。

第二节　物流战略环境分析

物流战略环境分析是企业物流战略决策的前提和依据,主要包括企业物流的外部环境和内部环境的分析。外部环境又分为宏观环境分析和行业环境分析。

一、企业物流的宏观环境分析

宏观环境又称大环境,是指由国家政治、经济、技术以及社会文化等宏观因素构成的整个社会总体发展情况。宏观环境是物流企业无法改变的外部环境,是不可控的,但企业可以通过对宏观环境的分析,把握发展趋势,寻找物流业发展的机遇和空间,从而确定自己的物流发展战略。宏观环境分析就是通过分析宏观环境的变化对物流企业所产生的影响,以采取相应的应对策略的方法。一般采用 PEST(PEST,Political,Economic,Social,Technological)分析模型。

1. 政治和法律环境

政治环境包括:政治制度、政党制度、政府治国的重大方针政策、政治性社团组织的地位和作用等。

法律环境包括:国家制定的法律、法规、法令以及国家的执法机构等因素。具体到物流行业,我国政府经济管理部门作为宏观物流管理的主体,近年来在物流规划、物流政策制定等方面发挥着积极的作用。

2. 经济环境

经济环境是指一国的经济发展状况以及国家的经济政策,包括社会经济体制和经济结构、经济增长速度、宏观经济政策、就业水平、物价及消费水平、资本市场与货币市场的发育程度、利率及汇率水平等。经济环境对企业生产经营的影响更加直接和具体。目前中国经济的持续增长,其良好的投资环境使国际产业资本流入以及国内资本的跨地区、跨行业的流动带来了大量的物流需求,对中国物流业产生重大的推动作用。所以经济环境对企业的发展产生的影响是直接和现实的。经济环境的分析主要包含以下几个方面。

(1) 经济增长速度及其周期性
(2) 经济比例关系分析
(3) 消费分析
(4) 货币政策和财政政策

此外,国际收支状况、物价变动水平等都会影响经济的走势,进而影响物流业的发展。

3. 社会文化环境

社会文化发展水平的概况,包括社会结构、社会风俗习惯、文化底蕴、文化发展、价值观念、伦理道德与人口统计因素。社会文化在现代市场经济发展进程中不断变迁和发展,促进整个社会文化的结构重组,形成企业物流发展的新的社会基础和文化影响,为物流发展提供新的环境动力。

4. 科技环境

科技环境包括国家科学技术政策、措施、经费,企业所处产业的研究与开发投入情况,技术创新体制及其奖励政策,知识产权及专利的保护、科学技术产业化动态以及信息与电子技术发展可能带来生产率提高的前景等因素。企业在制定物流战略时,需考虑以下几个问题:

①现代科技带给企业物流新的发展机会和发展动力。
②现代科技提高企业物流管理水平。
③现代科技促进了企业物流装备的现代化发展。

二、企业物流的行业环境分析

行业环境指生产同一类型产品的企业所处的经济、政策环境与竞争状态。行业结构主要包括三个要素:行业集中度、产品差别和进入壁垒。因此在行业中存在着五种竞争力量:潜在的进入者、购买者和供应者讨价还价能力,替代品的威胁以及竞争对手的竞争。行业环境分析就是分析行业所处的生存和发展环境。总的来说包括以下几个方面:

1. 行业与经济周期分析

经济周期的变化会对行业产生重大影响,但对不同的行业影响不同。根据经济周期与行业发展的相互关系,可将行业分为增长型、周期型、防守型三种类型。物流企业服务的是各行业的物流运输、仓储、包装、加工等,所以在考虑自身行业发展的情况下,同时也要考虑所服务行业的发展情况和环境变化,从而制定自己的业务战略。

2. 行业的生命周期分析

大多数行业从产生到衰退要经历一个相当长的过程,这一过程又可分为不同的阶段,我们将行业发展必然经过的阶段及其特征表现概括为行业的生命周期,行业的生命周期一般分为:开拓阶段、扩张阶段、成熟阶段和衰退阶段。分析行业的生命周期,主要是把握行业的运行规律,做出正确的战略决策。我国的物流行业是一个新兴的市场,目前正处于快速的发展阶段,所以把握物流行业发展的机会,从长远的战略出发,才能将企业做强做大。

3. 竞争者分析

竞争者分析就是收集信息,确定企业的竞争对手或潜在的竞争对手,并对竞争对手运用的战略及其竞争手段可能对行业市场环境带来的影响等,进行全面的分析与评估,以制定竞争战略。根据波特的竞争模型,应从四个方面分析竞争对手,即竞争者的长远目标——这是分析竞争对手的关键;竞争者的现行战略——分析竞争者战略的优缺,以及实施能力和水平,采取相应的制胜战略;竞争者假设——指竞争者对自身和其他企业进行的主观假设,这些假设指它的行动方式和反击行为;竞争者的能力——即竞争者实现战略的能力,主要包括核心能力、增长能力、快速反应能力、应变能力、持久力等。

4. 影响行业的因素分析

影响行业的因素是多方面的,一般最主要的因素有:

①技术进步、产品或服务的更新换代。

②政府的政策。政府根据社会经济发展的需要而制定的政策会影响行业的兴衰。如对投资需求过大,产业比例失调的行业,通过税收、信贷等宏观调控等措施进行限制,对一些基础产业如农业、公共基础行业等进行鼓励和补贴措施等。

③社会习惯的改变。随着人们生活水平和受教育水平的提高,在物质生活满足的同时,更注重保健、环保产品和服务。快节奏的现代生活使人们更偏好快捷的交通和便利的消费。物流业就是应现代社会需求而成长起来的一个新兴行业。

三、企业内部环境分析

1. 企业的竞争地位分析

企业竞争实力的强弱与企业的生存能力、盈利能力有密切的关系,一个企业要在市场中立于不败之地,主要依靠雄厚的资金实力、规模经营优势、先进技术水平和物流服务设备、高效的经营管理等,而竞争力的强弱又集中表现在企业销售额及其增长的情况。

2. 企业的盈利能力分析

企业销售额的增长并不代表企业利润的同步增长,所以必须进行盈利能力分析。盈利水平是企业生产经营状况的综合反映。物流企业不仅要占有一定的市场份额,更应注意提高企业的盈利水平。利润是企业生存的根本。在企业战略组成中,应裁减那些盈利小而占有资源多的项目或业务,整合提高那些盈利水平高、有发展潜力的项目,并提升服务水平,使其成为"明星业务"或"金牛业务"。一般公司的盈利能力是借助一些财务指标来衡量的,如利润率、净利润、净资产收益率等。

3. 企业物流资源分析

物流资源是企业经营的基础条件,它是指贯穿于整个企业物流各环节的一切物质与非物质形态的生产要素,主要包括有形资源和无形资源两大类。有形资源主要指物流设备、设施、资金等;无形资源主要包括人力资源、组织资源、技术资源、企业文化等。对这些资源的分析就是对现有的人、财、物进行核实并进行优化配置,以提高其使用效率,形成企业的核心竞争力。

4. 企业经营管理能力分析

企业的经营效率和管理能力直接影响企业的盈利和长期发展,尤其是对物流企业来说,如何优化配置资源开拓市场,调度协调各种设备、业务,是检验管理者能力的重要标准。一般企业的经营效率和管理能力可以从几个方面来分析,即公司行政管理人员的素质和能力分析、经营管理效率分析、多种经营和新产品、新业务开发能力分析、运用现代管理方法和经营扩张能力分析以及团队精神等。

第三节 物流战略管理与规划

物流战略已经与企业的发展战略紧密联系到一起了,将物流和企业的生存与发展直接联系起来的战略说法,对促进物流的发展有重要意义,企业不追求物流的一时一事的效益,而着眼于总体、着眼于长远。面对激烈竞争的市场形势,我国的企业必须重视物流战略的规划与管理。

一、物流战略管理

1. 物流战略管理的概念

物流战略管理(Logistics Strategy Management)是指通过物流战略设计、战略实施、战略评价与控制等环节,调节物流资源、组织结构等最终实现物流系统宗旨和战略目标的一系列动态过程的总和。物流战略管理是企业管理的核心内容,其重点是科学地制定战略和实施战略,而制定战略和实施战略的关键是对企业外部环境的分析以及对企业物流资源、条件的评价,以此来确定物流战略目标。

2. 物流战略管理的特征

(1)物流战略管理属于高层管理范畴

战略管理主要是对企业未来的整体经营活动实行战略性的管理,是一种关系企业长远生存与发展的管理,而不是企业的日常管理,也不是企业的各项职能管理,尽管企业战略管理可能会对企业日常管理或职能管理提出具体的要求。

(2)战略管理要求整体性综合管理

它超越一般的职能管理范围,力求把握企业的总方向和总目标。战略管理不单纯是制定企业进攻、防守、成长、紧缩或撤退等策略,也不单纯是运输、仓储、配送、流通加工、装卸、财务、人力资源等职能战略。而是要求管理人员能够运用各种经济管理知识,将物流系统各种职能性管理活动综合起来、协调一致,以便实现企业物流战略的总目标。

(3)企业战略管理需要动态应对

企业战略管理的目标是使企业内部因素与外部环境因素相适应,从而实现企业的目标。

而物流管理对外部环境因素的变化反映较强,所以企业的战略管理活动也必须时时随之调整,特别是现今环境不确定性越来越大,高层管理人员要具有战略的思想和眼光,经常洞察、预测、分析外部环境,对环境变化不仅能够迅速作出反应,甚至能够作出预先反应来影响环境。此外,企业战略管理活动自身可能具有的偏差也加大了企业战略管理的动态性。

(4)战略管理追求企业长期生存、发展以及战略竞争能力的提高

它要求企业最高管理层能够有效地实施适应环境的战略,重视企业长期的经济效益和发展潜力,而不是把着眼点放在短期经营成果和利益上。

3. 物流战略管理目标

从物流的内涵和功能可知,发展现代物流对企业的战略意义首先是可以降低成本;在此基础上,使物流为企业的利润增长和市场份额的扩大作出贡献;若从长远和战略的观点去思考物流在企业经营中的定位,则将物流从企业日常管理系统水准升华到经营结构层面,建立起战略物流的理念。所以物流的战略的目标可以概括为以下几个方面:

(1)物流战略管理的成本最小

① 成本最小,是指降低可变成本,主要包括运输和仓储成本,如物流网络系统的仓库选址、运输方式的选择等。

② 面对诸多竞争者,公司应达到何种服务水平是早已确定的事情,成本最小就是在物流战略管理保持服务水平不变的前提下选出成本最小的方案。

(2)物流战略管理的投资最少

① 投资最少,是指对物流战略管理系统的直接硬件投资最小化从而获得最大的投资回报率。

② 保持服务水平不变的前提下,可以采用多种方法来降低企业物流战略管理的投资,例如,不设库存而将产品直接送交客户,选择使用公共而非自建仓库,运用JIT策略来避免库存,或利用第三方物流服务等。

(3)物流战略管理的服务改善

① 服务改善,是提高竞争力的有效措施。

② 随着市场的完善和竞争的激烈,顾客在选择公司时除了考虑价格因素外,及时准确的到货也越来越成为公司的有力的筹码。

③ 高的服务水平当然要由高成本来保证,因此权衡综合利弊对企业来说是至关重要的。

④ 服务改善的指标值通常是用顾客需求的满足率来评价,但最终的评价指标是企业的年收入。

二、物流战略管理的内容

物流战略管理在组织内是分层的,一般分为三个层次,即公司战略、业务战略或竞争战略、职能战略。对于经营单一事业的企业,其公司战略与业务战略就是等同的,不必加以区别。

1. 公司战略(Corporate Strategy)

公司战略也就是物流企业的主体战略,主要决定企业未来的长期主营方向、规模以及实现这些目标的措施等的总体筹划,是战略体系的主体和基础,起着统领全局的作用。公司战略主要关注整个公司的经营范围,从结构、财务和发展的角度来考虑如何经营,主要包括一体化战略、多元化战略。

(1)一体化战略

一体化战略是指物流企业充分利用自己在提供运输、货运代理、仓储、配送以及产品、技术、市场上的优势,根据物流的战略要求,使企业不断地向深度和广度发展的一种战略。一体化战略是企业一个非常重要的成长战略,有利于深化专业协作,提高资源的综合利用效率。一体化战略还包括纵向一体化战略和横向一体化战略。

(2)多元化战略

多元化战略指企业为了更多地占领市场和开拓新市场,或避免单一经营的风险,往往选择进入相关或非相关领域的一种战略。相关多元化战略是指企业进入与企业现在的业务在价值链上具有竞争性、有价值的战略匹配关系的新业务。不相关多元化战略,也称集团多元化战略,是指企业通过收购、兼并其他企业或者在其他毫无关系的行业投资、收购,把业务拓展到其他行业中去。

(3)并购与战略联盟

并购与战略联盟指在市场机制下企业为获得其他企业控制权而进行并购的产权交易活动。

2. 业务战略或竞争战略(Competitive or business Strategy)

业务战略是指针对不断变化的市场环境,在企业各自的经营领域有效地开展竞争。该战略主要是关心开发哪些业务或服务,关心目标市场顾客的满意程度以及公司目标的实现程度。主要涉及在市场中如何竞争及如何在竞争中获胜。为了保证企业获得竞争优势,物流企业要有效地控制资源的分配和利用。同时业务战略还要协调各职能层面的战略,使之成为一个统一的整体。竞争战略主要包括:

(1)成本领先战略

成本领先战略是指企业通过内部加强成本控制,在货物运输、仓储、配送、流通加工、装卸和广告等流程中把成本降到最低限度,成为物流行业中的成本最低领先者的战略。该战略可使企业凭借成本优势,在激烈的市场获得有利的竞争地位。

(2)差异化战略

差异化战略是提供与众不同的物流服务,满足顾客特殊的需求,形成竞争优势的战略。企业形成这种战略主要是依靠物流服务的特色,而不是产品和服务的成本,但差异化战略并不是可以忽视成本,它可以形成进入障碍、防止其他企业跟进模仿的威胁,形成企业的核心竞争力。

(3)集中化战略

根据市场细分的原则,把经营的战略重点放在一个特定的目标市场上,为特定的地区或特定的购买者集团、生产者集团提供特殊的或全方位的物流服务。

以上的成本领先与差异化战略都是面向物流全行业进行的活动,而集中化战略是围绕一个特定的目标进行密集型的物流服务活动,要求比竞争对手提供更有效的服务。以上三种战略也可以同时运用。

3. 职能战略(Operational Strategies)

职能是在公司战略领导下,按照专门职能将企业战略进行落实和具体化,它是将企业总体战略转化为职能部门具体行动计划的过程,根据这些计划,职能部门可以清楚地认识到本部门的责任和要求。它具体包括以下战略:

(1)服务战略

服务战略就是根据所选定的目标市场和客户群体构造物流系统时应遵循的指导思想以及在这种思想指导下的一系列的对物流活动的计划、执行和控制。服务战略的实施需要运输、仓储、配送、流通加工、装卸等各部门共同协作,在各个流程中降低成本和增大某种竞争优势,以支持企业总体战略的实现。

(2)营销战略

物流企业也需要采取现代的市场营销手段。通过市场营销而获得市场份额,扩大物流服务领域的具体决策或规划。它主要指市场营销竞争战略,市场细分、目标市场选择、市场定位是营销战略过程的三个环节;而服务策略、渠道策略、价格策略则归为营销组合策略的内容。市场营销战略取决于企业在市场中所处的地位,通常用市场占有率来衡量,该指标是企业竞争地位最集中、最综合、最直接的反映。

(3)人力资源战略

人力资源战略是根据企业总体战略要求,为适应企业生存和发展的需要,对企业人力资源进行开发,提高人力资源整体素质,发现和培养优秀人才所进行的长远性的谋划或方略,它是为企业总体战略服务的,也是企业走向辉煌的关键,主要包括人力资源开发战略、人力资源使用战略等。

(4)财务战略

财务战略就是企业对未来时期资金运作的决策或规划。企业财务战略的主要任务就是在对现有的资金市场充分认识的基础上,根据企业财务的实际情况,选择企业的投资方向,确定融资渠道和方法,调整企业内部的财务结构,保证企业经营活动对资金的需求,以最佳的资金利用效果帮助企业实现物流业发展的战略目标。

三、企业物流战略规划与设计

贯穿于生产和流通全过程的物流,在降低企业经营成本,创造"第三利润源"的同时,也在全球的市场竞争环境下,发挥着举足轻重的作用,物流成为企业经营主角的时代已经到来。很多企业虽然认识到发展物流的潜力,但往往感到无从着手。所以,要获得高水平的物流绩效,创造顾客的买方价值和企业的战略价值,必须了解一个企业的物流系统的各构成部分如何协调运转与整合,并进行相应的物流战略规划与设计。一个企业物流战略通常表现在五个重要层次上,它们构成物流战略环形图,确立了企业设计物流战略的框架。

1. 物流战略层

物流战略层确立物流对企业战略的协助作用,建设两大平台和两大系统。

物流首先是一种服务,企业建设物流系统的目的首先是为了实现企业的战略,所以企业发展物流必须首先确立物流规划与管理对企业总体战略的协助作用。同时,企业现代物流的发展必须建设两大平台和两大系统,即基础设施平台和信息平台,信息网络系统和物流配送系统。在进行企业物流规划管理最初必须进行企业资源能力的分析,充分利用过去和现在的渠道、设施以及其他各种资源来完善企业的总体战略并以最少的成本和最快的方式建设两大平台和两大系统。

2. 物流经营层

物流经营层通过顾客服务建立战略方向。

物流活动存在的唯一目的是要向内部和外部顾客及时准确交货,无论交货是出于何种动机或目的,接受服务的顾客始终是形成物流需求的核心与动力。所以,顾客服务是制定物流战略的关键。而且,要执行一项营销战略,必须要考察企业在与争取顾客和保持顾客有关的过程中的所有活动,而物流活动就是这些关键能力之一,可以被开发成核心战略。在某种程度上,企业一旦将其竞争优势建立在物流能力上,它就具有难以重复再现的特色。

3. 物流结构层

物流结构层是物流系统的结构部分,包括渠道设计和设施的网络战略。

企业的物流系统首先应该满足顾客的服务需求,而物流系统的渠道结构和设施网络结构提供了满足这些需求的物质基础。物流渠道设计包括确定为达到期望的服务水平而需执行的活动与职能,以及渠道中的哪些成员将执行它们。渠道体系设计需要在渠道目标的制定、渠道长度和宽度的评价、市场、产品、企业以及中间商因素的研究、渠道成员的选择及职责、渠道合作等方面认真分析与判断,因为体系一旦实施,常常无法轻易地改变。随着顾客需求变化和竞争者的自我调整,渠道战略必须再评价以维持或增强市场地位。

企业物流设施的网络战略要解决的问题有:设施的功能、成本、数量、地点、服务对象、存货类型及数量、运输选择、管理运作方式(自营或向第三方外包)等。网络战略必须与渠道战略以一种给顾客价值最大化的方式进行整合。涉及和3PL提供商的合作,物流网络可能会变得更为复杂,也比传统网络更加灵活,因此,对现有的仓储业务、库存配置方针、运输管理业务、管理程序、人员组织和体系等进行革新是明智之举。在动态的、竞争的市场环境中,也需要不断地修正设施网络以适应供求基本结构变化。

4. 物流职能层

物流职能层是物流战略职能部分,尤其是运输、仓储和物料管理。

物流战略规划职能部分主要是对企业物流作业管理的分析与优化。运输分析包括承运人选择、运输合理化、货物集并、装载计划、路线确定及安排、车辆管理、回程运输或承运绩效评定等方面的考虑;仓储方面的考虑包括设施布置、货物装卸搬运技术选择、生产效率、安全、规章制度的执行等;在物料管理中,分析可以着重于预测、库存控制、生产进度计划和采购上的最佳运作与提高。

5. 物流执行层

物流执行层是日常的物流管理问题。

企业物流战略规划与管理的最后一层为执行层,包括支持物流的信息系统、指导日常物流运作的方针与程序、设施设备的配置及维护,以及组织与人员问题。其中,物流信息系统和组织结构设计是其中最为重要的内容。

组织一体化、供应链整合、虚拟组织、动态联盟、战略联盟、战略伙伴、企业流程再造、敏捷制造等发生在组织管理领域的变革,需要以全新的思维认识企业,同时,物流管理也要对变革作出积极的反应。一个整合的、高效的组织对成功的物流绩效是重要的。一体化的物流管理并不意味着将分散于各职能部门中的物流活动集中起来,单一的组织结构并非对所有的企业都是适宜的,关键在于物流活动之间的协调配合,要避免各职能部门追求局部物流绩效的最大化。物流战略规划设计图,如图4.1所示。

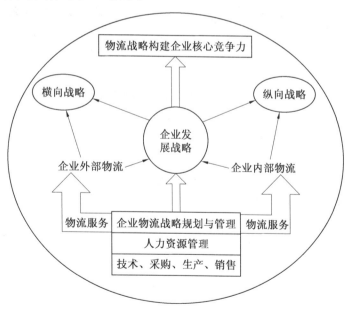

图4.1 物流战略规划设计图

四、企业物流发展战略

我国的物流企业还处于向现代物流企业转变的起步阶段,企业之间的发展很不平衡,所以,选择的企业发展战略也有较大差异。概括起来,我国物流企业主要有六大提高核心竞争能力、争取竞争优势的发展战略。

1. 成本领先战略

形成企业核心竞争力的有效途径之一,是物流企业通过寻求并形成本优势,成为物流产业中低成本经营,提供低成本物流服务的企业所采取的相关战略。在这种战略思想的指导下,物流企业需要将目标确定为较为集中的客户需求,向客户集中的地区提供快速优质服务,通过储运资源和库存政策的合理配置,使物流总成本最小,确立竞争的优势地位。物流企业经营范围广泛,为多个产业部门服务,其经营面往往对其成本优势的确立具有举足轻重的作用。物流企业为取得成本领先地位,就需要在满足客户基本需求的前提下,按照有效库存和系统目标,对物流系统包括物流管理系统进行整合,以求在低成本条件下达到最佳的服务水平。成本领先战略的成功取决于企业日复一日地实际实施该战略的技能。成本不会自动下降,成本领先是物流企业上上下下艰苦工作和持之以恒地重视成本工作的结果。

2. 优质服务战略

随着市场竞争的加剧,服务的重要性日益突出,它已经逐渐成为物流企业在市场竞争中取胜的关键。服务观念是企业必须具备的经营思想,如何提高服务质量是每个企业尤其是服务型企业面临的主要课题。物流企业可以通过优质服务吸引市场上更多的顾客,以弥补自身资金、技术或功能等方面的缺陷,在竞争中占一席之地,并在今后的经营过程中不断完善,发展壮大。物流企业为追求最佳的顾客满意的物流服务,从物流系统设计开始就要从成本最小化转移到追求物流系统效应最大化上来,通过充分利用物流服务设施,认真规划线路布局,尽量缩短运输时间,并针对不同客户的个性化需求,提供个性化物流服务。

3. 集中化战略

集中化战略也称为聚焦战略,是指企业的经营活动集中于某一特定的顾客群、产品线的某一部分或某一地域市场上的一种战略。这种战略的核心是瞄准某个特定的用户群体,某种细分的产品线或某个细分市场。具体来说,物流企业的集中化战略可以分为物流服务功能集中化战略、用户群集中化战略和物流服务区域集中化战略。集中化战略的目的是建立物流企业的核心竞争力。因此,企业经营活动必须局限在一定范围内,把资源集中使用到最能发挥作用的目标市场上去。科学合理地进行市场细分,准确地选择目标市场,正确地制定集中化战略,是企业建立核心竞争力的重要发展战略。

4. 一体化战略

一体化战略是指企业利用自己在服务功能、技术设备和市场上的优势,根据物资流动的方向,使企业不断地向深度和广度发展的一种战略。在现有业务的基础上或是进行横向扩展,实现规模的扩大;或是进行纵向扩展,整合生产和销售企业的物流系统和物流功能,实现在同一物流价值链上的延长。物流企业整合不同业务单位的物流功能,使外部市场活动内部化,提高物流企业规模化经营水平,从而使物流企业和客户以较少的投入实现更加专业化的生产和更高的物流效率。物流企业的一体化战略可分为横向一体化和纵向一体化。横向一体化战略是指企业兼并或整合其他物流企业达到规模扩张,在规模经济性明显的产业中使企业获取充分的规模经济,从而大幅降低成本,取得更大的竞争优势。同时,减少竞争对手的数量,扩大自己的市场份额,增强企业在未来市场中的竞争优势。纵向一体化战略是企业经营在业务链上的延伸。物流企业的纵向一体化主要是指企业向自己业务链的前方发展而采取相应的战略措施。纵向一体化使企业更接近其客户,甚至完全承担起其物流任务,作为客户整个经营系统的重要组成部分。物流企业通过进入物流价值链上游或下游可以节约相关交易成本,更好地为客户服务,提高协同效率,从而取得一体化的经济。

5. 柔性战略

柔性战略是指物流企业所提供物流服务可以适应市场的激烈竞争和客户需求的不断变化,以战略设计的灵活性创造经营机会。传统战略是以目标为导向,而柔性战略则强调机会等同,它强调通过战略设计获得更多的经营机会,而不仅仅考虑战略规划的实现指标,要求给企业以足够选择来应付各种局面,因而创造机会就成为柔性战略的核心内容。对于现代物流企业来讲,其面临的竞争日趋激烈,客户需求不断变化,传统的储运服务已很难适应不断变化的市场的需要,所以,物流企业必须提高其适应性和灵活性,在柔性战略思想指导下,真正实现物流的高效率和个性化服务。

6. 网络化战略

服务经营网络化战略就是物流企业之间进行横向纵向整合,结合集团化战略,努力拓展自己的经营网络和服务网络,使物流业涵盖的领域尽量扩大,使物流服务延伸到社会生活的各个方面。服务经营网络化战略是一种市场竞争战略,一旦企业占领了某一市场,该企业就具有在这一领域的竞争优势。现代信息技术的发展为物流企业网络化服务战略的实施提供了技术基础,各网络结点之间可利用互联网,利用物流系统信息平台及先进通信手段,实现企业内部、企业之间、企业与客户之间的信息实时交换。我国物流企业现状决定了其要想迅速壮大,必须走集团化的道路。我国现在的物流企业,无论是仓储企业、运输企业还是货代企业都缺少规模较大的龙头企业,企业规模普遍偏小,技术装备也较为落后。在这样的情况下,企业缺乏规模优势,也缺乏技术优势和人才优势,只有通过成立企业集团,整合现有资源,提高技术装备的现代化水平,避免恶性竞争,才能够摆脱弱小的现状,走向强大。

第四节　物流战略的实施与控制

一、制订物流战略的实施计划

物流战略的实施计划是实现物流战略的前提和条件,它包括执行物流战略规划和物流战略行动计划。物流战略规划是对物流战略全局性的统筹安排,执行物流战略规划是将战略所规定的目标、阶段、重点和对策细化成具体的行动措施和要求的实施行为;战略行动计划是完成物流战略所需的关键步骤和重大举措,其制定目的是为战略的实施指明具体行动方向。

1. 物流战略实施计划就是采取何种方法和措施实施战略的行动方案

根据所考虑时间长短的不同可以分成三个层面:战略层面、策略层面和执行层面。战略层面考虑的是一年以上的实施计划;策略层面考虑的是一年内的实施计划;执行层面考虑的是短期行为。这些具体的行动计划通常由企业各个职能部门来贯彻和落实,因此需要各职能部门认真执行并与其职能战略相互协调,这样才能使执行计划有序进行。

2. 项目分解与资源配置

物流的战略目标总是要通过一定的组织结构分工实施的,也就是要把庞大而复杂的总体战略分解成具体的、较为简单的、能予以管理和控制的项目或任务,由企业内部各部门、各环节、各基层组织及员工去贯彻执行,从而上下团结一心落实物流战略的每一项任务、措施、计划等,形成任务明确、责任到人、总体考核、奖惩配套的高效运行体系。但要注意克服各部门利益与整体利益之间的矛盾。

物流战略的实施必须有相应的资源来保证,资源分配是根据物流战略目标和要求分配所需的资源,包括人力、物力和财力的分配,也包括采购与供应能力、生产与营销能力、财务技术能力的运用。企业在分配资源时要根据实际和计划要求处理好重点与非重点之间的关系,既突出重点,又相互协调,避免孤立的突出重点、忽视非重点,破坏整个系统的综合平衡,影响物流战略的顺利实施。企业资源分配的好坏会直接影响实现物流战略目标的程度,所以必须科学合理地掌握资源,调整和配置资源。一般企业战略的制定与实施会使资源得到更有效的利用,因为企业战略是建立在现有资源和预期资源基础上的,同时,战略的实施又可以促进企业资源的有效储备,从而促进物流企业的进一步发展。

3. 物流战略预算

物流战略预算是指企业物流战略执行中所需资金与成本的预算,是物流战略实施计划的货币化、数量化。在进行物流战略预算时应注意两点:一是资源分配上要区分战略业务和经营业务预算,应以企业的长远利益为重,使财务服从于战略;二是要正确看待战略的不稳定性。在资源分配与预算时,应把可能的效益与风险联系起来,为了长远的利益敢于冒一定的风险。

4. 物流战略执行程序

物流战略执行程序是指在物流战略实施计划下的具体工作任务安排的步骤和技巧,其目的是指导和安排战略执行中的日常活动。它需要按照战略的特点和要求,从时间和空间两个方向进行逐项分解和细化,逐步形成规范的工作标准,在企业内普遍实行。

二、物流战略的控制

什么是物流战略控制?物流战略控制是指把物流战略实施过程中所产生的实际效果与预

定的目标和评价标准进行比较,评价工作业绩,发现偏差,采取措施,以达到预期的战略目标,实现战略规划。它是物流战略实施中保证物流战略实现的一个重要阶段。

1. 物流战略控制的步骤

(1)确定物流战略控制标准

确定物流战略控制标准是指预定的战略目标或标准,是战略控制的依据,一般由定量和定性两个方面的评价标准所组成。

(2)衡量实际绩效

衡量实际绩效是指依据标准检查工作的实际执行情况等,以便与预期的目标相比。

(3)纠正偏差

衡量实际绩效之后,应将衡量结果与标准进行比较,经过比较会出现偏差,应分析原因,采取纠正措施。

2. 物流战略控制的方法

物流战略控制的主要方法有:事前控制、事中控制、事后控制。

(1)事前控制

事前控制又称前馈控制,是在物流战略实施前,对物流战略行动的结果有可能出现的偏差进行预测,并将预测值与物流战略的控制标准进行比较,判断可能出现的偏差,从而提前采取纠正措施。

(2)事中控制

事中控制又称行或不行的控制,是在物流战略实施过程中,按照控制标准验证物流战略执行的情况,确定正确与错误,确定行与不行。

(3)事后控制

事后控制又称后馈控制,是在物流战略推进过程中将行动的结果与期望的控制标准相比较,看是否符合控制标准,总结经验教训,并制定行动措施,以利于将来的行动。

三、物流战略新动向及现代企业物流新战略

1. 物流战略新动向

①在物流信息系统方面,主机(Host)的基干系统与物流现场的信息系统之间的功能平衡成为重点。能够实现商品台账、库存台账的一元化管理的信息系统,能够管理商品质量、运营效率及运营成本的系统,还有可与现场业务相连接的订货处理系统都将会备受瞩目。

②物流中心系统方面,能够将中心库内的运营处理与信息系统相连接的综合性系统受到推崇。今后的物流中心除了需要构筑能与库内具体运营紧密相连的信息系统外,还要求信息系统具备可对包括建筑物及储运设备在内的外部环境进行统一管理的功能。集信息管理、库内运营、物业管理、设备控制这四项功能于一身的信息系统,将是今后物流中心系统发展的主流。

③运输配送系统方面,越来越要求信息系统能够强化物流企业与货主之间的连接,并且可以实现高品质服务、低成本的运作。对此,系统方面的主要改进表现为:大力推广 GPS(卫星定位)技术及手持式终端在流通领域的使用,从而使得信息系统可以进行配车、配送管理,也可以对配送中心的货物进行随时的动态追踪管理。同时,随着道路信息系统的高速发展,运输配送系统通过 GPS 与道路信息系统连接,更能进一步推动其在配送方面的高效率化。并且通过运用地图信息,图文并茂的运输配送信息系统也将得到广泛运用。

2. 现代企业物流新战略

当前,在我国,无论是政府还是企业都已经意识到企业物流管理对提高企业经济效益的重要性。各地政府、相关部门、行业都先后开展城市物流规划、企业物流管理试点等工作,物流被认为是新的经济增长点。一些新的物流战略观点也脱颖而出,主要表现在以下几个方面:

(1)即时物流战略

自 20 世纪 80 年代中期以后,企业的经营管理逐步向精细化、柔性化方向发展,其中即时制管理(Just-in-Time)得到了广泛的重视和运用。它的基本思想是"在必要的时间、对必要的产品从事必要的生产或经营",因而不存在生产、经营过程中产生浪费和造成成本上升的库存,即所谓的零库存。即时制管理是即时生产、即时物流的整合体。即时化的物流战略又表现为以下两个方面:即时采购,即时销售。

(2)协同或一体化物流战略

协同化物流是打破单个企业的绩效界限,通过相互协调和统一,创造出最适宜的物流运行结构。在如今流通形式多样化的情况下,各经济主体都在构筑自己富有效率的物流体系,因而反映到流通渠道中必然会积极推动有利于自身的物流活动和流通形式,这无疑会产生经济主体间的利益冲突。除此之外,不同规模的企业也会因为单个企业物流管理的封闭性产生非经济性。随着消费者消费个性化、多样化的发展,客观上要求企业在商品生产、经营和配送上必须充分对应消费者不断变化的趋势,这无疑大大推动了多品种、少批量、多频度的配送,而且这种趋势会越来越强烈,在这种即时化物流的背景下,一些中小型的企业面临着经营成本上升和竞争的巨大压力,一方面由于自身规模较小,不具备商品即时配送的能力,也没有相应的物流系统;另一方面,由于经验少、发展时间短等各种原因,也不拥有物流服务所必需的技术,因此,难以适应如今多频度少量配送的要求。即使有些企业具有这些能力,限于经济上的考虑,也要等到商品配送总和能达到企业配送规模经济要求才能够开展,又有悖于即时化物流的宗旨。面对上述问题,作为企业物流战略发展的新方向,旨在弥合流通渠道中企业间对立或企业规模与实需对应矛盾的协同化或一体化物流应运而生。目前协同化的物流战略主要有三种形式:横向协同物流战略,纵向协同物流战略,通过第三方物流实现协同化。

(3)高度化物流战略

①全球化物流战略。当今,企业国际化经营不断延伸,出现了一大批立足于全球生产、全球经营和全球销售的大型全球型企业。从当今全球化物流的实践看,出现了三种形式的发展

趋势：第一，作为全球化的生产企业，在世界范围内寻找原材料、零部件来源，并选择一个适应全球分销的物流中心以及关键供应物资的集散仓库，在获得原材料以及分配新产品时使用当地现有的物流网络，并推广其先进的物流技术与方法。第二，生产企业与专业第三方物流企业的同步全球化，即随着生产企业全球化的进程，将以前所形成的完善的第三方物流网络也带入到全球市场。第三，国际运输企业之间的结盟，为了充分应对全球化的经营，国际运输企业之间开始形成了一种覆盖多种航线，相互之间以资源、经营的互补为纽带，面向长远利益的战略联盟，这不仅使全球物流更能便捷地进行，而且使全球范围内的物流设施得到了极大的利用，有效地降低了运输成本。

②互联网物流战略。现代信息技术的发展，特别是互联网迅速向市场渗透，正在促使企业的商务方式发生改变。一方面通过互联网这种现代信息工具，进行网上采购和配销，简化了传统物流烦琐的环节和手续，使企业对消费者需要的把握更加准确和全面，从而推动产品生产的计划安排和最终实现基于顾客订货的生产方式（Build-To-Order，简称为BTO），以便减少流通渠道各个环节的库存，避免出现产品过时或无效的现象；另一方面，企业利用互联网可以大幅度降低交流沟通成本和顾客支持成本，增强进一步开发现有市场的新销售渠道的能力。如今，互联网物流作为物流管理的一种新趋势正在企业实践中广为应用，如 GE、摩托罗拉、丰田等都在积极推动互联网物流的发展。

③绿色物流战略。从经济可持续发展的角度看，伴随着大量生产、大量消费而产生的大量废弃物对经济社会产生了严重的消极影响，这不仅因为废弃物处理的困难，而且还表现在容易引发社会资源的枯竭和自然环境的恶化。从物流管理的角度看，不仅要在系统设计或物流网络的组织上充分考虑企业的经济利益（即实现最低的配送成本）和经营战略的需要，同时也要考虑商品消费后的循环物流，这包括及时、便捷地将废弃物从消费地转移到处理中心，以及在产品从供应商转移到最终消费者的过程中减少容易产生垃圾的商品的出现。除此之外，还应当考虑如何使企业现有的物流系统减少对环境所产生的负面影响（如拥挤的车辆、污染物排放等）。显然，要解决上述问题，需要企业在物流安排上有一个完善、全面的规划，诸如配送计划、物流标准化、运输方式等，特别是在制定物流管理体系时，企业不能仅仅考虑自身的物流效率，还必须与其他企业协同起来，从综合管理的角度，集中合理地管理调运、生产和配送活动。

本章小结

物流战略是指物流企业或组织根据未来环境和发展要求，制定的全局性、长远性的发展目标和发展规划谋略，其特征为：全局性、长远性、纲领性、竞争性、风险性。物流企业的战略多种多样，但不论何种都包括以下基本内容：战略目标、战略方针、战略措施、战略步骤、战略优胜条件、战略机会。

物流战略管理是对企业的物流活动实行的总体性管理，是企业制定、实施、控制和评价物流战略的一系列管理决策与行动。物流战略管理的特征：①物流战略管理属于高层管理范畴；

②战略管理要求整体性综合管理；③企业战略管理需要动态应对；④战略管理追求企业长期生存、发展以及战略竞争能力的提高。

物流战略环境分析是企业物流战略决策的前提和依据，主要包括企业物流的外部环境和内部环境的分析。具体来说分为：①宏观环境分析；②行业环境分析；③企业内部环境分析。

物流战略新动向主要表现在：①物流信息系统方面；②物流中心系统方面；③运输配送系统方面。

现代企业物流新战略体现在：①即时物流战略；②协同或一体化物流战略；③高度化物流战略。

复习思考题

一、名词解释
物流战略　企业战略　物流战略管理

二、填空题
1. 物流战略是指导企业物流走向未来的行动纲领，具有纲领性、＿＿＿＿、＿＿＿＿、＿＿＿＿、＿＿＿＿等特征。
2. 物流规划主要解决四个方面的问题：＿＿＿＿、＿＿＿＿、＿＿＿＿和运输战略。
3. 物流战略管理的核心问题是＿＿＿＿＿＿＿＿＿＿＿＿＿＿＿＿，以实现物流的长期、可持续发展。
4. 物流战略管理的重点是＿＿＿＿＿＿＿＿＿＿＿＿＿＿＿＿。
5. 物流战略管理的任务是通过＿＿＿＿＿＿＿＿＿＿＿＿＿＿＿＿，实现企业的物流战略目标。
6. 物流战略目标是指＿＿＿＿＿＿＿＿＿＿＿＿＿＿＿＿。
7. 企业物流的外部环境是指＿＿＿＿＿＿＿＿＿＿＿＿＿各种因素的总和。
8. 企业物流内部条件是指＿＿＿＿＿＿＿＿＿＿＿＿＿＿＿＿。
9. 物流战略控制的方法有＿＿＿＿、＿＿＿＿、＿＿＿＿。
10. 物流战略所要达到的目标主要有＿＿＿＿、＿＿＿＿和＿＿＿＿。

三、简答题
1. 说明物流战略的含义、特征及其内容。
2. 试述物流战略与企业战略之间的内在联系。
3. 简述制定物流战略的必要性及其原则。
4. 简述物流战略管理的内容。
5. 试述制定物流战略所面临的环境。
6. 简述制定物流战略规划时所要考虑的因素。
7. 简述物流战略规划的内容。
8. 简述物流战略控制的方法与步骤。

【案例分析】

三联物流管理现状与物流战略

国家统计数据表明,在家电业中,平均原材料的采购成本和制造成本占到一件商品价值的53%,整个流通、营销环节的成本占46%。对于三联致力打造的"完全中立的家电行业的信息共享平台",按三联集团总裁张继升的说法是,这个平台不是单纯为了三联自身降低供应成本,而是利用这个体系及两个商务模式建立起来的供需链,可以在46%的物流费用中客观地降低14%。张继升还认为从家电流通业中获取利润,是三联今后竞争取胜的所在。

1. 三联物流管理的现状

实际上三联发展物流已经具备了一定的基础。三联家电总公司已有10家直营店和80多家连锁店,以及200余家物流分销商,已具备市内配送8小时到位、区域配送24小时到位的配送能力。2001年三联物流中心承担了20亿元的实际物流配送量。2001年开始投入运行的ERP系统和BtoC电子商务平台也为物流的发展提供了可能。可以说,三联在一定程度上已经实现了上游供应商、三联家电总部、下游连锁店及分销商的全面对接,商流、信息流、资金流部分在网上完成。目前,三联正在完善物流管理系统。物流管理体系的完善和供应链的整合将使家电业实现"零环节物流"。

2002年5月30日,以三联集团为龙头的、"十五"国家重点科技攻关项目"区域电子商务与现代物流示范工程"——济南市电子商务与现代物流应用示范工程正式启动。来自中国乃至国际家电产业链上游的众多家电巨头及下游的众多分销商,与该示范工程的承担者三联集团签署协议,联合建设集信息流、资金流、物流于一体的家电生产、流通、消费的新型家电供应链体系。

在讨论三联物流时,我们必须认识到物流不仅包括原材料、产成品等从生产者到消费者的实物流动过程,还包括伴随着这一过程的信息流动。应当说,现在三联物流活动仅处于刚刚起步的阶段。三联物流的主要活动还属于传统物流的阶段,其网上商城的商品销售情况差强人意。三联电子商务物流部分还有待以进一步的优化与整合,目前网上商城的销售还未形成规模,三联的商店分布主要集中在山东地区特别是济南、青岛两大城市,没有形成大规模的连锁店,因而商品的采购、配送以及售后服务等还没有得到有效的拓展。目前三联的主营产品是家用电器,这就决定了三联物流活动范围的局限性,另外三联的资金也并非雄厚而且信息化程度也不高。

2. 三联的物流战略

三联的经营理念是领先半步,进入无竞争领域。基于物流的独特作用与其经营理念的结合,三联物流不仅要实现传统的物流功能,还要增加便利性的增值服务,以便降低物流成本,加快反应速度,延伸服务。三联集团宣称此次置身物流是"面向网络时代的一次家电业资源的全面整合",从而建设一个电子商务与现代物流系统相结合,一个以流通企业为主导的、社会化的、中立性的大系统,即以集成和应用国际先进信息技术和互联网技术为手段,以大力发展连锁经营,推行代理制、会员制为新型商务运作模式,以家电制造企业、流通企业、消费者共同成长,实现共生共赢为目标,以全面整合国内外家电业上下游企业资源,降低供需链总成本、提高供需链总体运转效率,创造共同利益为纽带,建立新的中国家电业电子化战略物流体系(即 e 化供需链战略物流体系)。三联物流具体的战略体系包括以下三点内容:

(1) 垄断山东家电物流

三联集团将以占地 6 万余平方米的"泉港新城"作为物流发展的基地,其中 5 万平方米建造专业化仓库和现代化的大型物流配送中心,新建的物流配送基地规划为:一期建成专业的行销网络遍布全省的家电物流配送基地,做成外来家电品牌进入山东的唯一渠道;二期建成山东物流配送基地,并向全国拓展市场,全面代理物流配送业务。而且已经成立了专门的三联家电配送中心有限公司。三联集团表示,三联家电已经率先进入了采购、销售、储运一体化的综合物流配送时代。公司的家电专业化物流还将是发展成社会化的物流提供者,将来不仅仅是面向公司内部的销售体系,还可能为其他商家服务,最终这个物流体系希望为所有进入山东地区的家电物流业务服务。

(2) 物流完善电子商务

事实上,三联集团也认为随着电话购物、网上购物等虚拟终端购物方式逐渐成为主流,商品交易虚拟化将成为一种趋势。如何把卖场服务转移到家庭中去,需要一个可以直接面对家庭的"物流服务平台"。这次三联进军物流,和以往电子商务平台的搭建,在某种程度上讲也是一脉相承的。目前,在家电行业利润整体下滑不可扭转的情况下,在电子商务全面启动的同时,物流体系的建立便迫在眉睫。现今三联的物流管理系统主要由货运仓储管理模块、车辆跟踪服务模块、结算管理模块、物流资源交易服务模块及客户关系管理模块五大块组成。这些功能都为电子商务的开展提供了技术支撑。

(3) 构建崭新厂商关系

从三联物流的规划来看,关键的并不是网络平台的搭建,而是如何整合上游厂家的资源。实现双赢的物流战略,就要构筑企业在供应链环节上的牢固节点。商家要在家电行业形成全国性的采购很难做到,因为上游制造商不会因为某一个企业而改变整个区域的销售政策。采购力不足正成为家电商业企业发展的瓶颈问题,采购能力的高低直接决定商业企业的盈利能力。目前,三联集团正通过推行代理制加强采购能力的建设,和海尔签订了全面合作的经营管理协议,与 TCL 签订了全省合作协议,以及与伊莱克斯签订了山东省总代理协议等。

[资料来源:http://www.zhwlw.com.cn/edu/view_con.asp/2009 年 11 月 11 日]

问题:

1. 非专业的物流企业是否有必要建立企业物流发展战略?
2. 不同规模、不同地域、不同行业的企业应如何确立自己的物流发展战略?
3. 一个企业应由什么部门确定物流战略?

4.物流发展战略如何与企业经营、企业管理建立协调机制?

参 考 文 献

[1]余得生.绿色物流管理策略探讨[J].中国市场,2007,36(9):30-31.
[2]马普.第三方物流组织运作模式探讨[J].机械管理开发,2009,24(1):136-137.
[3]刘凌.第三方物流的发展现状及对策研究[J].中国高新技术企业,2009(02):118-119.
[4]尤安军,庄玉良.第三方物流决策专家系统初探.物流技术,2002(02):11-13.
[5]王秀云.物业管理概论[M].北京:高等教育出版社,2003.
[6]李福平.物业管理学[M].上海:复旦大学出版社,2002.
[7]徐勇谋.现代物流管理基础[M].北京:化学工业出版社,2003.

第五章 Chapter 5

仓储管理

【本章导读】

仓储活动是商品流通乃至社会再生产过程中不可缺少的一个重要环节,对于任何一个企业都是必需和重要的,从物流角度而言,仓储也是物流过程中必不可少的环节,实现了物品流转的"时间价值",从传统的物质存储、流通中心发展成为现代物流网络中节点,发挥着整体物流协调的作用,亦成为产品制造环节的重要延伸。

【关键概念】

仓储(Warehousing)

仓储管理(Warehouse Management)

仓储流程管理(Warehouse Flow Management)

仓储设备(Warehouse Equipment)

仓储规划(Warehouse Planning)

【学习目标】

通过本章的学习,了解仓储业的内涵及特点,仓储业在物流系统中的作用和意义,中国仓储业的现状和发展趋势,熟悉仓储规划与布局,掌握仓储常用的设施设备,了解自动仓储系统的组成,掌握仓储的基本作业流程。

【案例导入】

自1950年一家名为"沃尔顿小店"在阿肯色州的本特维拉市开业的近半个世纪以来,沃尔玛的创始人萨姆·沃尔顿一直把最大可能地向消费者提供最低价位的商品作为沃尔玛的经营宗旨,而沃尔玛的成功也得益于这个简单而又平凡的道理——天天平价。

如果说"天天平价"是沃尔玛最大的竞争优势,那么沃尔玛又是怎样实现其"天天平价"的承诺呢?其实,在"天天平价"的坚定承诺背后,是沃尔玛几十年积累起来的一种基于时间的强大竞争优势——一种依赖先进计算机系统支持的物流体系。

①高效率的配送中心。沃尔玛的供应商根据各分店的订单将货品送至沃尔玛的配送中心,配送中心则负责完成对商品的筛选、包装和分拣工作。沃尔玛的配送中心具有高度现代化的机械设施,送至此处的商品85%都采用机械处理,这就大大减少了人工处理商品的费用与时间。

②迅速的运输系统。沃尔玛的机动运输车队是其供货系统的另一无可比拟的优势。沃尔玛拥有30个配送中心,2000多辆运货卡车,保证进货从仓库到任何一家商店的时间不超过48小时,相对于其他同业商店平均两周补货一次,沃尔玛可保证分店货架平均一周补两次。快速的送货,使沃尔玛各分店即使只维持极少存货也能保持正常销售,从而大大节省了存储空间和费用。由于这套快捷运输系统的有效运作,沃尔玛85%的商品通过自己的配送中心运输,而已倒闭的竞争对手凯马特只有5%,其结果是沃尔玛的销售成本因此低于同行业平均销售成本2%~3%,成为沃尔玛全年低价策略的坚实基石。

③先进的卫星通信网络。巨资建立的卫星通信网络系统使沃尔玛的供货系统更趋完美。这套系统的应用,使配送中心、供应商及每一分店的每一销售点都能形成连线作业,在短短数小时内便可完成"填妥订单→各分店订单汇总→送出订单"的整个流程,大大提高了营业的高效性和准确性。

正是在这套完善的物流体系支持下,加之出色的管理,使沃尔玛对时间优势的发挥达到了极致——沃尔玛通过反应速度优势获得了超过同行3倍的增长率,利润也在竞争者平均获利水准的两倍之上,从而促使沃尔玛形成整体强大的竞争优势。

[资料来源:http://www.izhong.com/nnk/w761.htm]

第一节 仓储概述

一、仓储概念

仓储具有久远的、值得荣耀的历史。仓储活动是随着社会化大分工和商品交换而逐步产生和发展的,人类社会自从有了剩余产品以来,就出现了"储备"这个概念。所谓储备,是指将多余的、暂不消费的商品存起来以备再用的活动规范。随着生产力的发展,出现了人类历史上具有决定意义的社会大分工,即工业和商业的分离,它创造了一个不从事生产只从事商品交换的阶级——商人,从此商业便逐渐成为专门从事商品流通的独立经济部门而出现在历史舞台上。

工业革命后,庞大的生产规模和较高的生产能力,使越来越多的商品投入流通领域,不断地开辟远方市场成了发展生产的必然,商品交换的范围更大了,大规模的商品生产和商品交换,客观上就要求商品的储备规模不断扩大,于是,商品储备又逐渐从附属于某部门、某企业的状况,逐渐分离为一个独立的行业——仓储业。仓储业的形成,使储存商品的仓库不再是生产企业、流通企业的附属部分,而成为一个独立的经济组织,专门从事商品的储运业务。

仓储发展到今天,已经不是传统意义上的"仓库"、"储存"与"仓库管理",而是由过去单纯的作为"储存、保管商品的场所",逐步向"商品物流配送服务中心"发展。商品物流配送中心,不仅储存、保管商品,更重要的是担负着商品的分类、检验、入库、保管、包装、分拣、出库及配送等多种功能,并配有计算机实现自动化管理。所以现代的仓储(Warehousing)它表示为一项活动,在特定的有形或无形的场所,运用现代技术对商品的入库、存储、包装、分拣、出库、配送及其信息进行有效的计划、执行和控制的物流活动。从这个概念可以看出,仓储有以下三个基本内涵:

①仓储首先是一项物流活动,仓储不是生产、不是交易,而是生产与交易服务的物流活动中的一项。仓储应该融于整个物流系统之中,应该与其他物流活动相联系、相配合。这一点与过去的"仓库管理"是有重大区别的。

②仓储的基本功能包括了物品的进出、库存、分拣、包装、配送及其信息处理六个方面。其中,物品的出入库和在库管理是仓储的最基本的活动,也是传统仓储的基本功能;配送是仓储的自然延伸,是仓库发展为配送中心的内在要求,如果没有配送,仓储也就仍然是孤立的仓库。

③仓储的条件是特定的有形或无形的场所与现代技术。"特定",是指各个企业的供应链是特定的,仓储的场所也是特定的;有形的场所是指仓库、货场等,无形的场所是指虚拟的空间,需要现代技术的支撑。

二、仓储的功能

在物流系统中,仓储是重要的构成因素。仓储是以改变"物"的时间状态为目的的活动,从克服产需之间的时间差异而获得更好的效用。仓储功能从重视保管效率逐渐变为重视如何才能顺利地进行发货和配送。

仓储的价值主要体现在基本功能、增值功能以及社会功能三个方面。

1. 基本功能

仓储的基本功能包括了物品的进出、储存、分拣、包装、配送及信息处理等。

2. 增值功能

增值功能是指通过仓储高质量的作业和服务,使经营方或供需方获取除这一部分以外的利益,这个过程称为附加增值,这是与传统仓库的重要区别之一。增值功能的典型表现方式有:一是提高客户的满意度。当客户下达订单时,物流中心能够迅速组织货物,并按要求及时送达,提高了客户对服务的满意度,从而增加了潜在的销售量。二是信息的传递。在仓库管理的各项事务中,经营方和供需方都需要及时而准确的仓库信息。例如,仓库利用水平、进出货频率、仓库的地理位置、仓库的运输情况等信息,这些信息为供需方或经营方进行正确的商业决策提供了可靠的依据,提高了经营效率,降低了经营成本,从而带来了额外的经济利益。

3. 社会功能

仓储作业给整个社会物流过程的运转带来很大的影响,良好的仓储作业与管理会带来正面的影响,例如,保证了生产和生活的连续性;反之会带来负面的效应。社会功能主要有时间调整功能、价格调整功能、衔接商品流通的功能等三个方面:

(1)时间调整功能

一般情况下,生产与消费之间会产生时间差,今天生产的商品不可能马上就全部卖掉,这就产生了商品的仓储活动,通过储存可以克服货物产销在时间上的隔离。有的商品是季节性生产常年消费(如季节生产水稻,但需全年消费的大米);有的商品是常年生产季节性消费;有的商品是季节性生产季节性消费,也有的商品是常年生产常年消费,无论上述何种情况,在产品从生产过程进入到消费过程之前,都需要停留一定的时间。商品在流通领域中暂时的停滞过程,就形成了商品的仓储。

(2)价格调整功能

生产和消费之间常常会产生价格差,供大于求、供不应求都会对价格产生影响,通过仓储可以克服货物在产销量上的不平衡,达到调控价格的效果。

(3)衔接商品流通的功能

商品仓储是商品流通的必要条件,为保证商品流通过程连续进行,就必须有仓储活动。仓储可以防范突发事件,保证商品顺利流通。

三、仓储活动的意义

商品的仓储活动是由商品生产和商品消费之间的客观矛盾所决定的。商品在从生产领域向消费领域转移过程中,一般都要经过商品的仓储阶段,这主要是由于生产和商品消费在时间和空间以及品种和数量等方面的不同步所引起的。也正是因为这些不同步,仓储管理发挥了重要作用。

1. 仓储活动是解决商品生产和消费之间矛盾的重要方法

商品由生产地向消费地转移,是依靠仓储活动来实现的。可见,仓储活动的意义正是由于生产和消费在空间、时间以及种类、数量等方面存在的矛盾而引起的。仓储活动中,需要对复杂的仓储活动进行有计划组织,拓展各部门与各生产单位之间交换产品的深度和广度,在流通过程中不断进行商品种类上的组合,在商品数量上不断加以集散,在地域和时间上进行合理安排,发挥仓储活动连接生产与消费的纽带和桥梁作用,克服生产者与消费者之间在空间上和时间上的矛盾。

2. 搞好仓储活动是保持商品原有使用价值和合理地使用商品的重要手段

任何一种商品,当它生产出来以后到消费之前,由于其本身的性质、所处的条件,以及自然的、社会的、经济的因素,都可能使商品使用价值在数量上减少、在质量上降低,如果不创造必要的条件,就会不可避免地使商品受到损害,因此,对处于暂时停滞状态的商品,要进行科学管理,加强养护,搞好仓储活动,以保护其使用价值。

3. 搞好仓储活动是加快资金周转、降低物流成本、节约流通费用、提高经济效益的有效途径

仓储活动是物质产品在社会再生产过程中必然会出现的一种形态,它对整个社会再生产,对国民经济各行业、各部门的生产经营活动的顺利进行,都有着巨大的作用。然而,在仓储活动中,为了保证物质产品的使用价值在时空上的顺利转移,必然要消耗一定的劳动,要支出一些费用,由于它不能创造使用价值,因而,在保证商品使用价值得到有效的保护、有利于社会再生产顺利进行的前提下,费用支出得越少越好。因此,搞好商品的仓储活动,就可以减少商品在仓储过程中的商品耗损和劳动消耗,就可以加速商品的流通和资金的周转,从而节省费用支出,提高社会的、企业的经济效益。

四、我国仓储业的现状及发展趋势

1. 我国仓储业的现状

仓储业是指从事仓储活动的经营企业的总称。随着社会主义市场经济的不断发展,仓储业已成为社会发展不可或缺的产业,在国民经济体系中占有非常重要的地位。目前我国仓储业已经形成了较大的规模,且形成了各种专业化门类齐全的仓储分工,在数量上已完全能满足我国经济发展的需要,但是还存在着明显的不足。主要有以下特征:

(1) 具有明显部门仓储业的特征

在高度计划经济体制下,我国的生产资料流通完全纳入了计划分配轨道,企业所需的物资只能按照企业的隶属关系进行申请,经过综合平衡以后,再按各部门进行计划供应。而各部门为了储存保管好分配来的各种物资,就需要建立仓库。于是,形成了中央、地方、物资、商业、农业、交通、铁路等部门体系的仓储结构。部门仓储业只保证本部门的物资供应,为完成本部门的生产建设任务起到了积极的作用。但是,由于各部门之间缺乏相互沟通,又没有一个统一的管理部门来进行协调和统筹安排,因此,出现了目前存在的重复设库、物资流通中转环节过多、库存太多、流通渠道不畅、物资损失浪费等问题。

(2) 仓库拥有量大,且分布不合理

由于部门行业的分头建设,不同部门为了满足自身的需要,广泛开展仓库建设,在经济发达、部门集中、交通便利的地区,仓库较为集中,数量较多,这样造成仓储集中的地区仓储能力出现了剩余,而其他经济不发达、部门不集中、交通不便利的地区,仓储能力出现严重不足现象,已经制约了当地经济发展。

(3) 各仓库作业技术、设备状况相差悬殊,作业效率不均衡

目前我国各仓库所拥有的设备状况相差悬殊,出现三种情况:

① 仓库拥有非常先进的仓储条件,如各种先进的装卸搬运设备、高层立体货架、全部实现

计算机管理等。

②企业具有一定的机械设备和铁路专用线,但利用率不高,有些设备已经老化,由于资金不足,无力更新,只能带病作业,隐藏着许多安全隐患。

③仓库只有少量的简单机械设备,大部分作业还是靠人搬运,当出入库任务较集中时,不得不采用人海战术,仓库管理基本上停留在人工作业阶段,作业效率极其低下。

(4)仓储产量巨大,管理水平低下

我国的仓储能力巨大,但是仓储管理水平非常低。表现在仓储利用率低下,货物周转率较低,物资流通速度慢,仓储保管能力差,货物损耗严重。绝大多数仓储企业都没有自主经营的能力,不能充分利用仓储资源,为社会提供更加优质的服务,也没有充分利用仓储的沉淀资本为企业和社会创造经济价值。

2. 我国仓储业的发展趋势

我国仓储业发展的方向为充分利用已有的仓储资源社会化,提高仓储效率的仓储业分工发展的功能专业化,仓储业满足社会生产发展和促进物流效率提高的仓储标准化,提高仓储自身效益的仓储及仓储管理的现代化。

(1)仓储社会化、功能专业化

我国仓储业目前的效益低、利用率不高、作业条件差,缺乏自身发展能力,根源在于条块性分割,处于附属的地位。仓储业需要以"产权明晰、权责明确、政企分开、管理科学"的原则进行现代企业改造,建立科学先进的企业治理结构,成为自主经营、自负盈亏的市场竞争的主体,才能彻底改变我国仓储业的不良状况,真正成为市场资源,促进仓储业的发展。

(2)仓储标准化

仓储标准化主要有:包装标准化、标志标准化、托盘成组标准化、容器标准化、计量标准化、作业工具标准化、条形码的采用,仓储信息标准化等技术标准化,以及服务、单证报表、合同格式、仓单等标准化。

物流标准化需要仓储标准化,仓储标准化不仅是为了实现仓储环节与其他环节的密切配合,同时也是仓储内部提高作业效率、充分利用仓储设施和设备的有效手段,是开展信息化、机械化、自动化仓储的前提条件。

(3)仓储机械化、自动化

仓储作业大都是负荷重,作业量大,时间紧,作业环境恶劣,存在着众多系统安全隐患,因而仓储机械化是仓储发展的必然,通过机械化实现最少使用人力作业,加大作业集成度,减少人身伤害和货物损害,同时提高作业效率。另外,随着货物运输包装的大型化、托盘化的发展,仓储也需要机械化作业。

仓储自动化是指由计算机管理和控制仓库的仓储。在自动化仓库中货物仓储管理、作业控制、环境管理等仓储工作通过信息管理、条形码、扫描技术、射频通信、数据处理等技术指挥仓库堆垛机、传送带、自动导引车、自动分拣等自动设备完成仓储作业。

(4)仓储信息化、网络化

仓储信息化管理包括通过计算机和相关信息输入输出设备,对货物识别、理货、入库、存放、出库进行操作管理、账目处理、结算处理,提供适时的查询,进行货位管理,存量控制,制作各种单证和报表。仓储要提高效率、降低损耗、降低成本就必须实现信息化。

仓储是物流的节点,是企业存货管理的核心环节,企业生产、经营的决策需要仓储来准确地反映存货信息,管理的决策应及时到达仓库,由仓库对物流进行控制和组织,要实现以上目的,就需要仓库、厂商、物理管理者、物资需求者、运输工具之间建立有效的信息网络,实现仓储信息共享,通过信息网络控制物流,做到仓储信息网络化。

第二节　仓储规划与布局

一、仓库选址

仓库选址是指一个具有若干供应点及若干需求点的经济区域内,选一个地址建立仓库的规划过程。合理的选址方案应该使商品通过仓库的汇集、中转、分发,达到效益最好。因为仓库的建筑物及设备投资太大,所以选址要慎重,如果选址不当,损失不可弥补。仓库选址考虑的因素有:

1. 自然环境因素

(1)地质条件

主要考虑土壤的承载能力,仓库是大宗商品的集结地,货物会对地面形成较大的压力,如果地下存在淤泥层、流沙层、松土层等不良地质环境,则不适宜建设仓库。

(2)水文条件

要搜集选址地区近年来的水文资料,需远离容易泛滥的大河流域和上溢的地下水区域。

(3)地形条件

仓库需建在地势高、地形平坦的地方,尽量避开山区和陡坡地区,最好选长方地形。

2. 经济环境因素

(1)商品特性

经营不同类型商品的仓库应该分别布局在不同地域,如生产型仓库的选址应与产业结构、产品结构、工业布局紧密结合进行考虑。

(2)物流费用

仓库应该尽量建在接近物流服务需求地,如大型工业、商业区,以便缩短运输距离,降低运费等物流费用。

(3)服务水平

物流服务水平是影响物流产业效益的重要指标之一,所以在选择仓库地址时,要考虑是否能及时送达,应保证客户无论在何时向仓库提出需求,都能获得满意的服务。

3. **基础设施因素**

(1)交通条件

仓库的位置必须交通便利,最好靠近交通枢纽,如港口、车站、交通主干道(国、省道)、铁路编组站和机场等,应该有两种运输方式衔接。

(2)公共设施状况

要求城市通信发达,道路畅通,有充足的水、电、气、热的供应能力,有污水和垃圾处理能力。

二、仓库总平面布局

仓库选址是仓库进行总平面布置的基础和前提。当仓库选址确定以后,还需要对仓库内平面进行布局和设计。对于大中型仓库而言,一般由仓储作业区、辅助作业区、行政生活区三部分构成。仓库总体平面示意图如图 5.1 所示。

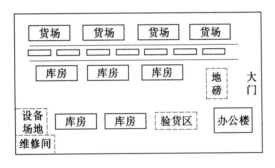

图 5.1 仓库总体平面示意图

1. **仓储作业区**

仓储作业区是仓储作业的主要场所,是库区的主体部分,仓库货物的入库检验、存储、分拣、包装等主要业务都在这个区域内进行,主要包括库房、货棚、露天货场、交通消防通道、铁路专用线、道路、装卸站台等。各组成部分的构成比例通常为:合格品储存区面积占总面积的 40%~50%;通道占总面积的 8%~12%;待检区及出入库收发作业区占总面积的 20%~30%;集结区占总面积的 10%~15%;待处理区和不合格隔离区占总面积的 5%~10%。

2. **辅助作业区**

辅助作业区包括机修车间、车库、变电室等,虽然不直接参与仓储作业,但它是完成仓储作业所必需的,所以辅助作业区的布置应尽量减少占地面积,保证仓库安全。

3. **行政生活区**

行政生活区是仓库行政管理机构和生活区域。一般设置在仓库出入口附近,便于业务接洽和管理,并且与仓储作业区和辅助作业区隔开,并保持一定距离。包括办公楼、宿舍、食堂等。

4. 库房内部规划

按照仓储作业的功能特点以及 ISO 9000 国际质量体系认证的要求,库房储存区域可划分为待检区、待处理区、不合格品隔离区、合格品储存区等。

对于仓储空间的具体布局规划,在本书中不作过多说明,可以参考有关仓储规划与设计的书籍。

第三节　仓储设施与设备

仓储设施是一个仓库或库区的总体概念,是仓储活动得以进行的硬件基础,主要指各种类型的仓库。

一、仓库分类

仓库是保管和存储商品的建筑物和场所的总称,可以是库房、货场、货棚等。根据仓库的用途、货物的特性、库场的结构、建筑材料和管理体制等,仓库可以分为以下几种:

1. 按用途分类

(1) 储存供应仓库

储存供应仓库主要用于集中储存从生产部门收购和供国际间进出口的商品。这类仓库一般设在商品生产比较集中的大、中城市或商品运输枢纽的所在地。库场一般规模较大,如我国曾经在商业系统中设置的一级和二级采购供应站,其所属的库场就属于这类。

(2) 批发仓库

批发仓库靠近商品销售的中心,是销售地的批发性仓库。它收购从储存供应仓库调进或在当地收购的商品,从事批发供货,也从事拆零供货。这类仓库的特点是货物周转快,存货时间短,同时具有批发零售供货业务。

(3) 储备仓库

这类仓库一般由国家设置,以保存国家应急的储备物资和战备物资。

(4) 加工仓库

在这种仓库内,除商品储存外,还具有对商品进行挑选、整理、分级包装等简单的加工业务,以使商品满足消费市场的需要。目前,兼有加工功能的仓库是物流企业仓储服务发展的必然趋势。

(5) 中转仓库

中转仓库主要处于生产地和消费地之间,大多设在交通枢纽地区,铁路、公路的场站和水路运输的港口码头的附近。

(6) 保税仓库

保税仓库是指为满足国际贸易的需要,在本国国土之内、海关关境以外设立的仓库。外国货物可以免税进出这些仓库而无需办理海关申报手续。并且,经批准后,可在该仓库内对货物进行加工、存储、包装和整理等业务。

2. 按所保管的货物特性分类

(1) 通用仓库

通用仓库一般存储没有特殊要求的物品,其设备与库房建筑构造都比较简单,使用范围较广,所占用的比重最大。

(2) 专用仓库

专用仓库是专门用以存储某一类物品的仓库,物品具有相同特征。由于某类物品数量较多,或者由于物品本身的特殊性质,比如几种商品对温湿度有共同的要求,就可以放在一个仓库内共同保存。

(3) 特种仓库

特种仓库用于存储具有特殊性能、要求特殊保管条件的物品。这类仓库必须配备有防火、防暴、防虫等专用设备,其建筑构造、安全设施都与一般仓库不同,比如冷冻仓库、石油仓库、化学危险品仓库。

3. 按仓库建筑物的构造分类

(1) 单层仓库

单层仓库是使用最为广泛的一种仓库类型,其主要使用特点是:设计简单,投资少,维修方便;各种作业在一个层面上进行,货物处理方便;适于较重的货物堆放,但仓库的面积利用率低、存储成本高。

(2) 多层仓库

多层仓库一般建在人口较稠密、土地使用价格较高的市区。它采用垂直输送设备实现货物上楼作业。其主要特点是:有助于仓库的安全和防火,遇到危险时容易控制;能够应用现代仓储技术;适于存放小型货物;但建造和维护费用比较大,存储费用高。

(3) 筒仓

筒仓是用于存储散装的小颗粒或粉末状货物的封闭式仓库,如存储水泥、粮食等。

(4) 露天堆场

露天堆场用于货物露天堆放,一般堆放大宗原材料,货物不怕雨淋、日晒。

二、仓储设备

常见的仓储设备可以分为两大类:物料搬运装卸设备以及货物存储设备。

1. 物料搬运装卸设备

仓储作业中物品搬运作业集中在两个方面,一方面是在货物入出库时的货物卸货,另一方面是库房内的分拣、包装与摆放等作业。主要的搬运装卸设备包括月台设备、堆垛机械、分拣设备、自动引导车等。

(1) 月台设备

月台实现与所有车辆与仓库的方便对接,必须配备月台设备,以提高仓储作业的效率和安全性。包括装卸平台(月台调整板)、月台接泊板(月台平衡板桥)、剪式升降平台、移动式登车桥。

(2) 堆垛机械

在物流作业中广泛使用的堆垛机械主要包括堆垛起重机、高架叉车和带横移小车的垂直提升机等。主要完成立体化仓库中货物的起重和运输操作,是随立体仓库的出现而发展起来的专用仓储作业设备。堆垛机械可以在立体仓库的巷道内运行,完成入库、出库以及货位调整等仓储作业。

(3) 分拣设备

分拣是根据顾客的订货要求或者配送中心的送货计划,尽可能迅速、准确地将商品从其储位拣取出来,并按照一定的方式进行分类、集中,实现装配送货的作业过程。

①自动分拣设备。自动分拣的特点是按照发货指令,识别自动传输线上的货物种类。利用分拣机将货物进行分类。常见的自动分拣设备包括堆块式分拣机、轨道台车式分拣机、交叉带式分拣机、斜导轮式分拣机、摇臂式分拣机等。

②电子标签拣货系统。电子标签拣货系统是由安装在货架储位上的电子设备组成的,透过计算机与软件的控制,以信号灯与数字显示作为辅助工具,引领拣货人员正确、快速地完成拣货任务。它能弹性地控制拣货流程,并对现成的拣货状况进行实时性的监控,而且能降低拣货错误率,加快拣货速度。

③分拣叉车。叉车按照作业高度可以分为低位分拣叉车和高位分拣叉车两种。

④RF 分拣系统。当输入、输出端(操作者或作业设备)没有固定的位置,在一定的区域内(如仓库、车间)随机性变动时,为传递数据信息,可采用无线网实时信息管理系统支持的射频(RF)分拣系统。该系统一般由数据采集装置、无线发射器、转接器、无线接收器、数据显示器、计算器等部分组成。

(4) 自动引导车

自动或自我引导车辆(AGV/SGV),是由电脑控制的无人驾驶的机动车辆(通常由电瓶驱动),并配备了光学、磁带或激光导引系统来实现自动化功能。

2. 货物存储设备

货物存储设备包括托盘、货架。

(1) 托盘

托盘是用于集装、堆放、搬运和运输货物的水平平台装置。在平台上集装一定数量的单件货物,并按要求捆扎加固,组成一个运输单位,便于运输过程中使用机械进行装卸、搬运和堆存。托盘是典型的集装单元设备,托盘运输是货物按照一定要求组装在一个标准托盘上,作为一个运输单位以利用铲车或托盘升降进行装卸、搬运和堆存的一种运输方式,提高了物流生产率。

托盘的出现促进了集装箱和其他集装方式的形成和发展。托盘已成为和集装箱一样重要的集装方式,形成了集装系统的两大支柱。

托盘也有很多种类,按结构分为平托盘、滑板托盘,按材料分为木托盘、塑料托盘、金属托盘、纸托盘等。

(2)货架

货架是典型的仓储设备,是用支架、隔板或托架组成的立体储存货物的设施。货架种类繁多,常用的货架有轻型货架、插盘货架、阁楼式货架、重力式货架、悬臂式货架、抽屉性货架、移动式货架、贯通式货架、旋转式货架、滑移式货架、线棒式货架等。

3. 加工与包装设备

加工相关设备主要有贴标机、封箱机、热收缩包装机等。

包装相关设备主要有充填机、灌装机械、封口机械、贴标机械、捆扎机械等。

三、自动仓储系统

自动仓储系统(AS/RS)是指由电子计算机进行管理和控制,不用人工直接处理,能自动存储和取出物料的系统。自动仓储系统是采用高层货架储存货物,用起重、装卸、运输机械设备进行货物出库和入库作业的系统,系统主要通过高层货架充分利用空间进行了存取货物,所以又称"自动化高架仓库系统"、"自动化立体仓库系统"。

1. 自动化立体仓库的分类

自动仓库按建筑形式分为整体式仓库、分离式仓库;按货物存取方式分为单元货架式仓库、拣选货架式仓库;按在生产与流通中的作用分为存储中心仓库、物流中心型仓库;按自动化仓库与生产联结紧密程度分为独立型仓库、半紧密型仓库。

2. 自动化立体仓库的优缺点

(1)优点

①仓库作业全部实现机械化和自动化,能够大大节省人力,减少劳动力费用的支出,另一方面能够大大提高作业效率。

②采用高层货架、立体储存,减少占地面积。

③采用托盘或货箱储存货物,货物的破损率显著降低。

④货位集中,便于控制与管理,特别是使用计算机,不但能够实现作业过程的自动控制,而且能够进行信息处理。

(2)缺点

①结构复杂,配套设备多,投资成本高。

②货架安装精度要求高,施工比较困难,施工周期长。

3. 自动化立体仓库的主要设备

自动化立体仓库构成比较复杂,新型设备层出不穷,但基本构成包括:

(1)高层货架

高层货架是构成自动化立体的最基本单元。

(2)堆垛机

堆垛机是一种完成单元货物入库到货格和从货格中取出的操作设备,是整个自动化立体仓库的核心设备。

(3)输送系统

主要负责自动化立体仓库外围的自动输送。如轮式输送机、链条输送机、有轨小车等。

(4)计算机控制与管理系统

系统包括各种可编程控制器、监控计算机、管理计算机、信息采集系统(如条码系统、称重系统、尺寸检测装置)等。

(5)托盘

托盘负责物料的装载与存储。

第四节 仓储流程管理

仓储作业是指从商品入库到出库整个仓储作业全过程,主要包括入库流程、分拣包装、验货出库流程等内容,仓储作业流程如图5.2所示。

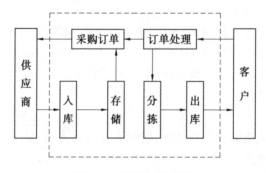

图 5.2 仓储作业流程

一、入库作业

1. 入库作业流程概述

商品入库业务管理是指管理人员根据入库通知单,进行入库准备、接运卸货、清点数量、检查质量、办理入库手续等一系列操作的总和。在整个入库业务操作过程中,其主要任务包括:

根据商品的入库通知单(入库凭证),验收(包括清点商品数量、检查商品质量等),按照规定程序办理各种入库手续和凭证。其商品入库作业流程如图5.3所示。

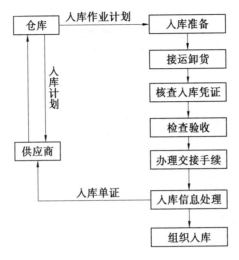

图 5.3　入库作业流程

2. 入库作业流程分析

(1) 入库准备

仓库入库准备需要仓库的业务部门、管理部门、设备作业部门相互合作,共同完成如下工作:

①熟悉入库货物仓库业务。仓库按入库作业计划定期向供应商以及运输部门进行联系,了解要入库货物的规格、数量、包装状态、单件体积、到库确切时间等。

②安排仓容。根据将要入库商品的性能、数量、类别,按分区保管要求,核算所需单位面积(仓容)大小,确定存放的货位,留出必要的验收场地。

③合理组织人力。根据商品的数量和时间,安排好商品验收人员、搬运人员以及各个工作环节所需的人员和设备。

④准备所需器具和工具。

(2) 物品接运

商品接运是商品入库业务流程的第一道作业环节,要及时准确地向交通运输部门提取入库商品,要求手续清楚、责任明确,为仓库验收工作创造有利条件。

(3) 入库验收

商品验收是根据验收业务作业流程,核对入库凭证,对入库商品进行数量和外观质量的检查,以验证商品是否符合订货合同规定的工作。验收的主要任务是查明到货的数量和质量状态,为入库和保管打基础,防止仓库和货主遭受不必要的经济损失,同时也对供货单位的商品质量和承运部门的服务质量进行监督。

商品验收的基本内容包括数量验收、质量验收。

①商品数量验收。包括点件查数、抽验查数和检斤换算等方法。

点件查数法：按件、只、台等计量的商品检验方法，即逐件进行点数加总求值。

抽验查数法：按一定比率开箱验件的方法，一般批量大、定量包装的商品适合采用此方法。

检斤换算法：指通过重量过磅换算该商品的数量，商品标准、包装标准的商品适合采用此方法。

②商品质量检收。质量检验包括外观质量检验和内在质量检验。商品外观质量检验是指通过人的感觉器官，检查商品的包装外形有无缺陷，检查商品包装的牢固程度，检查商品有无损伤，检查商品是否被污染，有无潮湿、发霉等，外观质量检验要求保管人员有丰富的识货能力和判断能力。商品内在质量检验是指对物理性能、机械性能及商品的化学成分、含量的检验，主要用测试仪器进行商品性质测定。

(4) 商品入库信息处理

商品经检验，若发现有问题，收货员应分清责任做好记录，立即交由仓库有关业务部门处理。若检验合格，立即办理入库手续，即登记账目、设立货卡、办理入库凭证，建立商品档案，并把入库凭证返给供货商。

(5) 组织入库

办理完入库信息登记，组织商品入库。

二、在库存储作业

商品在库作业管理是指对商品进行合理的保存和经济的管理。所谓合理的保存是指将商品存放在适宜的场所和位置，经济的管理是指对商品实体和仓储信息进行科学的管理，包括对商品进行科学的保养和维护，为货物提供良好的保管环境和条件，以及对库存商品有关的各种技术证件、单据、凭证、账卡等进行信息化管理。商品在库管理主要内容包括：商品分区、分类和货位编号，合理堆码和苫垫，货账保管和盘点等工作。

①商品分区。是根据商品的类别、性能和特点，结合仓库的建筑结构情况、容量、装卸设备等条件，确定各储存区域存放商品的种类、数量，然后分区分类编成目录并绘制平面图。

②商品堆码。是根据商品的特性、形状、规格、重量及包装质量等情况，同时考虑地面的负荷和储存的要求，将商品分别叠堆成各种码垛。

③商品苫垫。商品在堆码时一般都需要苫垫，即把货垛垫高。露天货物进行苫垫，避免受潮、淋雨、暴晒等。

三、出库作业

商品出库，是仓库根据业务部门或存货单位开具的出库凭证，经过审核出库凭证、备料、拣货、分货等业务直到把商品交给客户或发运部门的一系列作业过程，它是商品仓储作业过程最后一个环节,也是仓储部门对外的窗口。其业务水平、工作质量在一定程度上反映仓储企业的形象,直接影响到企业的经济效益和社会效益,因此及时准确地做好出库业务工作,是仓储管理的一项重要工作。

1. 商品出库的要求

(1)贯彻先进先出的原则

根据商品入库的时间先后,先入库的商品先出库,以保持库存商品质量完成状态。尤其对于易变质、易破损、易腐败的商品,机能易退化、老化的商品,应加快周转,对变质失效的商品不准出库。

(2)出库凭证和手续必须符合要求

出库凭证不符合要求,仓库不得擅自发货。出库要做到"三不,三核,五检查"。"三不",即未接单据不翻账,未经审单不备货,未经复核不出库;"三核",即在发货时,要核实凭证、核对账卡、核对实物;"五检查",即对单据和实物要进行品名检查、规格检查、包装检查、件数检查、重量检查。

(3)要严格遵守仓库有关出库的各项规章制度

商品出库必须遵守各项制度,按章办事。发出的商品必须与提货单、领料单或调拨单上所列的名称、规格、型号、单价、数量相符合。

2. 商品出库的主要方式

(1)客户自提

客户自提是指客户自派车辆和人员,持提货单(领料单)到仓库直接提货的一种出库方式。它具有"提单到库,随到随发,自提自运"的特点,适用于运输距离近、提货数量少的客户。

(2)送货上门

送货是仓储单位派自己的车辆和人员,根据用户的要求,把出库凭证所开列的商品,直接运送到客户指定地点的一种出库方式。仓库实行送货,要划清交接责任,仓储部门和运输部门两个部门之间的交接手续,是在仓库现场办理的。

(3)代办托运

代办托运是指仓库接受客户的委托,为客户办理商品搬运时,依据货主开具的出库凭证上所列商品的品种、规格、数量等,办理出库手续,通过运输部门,如公路、铁路、水路、航空等货运企业,把商品发运到用户指定地点的一种出库方式。

(4)过户

过户就是一种就地划拨的形式。商品虽未出库,但是所有权已从原有的货主转移到新的货主。

(5)转仓

货主单位为了业务方便或改变商品储存条件,需要将某批库存商品从甲库转移到乙库,仓库必须根据货主单位开出的正式转仓票,才能予以办理转仓手续。

(6)取样

取样是货主对了解商品质量或样品陈列等需要,到仓库取货样,仓库必须根据正式取样凭证才发给样品,并做好财务记录。

3. 商品出库的程序

各种类型仓库在商品出库的操作程序上会有所不同,但就出库的操作内容来讲,一般的商品出库的程序如图 5.4 所示。

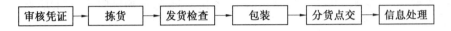

图 5.4 商品出库的程序

(1)审核出库凭证

仓库部门接到出库凭证(提货单、领料单)后,必须对出库凭证进行审核:

①核对出库凭证的合法性和真实性。

②核对商品的品名、型号、规格、单价、数量等有无错误。

③核对收货单位、到站、银行账号等是否齐全和准确。

(2)拣货

拣货作业是依据客户的订货要求或仓储配送中心的送货计划,尽可能迅速、准确地将商品从其储位或其他区域拣取出来的作业过程。

(3)分货

分货作业又称配货作业。在拣货作业完成后,根据客户订单进行货物分类工作,即分货。分货可分为人工分货和自动分类机分货两种作业方式。

(4)发货检查

发货检查即复核。为了保证出库商品不出差错,配好货后应进行出货检查。

(5)包装

出库商品有的可以直接装运出库,有的还需要经过包装待运环节。特别是发往外地的商品,为了适应安全运输的要求,往往需要进行重新组装,或加固包装等作业。

(6)分货点交

发货人员须向收货人或运输人员按单逐件交接清楚,划清责任。

(7)出库信息处理

商品交接后应及时进行发货后的处理工作,及时登记出库信息,做到随发随记,账面余额与实际库存和卡片相符。

4. 商品出库发现问题的处理

在商品出库时,如果发现有问题,应及时进行妥善处理。

(1)出库凭证(提货单)上的问题及处理

①凡出库凭证超过提货期限,用户前来提货。必须办理逾期手续,缴纳逾期仓储管理费后,方可发货。

②出库凭证有假冒、涂改等情况应及时与仓库保卫部门联系,妥善处理。

③出库凭证丢失,客户应及时与仓库发货员和账务人员联系挂失,如果货物已被提走,保管人员不承担责任,但要协助货主单位找回商品,如果货物没被提走,做好挂失手续,缓期发货。

(2)提货数与实存数不符

若出现数量不符的情况,需要与仓库主管部门和货主单位进行账物核查,看是否是漏记账和记错账。

(3)串发货和错发货

串发货和错发货,主要是指发货人员把错误规格、数量的商品发出库。在这种情况下,如果商品没有出库,应组织人员重新发货,如果商品已经出库,保管人员要根据实际库存情况,如实向本库主管部门和运输单位讲明串发货、错发货的情况,会同货主单位和运输单位共同协商解决。

(4)包装破漏

包装破漏是指在发货过程中,因商品外包装破散、损坏等现象引起的商品渗漏、裸露等问题。发货前应经过整理或更换包装,方可出库。

本章小结

仓储活动是商品流通的一个重要环节,本章阐述了仓储的概念、功能、作用以及我国仓储业现状及发展趋势,仓储规划与布局,仓库选址考虑因素及选址方法,仓库的概念及分类,自动化立体仓库的优缺点和分类,仓储设备的分类。最后,分析了仓储流程管理,包括入库作业流程管理、在库存储作业管理、出库作业管理。

复习思考题

一、判断题(正确的用√表示,错误的用×表示)

1. 仓储的价值主要体现在基本功能、增值功能以及社会功能三个方面。(   )

2. 仓库选址是指在一个具有若干供应点及若干需求点的经济区域内,选一个地址建立仓库的规划过程。合理的选址方案应该使商品通过仓库的汇集、中转、分发,达到效益最好。
(   )

3. 对于大中型仓库而言,一般由仓储作业区、辅助作业区、行政生活区三部分构成。
(   )

4. 仓储作业是指从商品入库到出库整个仓储作业全过程,主要包括入库、分拣包装、验货出库流程等内容。(   )

5. 仓储设施是一个仓库或库区的总体概念,是仓储活动得以进行的硬件基础,主要指各种类型的仓库。(   )

二、简答题

1. 简述仓储功能和意义。
2. 浅谈我国仓储业的发展趋势。
3. 简述仓库总体布局。
4. 简述仓储设备分类。
5. 简述自动立体仓库的分类和特点。
6. 简述商品入库作业过程。
7. 简述商品出库作业过程。

三、论述题

1. 论述仓库选址的影响因素有哪些。

【案例分析】

J国际的仓库属于企业自营仓库,坐落于南京雨花区。其仓储对象较多,目的是为了支持销售。J国际不单单满足于传统仓库管理,目前正在向物流领域进军。但是目前还是脱离不了传统的仓储作业流程。由于J国际原来不是做物流的企业,其铁心桥的仓库只是南京J中心的一个仓库而已。现在J转变了观念,不再单单依靠出租店面来获得利润,也想在物流这一领域有所作为,但是现在J的物流还处于起步阶段,其仓库内部设施很缺乏,基本上都是南京J中心的遗留物品,比较落后。除了一些基本的货架和手工叉车,基本上没有其他的现代化设施。而且目前J国际的仓库管理人员受知识水平和硬件设施的局限总是在作业流程中重复出现相同的问题。

[资料来源:肖强.仓储作业流程中的存在问题及解决策略——以J国际仓库为例[J].中国商贸,2010(2):124-125.]

问题:

1. 请从仓储的功能角度进行分析,J国际的仓库的哪些问题亟待解决?
2. 为了实现J国际的目标,我们应该怎样重新设计这个仓库?

参 考 文 献

[1] 王国文.仓储规划与运作[M].北京:中国物资出版社,2009.
[2] 田源.仓储管理[M].北京:机械工业出版社,2009.
[3] 梁军.仓储管理实务[M].北京:高等教育出版社,2003.
[4] 姜大立.物流仓储与配送管理实训[M].北京:中国劳动社会保障出版社,2006.
[5] 何景伟.仓储管理与库存控制[M].北京:知识产权出版社,2006.

[6]方光罗.仓储与配送管理[M].大连:东北财经大学出版社,2004.
[7]丁立言,张锋.仓储规划与技术[M].北京:清华大学出版社,2002.
[8]唐纳德·沃特斯著.物流管理概论[M].北京:电子工业出版社,2004.
[9]郭元萍.仓储管理与实务[M].北京:中国轻工业出版社,2005.
[10]杨凤祥.仓储管理实务[M].北京:电子工业出版社,2005.
[11]张远昌.仓储管理与库存控制[M].北京:中国纺织出版社,2004.

第六章 库存管理

【本章导读】

在社会经济活动中,无论是处在生产领域的制造企业,还是处在流通领域的商业企业和物流企业,都存在库存。一方面库存是生产经营正常进行的有力保障;另一方面库存的存在,必然会占用企业的资金,同时为了储存和保管库存物资要发生相关费用。控制和保持库存是每个企业所面临的问题。库存过多或过少都不利于企业的经营,库存过多,将占用大量的资金;库存过少,不能及时满足市场供应的需要,有可能失去客户。因此,库存的管理与控制是企业物流领域的一个关键问题,对企业物流整体功能的发挥起着非常重要的作用。

【关键概念】

库存管理(Inventory Management)
库存(Inventory)
供应链(Supply Chain)
顾客满意(Customer Satisfaction)
周转库存(Cycle Stock)
安全库存(Safety Stock)
库存控制(Inventory Control)
ABC 分类法(Activity Based Classification)
经济订货批量(Economic Ordering Quantity)

【学习目标】

了解库存及其类型、库存管理及其作用;掌握库存的成本构成,以及库存控制的单周期库存模型、经济订货批量模型;了解供应商管理库存和联合库存管理。

【案例导入】

戴尔库存管理模式

在企业生产中,库存是由于无法预测未来需求变化,而又要保持不间断的生产经营活动所必须配置的资源。但是,过量的库存会诱发企业管理中诸多问题,例如资金周转慢、产品积压等。因此很多企业往往认为,如果在采购、生产、物流、销售等经营活动中能够实现零库存,企业管理中的大部分问题就会随之解决。零库存便成了生产企业管理中一个不懈追求的目标。如此看来库存显然成了一个包袱。但目前条件下,任何一个单独的企业要向市场供货都不可能实现零库存。通常所谓的"零库存"只是节点企业的零库存,而从整个供应链的角度来说,产品从供货商到制造商最终到达销售商,库存并没有消失,只是由一方转移到另一方。成本和风险也没有消失,而是随库存在企业间的转移而转移。戴尔电脑的"零库存"也是基于供应商的"零距离"之上的。

假设戴尔的零部件来源于全球四个市场,美国市场20%,中国市场30%,日本市场30%和欧盟市场20%,然后在香港基地进行组装后销售全球。那么,从美国市场的供应商A到达香港基地,空运至少10小时,海运至少25天;从中国市场供应商B到达香港基地公路运输至少2天;从日本市场供应商C到达香港基地,空运至少4小时,海运至少2天;从欧盟市场供应商D到达香港,空运至少7小时,海运至少10天。若要保持戴尔在香港组装基地电子器件的零库存,则供应商在香港基地必须建立仓库,或自建或租赁,来保持一定的元器件库存量。供应商则承担了戴尔制造公司库存的风险,而且还要求戴尔制造公司与供应商之间要有及时的、频繁的信息沟通与业务协调行为。由此,戴尔制造公司与供应商之间可能存在着两种库存管理模式:模式1,即戴尔制造公司在香港的基地有自己的存储库存,该模式要求香港基地的库存管理由戴尔制造公司自行负责。一旦缺货,即通知供货商4小时内送货入库。供应商要能及时供货必须也要建立仓库,从而导致供应商和企业双重设库降低了整个供应链的资源利用率,也增加了制造商的成本。模式2,即戴尔制造公司在香港的制造基地不设仓库,由供货商直接根据生产制造过程中物品消耗的进度来管理库存。比如采用准时制物流,精细物流组织模式,按销售订单排产。该模式中的配送中心可以是四方供应商合建,也可以和香港基地的第三方物流商合作。此时,供应商完全了解电脑组装厂的生产进度、日产量,不知不觉地参与到戴尔制造厂的生产经营活动之中,但也承担着零部件库存的风险。尤其在PC行业,原材料价格每星期下降1%。而且,供应商至少要保持二级库存,即原材料采购库存和面向制造商所在地香港进行配送业务而必须保持的库存。面对"降低库存"这一令人头痛的问题,供应商实际上处在被动"挨宰"的地位。在这种情况下,对供应商而言,所谓的战略合作伙伴关系以及与戴尔的双赢都是很难实现的。

在供货商—制造商—销售商这根链条中,如果只有制造商实现了最大利益,而其他两方都受损,这样的链条必定解体。因为各供应商为了自身的生存,必然扩展自己新的供货合作伙伴,如对宏基电脑、联想电脑制造商供货,扩大在香港配送基地的市场业务覆盖范围。供货商这种业务扩展策略就会降低戴尔电脑产品的市场竞争力。很显然，当几家电脑制造商都用相同的电脑元件组装时，各企业很难形成自身的产品优势，而且还有泄漏制造企业商业秘密的危险。这种缺乏共兴共荣机制的供应链关系，也必然给制造商埋下隐患。双赢如何实现实行供应链管理，提升企业的核心竞争力，关键不在于企业所采用的信息技术的先进性，而在于采用合理的管理体制和运行机制以及构建整个供应链健康的利润分配机制。按法国物流专家沙卫教授的观点，戴尔电脑制造商要想与其供应商建立良好的战略合作伙伴关系，就应该在多方面照顾供应商的利益，支持供应商的发展。

首先，在利润上，戴尔除了要补偿供应商的全部物流成本（包括运输、仓储、包装等费用）外，还要让其享受供货总额3%～5%的利润，这样供应商才能有发展机会。其次，在业务运作上，还要避免因零库存导致的采购成本上升。制造商一般都要向供应商承诺长期合作，即一年内保证预定的采购额。然而一旦采购预测失误，制造商就应该把消化不了的采购额转移到全球别的工厂，以尽可能减轻供应商的压力，保证其利益。再次，戴尔制造商应调动供应链上各个企业的积极性，变供应商的被动"挨宰"地位为主动参与，从而充分发挥整个供应链的能量。比如，让各地区的供应商同时作为该地区销售代理商之一，这样供应商又可以从中得到另外一部分利润。这种由单纯的供应商身份向供货及销售代理商双重身份的转变，使物品采购供应—生产制造—产品销售各环节更加紧密结合，也真正实现了企业由商务合作向战略合作伙伴关系的转变，真正实现了风险共担、利润共享的双赢目标。

事实上，戴尔公司就是采用了这种战略，使得戴尔每年用于产品创新的支出不到5亿美元，平均占公司销售额的1.5%，而其主要的竞争对手惠普公司每年用于产品创新的支出高达40亿美元，平均占到公司销售额的6.3%。但是，惠普的PC和服务器部门去年一年的亏损为14.4亿美元，而戴尔公司去年却获利19.8亿美元，这说明戴尔公司的战略是正确的。（以上数据引自百度网）沙卫教授认为，这种战略联盟关系能达到以下目的：有利于制造商新产品的研发。因为供货商最能掌握自己熟悉的采购供货领域中电脑用电子元器件新产品的面市情况，在了解其性能/价格比之后，及时反馈给制造商，让他们选用，有利于完善产品的性能。有利于把握客户的需求变化动态，促进生产商调整适宜的生产经营战略。从这时起，供货商—生产商—销售商紧密地联系在一起，具有供货及销售双重身份的第三方专业物流公司，全面地参与了戴尔公司的供应链生产经营活动。一个可以给各方参与者都带来赢利的真正的供应链终于建立起来。至此，第三利润源得到深层次的开发，并真正实现各方的互赢。戴尔的成功诀窍——高效物流配送在不到20年的时间内，戴尔计算机公司的创始人迈克尔·戴尔，白手起家把公司发展到250亿美元的规模。即使面对美国经济目前的低迷，在惠普等超大型竞争对手纷纷裁员减产的情况下，戴尔仍以两位数的发展速度飞快前进。根据美国一家权威机构的统计，戴尔2001年一季度的个人电脑销售额占全球总量的13.1%，仍居世界第一。"戴尔"现象，令世人为之迷惑。

戴尔公司分管物流配送的副总裁迪克·亨特一语道破天机："我们只保存可供5天生产

的存货,而我们的竞争对手则保存30天、45天,甚至90天的存货。这就是区别。"

物流配送专家詹姆斯·阿尔里德在其专著《无声的革命》中写到,主要通过提高物流配送打竞争战的时代已经悄悄来临。看清这点的企业和管理人员才是未来竞争激流中的弄潮者,否则,一个企业将可能在新的物流配送环境下苦苦挣扎,甚至被淘汰出局。

亨特在分析戴尔成功的诀窍时说:"戴尔总支出的74%用在材料配件购买方面,2000年这方面的总开支高达210亿美元,如果我们能在物流配送方面降低0.1%,就等于我们的生产效率提高了10%。"物流配送对企业的影响之大由此可见一斑。信息时代,特别是在高科技领域,材料成本随着日趋激烈的竞争而迅速下降。以计算机工业为例,材料配件成本的下降速度为每周1%。从戴尔公司的经验来看,其材料库存量只有5天,当其竞争对手维持4周的库存时,就等于戴尔的材料配件开支与对手相比保持着3%的优势。当产品最终投放市场时,物流配送优势就可转变成2%至3%的产品优势,竞争力的强弱不言而喻。在提高物流配送效率方面,戴尔和50家材料配件供应商保持着密切、忠实的联系,庞大的跨国集团戴尔所需材料配件的95%都由这50家供应商提供。戴尔与这些供应商每天都要通过网络进行协调沟通:戴尔监控每个零部件的发展情况,并把自己新的要求随时发布在网络上,供所有的供应商参考,提高透明度和信息流通效率,并刺激供应商之间的相互竞争;供应商则随时向戴尔通报自己的产品发展、价格变化、存量等方面信息。几乎所有工厂都会出现过期、过剩的零部件。而高效率的物流配送使戴尔的过期零部件比例保持在材料开支总额的0.05%~0.1%之间,2000年戴尔全年在这方面的损失为2 100万美金。而这一比例在戴尔的对手企业都高达2%~3%,在其他工业部门更是高达4%~5%。即使是面对如此高效的物流配送,戴尔的亨特副总裁仍不满意:"有人问5天的库存量是否为戴尔的最佳物流配送极限,我的回答:当然不是,我们能把它缩短到两天。"

[资料来源:http://www.examda.com/teacher/moniti/20071202/101539901.html]

第一节 库存概述

一、库存

库存(Inventory)是为了满足未来需求而暂时闲置的有价值的资源。这些资源是用以支持生产和客户服务为目的而存储的各种物料,包括原材料、产成品、在制品、备件和低值易耗品等,只要它是处在储存状态,无论是长期的,还是短期、临时的,都可以称做库存。例如零售商店里货架上的货物,或者工厂里机床旁边堆放的没有加工完的工件,运输途中的货物等都属于库存。

库存是一种暂时闲置的资源,因此库存在闲置期内不会为企业的生产经营活动创造价值,反而因为其占用了企业的资金而增加了企业的成本。从这一点上来说,"零库存"是企业库存管理的理想状态,而这种理想状态的实现,其实质是企业将库存在供应链(Supply Chain)上的转移,也即当某企业实现了零库存,实际上是该企业将库存转移到了其供应商、分销商或零售商那里,所以说,库存是不可避免的,也是十分必要的。主要是因为:

(1)某些商品的生产和消费存在着时间上和数量上的矛盾

这一矛盾在农业生产和对农产品的消费上表现得尤为突出。如粮食的生产是季节性的,而对该粮食产品的加工和消费却是常年的;用于支持粮食生产的各种化肥是常年生产的,而消费却是季节性的。对于大多数产品的生产者来说,愿意通过大量生产的方式提高生产效率以达到批量效果,而消费者对商品的购买和消费却是零星的。这就要求生产或流通环节保有一定量的库存,保证生产和消费的正常进行。

(2)顾客需求的多样化

这样一种变化趋势,使得企业的供应体制朝着多品种少量化转变,并且交货期在大大地缩短。因此,企业为了应对这种变化,在不能精确地预测市场需求的情况下不得不储备合理的库存。

(3)企业生产经营的扩大化及全球化

在这一过程中,尤其是制造业,由高成本的发达国家向低成本的发展中国家转移。原料的全球采购,产成品的全球销售,这样在生产和销售的各环节都会产生库存。

(4)企业对顾客满意(Customer Satisfaction)经营目标的追求

现在越来越多的企业将自己的经营目标定在顾客满意度上,对于企业来说,如果对企业的产品和服务感到满意,顾客也会将他们的消费感受通过口碑传播给其他的顾客,扩大产品的知名度,提高企业的形象,为企业的长远发展不断地注入新的动力。而顾客满意的一个比较重要的方面就是尽最大的可能去避免由于缺货而给顾客带来的不便,即企业要最大限度地去控制脱销率。因此,要求企业保有合理的库存。

二、库存的作用和弊端

通过以上对库存产生的原因的分析,不难看出库存具有如下作用:
①获得大量购买的价格折扣。
②大量生产,提高生产效率,降低生产成本。
③大量运输降低运输成本,节省运费。
④调整供需之间的季节性差异。
⑤保持供应来源。
⑥避免由于紧急情况而出现停产。
⑦防止涨价、政策的改变以及延迟交货等情况的发生。
⑧提高客户服务水平。
库存的弊端:

①占用企业大量资金,通常情况下会达到企业总资产的 20%~40%,库存管理不当会形成大量资金的沉淀。

②增加了企业的产品成本与管理成本,库存物资的成本增加直接增加了产品成本,而相关库存设备、管理人员的增加也加大了企业的管理成本。

③掩盖了企业众多管理问题,如计划不周、采购不力、生产不均衡、产品质量不稳定及市场销售不力等管理问题。

④库存损耗。库存的数量过大,时间过长,发生库存损失和损耗的可能性就会增加。

三、库存的分类

库存普遍存在于经济活动的各个环节,无论是在生产领域还是流通领域,它们会表现出不同的形态。依据不同的标准可以将库存划分为不同的类型。

根据库存在经营过程中的功能可将其划分为:

1. **周转库存**(Cycle Inventory)

周转库存是为了满足日常生产经营需要而保有的库存,它不断地投入生产和销售中,又不断地补充进来,这样不断地周转储存形成的库存就成为周转库存。周转库存的大小与采购批量有直接关系。

2. **安全库存**(Safety Inventory)

安全库存是为了防止不确定性的发生,防止缺货造成的损失而设置的一定数量的库存。安全库存的数量除受需求和供应的不确定性影响外,还与企业希望达到的顾客服务水平有关,这些是制订安全库存决策时主要考虑的因素。安全库存越大,出现缺货的可能性越小;但库存越大,会导致剩余库存的出现,相应成本就会增加。应根据不同物品的用途以及客户的要求,将缺货保持在适当的水平上,允许一定程度的缺货现象存在。

3. **在途库存**(In-Transit Inventory)

它是处于相邻两个工作地之间或是相邻两级销售组织之间的库存,包括处在运输过程中的库存,以及停放在两地之间的库存。在途库存取决于输送时间和在此期间的需求率。

4. **季节性库存**(Seasonal Inventory)

由于需求的季节性或是采购的季节性特点,必须在淡季为旺季的销售,或是在收获季节为全年生产储备的存货称为预期存货。决定调节库存的因素除了脱销的机会成本外,还应考虑生产不均衡时的额外成本。

5. **投机库存**(Speculative Invertory)

投机库存是指为了避免因产品价格上涨造成损失或为了从商品价格上涨中获利而建立的库存。

按库存的需求特性来划分,可将库存划分为独立需求库存和相关需求库存。

1. 单周期需求库存和多周期需求库存

单周期需求库存是指仅仅发生在比较短的一段时间内或库存时间不可能太长的需求；多周期需求库存是指足够长的时间内对某种特资的重复的、连续的需求而产生的库存。

2. 独立需求库存和相关需求库存

独立需求库存是指某种库存物资的需求在时间上和数量上不依赖于其他库存物资，而是直接来源于市场和顾客的需求，需求的对象和数量是随机的、不确定的、模糊的，只是通过预测方法粗略地估计。独立需求不是企业本身所能控制的，只能采用"补充库存"的控制机制，将不确定的外部需求问题转化为对内部库存水平的动态监视与补充的问题，通过保持适当的库存水平来保证对外界随机需求的适当服务水平。

相关需求库存是指对某种库存物资的需求在时间和数量上与其他需求有内在相关性。企业可以根据这种相关性，精确地计算出相关需求的数量和需求时间。例如，企业要年产1 000万台冰箱，这是企业预测市场对冰箱的独立需求确定的年产量，而与该产品有关的零部件、原材料等的需求就随之确定。对这些零部件、原材料的需求就是相关需求。

第二节　库存管理过程

一、需求识别与需求预测

需求预测是库存管理的基础，是库存决策的依据。需求预测是有效控制库存系统的关键。需求有五个方面的因素必须要考虑，即数量、时间、频率、范围以及可预测性。

二、存货识别与编码

要使库存管理更为有效，必须对存货进行识别和编码。

（1）存货识别与合理化

库存中的存货包括很多不同种类的物品，最容易的识别方法是起名字或使用描述性文字。

（2）存货编码

当数量很多种类很广时，只使用名字和描述性文字是不合适的，容易混淆，所以这时候通常采用编码。采用编码就要开发一个编码系统，制订编码规则。常见的一种编码方式是对要描述的物品属性，如物品自然属性、物品最终用途、库存地点、供应源以及最终用户进行分组，然后按照一定的规则进行编码，编码方法有组码和条形码等。

三、存货分类

存货分类是指按照库存物品的性质划分出类别。对存货进行分类有便于管理、便于收发作业、合理使用库容、便于机械化作业等好处。存货有很多种分类,如原材料、零件、配件、包装、半成品、产成品等。

四、采购提前期管理

（1）采购提前期的定义

无论订货数量多少,从订单发出到接收物品总有一个延迟的时间,这就是采购提前期(或称为采购前置时间),即从采购订单发出到收到货物的时间间隔。采购前置时间可以是不变的,也可以是可变的。当采购前置时间可变时,可以用某种概率分布来描述它。

采购前置时间一般可由以下几部分组成,其表达式为：

$$L = T_1 + T_2 + T_3 + T_4 + T_5 \tag{3.1}$$

式中　　L——补充库存的采购前置时间；

　　　　T_1——企业内部的订货准备时间；

　　　　T_2——订单传送时间；

　　　　T_3——供应厂家准备物品的时间；

　　　　T_4——运输的时间；

　　　　T_5——入库前对物品进行验收等活动所占用的时间。

可以看出除 T_1 和 T_5 可控外,其他变量都是不可控的。

（2）采购提前期的计算

在计算订货数量时要考虑订货提前期。订货提前期要考虑安全库存费用与缺货费用之间的平衡。

计算采购提前期可以用许多不同的方法,常见的方法有：根据最后一次订货的提前来确定采购提前期；利用所有采购提前期的平均时间作为采购提前期。

五、库存出库

库存出库政策取决于物品消耗的顺序,确保物品货架寿命比储存的时间长。主要有以下政策。

（1）先进先出(First In First Out, FIFO)

这种政策按照进库的顺序进行处理,最先进库的物品最先使用,避免存储时间超过货架寿命。物品被排成一列就可这样处理。此原则一般适用于寿命周期短的商品,如感光纸、胶卷、食品等。

（2）后进先出(Last In First Out, LIFO)

后进先出指最后进库的物品最先出库。堆成一堆的物品就可这样处理。

（3）随机

随机政策就是物品出库没有规则。在零售时,标识日期的库存要经常检查和出库。没有标识日期的库存要保持清洁和新鲜的外观。将新的库存放在货架的后面以保证货架清洁、整齐。

第三节 库存成本管理

【阅读材料】

喜欢名牌球鞋的省城大二学生小韩发现,在省城沃尔玛超市里,新开了一家国际名牌运动鞋专卖店,全场五九折的折扣也让昔日的"贵族"大牌球鞋变成了"平民鞋"。

"今年是我买球鞋最多的一年,济南不少专卖店的折扣低得难以想象。"小韩是个球鞋爱好者,"今年新款的耐克airforce跑鞋,我只花了199元,相当于三折买的。"在校内网上,小韩得意地发帖炫耀自己"白菜价"买来的名牌球鞋。

在沃尔玛超市这家名为炫体的品牌折扣店里,一双今年新款的原价1 200元的霍华德专用篮球鞋,如今只需要800多元就买到了,相当于打了七折。而多款国际名牌休闲板鞋的售价只有200多元,已经和不少国内品牌运动鞋的价格站到了一条起跑线上。

据业内人士介绍,通常一双国际名牌球鞋,先是出现在大商场的专柜里,以正价销售,选择在这里购物的买家往往是追求新款、对价格不敏感的顾客;如果没卖完,接着可能出现在街边专卖店,打八、九折,由同样追求新款但对价格敏感的顾客购买;要是还没卖完,最后出现在工厂(折扣)店,以更低的折扣销售,"像今年这样专卖店一上来折扣力度就超过工厂店的情况,好多年都没出现了。"

在沃尔玛超市卖"平民球鞋"的炫体店长刘天宇介绍,"按照规律,历届奥运会都会刺激之后的运动品牌销售。""尤其是这次奥运会在中国举行,国内经销商都增加了存货量,但是直到现在,国内市场并没有预计的那么好,经销商压下了大量的存货,为了消化库存,只好打折促销。"

[资料来源:http://www.efu.com.cn/data/2009/2009-08-24/279361.shtml]

库存是包含经济价值的资源,购置和储存都会产生费用。库存成本是建立库存系统时或采取经营措施所造成的结果。

一、库存成本的构成

库存成本的构成一般可分为以下三个主要部分:

1. 库存持有成本(Holding Cost)

库存持有成本即为保有和管理库存而需承担的费用开支。具体可分为运行成本、机会成本和风险成本三个方面。

运行成本主要包括了仓储成本,自营型的仓库体现为建造仓库的固定投资的摊销费用,外包型的仓库则体现为仓库的租金,库存越高,仓储面积越大,仓储成本也越高。此外,运行成本还包括仓库中的设备投资成本和日常运作费用(水、电、人工等)。

机会成本主要是库存所占用的资金所能带来的机会成本,库存作为企业的资产是通过占用企业的流动资金而获得的,而任何企业都有其一定的资金投资回报率,即库存占用的资金如果不用于库存而去经营其他投资所能获得的平均收益。企业因为要持有一定的库存而丧失了流动资金所能带来的投资收益,即为库存的机会成本。有时企业通过借款来获得库存,这时的机会成本还应包括借款的利息支出。

风险成本顾名思义则是从风险的角度出发来考虑的,首先是保险费用,为了减少自然灾害对库存造成的损失,大多数的企业会为其库存购买安全保险,其费用就是库存成本。同时企业可能会因为库存的不合理存放而造成损耗或报废,例如食品过期、存放过程中破损、产品滞销、失窃等,这些损失同样是库存的风险成本。

2. **库存获得成本**(Acquisition Cost)

库存获得成本是指企业为了得到库存而需承担的费用。如果库存是企业直接通过购买而获得,则获得成本包括订货成本(Reorder Cost)和采购成本(Purchasing Cost)。订货成本指企业向卖方发出订单订货起,到货物运抵企业入库为止的过程中发生的各项费用,包括办公费、差旅费、通信费、运输费、入库检验费等。采购成本是指由买价和运杂费构成的成本,其数目取决于采购数量和单位成本。订购或运输次数越多,订货成本就越高;如果库存是企业自己生产的,则获得成本体现为生产准备成本,即企业为生产一批货物而进行的生产启动成本。

3. **库存缺货成本**(Shortage cost)

库存缺货成本,简而言之就是由于库存供应中断而造成的损失。缺货成本包括原材料供应中断造成的停工损失、产成品库存缺货造成的延迟发货损失和销售机会丧失带来的损失、企业采用紧急采购来解决库存的中断而承担的紧急额外采购成本等。当出现缺货时,如果客户选择收回购买要求,对于企业来说就产生了缺货成本,就是本应该获得的这次销售利润,还可能包括对未来销售造成的影响。

二、库存成本管理的思想

1. 现实中库存成本管理

首先就是建立物流管理的会计制度,进行物流成本核算。将库存所发生的相关费用分别进行定义、记录和核算。这是一项很重要的基础工作,只有有记录、有数据,才能够进行核算,有了核算的结果,才能够更好地对物流管理工作进行优化,因而才能够更好地搞好库存管理工作。

2. 建立物流总费用最省的库存成本管理的指导思想

库存管理包括订货、进货、储存、销售出库四个环节,在每个环节都会产生相关的费用,而这些费用还涉及企业的各个不同的部门。因此,库存成本管理是一个系统工程,要进行很好的协调,使库存的总成本最低。如,大量购买可以减少订货次数,从而降低订货成本,但会增加储存成本;为了减少储存成本,就需要增加订货次数,从而增加订货成本。只有采取科学的方法确定一个适当的比例,才能使得订货成本与储存成本最少,才能使库存总成本最省。

3. 建立库存成本的定期统计分析制度

在建立起物流成本管理会计制度的基础之上,定期地对库存成本进行统计分析,即成本的时间比较分析和成本的空间比较分析。通过比较分析,找出经验教训,为做好下一周期的库存管理工作提供依据。

4. 建立零库存指导思想

零库存,顾名思义就是在企业的生产经营活动中不存在库存,那么也就不存在与库存相关的费用,从而大大降低企业的成本,增强企业的竞争力。实现零库存的根本途径就是实施准时化作业。准时化的思想,就是只在需要的时候,把所需要的品种、数量,送到需要的地点。这样可以最大限度地消灭浪费,大大降低企业生产过程中的库存和资金的积压,同时提高企业的管理效率。

【阅读材料】

美的零库存运动

VMI双向挤压供应链成本价格大战、库存灾难、产能过剩、利润滑坡——过度竞争压力之下,除进行产品和市场创新外,挤压成本成为众多空调厂商舍此无它的存活之道。

阴晴不定的四月,历来是空调市场战云密布的季节。"价格战"正在成为所有厂家话题中的热点。一线品牌美的悄然出手,其出招却直指终端代理商。在广东地区,美的近期正在悄悄地为终端经销商安装金算盘财务进销存软件,这是美的日益浮出水面的"业务链条前移"策略,实现"供应商管理库存"(以下简称VMI)和"管理经销商库存"中的一个步骤。

1. 美的虽多年名列空调产业的"三甲"之位,但是不无一朝城门失守之忧。近年来,在降低市场费用、裁员、压低采购价格等方面,美的频繁变招,其路数始终围绕着成本与效率。在供应链这条维系着空调企业的生死线上,美的更是动作不断。据业内统计数据,全国厂商估计有700万台空调库存。长期以来,美的空调一直自认成绩不错,但是依然有最少5～7天的零部件库存和几十万台的成品库存。

2. 在强敌如云的市场中,这一数字仍然不能让美的熟寐。相对其他产业的优秀标杆们,这一存货水准甚至有些让其"汗颜"。例如,戴尔等跨国公司的供应链管理就让美的大为心仪。在厦门设厂的戴尔,自身并没有零部件仓库和成品仓库。零部件实行供应商管理库存(VMI);成品则完全是订单式的,用户下单,戴尔就组织送货。"戴尔的供应链管理和物流管理世界一流",美的空调的流程总监匡光政不由得叹服。而实行VMI的,并不仅仅限于戴尔等国际厂商和台湾IT企业。海尔等国内家电公司已先饮头啖汤。有了戴尔的标杆和海尔的压力,美的在2002销售年度开始,也开始导入供应商管理库存(VMI)。

对于美的来说,较为稳定的供应商共有300多家,零配件(出口、内销产品)加起来一共有三万多种。但是,60%的供货商是在美的总部顺德周围,还有部分供应商是车程三天以内的地方,如广东的清远一带,只有15%的供应商距离美的较远。在这个现有的供应链之上,美的实现VMI的难度并不大。

对于这15%的远程供应商,美的在顺德总部(美的出口机型都在顺德生产)建立了很多仓库,然后把仓库分成很多片区。运输距离长(运货时间3~5天)的外地供应商一般都会在美的的这个仓库里租赁一个片区(仓库所有权归美的),并把零配件放到片区里面储备。

[资料来源:http://www.amazon.cn/]

第四节 库存控制管理

库存控制就是决定和调节库存物品的种类和数量,使之既不过剩又不缺货。目标是在库存过多和库存过少之间获得平衡。一方面,维持较高的库存水平是一个简单地减少缺货风险的方法。进一步说,可以减少订货次数以降低订货费用;但是,保管费用提高了。另一方面,只维持较低的库存水平是一个困难的决策。这不仅是因为依赖供应商的准时送货,而且提高了订货次数,增加了订货费用,虽然降低了保管费用。

一、ABC 分类管理法

一般来讲,企业的库存物资数量很大,品种规格很多,单价高低也不同。如果我们对所有的货物采取相同的管理方法,则可能投入的人力、资金很多,而效果事倍功半。甚至有些贵重的、重要的、紧缺的物资,会因得不到足够注意而缺货,使供应中断。所以,在库存量管理中要抓重点,通过解决重点而带动其他。库存物资分类管理就是基于在管理中要突出重点,兼顾一般这个基本精神的。

ABC 分类管理法又叫 ABC 分析法、ABC 库存控制技术,它是以某类库存物品品种数占总的物品品种数的百分比和该类物品金额占库存物品总金额的百分比大小为标准,将库存物品分为 A、B、C 三类,进行分级管理。ABC 分类管理法简单易行,效果显著,在现代库存管理中已被广泛应用。

一般地,人们将价值比率为 65%~80%、数量比率为 15%~20% 的物品化为 A 类;将价值比率为 15%~20%、数量比率为 30%~40% 的物品化为 B 类;将价值比率为 5%~15%、数量比率为 40%~55% 的物品化为 C 类。分类后对各类物资的管理采取以下策略:对于 A 类物资通常是控制工作的重点,应该严格控制其计划与采购、库存储备量、订货量和订货时间,定期进行检查和盘存。对于 B 类物资可以适当控制,在力所能及的范围内,适度减少 B 类库存。对于 C 类物资可以放宽控制,增加订货量,加大相邻两次订货的时间间隔,以减少订货费用,在不影响库存控制整体效果的同时,减少相关的工作量,如检查和盘存的时间间隔适当加长。

【阅读材料】

最近,美国硅谷的一家中型电信设备制造商实施新型的订货方法,显示出新式算法与技术的威力。该公司外包了产品的生产业务,但仍保持对元器件采购环节的控制。像许多其他公司一样,该公司也曾根据ABC理论来制订订货政策。

但是为应对新的市场环境,该公司在调整订货策略时决定尝试传统方式以外的方案。新的方案考虑的关键包括成本因素、具体元器件的数据和预期中的需求波动情况,且为用户提供了不同条件下的订货模拟,这使该公司能比较新方案与ABC订货策略的结果差异。通过模拟,该公司预期新方案将使交易工作量减少56%~69%,库存水平下降8%~23%。

在实施了新方案以后,实际结果与模拟的情况非常符合:交易工作量减少了61%,且库存水平有望下降27%。但实现这一目标可能需要多一些时间,因为该公司首先必须消化现有的库存。目标库存(模型所预测的库存水平)与实际库存之间的差距在最初的两个月缩小了19%。按这种速度,该公司预计将在新方案实施六个月之内达到目标库存。

此外,这种新型的订货策略还取得了积极的财务结果。该方案易于实施且不需要投资任何新的软件,具体的做法是根据该公司的常规信息计算出新的订货策略,并载入该公司的ERP系统。库存和交易水平的统计数据为高管们提供了重要的信息,供他们制订关键业务决策时使用。

使用ABC订货策略的OEM和EMS公司应该考虑采用更高级的方法。最近几十年,电子产业发生了巨大的变化:制造业务外包、产品生命周期缩短、全球化竞争和财务业绩面临巨大压力。所有这些因素都在改变电子制造业的面貌,用简单的ABC模型应付一切的日子已经过去,为了保持竞争力,厂商必须调整订货策略的基本方式与操作方法。

[资料来源:http://yingping.sdjtzyxy.com/jpkc/viewthread.php?tid=6]

二、单周期库存模型

对于单周期需求来说,库存控制的关键在于确定订货批量。为了确定最佳订货量,需要考虑各种由订货引起的费用。由于只发出一次订货和只发生一次订购费用,所以订货费用为一种沉没成本,它与决策无关。库存费用也可视为一种沉没成本,因为单周期物品的现实需求无法准确预计,而且只通过一次订货满足。所以即使有库存,其费用的变化也不会很大。由于预测误差的存在,根据预测确定的订货量和实际需求量不可能一致。如果需求量大于订货量,就会失去潜在的销售机会,导致机会损失,即订货的缺货成本。另一方面,假如需求量小于订货量,所有未销售出去的物品将可能以低于成本的价格出售,甚至可能报废,并且还要另外支付一笔处理费。这种由于供过于求导致的费用称为过期成本。

因此,只有缺货成本和过期成本对最佳订货量的确定起决定性的作用。

一般情况下,缺货成本用未实现的利润来表示,即

$$C_u = 单位售价 - 单位成本$$

过期成本用物品的原始成本与残值之差来表示，即

$$C_o = 单位原始成本 - 单位残值$$

确定最佳订货量可采用期望损失最小法、期望利润最大法或边际分析法。下面我们来介绍期望损失最小法和期望利润最大法。

1. 期望损失最小法

期望损失最小法就是比较不同订货量下的期望损失，取期望损失最小的订货量作为最佳订货量。已知库存物品的单位成本为 C，单位售价为 P，若在预定的时间内卖不出去，则单价只能降为 $S(S<C)$ 卖出，单位过期成本为 $C_o = C - S$；若需求超过存货，则单位缺货损失（机会损失）$C_u = P - C$。设订货量为 Q 时的期望损失为 $E_L(Q)$，则取使 $E_L(Q)$ 最小值对应的 Q 作为最佳订货量。$E_L(Q)$ 可通过下式计算：

$$E_L(Q) = \sum_{d>Q} C_u(d-Q)P(d) + \sum_{d<Q} C_o(Q-d)P(d)$$

式中　$P(d)$——需求量为 d 时的概率。

例 6.1　某商店准备进一批月饼，已知每块月饼的进价为 $C=5$ 元，售价 $P=8$ 元。若在 1 个月内卖不出去，则每块月饼只能按 $S=3$ 元卖出。求该商店的最佳月饼订购量。

按过去的记录，节日期间对某商店月饼的需求分布率如下表所示：

需求 d/块	10 000	20 000	30 000	40 000
概率 $P(d)$	0.20	0.35	0.30	0.15

解　设该商店买进 Q 块月饼，当实际需求 $d<Q$ 时，将有一部分月饼卖不出去，每块过期损失为 $C_o = C - S = 5 - 3 = 2$（元）；当实际需求 $d>Q$ 时，将有机会损失，每份机会损失为 $C_u = P - C = 8 - 5 = 3$（元）。

当 $Q = 10\,000$ 时，则 $E_L(10\,000) = 3 \times (40\,000 - 10\,000) \times 0.15 + 3 \times (30\,000 - 10\,000) \times 0.30 + 3 \times (20\,000 - 10\,000) \times 0.35 = 42\,000$（元）。

当 $Q = 20\,000$ 时，则 $E_L(20\,000) = 3 \times (40\,000 - 20\,000) \times 0.15 + 3 \times (30\,000 - 20\,000) \times 0.30 + 2 \times (20\,000 - 10\,000) \times 0.20 = 22\,000$（元）。

当 $Q = 30\,000$ 时，则 $E_L(30\,000) = [3 \times (40\,000 - 30\,000) \times 0.15] + 2 \times (30\,000 - 10\,000) \times 0.20 + 2 \times (30\,000 - 20\,000) \times 0.35 = 15\,000$（元）。

当 $Q = 40\,000$ 时，则 $E_L(40\,000) = 2 \times (40\,000 - 30\,000) \times 0.30 + 2 \times (40\,000 - 20\,000) \times 0.35 + 2 \times (40\,000 - 10\,000) \times 0.20 = 32\,000$（元）。

求期望损失的最小值 $\min\{E_L(10\,000), E_L(20\,000), E_L(30\,000), E_L(40\,000)\} = E_L(30\,000) = 15\,000$（元）

由此得出该商店的最佳订货量为 30 000 块月饼。

2. 期望利润最大法

期望利润最大法是比较不同订货量下的期望利润，取期望利润最大的订货量作为最佳订

货量。订货量为 Q 时的期望利润为 $E_p(Q)$，可以通过下式计算：

$$E_p(Q) = \sum_{d<Q}[C_u d - C_0(Q-d)]P(d) + \sum_{d>Q} C_u Q P(d)$$

如上例，当 $Q = 10\,000$ 时，则 $E_p(10\,000) = (3 \times 10\,000) \times 0.20 + (3 \times 10\,000 \times 0.35) + (3 \times 10\,000 \times 0.30) + (3 \times 10\,000 \times 0.15) = 30\,000$(元)

当 $Q = 20\,000$ 时，则 $E_p(20\,000) = [3 \times 10\,000 - 2(20\,000 - 10\,000)] \times 0.20 + (3 \times 20\,000 \times 0.35) + (3 \times 20\,000 \times 0.30) + (3 \times 20\,000 \times 0.15) = 50\,000$(元)

当 $Q = 30\,000$ 时，则 $E_p(30\,000) = [3 \times 10\,000 - 2(30\,000 - 10\,000)] \times 0.20 + [3 \times 20\,000 - 2(30\,000 - 20\,000)] \times 0.35 + (3 \times 30\,000 \times 0.30) + (3 \times 30\,000 \times 0.15) = 56\,500$(元)

当 $Q = 40\,000$ 时，则 $E_p(40\,000) = [3 \times 10\,000 - 2(40\,000 - 10\,000)] \times 0.20 + [3 \times 20\,000 - 2(40\,000 - 20\,000)] \times 0.35 + [3 \times 30\,000 - 2(40\,000 - 30\,000)] \times 0.30 + (3 \times 40\,000 \times 0.15) = 40\,000$(元)

求期望利润的最大值 $\max\{E_p(10\,000), E_p(20\,000), E_p(30\,000), E_p(40\,000)\} = E_p(30\,000) = 56\,500$(元)

所以该商店的最佳订货量为 30 000 块。

三、经济订货批量法 EOQ(Ecnomic Order Quantity)

简单的经济订货批量法 EOQ 是最常用的，也是最经典的确定型库存模型。

经济订货批量(EOQ)是固定订货批量模型的一种，可以用来确定企业一次订货(外购或自制)的数量。当企业按照经济订货批量来订货时，可实现订货成本和储存成本之和最小化。

采用本模型时，需要有以下假设条件：

①用户的需求是连续均匀的，需求速率可看做常数。
②单位货物的库存费用为 C。
③不允许缺货。
④当存储量降为零时，一经订货，所订货物可瞬间到货。
⑤每次的订货量 Q 不变，年总需求量 D 确定。
⑥订货费为 a。
⑦货物单价不变。

库存量的变化情况如图 6.1 所示。显然该模型每隔一相同时间 t 来订购相同数量 Q 的货物。

订货批量概念是根据订货成本来平衡维持存货的成本。因此，订货批量越大，平均存货就越大，相应的，每年的维持成本也越大。然而，订货批量越大，每一计划期需要的订货次数就越少，相应的，订货费用也就相应减少。把订货批量公式化可以确定精确的数量，据此，对于给定的销售量，订货和维持存货的年度联合总成本是最低的。使订货成本和维持成本总计最低的

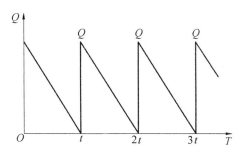

图 6.1 库存量的变化

点代表了总成本。上述讨论介绍了基本的批量概念,并确定了最基本的目标。简单地说,这些目标是要识别能够使存货维持和订货的总成本降到最低限度的订货批量或订货时间。

库存成本有以下几项(因为该模型不涉及缺货,故不考虑缺货损失):

库存的维持费用(CH):是维持库存所产生的相关费用,包括资金的占用、货物保管、保险费等费用,其随订货量(Q)的增加而增加。设单位货物的库存费用为 H,则库存维持费用为

$$CH = Q \cdot H/2$$

库存的年订货费用(CR):年订货费用与订货次数有关,与每次订货多少无关。用 D 表示年订货量,S 表示一次订货费用,则年订货费用为 $CR = D \cdot S/Q$。

库存的年采购费用(CP):与货物单价和采购数量相关,设货物单价为 p,则 $CP = D \cdot p$。

库存的年运输费用(CT):用 k 表示单位运输成本,则 $CT = D \cdot k$。

由以上分析得库存总成本 $C(Q)$ 为

$$C(Q) = CH + CR + CP + CT = \frac{Q \cdot H}{2} + \frac{D \cdot S}{Q} + D \cdot p + D \cdot k$$

因为,年运输费用和年采购费用与订货量无关,所以不会影响订货批量决策的制订,上式可简化为

$$C(Q) = \frac{Q \cdot H}{2} + \frac{D \cdot S}{Q}$$

求导得

$$\frac{dC(Q)}{dQ} = \frac{H}{2} - \frac{D \cdot S}{Q^2}$$

令 $\frac{dC(t)}{dt} = 0$ 得

$$Q = \sqrt{\frac{2D \cdot S}{H}}$$

上式所得的订货量 Q 就是使得全年库存总成本(不包含与 Q 无关的采购成本和运输成

本）最低的订货批量。

例 6.2 某企业每年耗用某材料 1 600 千克,单位采购价格为 102 元,每次订货费用为 200 元,单位储存成本为 4 元。求该企业的经济订货批量。

解 已知 $D=1\,600$ 千克,$S=200$ 元,$H=4$ 元,则

$$Q=\sqrt{\frac{2D\cdot S}{H}}=\sqrt{\frac{2\times1\,600\times200}{4}}=400(千克)$$

所以该企业的最佳经济订货批量为每批次 400 千克。

四、供应链环境下的库存管理

企业保有库存的一个重要目的就是使企业有效地应对所面临的不确定性,而库存的存在必然会产生相关的费用。对库存进行科学的管理,可以减少相关费用的产生,提高企业的运行效率和经营效益。传统的库存管理侧重于优化单一的库存成本,从存储成本和订货成本出发确定经济订货量和订货点。这种方法,从单一的库存角度看有一定的适用性,但从供应链整体的角度看显然是不够的。供应链作为一个不可分割的整体,需要协调供应链上各节点企业的活动,才能够使得整体绩效水平达到最佳,这就要求对供应链进行库存管理,体现出供应链管理的思想。

在传统的库存管理思想的指导下,在应付供应链上存在的不确定性时,供应商、生产商、用户各自为战,他们往往为了应付需求的突发性变化和保护自己的利益,保持一定的库存和分别实施自己的库存控制策略,导致重复建立库存,因而无法达到供应链全局的最低成本。这就很容易在上下游企业之间造成"长鞭效应",导致库存难以实现最佳控制。长鞭效应是对需求信息扭曲在供应链中传递的一种形象的描述。其基本思想是:

当供应链上的各节点企业只根据来自其相邻的下级企业的需求信息进行生产或者供应决策时,需求信息的不真实性会沿着供应链逆流而上,产生逐级放大的现象。当信息达到最源头的供应商时,其所获得的需求信息和实际消费市场中的顾客需求信息发生了很大的偏差。由于这种需求放大效应的影响,供应方往往维持比需求方更高的库存水平或者说是生产准备计划。在整条供应链上,各个环节:零售商、批发商、分销商和制造商等,每一个节点企业的订单都会产生波动,需求信息都有扭曲发生(不过是或多或少罢了),这样下来,通过零售商、批发商、分销商、制造商,逐级而上,信息的扭曲越来越严重。美国著名的供应链管理专家 HauL. Lee 教授解释 Bullwhip Effect 为:尽管特定产品的顾客需求变动不大,但是这些商品的库存和延期交货波动水平却相当大。

1. 供应商管理库存

(1) VMI 的管理思想

近年来,为了降低库存成本,整合供应链资源,越来越多的企业开始尝试一种新型的供应链管理模式——供应商管理库存(Vendor Managed Inventory,VMI),VMI 是一种在用户和供应

商之间的合作性策略,以双方都获得最低成本为目的,使供应链系统能够同步化运营,在一个相互同意的目标框架下允许供应商管理库存,确定库存水平和补给策略,并通过对该协议经常性地监督和修正使存货管理得到持续改进。这种库存管理策略,有效地整合了供应链资源,有利于节约系统成本,提高效率。

(2) VMI 的实施方法

实施供应商管理库存策略,要改变传统的订单处理方式,建立基于标准的托付订单处理模式,即由供应商和批发商一起确定供应商订单业务处理过程中所需要的信息和库存控制参数,然后建立一种订单的处理标准模式,如电子数据交换(Electronic Data Interchange, EDI,一种公司间计算机与计算机交换商业文件的标准形式),把订货、交货和票据处理等业务功能集成在供应商处。

实施供应商管理库存的关键是库存状态的透明性。作为管理库存的供应商要能够随时跟踪和检查到销售商的库存状态,对企业的生产(供应)状态做出相应的调整。为此需要建立一种能够使供应商和用户(分销、批发商)的库存信息系统透明连接的方法。可以利用计算机和网络技术创建网络化的企业运作模式和建立统一的信息系统架构来实现。

供应商管理库存的策略可以分如下几个步骤实施:

第一,建立供应链上的信息集成系统。供应商要有效地管理库存,必须拥有一个良好的信息沟通平台,使供应商能够获得顾客的有关需求信息和信息共享。

第二,建立完备的物流管理系统。供应商要很好地管理库存,必须建立起完善的物流管理系统,保证自己的产品需求信息和物流畅通,有效降低物流成本。

第三,建立供应商与分销商合作框架协议。贸易伙伴间进行密切合作,共享利益,共担风险。

第四,组织结构的变革。因为 VMI 策略改变了供应商的组织模式。为了适应新的管理模式,需要根据供应商管理库的工作流程来对组织机构进行相应的调整。

2. 联合库存管理

联合库存管理(Jointly Managed Inventory, JMI)是一种在 VMI 基础上发展起来的供应商与用户权利责任平衡和风险共担的库存管理模式。它和供应商管理用户库存不同,强调供应链成员企业同时参与,共同制订库存计划,使供应链管理过程中的每个库存管理者(供应商、制造商、分销商)都能从相互之间的协调性来考虑问题,保持供应链相邻两个节点企业之间的库存管理者对需求的预期保持一致。任何相邻节点企业需求的确定都是供需双方协调的结果,库存管理不再是各自为政的独立运作过程,而是供需连接的纽带和协调中心。

联合库存管理的实施策略:

(1)建立供需协调管理机制

为了发挥联合库存管理的作用,供需双方必须本着互惠互利的原则,建立共同的合作目标,建立合作沟通的渠道,建立一种公平的利益分配制度,为供应链的联合库存管理提供有效的协调管理机制。

(2) 发挥两种资源计划系统的作用

为了发挥联合库存管理的作用,在供应链库存管理中可以充分利用目前比较成熟的两种资源管理系统:制造资源计划(Manufacturing Resource Planning,MRP Ⅱ)和配送需求计划(Distribution Requirements Planning,DRP)。原材料库存应采用制造资源计划系统 MRP Ⅱ,产品库存采用物资资源配送需求计划 DRP。

(3) 开发 JMI 的需求支持技术

主要包括 EDI/Internet、ID 代码、条码、连续补给程序、QR、ECR 等。

(4) 发挥第三方物流系统的作用

第三方物流(Third Part logistics,3PL)系统是供应链集成的一种技术手段,它为用户提供各种服务,如物流系统设计、EDI 能力、报表管理、仓储、运输、包装等。它不拥有商品,不参与商品的买卖,而是为客户提供以合同为约束、以结盟为基础的系列化、个性化、信息化的物流代理服务。把库存管理的部分功能代理给第三方物流系统管理,可以使企业将精力集中于自己的核心业务,同时降低企业成本。

本章小结

在本章里明确了库存的概念、类型及作用,讨论了库存管理的含义及其功能,强调了库存控制是库存管理核心。库存控制这一核心业务的开展是建立在对库存成本分析基础之上,进而讨论了库存控制的方法、单周期库存模型、经济订货批量模型及供应链环境下的库存管理等。

复习思考题

一、判断题(正确的用√表示,错误的用×表示)

1. 库存管理的目的在于减少库存量,以降低成本。(　　)
2. 在经济订购批量条件下最突出的问题是库存量与服务水平的平衡。(　　)
3. 企业若因订货批量决策失误,发生缺货,以至不能满足客户需求而造成损失的成本,称为废弃成本。(　　)
4. 库存持有成本是指为保持库存而发生的成本,它可以分为固定成本和变动成本。其中变动成本与库存数量的多少无关,如仓库折旧、仓库职工的固定月工资等。(　　)
5. 库存总成本最小的订购量称为经济订购批量,简称 EOQ。(　　)
6. 库存管理实行 ABC 管理,一般将库存物品分为 ABC 三类,其中 A 类物品应重点管理,不应发生缺货,因此 A 类物品的库存量就高。(　　)
7. 库存管理主要包括库存成本管理和库存控制管理。(　　)
8. 如果缺货引起的延期交货成本低于节约的库存成本,那么这种方案是可取的,它可以实

现企业总成本最低的目标。（　　）

二、选择题

1. 资金占用成本、存储空间成本、库存服务成本和库存风险成本属于（　　）。
   A. 库存持有成本　　B. 缺货成本　　C. 订货成本　　D. 采购成本
2. 物料需求计划一般可以用（　　）表示。
   A. MRS　　B. MRPII　　C. MRP　　D. DRP
3. 在库存持有成本中反映企业失去的盈利能力的指标是（　　）。
   A. 存储空间成本　　B. 资金占用成本　　C. 库存风险成本　　D. 库存服务成本

三、简答题

1. 库存有哪些种类？库存有什么作用？
2. 库存产生的原因是什么？
3. 库存管理的功能？
4. 库存成本的构成？
5. 在库存 ABC 分类中，各类物品的管理控制方法有什么不同？
6. 什么是 VMI？什么是 JMI？

【案例分析】

案例 1

青啤集团现代物流管理

从开票、批条子的计划调拨，到在全国建立代理经销商制，是青啤集团为适应市场竞争的一次重大调整。但在运作中却发现，由代理商控制市场局面，在市场上倒来倒去的做法，只能牵着企业的鼻子走，加上目前市场的信誉度较差，使青啤集团在组织生产和销售时遇到很大困难。

1998 年第一季度，青啤集团以"新鲜度管理"为中心的物流管理系统开始启动，当时青岛啤酒的产量不过 30 多万吨，但库存就高达 3 万吨，限产处理积压，按市场需求组织生产成为当时的主要任务。青啤集团引入现代物流管理方式，加快产成品走向市场的速度，同时使库存占用资金、仓储费用及周转运输在一年多的时间里降低了 3 900 万元。青啤集团的物流管理体系是被逼出来的。

青啤集团将"让青岛人民喝上当周酒，让全国人民喝上当月酒"作为目标，先后派出两批业务骨干到国外考察、学习，提出了优化产成品物流渠道的具体做法和规划方案。这项以消费者为中心，以市场为导向，以实现"新鲜度管理"为载体，以提高供应链运行效率为目标的物流管理改革，建立起了集团与各销售点物流、信息流和资金流全部由计算机网络管理的智能化配送体系。

青啤集团首先成立了仓储调度中心，对全国市场区域的仓储活动进行重新规划，对产品的仓储、转库实行统一管理和控制。由提供单一的仓储服务,到对产成品的市场区域分部、流通时间等全面的调整、平衡和控制,仓储调度成为销售过程中降低成本、增加效益的重要一环。以原运输公司为基础,青啤集团注册成立具有独立法人资格的物流有限公司,引进现代物流理念和技术,并完全按照市场机制运作。作为提供运输服务的"卖方",物流公司能够确保按规定要求,以最短的时间、最少的环节和最经济的运送方式,将产品送至目的地。

同时,青啤集团应用建立在 Internet 信息传输基础上的 ERP 系统,筹建了青岛啤酒集团技术中心,将物流、信息流、资金流全面统一在计算机网络的智能化管理之下,建立起各分公司与总公司之间的快速信息通道,及时掌握各地最新的市场库存、货物和资金流动情况,为制订市场策略提供准确的依据,并且简化了业务运行程序,提高了销售系统动作效率,增强了企业的应变能力。

同时青啤集团还对运输仓储过程中的各个环节进行了重新整合、优化,以减少运输周转次数,压缩库存、缩短产品仓储和周转时间等。具体做法如:根据客户订单,产品从生产厂直接运往港、站;省内订货从生产厂直接运到客户仓库。仅此一项,每箱的成本就下降了 0.5 元。同时对仓储的存量作了科学的界定,并规定了上限和下限,上限为 1.2 万吨。低于下限发出要货指令,高于上限再安排生产,这样使仓储成为生产调度的"平衡器",从根本上改变了淡季库存积压,旺季市场断档的尴尬局面,满足了市场对新鲜度的需求。

目前,青啤集团仓库面积由 7 万多平方米下降到 29 260 平方米,产成品库存量平均降到 6 000 吨。产品物流实现了环环相扣,销售部门根据各地销售网络的要货计划和市场预测,制订销售计划;仓储部门根据销售计划和库存及时向生产企业传递要货信息;生产厂有针对性地组织生产,物流公司则及时地调度运力,确保交货质量和交货期。同时销售代理商在有了稳定的货源供应后,可以从人、财、物等方面进一步降低销售成本,增加效益。经过 1 年多的运转,青岛啤酒物流网已取得了阶段性成果。首先是市场销售的产品新鲜度提高,青岛及山东市场的消费者可以喝上当天酒、当周酒;省外市场的东北、广东及沿海城市的消费者,可以喝上当周酒、当月酒。其次是产成品周转速度加快,库存下降使资金占用下降了 3 500 多万元;再是仓储面积降低,仓储费用下降 187 万元,市内周转运输费降低了 189.6 万元。

现代物流管理体系的建立,使青啤集团的整体营销水平和市场竞争能力大大提高,1999 年,青岛啤酒集团产销量达到 107 万吨,再登国内榜首。其建立的信息网络系统还具有较强的扩展性,为企业在拥有完善的物流配送体系和成熟的市场供求关系时开展电子商务准备了必要的条件。

问题:
1. 谈谈青啤集团是怎么降低库存的?
2. 针对企业所定的目标,该企业是如何完成的?

案例 2

联想集团 VMI

联想集团 VMI 物流项目已正式启动,联想成为国内 IT 界第一个"吃螃蟹"的企业,其物流管理模式也由此脱胎换骨。

VMI 即供应商管理库存,是一种在供应链环境下的库存运作模式,它将多级供应链问题变成单级库存管理问题,相对于按照用户发出订单进行补货的传统做法,VMI 是以实际或预测的消费需求和库存量,作为市场需求预测和库存补货的解决方法,即由销售资料得到消费需求信息,供货商可以更有效地、更快速地适应市场变化和消费需求。

作为近年来在理论与实践上逐步成熟的管理思想,VMI 备受众多国际大型企业的推崇。大型零售商沃尔玛、家乐福是实施 VMI 的先驱,朗科、惠普、戴尔、诺基亚等都是成功实施 VMI 的典范。

目前,联想集团年销量达 300 多万台,名列全世界电脑生产厂商第八位,其业务规模完全达到了 VMI 模式的要求,并已经引起了供应商的重视。在国内 IT 企业中,联想是第一个开始品尝 VMI 滋味的,其在北京、上海、惠阳三地的 PC 生产厂的原材料供应均在项目之中,涉及的国外供应商的数目也相当大。

联想以往物流运作模式是国际上供应链管理通常使用的看板管理,即由香港联想对外订购货物,库存都放在香港联想仓库,当国内生产需要时由香港公司销售给国内公司,再根据生产计划调拨到各工厂,这样可以最大限度地减少国内材料库存;但是此模式经过 11 个物流环节,涉及多达 18 个内外部单位,运作流程复杂,不可控因素很大。同时,由于订单都是从香港联想发给供应商,所以大部分供应商在香港交货,而联想的生产信息系统只在内地的公司上使用,所以生产厂统计的到货准时率不能真实反映供应商的供货水平,导致不能及时调整对供应商的考核。

按照联想 VMI 项目要求,联想将在北京、上海、惠阳三地工厂附近设立供应商管理库存,联想根据生产要求定期向库存管理者即作为第三方物流的柏灵顿全球货运物流有限公司发送发货指令,由第三方物流公司完成对生产线的配送,从其收到通知,进行确认、分拣、海关申报及配送到生产线,时效要求为 2.5 小时。该项目将实现供应商、第三方物流与联想之间货物信息的共享与及时传递,保证生产所需物料的及时配送。实行 VMI 模式后,将使联想的供应链大大缩短,成本降低,灵活性增强。VMI 项目涉及联想的国际采购物料,为满足即时生产的需要,供应商库存物料在进口通关上将面临很多新要求,例如时效、频次等。因此,海关监管方式对于 VMI 模式能否真正带来物流效率的提高至关重要。

针对联想所提出的 VMI 物流改革方案,北京海关与联想集团多次探讨,具体参与并指导联想集团对供应商管理库存模式的管理。北京海关改革了传统的监管作业模式,在保税仓库管理、货物进出口、货物入出保税仓库、异地加工贸易成品转关等方面采取了相应监管措施。

在物流方面,货物到港后,北京海关为其提供预约通关、担保验放等便捷通关措施,保证货物通关快速畅通;同时与其他海关配合协调,实现供应商在境内加工成品的快速转关、避免所需货物"香港一日游";另外,北京海关与深圳海关加强协调,双方起草了"VMI货物监管草案"。

在信息系统方面,海关通关作业系统、保税仓库管理系统与联想、第三方物流企业间的电子商务平台建立连接,实现了物流信息的共享,既方便作业又强化海关的监管,联想根据生产要求向第三方物流企业发出货物进口、出库、退运等各种指令后,由第三方物流公司向海关提出相应申请。海关接到审批查验后,由第三方物流企业完成货物出库、物流配送及出口报关、装运。据预测,VMI项目启动后,将为联想的生产与发展带来可观的效益:一是联想内部业务流程将得到精简;二是使库存更接近生产地,增强供应弹性,更好地响应市场需求变动;三是改善库存回转,进而保持库存量的最佳化,因库存量降低,减少了企业占压资金;四是通过可视化库存管理,能够在线上监控供应商的交货能力。

[资料来源:http://www.51test.net/show/1179833.html]

问题:

1. 什么是VMI?它与联合库存(JMI)有何区别?
2. 联想原有库存管理模式是如何实现的?存在哪些不足?
3. 联想是如何实施VMI的?
4. 实施VMI给联想带来了什么好处?

参 考 文 献

[1] 赵晓波,黄四民.库存管理[M].北京:清华大学出版社,2008.

[2] 彭扬,吴承建,彭建良.现代物流学概论[M].北京:中国物资出版社,2009.

[3] (日)田中一成.图解库存管理[M].顾月花,译.上海:文汇出版社,2002.

[4] 金汉信,王亮,霍焱.仓储与库存管理[M].重庆:重庆大学出版社,2008.

[5] 王槐林,刘明菲.物流管理学[M].2版.武汉:武汉大学出版社,2005.

[6] 王道平,周叶.现代物流决策技术[M].北京:北京大学出版社,2009.

[7] 邹辉霞.供应链管理[M].北京:清华大学出版社,2009.

[8] 赵林度.供应链与物流管理[M].北京:机械工业出版社,2007.

[9] (美)威廉J·史蒂文森.生产与运作管理[M].张群,张杰,译.北京:机械工业出版社,2000.

[10] 赵红梅,岳建集.生产与运作管理[M].北京:人民邮电出版社,2007.

第七章
Chapter 7

运输管理

【本章导读】

物流关注的对象是物的流转,运输实现了流转的"空间价值",物流的发展离不开交通运输。运输是物流活动的主要组成部分,是物流系统中的动脉系统,在物流系统整体功能合理化的过程中发挥着中心环节的作用,而且运输活动的合理与否直接或间接影响到其他物流活动的合理化程度,没有运输就没有物流。

【关键概念】

运输(Ttransportation)

运输方式(Ttransportation Mode)

运输组织(Transport Organization)

运输方案(Transportation Planning)

【学习目标】

通过本章的学习,了解运输的功能与地位,掌握运输与现代物流各活动的关系,掌握物流运输系统的构成要素,掌握各种运输方式的优缺点及运输方式选择中考虑的因素,了解各运输方式的组织与流程,掌握运输合同内容和当事人的权利义务,掌握不合理化运输,了解运输成本的构成及不同运输方式的成本特征,了解运输绩效管理。

【案例导入】

成立于1959年的法国家乐福集团是大型超级市场概念的创始者,目前是欧洲第一、全球第二的跨国零售企业,也是全球国际化程度最高的零售企业。家乐福于1995年进入中国市场,最早在北京和上海开设了当时规模最大的大卖场。目前,家乐福在中国31个城市相继开设了86家商店,拥有员工4万多人。家乐福中国公司经营的商品95%来自本地,因此家乐福的供货很及时,这也是家乐福在中国经营很成功的原因之一。

家乐福在中国网络设计方面主要体现为运输网络分散度高,一般流通企业都是自己建立仓库及其配送中心,而家乐福的供应商直送模式决定了它的大量仓库及配送中心都是由供应商自己解决的。这样的经营模式不但可以节省大量的建设仓库和管理费用,商品运送也较集中,配送来说更方便,而且能及时供应商品或下架滞销商品,不仅对家乐福的销售,对供货商了解商品销售情况也是极有利的。在运输方式上,除了较少数需要进口或长途运送的货物使用集装箱挂车及大型货运卡车外,由于大量商品来自本地生产商,故较多采用送货车。这些送货车中有一部分是家乐福租的车,而绝大部分则是供应商自己长期为家乐福各店送货的车,家乐福自身需要车的数量不多,所以它并没有自己的运输车队,也省去了大量的运输费用,从另一方面提高了效益。

总的来说,不管什么类型的企业,无论企业规模的大小,其运输决策的出发点都是为企业最大限度节支增收服务的,而运输决策也必将在企业运营中扮演着越来越重要的角色。

[资料来源:http://www.examda.com/wuliu/anli/20071029/085359214.html]

第一节 运输概述

一、物流运输概述

1. 运输

运输是人类社会的基本活动之一,是一项范围广泛、与社会生产和人民生活密切相关的经济活动,如今,它已经渗透到人类社会生活的方方面面,并且成为最受关注的社会经济活动之一。

所谓运输,是指人员或物品借助于动力系统在一定空间范围内产生的位置移动。其中,动力系统是指由运输设施、路线、设备、工具和人力组成的,具有从事运输活动能力的系统。本书中运输特指"物"的载运及输送。它是在不同地域范围间(如两个城市、两个工厂之间,或一个大企业内相距较远的两车间之间),以改变"物"的空间位置为目的的活动,对"物"进行空间位移。与搬运的区别在于,运输是较大范围的活动,而搬运是在同一地域之内的活动。

2. 物流运输

传统意义上的运输是运用适当的工具使货物产生位置移动。传统的运输只考虑货物的空间转移,运输者和托运者之间只是简单的承托关系,随着现代物流的产生与不断发展,运输被赋予了新的含义,它与其他物流环节保持着密切的联系,并在物流系统中占有重要的地位,发挥了巨大的作用。

物流运输是指货物运输及其过程服务的总称。其中过程服务包括货物的仓储管理、包装与标识、运输工具的运用管理、维护与修理、与货物运输有关的保险和银行服务、边境管理等。

物流运输的主要任务是完成物品从供给者到需求者的创造时间价值和空间价值的物理性运动。物流运输支撑着社会大多数交易行为,是商品交易能在正确的时间和恰当的空间内最终得以实现的重要保障。

3. 物流运输系统的构成要素

物流运输系统,也称为物流运输体系,是指由与运输活动相关的各种因素组成的一个整体,它是由运输对象、运输参与者和运输手段构成的庞大复杂的动态系统。

(1) 物流运输对象

物流运输对象统称为货物。根据货物对运输、装卸和储存的环境要求,货物分为成件物品、液态物品、散碎物品、集装箱、危险物品、易腐物品等。

(2) 运输参与者

运输参与者是指货主和承担运输任务的人员,他们是运输活动的主体。

① 货主。货主是货物的所有者,包括委托人(或托运人)和收货人。

② 承运人。承运人是运输活动的承担者,他们可能是运输企业或个体运输业者。

③ 货运代理人。货运代理人是根据货主的要求,并代表货主的利益而揽取货物运输业务的人,其自身不是承运人。货运代理人通常把多个货主中的小批量货物整合成大批量装载,然后交付承运人进行运输。送达目的地后,货运代理人再把该大批量装卸拆分为原来的较小的装载量,送往收货人处。货运代理人属于非作业中间商,因此被称为无船承运人。

④ 运输经纪人。经纪人是替托运人、收货人和承运人协调运输安排的中间商。协商的内容包括装运装载、费率谈判、结账和跟踪管理。经纪人也属于非作业中间商。

(3) 运输手段

运输手段主要包括运输工具、装卸机械、运输线路、运输节点等。

① 运输工具包括汽车、铁路机车、船舶、飞机和管道等。

② 运输线路是供运输工具定向移动的通道,也是运输工具赖以运动的基础设施,主要包括铁路、公路、航线和管道。

③ 运输节点是以连接不同运输方式为主要职能,处于运输路线上的,承担货物的集散、运输业务的办理、运输工具的保养和维修的基地和场所。运输节点是物流节点中一种类型,属于转运性节点。主要包括物流园区、物流中心、配送中心、货场等。

在物流运输系统中,各个要素缺一不可,它们之间相互依存、相互影响、相互协调、相互制约,共同维护整个物流运输系统的正常运转。整个物流运输系统的运转过程,就是运输对象借助于运输工具,在运输线路上、运输参与者的组织下、运输信息系统的调控下进行运输生产的过程。

二、物流运输的功能与作用

1. 物流运输的功能

一般来说,物质产品的生产地与消费地是不一致的,即存在位置背离,只有消除这种位置背离,物质产品的使用价值才能实现。也就是说,物质产品只有通过运输,才可能进入消费领域,从而实现物质产品的使用价值,满足社会各种需求。从这个意义上说,运输有以下两种功能:

(1)物质产品转移

运输的主要功能就是使物质产品在价值链中移动,即通过改变产品的地点与位置,消除产品的生产与消费之间在空间位置上的背离,或将产品从效用价值低的地方转移到效用价值高的地方,创造出产品的"空间效用"。另外,因为运输的主要目的是以最少时间完成产品从原产地到规定地点的转移,所以运输能使产品在需要的时间内到达目的地,创造出产品的"时间效用"。

(2)物质产品储存

如果转移中的物质产品需要储存,且又储存时间短,在短时间内需重新转移,而卸货和装货的成本费用也许会超过储存在运输工具中的费用,所以这时运输工具可以作为暂时储存产品的场所。这样,运输也具有临时储存功能。

2. 物流运输的作用

(1)物流运输是物流的主要功能要素之一

运输是物流系统中重要的功能要素,或者说是物流系统的子系统之一。物流系统中运输功能主要实现对物资进行较长距离的空间移动。物流部门通过物流系统的运输功能去解决物资在生产地点和需求地点之间的空间距离问题,从而创造商品的空间效用,实现其使用价值。

(2)运输可以创造"场所效用"

同种货物由于空间场所不同,其使用价值的实现程度不同,其效益的实现也不同。由于改变场所而最大限度地发挥其使用价值,最大限度地提高了投入产出比,这就称为"场所效用",从这个意义上说,也相当于通过运输提高货物的使用价值。

三、运输与现代物流各活动的关系

1. 运输与配送的关系

一般情况下,我们经常将"运输"和"配送"放在一起使用,其原因是要经过这两个活动过程之后才能将货物送达消费者手里。运输是两点之间货物的输送,而配送是一点对多点的货物运输过程。从狭义上讲,货物运输分为干线部分的运输和支线部分的配送。从仓库到配送中心之间的批量货物的空间位移称为运输,从配送中心向最终用户之间的多品种、小批量货物的空间位移称为配送。

2. 运输与仓储的关系

运输对仓储活动有重要的影响。仓储是货物的暂时停止状态,最终的目的是将货物分拨到合适的地点,运输便起着这样的作用。高效的运输分拨系统,可以降低库存量,提高库存周转率等。同样,仓储活动是运输过程的调节手段。

3. 运输与装卸搬运的关系

一般情况下,完成一次运输活动,至少伴随两次装卸搬运活动。装卸搬运活动的质量直接影响运输活动。

4. 运输与包装的关系

运输与包装的关系是相互影响的。货物包装的程序、包装的规格及尺度都会影响运输方式及同一运输方式对运输工具的选择,同样,货物的包装程度、包装规格及尺寸应该充分与所选择的运输工具相吻合。

第二节 运输方式及选择

一、运输方式及技术经济指标

1. 运输方式

运输业作为物质生产部门,与其他物质生产部门一样,经历了不同的发展时期,为了满足社会各种需求,形成了铁路、公路、航空、水运、管道 5 种运输方式。

(1) 铁路运输

铁路运输是使用铁路列车运送客货的一种运输方式。铁路运输主要承担长距离、大批量的货运。在没有水运条件地区,几乎所有大批量货物都依靠铁路,它是在干线运输中起主力运输作用的运输形式。

铁路运输优点是速度快,运输不大受自然条件限制,载运量大,运输成本较低。主要缺点是灵活性差,只能在固定线路上实现运输,需要以其他运输手段配合和衔接。铁路运输经济里程一般在 300 公里以上。

(2) 公路运输

公路运输是指主要使用汽车,也使用其他车辆在公路上进行客货运输的一种方式。公路运输主要承担近距离、小批量的货运,是水运和铁路运输难以到达地区的大批量货运方式。

由于公路运输有很强灵活性,近年来,在有铁路、水运的地区,较长途的大批量运输也开始使用公路运输。公路运输主要优点是灵活性强,公路建设期短,投资较低,易于因地制宜,对收到站设施要求不高。可以采取"门到门"运输形式,即从发货者门口直到收货者门口,而不需转运或反复装卸搬运。公路运输也可作为其他运输方式的衔接手段。公路运输的经济半径,一般在 300 公里以内。

(3) 水路运输

水路运输是指利用船舶、排筏等浮运工具,在江、河、湖泊、人工水道上运送货物的一种运输方式。水运主要承担大批量、长距离的运输,是在干线运输中起主力作用的运输形式。在内河及沿海,水运也常作为小型运输工具使用,担任补充及衔接大批量干线运输的任务。

水运的主要优点是成本低,能进行低成本、大批量、远距离的运输。但是水运也有显而易见的缺点,主要是运输速度慢,受港口、水位、季节、气候影响较大,因而一年中中断运输的时间较长。

(4) 航空运输

航空运输是使用飞机或其他航空器进行运输的一种形式。航空运输的单位成本很高,因此,主要适合运载的货物有两类:一类是价值高、运费承担能力很强的货物,如贵重设备的零部件、高档产品等;另一类是紧急需要的物资,如救灾抢险物资等。

航空运输的主要优点是速度快,不受地形的限制。在火车、汽车都达不到的地区也可依靠航空运输,因而有其重要意义。

(5) 管道运输

管道运输是利用管道输送气体、液体和粉状固体的一种运输方式,是靠物体在管道内顺着压力方向循序移动实现的。

管道运输的主要优点是在运输过程中可避免散失、丢失等损失,也不存在其他运输设备本身在运输过程中消耗动力所形成的无效运输问题。另外,运输量大,适合于数量大且连续不断运送的物资。

2. 运输方式的技术经济指标

物流运输方式的技术经济指标有运输成本、运送速度、经济里程、运输能力和能源消耗、投资总额和对环境影响程度等。

(1) 运输成本

运输成本是运输业的一个综合性指标,受各种因素的影响,主要由基础设施成本、转运设备成本、营运成本和作业成本 4 项内容构成,4 项成本在各种运输方式之间存在较大的差异,如铁路方面基础设施及运转设备方面的成本比重较大。

(2) 运送速度

物流运输的产品是货物的空间位移,以什么样的速度实现它们的位移是物流运输的一个重要技术经济指标。

(3) 经济里程

运输的经济性与运输距离有紧密的关系。不同运输方式的运输距离与成本之间的关系有一定的差异。例如:铁路运输距离增加的幅度要大于成本上升的幅度,而公路则相反。从国际惯例来看,300 公里内被称为短距离运输,该距离内的客货量应该尽量分流给公路运输。

300～500 公里内主要选择铁路运输,500 公里以上选择水路运输。

(4)运输能力和能源消耗

运输能力方面,水路和铁路运输都处于优势地位(就单个运载工具而言,特别是海运,运输能力最大),而公路和航空的运输能力相对较小。

能源消耗方面,由于铁路运输可以采用电力牵引,因而具有优势,而公路和航空运输则能源(石油)消耗最大。管道运输所耗能源约为水运的 10%,约为铁路运输的 2.5%。

(5)投资总额

各种运输方式由于其技术设备的构成不同,不但投资总额大小各异,而且投资期限的初期金额也有相当大的差别。铁路的技术设备需要投入大量的人力物力,投资额大而且工期长。相对而言,水上运输是利用天然航道进行的,线路投资远比铁路低,主要集中在船舶、码头。公路运输的线路设备投资介于铁路和水运之间,比较各种运输方式的投资水平,还需要综合考虑运输密度与运载工具利用率等因素。

(6)对环境影响的程度

运输业是污染环境的主要产业部门之一,运输业动力装置排出来的废气是空气的主要污染源之一,在人口密集的地区尤其严重。油船溢油事故严重污染海洋,公路建设大量占用土地。而喷气式飞机、超声速飞机等使噪声污染严重,相比之下,铁路运输对环境与生态的影响程度较小,特别是电气化铁路影响更小。

二、运输方式的选择

1. 运输方式选择的影响因素

在各种运输方式中,如何选择适当的运输方式是物流合理化的重要问题。影响运输方式选择的因素包括:货物的特性、可选择的运输工具、运输成本、运输时间、运输的安全性等。对于货主或托运人来说,运输的安全性和准确性、运输成本的低廉性和运输速度等因素是关注的重点。而对于承运人来说,则倾向于较慢的运输速度和较长的转运时间,因为较长的转运时间可以把运输工具作为移动仓库。

根据货主或托运人的要求,根据不同运输方式的特性来进行最优选择,可以从以下 5 个方面考虑:

(1)货物品种

运输方式必须要能适应货物的特性,包括货物物理性能、化学性质,以及外观形状等。货物对运费的负担能力也要考虑到。

(2)运输期限

运输期限与交货日期相关。必须调查各种运输工具所需要的运输时间,根据运输时间选择运输工具。一般情况下:运输的快慢顺序依次为航空运输、汽车运输、铁路运输和船舶运输。各运输工具可以按照它的速度编组来安排日程,加上它的两端及中转的作业时间,就可以算出所需的运输时间。在商品流通中,一个准确的交货日期是对运输的基本要求。

(3) 运输成本

运输成本因货物的种类、重量、容积、运距的不同而不同,而且,运输工具不同,运输成本也会发生变化。例如,铁路运输固定成本高、变动成本低,公路运输固定成本低、变动成本低,水路运输固定成本中等、变动成本低等。

(4) 运输距离

从国际惯例来看,300 公里内货物应该尽量分流给公路运输。300~500 公里内主要选择铁路运输,500 公里以上选择水路运输。

(5) 运输批量

大批量运输成本较低,应尽可能使商品集中到最终消费者附近,选择合适的运输工具进行运输是降低成本的良策。一般来说,15~20 吨以下的商品用汽车运输;15~20 吨以上的商品用铁路运输;数百吨以上的原材料之类的商品,应选择船舶运输。

2. 运输方式选择的原则

一般来说,在进行运输方式的决策时,通常会以成本、时间、安全这三个方面为主要考虑对象,这就是通常所说的成本优先原则、时间优先原则、安全优先原则。

(1) 成本优先原则

运输总成本是指为两个地理位置间的运输所支付的费用以及与运输管理、维持运输中存货有关的总费用。如果只考虑运输方式的费用,费用由高到低是航空运输、公路运输、铁路运输、水路运输、管道运输,但是,货物的运输总成本不仅包括运输工具的运输费用,还包括运输管理、维持运输中的包装、保管等费用,而这些费用与运输速度有直接关系,速度快,运输时间短,这些费用就会随之减少,反之则会增加。也就是说,运输总成本不仅要考虑运输方式费用还要考虑运输速度,这样才能使运输总成本最小。

(2) 时间优先原则

运输时间是指从货源地发货到目的地接受货物之间的时间,不仅要考虑运输工具时间,还要考虑交接、转运等时间。在没有交汇转运点的情况下,铁路运输比汽车运输快,但是交货之前,货物在铁路货场上可能需要等待一周时间才能最后转运到收货人手中,而汽车可以实现送货上门,减少接货时间。

(3) 安全优先原则

对于货主或托运人来说,运输的安全性是至关重要的,根据货物的种类、运输距离,选择最安全的运输方式。

3. 运输方式选择的方法

运输方式的选择,需要根据运输环境、运输服务的目标要求,采取定性分析与定量分析的方法。

(1)定性分析

①单一运输方式的选择。选择一种运输方式提供运输服务。一般考虑的因素是:运输费用的高低、运输时间、频度、货物的安全性、时间的准确性等。

②多式联运的选择。多式联运的主要特点是可以在不同运输方式间自由变换运输工具,以最合理、最有效的方式实现货物的运输。实际运输中,一般铁路与公路联运、公路或水路与铁路联运、航空与公路联运得到较为广泛的应用。

(2)定量分析

①综合评价法。运输方式应满足运输的基本要求,即经济式、迅速性、安全性。

②成本比较法。最佳服务方案是运输服务成本与该运输服务水平导致的相关间接库存成本之间达到平衡的运输服务。运输服务与运输成本之间存在"效益背反"关系,也就是说运输的速度和可靠性会影响托运人和买方的库存水平(周转库存和安全库存)以及他们之间的在途库存水平。如果选择速度慢的运输服务,物流渠道中就需要有更多的库存,这样,库存持有成本就可能升高,而抵消运输服务成本降低的情况。因此,最合理的方案应该既满足顾客需求,又使总成本最低。

三、运输组织与流程

1. 铁路运输组织与过程

(1)铁路运输组织形式

根据托运人托运货物的数量、体积、形式等条件,结合铁路车辆和设备情况,其组织形式可分为三种:整车运输、零担运输和集装箱运输。

①整车运输。是指一批货物的重量、体积、性质或形状需要用一辆或一辆以上的货车来装运的运输组织形式。

②零担运输。是指一批货物的重量、体积、性质或形状不需要用一辆货车装运的运输组织形式。为了保证货物拼装后安全,便于装卸作业和仓库保管,零担托运的货物一般需要具备两个条件:一是单件货物的体积最小不得小于 0.02 立方米(单件货物重量在 10 千克以上的除外);二是一张运单托运的货物不得超过 300 件。

③集装箱运输。是指利用集装箱运输货物的方式,是一种既方便又灵活的运输方式。它可以进行机械装卸,在与其他运输方式联运或中途中转时,无须进行转载,可直接从一种运输工具换到另一种运输工具上。

(2)铁路运输作业过程

铁路货物运输作业,按货物运输过程分为货物发送作业、货物途中作业和货物到达作业。

①货物发送作业。货物发送作业过程为:托运人向作为承运人的发车站申报运输要求,提交货物运单,办理托运手续、交货装车、交付运费,将领货凭证交收货人。铁路货物发送作业过程如图 7.1 所示。

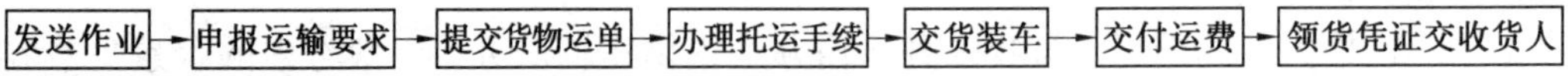

图 7.1　铁路货物发送作业过程

②货物途中作业。货物途中作业过程为:承运双方途中货物的交接和检查、货物的换装整理、运输合同解除或变更及运输障碍处理。铁路货物途中作业过程如图 7.2 所示。

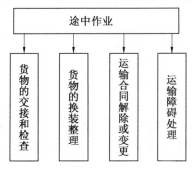

图 7.2　铁路货物途中作业过程

③货物到达作业。货物到站所进行的各项作业,统称为货物的到达作业。货物到达作业过程为:收货人向承运人的到站查询、缴费、领货,与到站共同完成交付手续,到站向收货人发出货物催领通知,接受到货查询、收费、交货、交单,与收货人共同完成交付手续;由铁路组织卸车或收货人自己组织卸车,到站向收货人交付货物或办理交接手续。铁路货物到达作业过程如图 7.3 所示。

(收货人) 到达作业 → 查询到货情况 → 办理交付手续 → 到货场取货

图 7.3　铁路货物到达作业过程

2. 公路运输组织

公路运输组织形式分类:

(1)按货物运营方式划分

①整车运输。

②零担运输。

③联合运输。

④集装箱运输。

(2)按货物的类别划分

①普通货物运输。

②特种货物运输。

(3)按货物的运送速度划分
①一般货物运输。
②快件运输。
③特快专运。
(4)按运输的服务对象划分
①公共运输。
②契约运输。
③自用运输。
④代理运输。
(5)其他划分方法
①双班和多班运输。
②普通载货汽车运输。
③拖挂运输。

3. 水路运输组织与流程

(1)水路运输组织形式分类
①根据货物的包装形式分类。
散装货物运输:散装货物运输包括散装液体和散装固体运输。
成件货物运输:成件货物运输主要是指成件包装货物运输。
集装箱货物运输:集装箱货物运输是指将货物装入符合国际标准、国家标准的集装箱进行运输。
②按照船舶经营方式分类。
班轮运输:是指定期定航线的运输。
租船运输:是指租用他人的船舶从事海上运输。在实践中,租船运输是一种常见的运输方式。人们通过租船可以运输自己的货物,也可以作为承运人来运输其他人的货物,还可以把船舶转租给第三人使用,而自己从中获利。租船运输可以分为航次租船运输、定期租船运输和光船租赁运输。其中:
航次租船运输是承租人在船舶某一航次或某几次航次中享有船舶使用权,且用来运输约定的货物。
定期租船运输是船舶出租人向承租人提供约定的由出租人配备船员的船舶,在约定的期间内,由承租人按照约定的用途使用,并支付租金的一种租船形式。
光船租赁运输是指船舶出租人向承租人提供不配备船员的船舶,在约定期间内由承租人占有、使用和营运,并向出租人支付租金的一种租船形式。
(2)班轮运输的作业过程
班轮运输作业过程为:货运安排、接货装船、运输、卸船、到达交货。班轮运输的作业过程如图7.4所示。

图7.4 班轮运输的作业过程

4. 航空运输组织和流程

(1)航空运输组织形式

主要组织形式有:班机运输、包机运输、集中托运、联合运输、航空快递业务。

班机运输:是指通过在固定航线上定期航行的航班所进行的运输。

包机运输:分为整机包机和部分包机。

集中托运:是指航空货运代理公司把若干批单独发运的货物组成一整批,向航空公司办理托运,采用一份总运单集中发送到同一站,或者运到某一指定的目的站,由航空货运代理公司指定的目的地代理收货,然后再报关并分拨给各收货人的运输方式。

联合运输:是包括空运在内的两种以上运输方式的联合。有陆空运输(Train-Air,TA),陆空陆联运(Train-Air-Truck,TAT)等。

航空快递业务:由专门经营航空快递业务的公司与航空公司合作,向货主提供快速投递服务。

(2)航空运输的作业过程

①货物的托运和收运。发货人要填写货物托运书。托运人和承运人之间签订航空货运单。承运人在收运货物时要根据运输能力、货物的性质和急缓程度,有计划地收运。

②货物的运送。货物运送一般包括货物出港、运输、进港作业过程。

③货物的到达和交付。货物到达目的地后,承运人应当及时向收货人发出到货通知,收货人凭到货通知和有关证件提取货物。

5. 管道运输

管理运输的组织形式分为:

(1)输油管道

输油管道由输油站和管线两部分组成。

(2)输气管道

输气管道主要由矿场集气管网、干线输气管道、城市配气管理网以及与此相关的站、场等设备组成。

(3)固体物料的浆液管道

固体物料的浆液管道主要用于输送煤、铁矿石、磷矿石、铜矿石等矿物,配制浆液主要是水,还有少量采用燃料油或甲醇等液体作为载体。

第三节　运输法规及合同

一、运输法规

运输活动对国内贸易和国际贸易都产生重大的影响,发达国家的政府特别关注如何控制和促进运输活动。企业从事运输业务,都必须了解运输的法律和法规,这样才能保证运输业务高效、安全、可靠地进行,可以说运输法规是运输部门营运的指导原则。

运输法规是一门专业性很强的法律科学,具有综合性、强制性、国际性等特点。

运输法规类型分为经济法规和社会法规。

1. 经济法规

为了提供可靠的运输服务和促进经济发展,许多国家的政府机构积极利用经济法规保护运输承运方,以确保运输服务的可得性和稳定性。经济法规的内容通常包括市场加入和退出法规、费率法规、服务水平规范和补贴等。

(1)加入和退出法规

加入和退出法规的内容涵盖了运输企业从设立到退出行业的全过程。在我国,为了确保运输服务的稳定性,市场准入法规通常规定市场准入承运方的数目,每个承运方所能服务的竞争性质,同时确保市场可获得的服务水准。为了确保适当的服务水准,经济法规规定,如果承运方离开市场会导致服务水准大幅度下降,则限制其离开市场的能力。

(2)费率管制

我国对运输行业的费率实行严格管制,运输企业被要求严格按照运价表收取运输费用。运输费率主要内容包括费率制订、费率变化、费率补贴以及实际费率。

(3)服务水准的规范

服务水准规范的内容涵盖运输行业所有的经营技术和服务标准。如《中华人民共和国铁路法》、《铁路货物运输规程》、《公路管理条例》、《汽车货物运输准则》、《水路运输管理条例实施细则》、《水路货物运输规则》、《国内航空货物运输法则》等规则。

(4)运输补贴

我国运输补贴分为中央财政补贴和地主财政补贴两级。中央财政补贴主要用于铁路和管道,补贴方式主要是差额式补贴,即由中央财政拨款弥补运输企业运营亏损。地方财政补贴主要用于补贴城市公共交通,对城市公共交通运输企业包括地铁、公共汽车等进行补贴,补贴方式也是差额式补贴。

2. 社会法规

社会法规既涉及运输的双方,又涉及运输会影响到的所有其他人,包括安全管制、环境保护等。

二、运输合同

1. 运输合同概述

运输合同是规范运输活动,明确运输承托双方权利、责任的法律文件。货物运输合同是指承运人和托运人、收货人之间为实现一定的货物运输计划,明确相互权利、义务关系的协议。它具有如下特征:

(1)运输合同属于提供劳务的合同

运输合同的标的是承运人的运送和运输行为,而不是被运输的货物本身。合同当事人的权利、义务关系,并不是围绕着货物产生的,而是围绕着为他人运送货物的行为而产生的。

(2)货物运输合同具有标准合同的性质

以国有运输企业作为承运人的运输合同,大多具有标准合同的性质,其主要条款基本上是由国家的交通运输部门统一规定;其形式多为表格式,运输费一般由行政法规统一规定。

(3)货物运输合同具有较强的计划性

目前,我国的交通运输任务很繁重,所以,要进行大宗货物运输时,必须要有计划,以便按时、按量组织合理运输,避免造成人、财、物的浪费。

(4)运输合同大多属于为第三方利益订立的合同

有约束第三者的性质,收货人不参加合同订立,但可直接获得合同规定的利益并自动受合同约束。因此,收货人虽然没有直接参与合同的订立,但他的权利和义务已经按有关法律、法规的规定明确地载明在合同中。

2. 运输合同的种类

货物运输业务本身的复杂性,决定了组织这种业务活动的运输合同具有种类的多样性。根据不同的标准,可以从不同的角度对运输合同进行分类。

①按运输工具的不同,运输合同可分为公路运输合同、铁路运输合同、水路运输合同、航空运输合同、管道运输合同和多式联运合同。

②按运输对象的不同,运输合同可分为普通货运合同和特种货运合同。

③按运输组织方式的不同,运输合同可分为单一运输合同和联合运输合同。

④按货物数量的不同,运输合同可分为批量合同和运次合同。批量合同一般是一次托运货物较多的大宗货运合同。运次合同一般是托运货物较少,一次即可完成的运输合同。

⑤按合同期限的长短,运输合同可分为长期合同和短期合同。长期合同是期限在一年以上的合同;短期合同是期限在一年以下的合同,如季度合同、月度合同等。

⑥按合同形式的不同,运输合同可分为书面合同和契约合同。书面合同是指签订正式书面协议形式的合同。契约合同是指托运人按规定填写货运托运单或货单,这些单证具有契约性质,承运人要按托运单或货单要求承担义务,履行责任。

3. 运输合同的订立

运输双方在达成交易意向后,应订立运输合同并依法按合同约定的条款享受各自的权利,履行相应的责任和义务。

(1)运输合同订立的程序

运输合同订立的程序主要包括要约和承诺。

①要约。所谓要约,就是一方当事人向另一方当事人发出的以订立合同为目的而提出的合同条件。

②承诺。承诺是受要约人同意要约的意思表示。承诺应以通知的方式发出,应当在要约确定的期限内到达要约人,并与要约的内容完全一致。在运输合同的订立过程中,承诺指承运人接受或受理托运人的要约或提议,对托约人提出的全部内容和条款表示同意。受理过程包括双方协商一致的过程。

4. 运输合同的内容

运输合同应根据《合同法》及其相关规定进行制订。运输合同的具体内容应包括:

①货物的名称、性质、数量、重量、收货地点等有关货物运输的必要情况。

②货物的包装要求。

③货物的运输时间和地点,包括货物起运及到达的时间、地点等。

④运输质量和安全要求。

⑤货物装卸方法和责任划分。

⑥运杂费的组成、计算标准和结算方法。

⑦收货人领取货物和点验、查收货物的标准。

⑧变更、解除合同的期限和条件。

⑨双方的权利、义务。

⑩违约责任。

5. 运输合同当事人的权利和义务

(1)托运人的权利

在买方市场的经济环境下,托运人是买方,是货物运输合同首先要确认的权利保障对象。实际上,在合同体系中,托运人的权利是主要矛盾的主要方面,包括:

①要求承运人将货物运至约定地点并交给收货人的权利。

②在有限制的前提下,有提出终止运输、变更地点、变更收货人、返还货物的权利。

(2)托运人的义务

①有向承运人交付运输货物的义务。

②有向承运人真实通告有关货物运输的必要情况的义务。尤其在物流过程中会出现问题的货物,托运人必须如实申报和准确告知,不得隐瞒。

③有按照协议向承运人交付运费和运输杂费以及其他应由托运人交付的费用的义务。

④有对货物进行包装的义务,并应当按照国家规定在包装上进行标识。

⑤有杜绝违规、违法托运的义务。对于需要运输审批的货物,应由托运人完成审批手续或者委托承运人代办审批手续。

(3)承运人的权利

①有拒绝承运违规、违法货物的权利。

②有收取运费的权利。

③有按实际付出收取运费杂费的权利。

④在托运当事人不支付协议费用的情况下,享有承运货物的留置权。

(4)承运人的义务

①按条款接受货物的义务,在接收货物后出具有关凭证的义务。

②有在约定期间将货物完成运输的义务。

③文明承运的义务。

④到货时,有通知收货当事人的义务。

⑤有将货物交付收货人的义务。

第四节 运输管理业务

一、运输合理化

1. 运输合理化概念

物流合理化是指在一定的条件下用最少的物流运作成本而获得最大的效率和效益。物流合理化是一个动态过程,其趋势是从合理到更加合理。由于运输是物流中最重要的功能要素之一,物流合理化在很大程度上依赖于运输合理化。

2. 物流运输合理化的因素

运输合理化的影响因素很多,起决定性作用的有:

(1)运输距离

运输时间、运费、车辆或船舶周转等运输的若干技术经济指标,都与运输距离有一定比例关系,运输距离长短是运输是否合理的一个最基本因素。

(2)运输环节

每增加一次运输,不但会增加起运的运费和总运费,而且必须要增加运输的附属活动,如装卸、包装等,各项技术经济指标也会因此下降。所以,减少运输环节,尤其是同类运输工具的环节,对合理运输有促进作用。

(3)运输工具

各种运输工具都有其使用的优势领域,对运输工具进行优化选择,按运输工具特点进行装卸运输作业,最大限度发挥所用运输工具的作用,是运输合理化的重要一环。

(4)运输时间

运输是物流过程中需要花费较多时间的环节,所以,运输时间的缩短对整个流通时间的缩短有决定性的作用。

(5)运输费用

运费在全部物流费用中占很大比例,运费高低在很大程度决定整个物流系统的竞争能力。实际上,运输费用的降低,无论对货主企业来讲还是对物流经营企业来讲,都是运输合理化的一个重要目标。

从上述5方面考虑运输合理化,就能取得预想的结果。

3. 运输合理化的有效措施

(1)提高运输工具实载率

提高实载率的意义在于:充分利用运输工具的额定能力,减少车船空驶和不满载行驶的时间,减少浪费,从而求得运输的合理化。

(2)采取减少动力投入,增加运输能力的有效措施求得合理化

运输的投入主要是能耗和基础设施的建设,在设施建设已定型和完成的情况下,尽量减少能源投入,是减少投入的核心。做到了这一点就能大大节约运费,降低单位货物的运输成本,达到合理化的目的。

(3)发展社会化的运输体系

运输社会化的含义是发展运输的大生产优势,实行专业分工,打破一家一户自成运输体系的状况。一家一户的运输小生产,车辆自有,自我服务,不能形成规模,且一家一户运量需求有限,难于自我调剂,因而经常出现空驶、运力选择不当(因为运输工具有限,选择范围太窄)、不能满载等浪费现象。

(4)进行中短距离铁路公路分流,"以公代铁"的运输

这一措施的要点,是在公路运输经济里程范围内,或者经过论证,超出通常平均经济里程范围,也尽量利用公路。

(5)尽量发展直达运输

直达运输是追求运输合理化的重要形式,其对合理化的追求要点是通过减少中转换载,从而提高运输速度,省去装卸费用,降低中转货损。

(6)配载运输

配载运输是充分利用运输工具配载重量和容积,合理安排装载的货物及载运方法以求得合理化的一种运输方式。配载运输往往是轻重商品的混合配载,在以重质货物运输为主的情况下,同时搭载一些轻泡货物。

(7)通过流通加工,使运输合理化

有不少产品,由于产品本身形态及特性问题,很难实现运输的合理化,如果进行适当加工,

就能够有效解决合理运输问题,例如将造纸材在产地预先加工成干纸浆,然后压缩体积运输,就能解决造纸材运输不满载的问题。轻泡产品预先捆紧包装成规定尺寸,就容易提高装载量。

4. 不合理运输

不合理运输是在现有条件下可以达到的运输水平而未达到,从而造成了运力浪费、运输时间增加、运费超支等问题的运输形式。目前我国存在主要不合理运输形式有:

(1)返程或起程空驶

空车无货载行驶,可以说是不合理运输的最严重形式。在实际运输组织中,有时候必须调运空车,从管理上不能将其看成不合理运输。但是,因调运不当、货源计划不周,不采用运输社会化而形成的空驶,是不合理运输的表现。造成空驶的不合理运输主要有以下几种原因:

①能利用社会化的运输体系而不利用,却依靠自备车送货提货,这往往出现单程重车,单程空驶的不合理运输。

②由于工作失误或计划不周,造成货源不实,车辆空去空回,形成双程空驶。

③由于车辆过分专用,无法搭运回程货,只能单程实车,单程空回周转。

(2)对流运输

也称相向运输、交错运输,指同一种货物,或彼此间可以互相代用而又不影响管理、技术及效益的货物,在同一线路上或平行线路上作相对方向的运送,而与对方运程的全部或一部分发生重叠交错的运输称对流运输。

(3)迂回运输

迂回运输是舍近取远的一种运输。可以选取短距离进行运输,但却选择路程较长路线进行运输的一种不合理形式。迂回运输有一定复杂性,不能简单处之,只有当计划不周、地理不熟、组织不当而发生的迂回,才属于不合理运输,如果最短距离有交通阻塞、道路情况不好等特殊限制而不能使用时发生的迂回,不能称不合理运输。

(4)重复运输

本来可以直接将货物运到目的地,但是在未达目的地,或在目的地之外的其他场所将货卸下,再重复装运送达目的地,这是重复运输的一种形式。重复运输的最大弊端是增加了非必要的中间环节,这就延缓了流通速度,增加了费用,增大了货损。

(5)倒流运输

倒流运输是指货物从销地或中转地向产地或起运地回流的一种运输现象。其不合理程度要甚于对流运输,其原因在于往返两程的运输都是不必要的,形成了双程的浪费。

(6)过远运输

过远运输是指调运物资舍近求远,近处有资源不调而从远处调,这就造成可采取近程运输而未采取,拉长了货物运距的浪费现象。

(7)运力选择不当

不正确地利用运输工具造成的不合理现象,常见有以下若干形式:

①弃水走陆。在同时可以利用水运及陆运时,不利用成本较低的水运,而选择成本较高的铁路运输或汽车运输,使水运优势不能发挥。

②铁路、大型船舶的过近运输。是指不是铁路及大型船舶的经济运行里程却利用这些运力进行运输的不合理做法。主要不合理之处在于火车及大型船舶起运及到达目的地的准备、装卸时间长,且机动灵活性不足,在过近距离中利用,发挥不了运速快的优势。

③运输工具承载能力选择不当。不根据承运货物数量及重量选择,而盲目决定运输工具,造成过分超载、损坏车辆及货物不满载、浪费运力的现象,尤其是"大马拉小车"现象发生较多。

(8) 托运方式选择不当

托运方式选择不当对于货主而言,是可以选择最好托运方式而未选择,造成运力浪费及费用支出加大的一种不合理运输。例如,应选择整车未选择,反而采取零担托运,应当直达而选择了中转运输,应当中转运输而选择了直达运输等都属于这一类型的不合理运输。

上述的各种不合理运输形式都是在特定条件下表现出来的,在进行判断时必须注意其不合理的前提条件,否则就容易出现判断的失误。

二、运输成本管理

1. 运输成本的构成

运输成本是指运输生产者(或供给者)为完成客货位移所造成的费用总和,包括运输费用与管理费用两部分。

运输成本由固定设施成本、移动设备成本和运营成本三个部分组成。

(1) 固定设施成本

固定设施成本对每一种运输方式都是必不可少的。铁路运输需要轨道、车站,汽车需要公路和停车场地,固定运输设施的投资被认为是一种沉没成本。

(2) 移动设备成本

可移动的载运工具包括铁路机车车辆、各类卡车、汽车等,由于这些工具可以根据需要在不同运输市场之间转移,因此在移动运输工具上的投资不属于沉没成本。

(3) 运营成本

运营成本主要包括直接运营人员的工资和运输工具消耗的燃料两类。运输工作量越大,运营成本数量也会越大,这两类都是直接与运输量相关的变动成本。

2. 不同运输方式的成本特征

(1) 铁路运输

铁路运输的固定成本费用高,运营成本费用相对较低。这是因为铁路线路、车站、机车车辆、通信等基础设施的投资大,提高了固定成本。铁路运输运营成本(工资、燃油、维护成本等)随运距和运量的大小而成比例变化,一般认为它占总成本的1/2或1/3。这样,铁路运输适合进行规模经济和距离经济,随着运量的增加,单位运量的运输成本呈下降趋势。随着运距增加,单位距离的运输成本也呈下降趋势。

(2)公路运输

公路运输的承运人不拥有用于营运的基础设施,所以固定成本低,但运营成本很高,它包括用于车辆营运的燃料、轮胎、车辆折旧、维修费用等,还包括为了公路建设和公路维护而向车辆征收的燃油税、过桥费等。变动成本随车辆行驶里程成正比例变化。

(3)水路运输

水路运输除必须投资构造新船、建设港口之外,航道投资极少。水运承运人的固定成本除船舶本身折旧费外,还和港口作业有关,水路的运输能力大、变动成本低。

(4)航空运输

航空运输的机场和空中通道一般不属于拥有飞机的航空公司,航空公司根据需要以燃料、仓储、场地租赁和飞机起降等形式购买机场服务。同时,地面的搬运装卸、取货和送货也属机场提供的航空货运服务的一部分,这些成本是使用机场需要支出的固定成本。固定成本和变动成本合在一起通常使航空运输成为最贵的运输方式,但是随着机场费用和其他固定费用支出分摊在更大的运量上,单位成本会有所降低。

(5)管道运输

管道的投资和折旧及其他成本使管道运输的固定成本在总成本中是较高的。为提高竞争力,管道运输的运量必须非常大,以分摊高额的固定成本。

3.影响运输成本因素

运输成本的影响因素有很多,主要包括以下几方面:

(1)运输距离

运输距离是影响运输成本的主要因素,因为它直接对劳动力、燃料和维修保养等变动成本发生作用。

(2)载货量

大多数运输活动都存在着规模经济。装载量的大小会影响运输成本,也是运输规模经济的一个重要表现。

(3)货物的疏密度

货物的疏密度是综合考虑货物重量以及占据空间的一个指标。货物的疏密度越高,单位重量运输成本就相对越低。

(4)装载性能

装载性能又称空间利用率,是指货物利用运输工具空间的程度。

(5)装卸搬运的难易程度

装卸搬运难度较高的货物,其装卸搬运费用较高,因而运输成本通常较高。

(6)货物的易损性

有些货物具有易损特性,运输这些货物除需要特殊的运输工具和运输方式,承运人还必须通过货物保险来预防可能发生的索赔,从而增加了运输成本。

三、运输绩效管理

运输绩效管理主要是指对运输活动或运输过程的绩效管理。运输绩效管理是管理运输活动的整个过程,也就是围绕企业的总战略目标,对一定时期内运输活动的集货、分配、搬运、中转、装卸、分散等环节进行绩效管理,从而实现整个活动目标的过程。

1. 运输绩效管理的原则

在实施过程中,运输绩效管理要提高其有效性,实现预定目标,需要坚持以下基本原则。

(1)管理结果和管理过程相结合

根据绩效管理的含义,在实施绩效管理时,既要考虑投入(行为或过程),也要考虑产出(结果和业绩)。

(2)"管理过去"与"管理未来"

在运输绩效管理中,如果仅仅关注和追求短期财务指标,追求短期经济效益,或者仅强调管理过程中的某一个方面,就会导致对长远发展战略和核心能力建设关注不足,所以,运输绩效评价在关注短期经济目标的同时,应更多地考虑组织的战略、目标以及文化等。运输绩效管理使当前利益和长远目标与战略相一致。

2. 运输设备绩效管理

运输设备管理是以企业生产经营目标为依据,以运输设备为研究对象,从追求其寿命周期费用最经济为目标,采用一系列技术对运输设备的物质运动和价值运动进行从规划、设计、制造、安装、使用、维护、修理、改造、更新直到报废的全过程的科学管理。

运输设备绩效指标有燃料消耗指标、单位运输费用、运输费用效益、单车(船)经济收益。

(1)燃料消耗指标

燃料消耗是运输费用中的重要支出,评价燃料消耗指标的主要因素有单位实际消耗、燃料消耗定额比。

(2)单位运输费用

单位运输费用可用来评价运输作业效益高低以及综合管理水平。运输费用主要包括燃料、养路费、工资、修理费、折旧费及其他费用支出。

(3)运输费用效益

运输费用效益是指单位运输费用支出额所带来的盈利额。

(4)单车(船)经济收益

是指单车(船)运营收入中扣除成本后的净收益。

本章小结

本章从运输与物流运输的概念入手,对物流运输进行了定义;分析了物流运输系统的构成要素与各要素之间的关系,明确了物流运输的功能与地位;叙述了铁路、公路、水路、航空、管道5种运输方式的特点,及各种运输方式的组织与流通,同时分析了运输方式选择的原则和影响因素。从宏观上介绍了我国运输法规的特点和类型,运输合同种类和订立,运输合同内容和当事人的权利义务。通过分析不合理运输的表现形式,论述了影响运输合理化因素,提出了提高物流运输合理化的建议。最后分析了运输成本的构成及不同运输方式的成本特征。

复习思考题

一、判断题(正确的用√表示,错误的用×表示)

1. 运输业作为物质生产部门,与其他物质生产部门一样,经历了不同的发展时期,为了满足社会各种需求,形成了铁路、公路、航空、水运4种运输方式。(　　)

2. 铁路运输优点是速度快,运输不大受自然条件限制,载运量大,运输成本较低。主要缺点是灵活性差,只能在固定线路上实现运输,需要以其他运输手段配合和衔接。铁路运输经济里程一般在100公里以上。(　　)

3. 根据托运人托运货物的数量、体积、形式等条件,结合铁路车辆和设备情况,铁路运输组织形式可分为三种:整车运输、零担运输和集装箱运输。(　　)

4. 不合理运输是在现有条件下可以达到的运输水平而未达到,从而造成了运力浪费、运输时间增加、运费超支等问题的运输形式。(　　)

5. 运输成本是指运输生产者(或供给者)为完成客货位移所造成的费用总和,包括运输费用与管理费用两部分。(　　)

二、简答题

1. 概述物流运输的功能与地位。
2. 试分析5种运输方式的优缺点。
3. 概述铁路运输方式的组织与流程。
4. 简述运输合同内容和当事人的权利义务。
5. 运输合理化有效措施有哪些?
6. 概述不合理运输有哪些情况?
7. 分析运输成本的构成,不同运输方式的成本特征。

三、论述题

1. 物流运输系统的构成要素与相互关系有哪些?
2. 运输方式选择中需要考虑的因素有哪些?

【案例分析】

沃尔玛公司是世界上最大的商业零售企业,在物流运营过程中,尽可能地降低成本是其经营的哲学。沃尔玛有时采用空运,有时采用船运,还有一些货物采用卡车公路运输。在中国,沃尔玛百分之百地采用公路运输,所以如何降低卡车运输成本,是沃尔玛物流管理面临的一个重要问题,为此他们主要采取了以下措施:

(1)沃尔玛使用一种尽可能大的卡车,大约有16米加长的货柜,比集装箱运输卡车更长或更高。沃尔玛把卡车装得非常满,产品从车厢的底部一直装到最高,这样非常有助于节约成本。

(2)沃尔玛的车辆都是自有的,司机也是他的员工。沃尔玛的车队大约有5 000名非司机员工,还有3 700多名司机,车队每周每一次运输可以达7 000~8 000公里。

沃尔玛知道,卡车运输是比较危险的,有可能会出交通事故。因此,对于运输车队来说,保证安全是节约成本最重要的环节。沃尔玛的口号是"安全第一、礼貌第一",而不是"速度第一"。在运输过程中,卡车司机们都非常遵守交通规则。沃尔玛定期在公路上对运输车队进行调查,卡车上面都带有公司的号码,如果看到司机违章驾驶,调查人员就可以根据车上的号码报告进行惩处。沃尔玛认为,卡车不出事故,就是节省公司的费用,就是最大限度地降低物流成本,由于狠抓了安全驾驶,运输车队已经创造了300万公里无事故的纪录。

3. 沃尔玛采用全球定位系统对车辆进行定位,因此在任何时候,调度中心都可以知道这些车辆在什么地方,离商店有多远,还需要多长时间才能运到商店,这种估算可以精确到小时。沃尔玛知道卡车在哪里,产品在哪里,就可以提高整个物流系统的效率,有助于降低成本。

4. 沃尔玛的连锁商场的物流部门24小时进行工作,无论白天或晚上,都能为卡车及时卸货。另外,沃尔玛的运输车队利用夜间进行从出发地到目的地的运输,从而做到了当日下午进行集货,夜间进行异地运输,翌日上午即可送货上门,保证在15~18个小时内完成整个运输过程,这是沃尔玛在速度上取得优势的重要措施。

5. 沃尔玛的卡车把产品运到商场后,商场可以把它整个地卸下来,而不用对每个产品逐个检查,这样就可以节省很多时间和精力,加快了沃尔玛物流的循环过程,从而降低了成本。这里有一个非常重要的先决条件,就是沃尔玛的物流系统能够确保商场所得到的产品是与发货单完全一致的产品。

6. 沃尔玛的运输成本比供货厂商自己运输产品要低,所以厂商也使用沃尔玛的卡车来运输货物,从而做到了把产品从工厂直接运送到商场,大大节省了产品流通过程中的仓储成本和转运成本。

问题:

1. 请结合实际,说明为什么沃尔玛在中国百分百地使用公路运输。
2. 沃尔玛在使用公路运输的时候,它如何使他的运输效率最高,最终降低了商品的成本。

参 考 文 献

[1] 田源. 仓储管理[M]. 北京:机械工业出版社,2009.
[2] 林自葵. 货物运输与包装[M]. 北京:机械工业出版社,2009.
[3] 吴承健,彭建良. 运输与仓储技术[M]. 北京:中国物资出版社,2009.
[4] 张三省. 仓储与运输物流学[M]. 广州:中山大学出版社,2007.
[5] 王国文. 仓储规划与运作[M]. 北京:中国物资出版社,2009.

第八章
Chapter 8

包装与流通加工

【本章导读】

包装是商品生产的重要组成部分,是物流系统的构成要素之一,与运输、保管、搬运、流通加工均有十分密切的关系。同时,流通加工是衔接储存与末端运输的关键环节。合理化的物流活动是离不开包装以及流通加工的。

【关键概念】

包装(Packaging)

销售包装(Sales Packaging)

运输包装(Transport Packaging)

集装化(Containerization)

流通加工(Distribution Processing)

【学习目标】

通过对本章的学习,重点掌握包装在物流中的地位、功能、种类;掌握现代包装技法;掌握流通加工的类型与内容,以及流通加工的主要方法。通过这一章的学习,读者能够了解包装的基本知识以及在包装管理上的相关概念。最终能够对包装以及流通加工在物流管理中的地位和作用有一定认识。

> 【案例导入】
> **东洋制罐株式会社的包装产品**
> 　　现如今,包装行业正在大力推进可持续发展战略的绿色包装,要求产品包装的设计、制造、使用和处理均符合低消耗、减量、少污染等生态环境保护的要求。在满足保护、方便、销售等功能的条件下,应采取用量最少的适度包装,包装材料应是无毒无害,易于重复利用,或其废弃物易于回收再生。因此,材料的变化又要求加工工艺、加工机械、容器制造、包装设计、装潢印刷等各个环节实行相应的变化,从而引发整个包装行业的观念大变革和技术大革命。
> 　　日本东洋制罐开发发明的新的包装方法迎合了绿色包装的新近物流管理概念。由东洋制罐开发的塑胶金属复合 TULC(Toyo Ultimate Can)罐,以 PET 及铁皮合成之二片罐,主要使用对象是饮料罐。这种复合罐既节约材料又易于再循环,在制作过程中低能耗、低消耗,属于环境友好型产品。东洋制罐还研发生产一种超轻级的玻璃瓶。像用这种材料生产的187毫升的牛奶瓶的厚度只有1.63毫米,89克重(普通牛奶瓶厚度为2.26毫米,重130克),比普通瓶轻40%,可反复使用40次以上。该公司还生产不含木纤维的纸杯和可生物降解的纸塑杯子。东洋制罐为了使塑料包装桶(瓶)在使用后方便处理,减少体积,在塑料桶上设计几根环形折痕,废弃时可很方便地折叠缩小体积,这类塑料桶(瓶)种类多达从500毫升到10升等各品种。
>
> [资料资源:http://www.jctrans.com/ 2009年12月7日]

第一节　包装的功能与分类

一、包装的概念

　　在国际标准 ISO 和中国国家标准 GB 包装通用术语中对包装的定义是:包装是指为在流通过程中保护产品、方便储运、促进销售,按一定技术方法而采用的容器、材料和辅助材料的总体名字。在实际管理中,包装也包括为了达到上述目的而进行的操作活动。

　　另外,包装是指在物流过程中,使用适当的材料、容器和技术以维护商品安全,便于商品运动的技术经济行为。通常分消费者包装和工业包装:

1. 消费者包装

　　最终的包装设计往往考虑制造和市场营销方面的要求而忽视了物流要求。消费者包装设计强调方便顾客、提高市场营销的吸引力以及保护商品的安全。一般来说,理想的消费者包装对物流系统却并不相宜。

2. 工业包装

　　通常将个别商品和零部件用箱、包、盒或桶成组化以提高操作管理的效率。这些容器用来使零散商品成组化,当成组为更大的单元时,就称做集装化或成组化。成组化的货物为物流系统提供了基本的管理单元。生产线中成组化货物包装的重量和体积决定了对运输和材料搬运的要求。

因此,包装设计应当将物流需要、加工制造、市场营销以及产品设计要求结合在一起考虑。包装设计面临的一个关键问题是包装对货物的保护程度。包装可起到保护货物的作用,包装设计决定了对货物的保护程度。包装设计应正好达到所需的保护程度,而不要出现过分保护以免增加包装费用。要设计出令人满意的包装必须做到:先弄清可能损坏的程度,然后把设计一项项分隔开来,看这些设计是否能提供保护功能。

二、包装的基本功能

根据物流作业及管理的不同需求,包装的功能可从以下几个角度划分。

1. 包装的货物保护功能

在物流系统中,成组化包装的主要作用是保护商品,避免在移动和储存过程中发生货损货差。包装的货物保护功能主要包括:

①防止商品破损变质。要求包装能承受在装卸、运输、保管过程中各种力的作用,形成对外力的破坏抵抗的防护作用,如冲击、振动、颠簸、压缩等。

②防止商品发生化学变化。要求包装能在一定程度上起到阻隔水分、溶液、潮气、光线、空气中酸性气体的作用,起到对环境、气象的影响进行保护的作用。

③防止腐朽、霉变、鼠咬虫食。要求包装有阻隔霉菌、虫、鼠侵入的能力,形成对生物的防护作用。

④包装还有防止异物混入、污物污染,防止丢失、散失的作用。

2. 包装的效率提高功能

在管理活动中,所有物流系统的作业都受包装效果的影响。物流生产率是指物流活动的产出与投入之比,几乎所有的物流活动的生产率都能用包装所组成的货物单元来描述。

按照商品外形和标准订单数量来包装商品有助于提高物流活动的生产率。这样可以减小包装尺寸,提高包装的利用率;可以通过将商品集中起来或通过装运未装配的货物、成组的货物,并使用最小量的衬垫以减少包装内的无效空间。

这里所说的包装成组化是指为了材料搬运或运输的需要而将成组化包装成组为一个受约束的载荷。集装化包括了将两个成组化包装捆在一起的成组化到使用专门的运输设备成组化的所有形式。所有类型的集装化都有一个基本目的,那就是提高效率。大约一半的总成本是花费在车辆间的换装、运输、包装成本上,以及为防止货损货差所采取的措施和保险上。因此,通过集装化可提高效率是显而易见的。

便利作业是指包装的结构造型、辅助设施能适于装卸、搬运、多层堆码和有效且充分利用运载工具与库存容积。包装的外部结构形式中,小型包装适于人工作业;大型的、集装的适于叉车及各种起重机机械作业。包装的大小、形态、包装材料、包装重量等因素都影响着运输、保管、装卸等各项作业。

3. 包装的信息传递功能

简单来说，包装最明显的信息传递作用是识别包装内的物品。信息通常包括制造厂、商品名称、容器类型、个数、通用的商品代码等数字。在收货入库、拣选和出运查验过程中，箱上的信息用来识别商品。信息易识别是包装的主要要求，同时操作人员应能从各个方向、在合适的距离看到标签。

物流包装能在收货、储存、取货、出运的各个过程中跟踪商品。价格低廉的扫描设备和代码的标准化提高了跟踪能力和效率。同时，物流包装需要提供有关装卸和防止货损的说明书。说明书为专门的商品装卸提出容器、温度限制、堆垛要求、潜在的环境要求等。

三、包装的类型

从不同的角度出发，根据不同的划分标准，可以将供应链分为以下几种类型。

1. 按照包装在流通中作用分类

（1）商业包装

商业包装是指以促进销售为主要目的的包装，这种包装的特点是外形美观，有必要的装潢，包装单位适于顾客的购买量以及商店陈设的要求，如图8.1所示。

（2）运输包装

运输包装是指以强化输送、保护产品为主要目的的包装，如图8.2所示。运输包装的重要特点，是在满足物流要求的基础上使包装费用越低越好。为此，必须在包装费用和物流过程中的损失两者之间寻找最佳的效果。为了降低包装费，包装的防护性也往往随之降低，商品的流通损失就必然增加，这样就会降低经济效果。

图8.1　商业包装

图8.2　运输包装

2. 按包装适用的广泛性分类

（1）专用包装

根据被包装物的特点进行专门设计、专门制造，只适用于某种专门产品的包装。

(2)通用包装

不进行专门设计制造,而根据标准系列尺寸制造的包装,用以包装各种标准尺寸的产品。

3. 按包装容器分类

①按包装容器的抗变形能力分为硬包装和软包装两类。硬包装又称刚性包装,包装体有固定形状和一定强度,如图8.3所示;软包装又称柔性包装,包装体可有一定程度变形,且有弹性,如图8.4所示。

图8.3 包装瓶

图8.4 包装罐

②按包装容器结构形式分固定式包装和拆卸折叠式包装两类。固定式包装尺寸、外形固定不变,可拆卸折叠式包装通过折叠拆卸在不需包装时缩减容积以利于管理及返运。

③按包装容器使用次数分为一次性包装和多次周转包装两类。

4. 按包装技术分类

①按包装层次及防护要求分为个装、内装、外装三类。

②包装的保护技术分为防震海绵包装(图8.5)、防潮包装(图8.6)、防锈包装、防虫蚀包装、防腐包装、危险品包装等。

图8.5 防震海绵包装

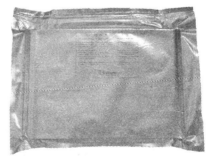

图8.6 防潮包装

三、包装材料

用于物流包装的材料很多,按不同用途包装材料可分为以下几类:容器材料,用于制作箱子、瓶子、罐子,可有纸制品、塑料、木料、玻璃、陶瓷、各类金属等;内包装材料,用于隔断物品和防震,可有纸制品、泡沫塑料、防震用毛等;包装用辅助材料,如各类接合剂、捆绑用细绳(带)等。

1. 木质包装

木材是最传统的包装材料,至今仍被广泛使用着。木材较多地用于制作木桶、木箱和胶合板箱三类容器。

2. 纸质包装

纸的品种是很多的,有专用包装纸,一般指牛皮纸,用途多半为选用强度较大的制成纸袋。纸板是指用牛皮纸浆、化学纸浆、旧纸浆等为原料制成的厚纸板的总称。根据不同用途可分为:瓦楞原纸、白板纸、黄板纸等,其中瓦楞原纸的用途最广泛,产量也最大。瓦楞纸包装箱、纸质包装盒分别如图8.7、图8.8所示。

图8.7 瓦楞纸包装箱

图8.8 纸质包装盒

3. 塑料包装

塑料在包装中被广泛使用,可用于单个包装、内包装、外包装,用于运输包装时可制成各种塑料容器。

聚乙烯塑料袋是最常见的包装物,以替代20~30千克包装用纸袋,如图8.9所示。

聚乙烯和聚丙烯塑料编织袋(俗称蛇皮袋)以替代包装用麻袋。

在箱袋结合的运输包装中,将塑料制成各种盛液体的容器,以替代玻璃瓶、金属罐、木桶等,再把塑料容器放入瓦楞纸箱内。

成型容器(塑料罐、箱)也是塑料包装的重要领域,受价格和成型难易影响,多数用聚乙烯材料制成,国家在容量、尺寸、强度等方面都有规定。

另外,用于替代木箱的运输用塑料箱也有大量使用,一般用在食品、饮料等物品的运输包装方面。

4. 金属包装

用做包装的金属容器有罐和桶,用镀锌铁板制成。包装罐有方形和圆形两种,主要用于食品、药品、石油类、涂料类及油脂类物品包装,食品金属包装如图8.10所示;包装桶主要用于以石油为主的非腐蚀性半流体、粉末体、固体等物品的包装,容量为20~200升。

图8.9 聚乙烯塑料包装

图8.10 食品金属包装

5. 其他包装

(1) 草制包装材料

草制包装材料是一种较落后的包装材料。用一些天然生的草类植物,编制成草席、蒲包、草袋等包装材料。其防水、防潮能力较差,强度也很低,已逐渐被淘汰。

(2) 纤维包装材料

纤维包装材料指用各种纤维制作的袋状容器。天然生的纤维有黄麻、红麻、大麻、青麻、罗布麻、棉花等。经工业加工的有合成树脂、玻璃纤维等。

(3) 陶瓷与玻璃包装材料

陶瓷与玻璃包装材料的优点是耐风化、不变形、耐热、耐酸、耐磨等,尤其适合各种液体货物的包装。可回收复用,有利于包装成本的降低,易洗刷、消毒、灭菌。但这种包装材料也有缺点,即易碎。

(4) 复合包装材料

复合包装材料是将两种以上具有不同性质的材料复合在一起,以改进单一包装材料的性能。现在已经开发的多层复合包装材料有纸/塑、纸/铝箔/塑、塑/塑、塑/无机氧化物/塑等许多种,其中的塑料和其他组分可以是一层或多层;可以是相同品种或不同品种。

(5) 绿色包装

绿色包装也称环保包装,指包装节省资源,用后可回收利用,焚烧时无毒害气体,填埋时少占耕地并能生物降解和分解的包装。

国外有人形象地把绿色包装归纳为4R,即:
①Reduce,减少包装材料消耗量。
②Refill,大型容器可再次填充使用。
③Recycle,可循环使用。
④Recovery,可回收使用。

所以,绿色包装包括以下几个方面的要求:
①包装用材料应当节约,包装要简化。
②包装材料要可以回收或可循环使用。
③包装用材料要可分解、可降解(图8.11)。
④改进包装质量(图8.12)。

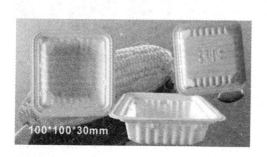

图8.11 淀粉一次性可降解食品包装

图8.12 绿色可食性包装

第二节 包装技术

包装技术可以分为以市场营销为目的的销售包装技术和以物资流通为目的的物流包装技术,在这里所要讨论的是后者。具体来说,物流包装技术又可分为包括容器设计和标记技术的外包装技术,以及包括防震、防潮、防锈、防虫等技术的内包装技术。以下将着重介绍内包装技术。

一、防震包装技术

防震技术是为了防止运输途中的震动或冲击对物品造成损伤。通常情况下,这是一种采取在内装材料中插入防震材料,用以吸收外部冲击力的方法。防震包装设计的主题是确定防震材料的种类和厚度。在设计上,还应该同时考虑成本问题,选择不同的材料、设计不同的衬垫形状都会影响成本。

二、防锈包装技术

防锈包装的首选技术是使用防锈剂,防锈剂有防锈油脂和气化性防锈剂两类。

①防锈油脂是在石油类基本组分中加入油溶性缓蚀剂及辅助添加剂等组成。

②气化性防锈剂是一种常温下就能挥发的物质,挥发出的气体附着在金属表面,从而防止生锈。

三、防潮包装技术

物品在流通过程中,因空气中的潮气侵蚀会变质、潮解、锈蚀、霉变。为防止上述现象发生的包装技术就是防潮包装技术。防潮包装技术是防止水侵入到包装物内部而采取的包装技术,可分为耐浸水包装和耐雨水、飞沫的耐散水包装两类。

防潮包装主要有两种方法:

1. 用透湿度低的材料包装

在防潮、防水材料中,有在纸等纤维材料上进行防潮加工的纸系材料,还有塑料薄膜及铝箔等。

2. 控制包装容器内的湿气

主要还是使用干燥剂,有化学干燥和物理干燥两类,用于包装的主要是物理干燥。最常见的是硅胶。

四、真空包装与充气包装技术

1. 真空包装技术

真空包装技术是在容器封口之前抽成真空,使密封后的容器内基本没有空气的一种包装技术方法。目的是避免或减少脂肪氧化,抑制某些霉菌和细菌的生长。

2. 充气包装技术

充气包装技术也是所谓气体置换包装,是采用不活泼气体(氮气、二氧化碳气体等)置换包装容器中空气的一种包装技术。目的是通过改变密封容器中气体的组成成分,降低氧气的浓度从而抑制微生物的活动,达到防霉、防腐和保鲜的目的。

五、收缩包装与拉伸包装

1. 收缩包装技术

收缩包装技术是用收缩薄膜将欲包装物品裹包,然后,对收缩薄膜进行有关处理(如适当加热处理,使薄膜收紧且紧贴于物品)的包装技术方法。

这种包装技术的作用体现在:

①有利于销售,使内装物品形体突出,形象鲜明,质感好。

②有利于提高装卸搬运效率。如使用收缩包装技术把物品固定于托盘上,不仅有利于提高物流过程效率,而且方便保管与使用。

2. 拉伸包装技术

拉伸包装技术是用机械装置在常温下将弹性薄膜拉伸后,将待包装件紧裹的一种包装技术方法。也可提高物流效率,方便仓储与使用。

六、危险品包装技术及其他

1. 危险品包装技术

按照危险品的性质、特点,按照有关法令、标准和规定专门设计的包装技术与方法。危险品的运输包装上必须表明不同性质、类别的危险货物标志以及装卸搬运的要求标志。

比如,对于易燃易爆物品,如过氧化氢有强烈的氧化性,遇有微量不纯物质或受热,就会急剧分解引起爆炸。防爆包装方法是采用塑料桶包装,然后将塑料桶装入铁桶或木箱中。每件净重不超过50千克,并有自动放气的安全阀,当桶内的压力达到一定气体压力时,能自动放气。

对于腐蚀性物品,注意避免物品与包装容器的材料发生化学作用。如金属类的包装容器,要在容器内壁涂上涂料,防止腐蚀。

对有毒物品防毒的主要措施是严密包装,不透气。包装上要有明显的有毒标志,并标明装卸搬运的要求。

2. 防虫、鼠害等包装技术

这类的包装技术的实施方法是在包装主物品时,放入一定量的驱虫剂以达到防虫害的目的。同时,包装物品的容器也应当做防虫处理。如:竹片或条管必须经过消毒或蒸煮,所用糨糊应加放防腐剂,防止害虫滋生。此处需要注意的是,不要把处理包装材料的药剂直接接触到所包装的物品上。

第三节　集装单元化

一、集装单元化概念

集装单元化是指物资以集装单元为包装基础,或是以集装单元化为作业方式,从供给者到需要者组织物品的装卸、搬运、存储、运输等一系列物流活动的方式。

二、集装单元化特点

集装单元化的包装形式提高了物流活动的效率,它的相关特点表现在:

①通过标准化、通用化、配套化和系统化以实现物流功能作业的机械化、自动化。
②物品移动简单,减少重复搬运次数,缩短作业时间和提高效率,装卸机械的机动性增高。
③改善劳动条件,降低劳动强度和提高劳动生产率和物流载体利用率。
④物流各功能环节便于衔接,容易进行物品的数量检验,清点交接简便,减少差错。
⑤货物包装简单,节省包装费用,降低物流功能作业成本。
⑥容易高堆积,减少物品存放的占地面积,能充分灵活地运用空间。
⑦能有效地保护物品,防止物品的破损、污损和丢失。
⑧集装单元化的缺点是作业有间歇、需要宽阔的道路和良好的路面、托盘和集装箱的管理烦琐、设备费一般较高,由于托盘和集装箱自身的体积及重量的原因,使物品的有效装载减少。

三、集装单元化技术

集装单元化技术是物流管理硬技术(设备、器具等)与软技术(为完成装卸搬运、储存、运输等作业的一系列方法、程序和制度等)的有机结合。

集装单元化是物流现代化的标志。随着科学技术的发展,生产技术得到了发展,各种交通工具和交通设施以及交通网络也得到了不断发展,同时由于市场扩大了,为大量生产提供了良好的环境,而大量生产的产品要输送到各地,因此,大批量、长距离输送显得越来越重要。要实现大批量、长距离的输送必须依靠集装单元化技术,目前世界各国大都采用了集装单元化技术进行物流活动。

集装单元化技术主要有两大类,即集装箱集合包装和托盘集合包装。

1. 集装箱集合包装

集装箱是集合包装容器中最主要的形式,它能为铁路、公路和水路运输所通用。它能一次装入若干运输包装件、销售包装件或散装货物。

集装箱是一种包装方式,也是一种运输工具。我国国家标准集装箱名词术语中对集装箱定义为,集装箱是一种运输设备,它能满足下列要求:
①具有坚固耐久性,能反复使用。
②适用于在一种或几种运输方式中运输,在途中转运时,箱内货物不需换装。
③装有快速装卸和搬运装置,特别是便于从一种运输工具转移到另一种运输工具。
④便于货物装满和卸空。
⑤具有1立方米或1立方米以上的容积。

早期的集装箱制作材料主要是木材,随着集合包装与集装化运输的发展,其材质更新较快,现代集装箱主要是用钢板、铝合金和玻璃钢制成,外部形状为一大型长方体容器。

2. 托盘集合包装

托盘集合包装是集合包装的一种,即将包装件或物品堆码在托盘上,通过捆扎、裹包或胶粘等方法加以固定,形成一个搬运单元或销售单元,以便机械化作业。

托盘既起搬运工具的作用,又具备了集合包装容器的功能,是国内外运输包装普遍采用的一种运输工具。为防止托盘上面货物松散,需要采用安全加固措施,如用收缩薄膜、拉伸薄膜或其他捆扎方法,将货物牢固捆扎在托盘上,组成一个包装单元。它具有保护商品、减少损耗、便于装卸与运输、提高劳动效率、合理堆码储存、节省包装材料、简化包装工序、推动包装标准化等优点。

3. 集装单元化的作用

集合包装既是包装方式,又是一种新的运输方式。它的出现,一方面使产品的生产流水线一直延伸到集合包装的完成,更好地满足产品装卸、运输和储存等流通环节的需要,另一方面是对传统的包装运输方式的重大改革,使产品运输包装发生了根本性的变化。集合包装不仅要求运输、装卸的高度机械化,而且要有一套完整的科学管理方法。它在现代运输包装系统中,越来越显示出其优越性,发挥越来越大的作用,其表现为:

(1)便于实现产品装卸、运输的机械化和自动化

集合包装把零散货物集合成大的包装单元,在流通过程的各环节都可以采用机械化操作,如使用叉式起重车和铲车等,不仅提高了效率,而且大大节省了劳动力,减轻了劳动强度。集合包装还为产品装卸、运输的自动化创造了条件。

(2)简化了产品流通环节,加速了产品的流通

集合包装的产品能从发货单位仓库直接运到收获单位仓库,无论途中经过陆路还是水路运输,都不用搬动集合包装内的产品,从而实现"门到门"的运输。

集合包装能缩短装卸时间,加速产品的流通。如铁路用50吨车厢装运零散货物需6人装卸3~4小时,而用集装箱3人只需15分钟就可以完成;一般万吨级货轮,用传统方式装卸需要半个月,而用集装箱货轮,装卸时间不会超过一天。

(3)保证了产品的运输安全

集合包装把产品密封在包装容器(如集装箱)内,实际上起了一个强度很大的外包装作用,在运输途中无论经过多少运输环节,都不需搬动集合包装内的产品,因而有效地保护了产品,减少了破损,同时还能防止产品被盗或丢失。例如美国集装箱运输的货损率就很小,只有 0.01%。

(4)集合包装节省包装材料

集装箱和托盘等可以反复周转使用。大多数产品改用集合包装后,原来的外包装可以降低用料标准,如原用木箱的可改用瓦楞纸箱;原来用五层瓦楞纸箱的可改用三层等。另外,如平板玻璃原来采用平板木箱包装,后改为金属框架集合包装,每年可以节省十几万立方米木材;集合包装可以减少包装操作程序,减轻劳动强度,降低包装费用。如有的产品用集装箱运输,只要把产品按顺序装到箱内,箱上加上铅封,用叉车装运即可;托盘包装可整组产品进行捆扎,省去了原来每小箱产品需要捆扎的工序。

集合包装还可以简化运输手续,实行联运,同时提高了运输工具的运载率,降低了运输费

用。集合包装件有些可以露天堆放,节省仓库容积,从而减少仓库储存费用。

(5) 促进了包装规格的标准化

集合包装要求一定的规格尺寸,要求每种产品外包装尺寸必须适合于集装箱或托盘等集合包装上装放,不易造成集合的空位。必须把以前单件搬运的杂货,按一定尺寸组成统一规格的货组,以保证杂件货运输、装卸的合理化,从而促进了包装的标准化、规格化和系列化。

第四节　流通加工

一、流通加工的概念

在《中华人民共和国国家标准物流术语》中对流通加工的定义是物品在生产地到使用地的过程中,根据需要施加包装、分割、计量、分拣、刷标志、拴标签、组装等简单作业的总称。流通加工是流通过程中的加工活动,是为了方便流通、方便运输、方便储存、方便销售、方便用户以及物资充分利用、综合利用而进行的加工活动。

同时,流通加工是为了提高物流速度和物品的利用率,在物品进入流通领域后,按客户的要求进行的加工活动,即在物品从生产者向消费者流动的过程中,为了促进销售、维护商品质量和提高物流效率,对物品进行一定程度的加工。流通加工通过改变或完善流通对象的形态来实现"桥梁和纽带"的作用,因此流通加工是流通中的一种特殊形式。随着经济增长,国民收入增多,消费者的需求出现多样化,促使在流通领域开展流通加工。目前,在世界许多国家和地区的物流中心或仓库经营中都大量存在流通加工业务,在日本、美国等物流发达国家则更为普遍。

二、流通加工产生的原因

1. 流通加工的出现与现代生产方式有关

现代生产发展趋势之一就是生产规模大型化、专业化,依靠单品种、大批量的生产方法降低生产成本获取规模经济效益,这样就出现了生产相对集中的趋势。这种规模的大型化、生产的专业化程度越高,生产相对集中的程度也就越高。生产的集中化进一步引起产需之间的分离,产需分离的表现首先为人们认识的是空间、时间及人的分离,即生产及消费不在同一个地点,而是有一定的空间距离;生产及消费在时间上不能同步,而是存在着一定的"时间差";生产者及消费者不是处于一个封闭的圈内,某些人生产的产品供给成千上万人消费,而某些人消费的产品又来自其他许多生产者。弥补上述分离的手段则是运输、储存及交换。

近年来,人们进一步认识到,现代生产引起的产需分离并不局限于上述三个方面,这种分离是深刻而广泛的。第四种重大的分离就是生产及需求在产品功能上分离。尽管"用户第一"等口号成了许多生产者的主导思想,但是,生产毕竟有生产的规律,尤其在强调大生产的工业化社会,大生产的特点之一就是"少品种、大批量、专业化",产品的功能(规格、品种、性能)往往不能和消费需要密切衔接。弥补这一分离的方法,就是流通加工。所以,流通加工的诞生实际是现代生产发展的一种必然结果。

2. 流通加工不仅是大工业的产物,也是网络经济时代服务社会的产物

流通加工的出现与现代社会消费的个性化有关。消费的个性化和产品的标准化之间存在着一定的矛盾,使本来就存在的产需第四种形式的分离变得更加严重。本来,弥补第四种分离可以采取增加一道生产工序或消费单位加工改制的方法,但在个性化问题十分突出之后,采取上述弥补措施将会使生产及生产管理的复杂性及难度增加,按个性化生产的产品难以组织高效率、大批量的流通。所以,出现的消费个性化的新形势及新观念就为流通加工开辟了道路。

3. 流通加工的出现还与人们对流通作用的观念转变有关

在社会再生产全过程中,生产过程是典型的加工制造过程,是形成产品价值及使用价值的主要过程,再生产型的消费究其本质来看也是和生产过程一样,通过加工制造消费了某些初级产品而生产出深加工产品。历史上在生产不太复杂、规模不大时,所有的加工制造几乎全部集中于生产及再生产过程中,而流通过程只是实现商品价值及使用价值的转移而已。在社会生产向大规模生产、专业化生产转变之后,社会生产越来越复杂,生产的标准化和消费的个性化出现,生产过程中的加工制造常常满足不了消费的要求。而由于流通的复杂化,生产过程中的加工制造也常常不能满足流通的要求。于是,加工活动开始部分地由生产及再生产过程向流通过程转移,在流通过程中形成了某些加工活动,这就是流通加工。

流通加工的出现使流通过程明显地具有某种"生产性",改变了长期以来形成的"价值及使用价值转移"的旧观念,这就从理论上明确了流通过程从价值观念来看是可以主动创造价值及使用价值的,而不单是被动地"保持"和"转移"的过程。因此,人们必须研究流通过程中孕育着多少创造价值的潜在能力,这就有可能通过努力在流通过程中进一步提高商品的价值和使用价值,同时,却以很少的代价实现这一目标。这样,就引起了流通过程从观念到方法的巨大变化,流通加工则适应这种变化而诞生。

4. 效益观念的树立也是促使流通加工形式得以发展的重要原因

20世纪60年代后,效益问题逐渐引起人们的重视,过去人们盲目追求高技术,引起了燃料、材料投入的大幅度上升,结果新技术、新设备虽然被采用了,但往往是得不偿失。20世纪70年代初,第一次石油危机的发生证实了效益的重要性,使人们牢牢树立了效益观念,流通加工可以少量的投入获得很大的效果,是一种高效益的加工方式,自然得以获得很大的发展。所以,流通加工从技术上来讲,可能不需要采用什么先进技术,但这种方式是现代观念的反映,在现代的社会再生产过程中起着重要作用。

三、流通加工的内容

(1) 克服生产和消费之间的分离,更有效地满足消费需求这是流通加工功能最基本的内容。现代经济中,生产和消费在质量上的分离日益扩大和复杂。流通企业利用靠近消费者,信息灵活的优势,从事加工活动,能够更好地满足消费需求,使少规格、大批量生产与小批量、多样性需求结合起来。

(2) 提高加工效率和原材料利用率

集中进行流通加工,可以采用技术先进、加工量大、效率高的设备,不但提高了加工质量,而且提高了使用率和加工效率。集中进行加工还可以将生产企业生产的简单规格产品,按照客户的不同要求,进行集中下料,做到量材使用,合理套裁,减少剩余料。同时,可以对剩余料进行综合利用,提高原材料的利用率,使资源得到充分合理的利用。

(3) 提高物流效率

有的产品的形态、尺寸、重量等比较特殊,如过大、过重产品不进行适当分解就无法装卸运输,生鲜食品不经过冷冻、保鲜处理,在物流过程中就容易变质腐烂等。对这些产品进行适当加工,可以方便装卸搬运、储存、运输和配送,从而提高物流效率。

(4) 促进销售

流通加工对于促进销售也有积极的作用,特别是在市场竞争日益激烈的条件下,流通加工成为重要的促销手段。例如,将运输包装改换成销售包装,进行包装装潢加工,改变商品形象以吸引消费者;将蔬菜、肉类洗净切块分包以满足消费者的要求;对初级产品和原材料进行加工以满足客户的需要,赢得客户信赖,增强营销竞争力。

四、流通加工的类型

由于在物流管理中的目的不同,流通加工的类型可以分为以下几种:

1. 为适应多样化需要的流通加工

生产部门为了实现高效率、大批量的生产,其产品往往不能完全满足用户的要求。这样,为了满足用户对产品多样化的需要,同时又要保证高效率的大生产,可将生产出来的单一化、标准化的产品进行多样化的改制加工。例如,对钢材卷板的舒展、剪切加工;平板玻璃按需要规格的开片加工;木材改制成枕木、板材、方材等加工。

2. 为方便消费、省力的流通加工

根据下游生产的需要将商品加工成生产直接可用的状态。例如,根据需要将钢材定尺、定型,按要求下料;将木材制成可直接投入使用的各种型材;将水泥制成混凝土拌和料,使用时只需稍加搅拌即可使用等。

3. 为保护产品所进行的流通加工

在物流过程中,为了保护商品的使用价值,延长商品在生产和使用期间的寿命,防止商品在运输、储存、装卸搬运、包装等过程中遭受损失,可以采取稳固、改装、保鲜、冷冻、涂油等方式。例如,水产品、肉类、蛋类的保鲜、保质的冷冻加工、防腐加工等;丝、麻、棉织品的防虫、防霉加工等。还有,为防止金属材料的锈蚀而进行的喷漆、涂防锈油等措施,运用手工、机械或化学方法除锈;木材的防腐朽、防干裂加工;煤炭的防高温自燃加工;水泥的防潮、防湿加工等。

4. 为弥补生产领域加工不足的流通加工

由于受到各种因素的限制,许多产品在生产领域的加工只能到一定程度,而不能完全实现终极的加工。例如,木材如果在产地完成成材加工或制成木制品的话,就会给运输带来极大的困难,所以,在生产领域只能加工到圆木、板、方材这个程度,进一步的下料、切裁、处理等加工则由流通加工完成;钢铁厂大规模的生产只能按规格生产,以使产品有较强的通用性,从而使生产能有较高的效率,取得较好的效益。

5. 为促进销售的流通加工

流通加工也可以起到促进销售的作用。比如,将过大包装或散装物分装成适合依次销售的小包装的分装加工;将以保护商品为主的运输包装改换成以促进销售为主的销售包装,以起到吸引消费者、促进销售的作用;将蔬菜、肉类洗净切块以满足消费者要求等。

6. 为提高加工效率的流通加工

许多生产企业的初级加工数量有限,加工效率不高,而流通加工以集中加工的形式,解决了单个企业加工效率不高的弊病。它以一家流通加工企业的集中加工代替了若干家生产企业的初级加工,促使生产水平有一定的提高。

7. 为提高物流效率、降低物流损失的流通加工

有些商品本身的形态使之难以进行物流操作,而且商品在运输、装卸搬运过程中极易受损,因此需要进行适当的流通加工加以弥补,从而使物流各环节易于操作,提高物流效率,降低物流损失。例如,造纸用的木材磨成木屑的流通加工,可以极大提高运输工具的装载效率;自行车在消费地区的装配加工可以提高运输效率,降低损失;石油气的液化加工,使很难输送的气态物转变为容易输送的液态物,也可以提高物流效率。

8. 为衔接不同运输方式使物流更加合理的流通加工

在干线运输和支线运输的节点设置流通加工环节,可以有效解决大批量、低成本、长距离的干线运输与多品种、少批量、多批次的末端运输和集货运输之间的衔接问题。在流通加工点与大生产企业间形成大批量、定点运输的渠道,以流通加工中心为核心,组织对多个用户的配送,也可以在流通加工点将运输包装转换为销售包装,从而有效衔接不同目的的运输方式。比如,散装水泥中转仓库把散装水泥装袋、将大规模散装水泥转化为小规模散装水泥的流通加工,就衔接了水泥厂大批量运输和工地小批量装运的需要。

9. 生产、流通一体化的流通加工

依靠生产企业和流通企业的联合,或者生产企业涉足流通,或者流通企业涉足生产,形成的对生产与流通加工进行合理分工、合理规划、合理组织,统筹进行生产与流通加工的安排,这就是生产、流通一体化的流通加工形式。这种形式可以促成产品结构及产业结构的调整,充分发挥企业集团的经济技术优势,是目前流通加工领域的新形式。

10. 为实施配送进行的流通加工

这种流通加工形式是配送中心为了实现配送活动,满足客户的需要而对物资进行的加工。例如,混凝土搅拌车可以根据客户的要求,把沙子、水泥、石子、水等各种不同材料按比例要求装入可旋转的罐中。在配送路途中,汽车边行驶边搅拌,到达施工现场后,混凝土已经均匀搅拌好,可以直接投入使用。

五、流通加工与生产加工的区别

流通加工和一般生产型加工在加工方法、加工组织、生产管理方面并无显著区别,但在加工对象、加工程度方面差别较大,其主要差别是:

①流通加工的对象是进入流通过程的商品,具有商品的属性,以此来区别多环节生产加工中的一环。而生产加工对象不是最终产品,而是原材料、零配件、半成品。

②流通加工大多是简单加工,而不是复杂加工。一般来说,如果必须进行复杂加工才能形成人们所需的商品,那么,这种复杂加工应专设生产加工过程,生产过程理应完成大部分加工活动,流通加工对生产加工则是一种辅助及补充。特别需要指出的是,流通加工决不是对生产加工的取消或代替。

③从价值观点看,生产加工目的在于创造价值与使用价值,而流通加工则在于完善其使用价值并在不做大的改变情况下提高价值。

④流通加工的组织者是从事流通工作的人,能紧密结合流通的需要进行这种加工活动。从加工单位来看,流通加工由流通企业完成,而生产加工则由生产企业完成。

⑤商品生产是为交换、为消费而生产的,流通加工一个重要目的,是为了消费(或再生产)所进行的加工,这一点与商品生产有共同之处。但是流通加工也有时候是以自身流通为目的,纯粹是为流通创造条件,这种为流通所进行的加工与直接为消费进行的加工在目的上有着显著的差异。

六、流通加工的作用

1. 提高原材料利用率

通过流通加工进行集中下料,将生产厂商直接运来的简单规格产品,按用户的要求进行下料。例如,将钢板进行剪板、切裁;木材加工成各种长度及大小的板、方等。集中下料可以优材优用、小材大用、合理套裁,明显地提高原材料的利用率,有很好的技术经济效果。

2. 方便用户

用量小或满足临时需要的用户,不具备进行高效率初级加工的能力,通过流通加工可以使用户省去进行初级加工的投资、设备、人力,方便了用户。目前发展较快的初级加工有:将水泥加工成生混凝土,将原木或板、方材加工成门窗,钢板预处理、整形等加工。

3. 提高加工效率及设备利用率

在分散加工的情况下,加工设备由于生产周期和生产节奏的限制,设备利用时松时紧,使得加工过程不均衡,设备加工能力不能得到充分发挥。而流通加工面向全社会,加工数量大,加工范围广,加工任务多。这样可以通过建立集中加工点,采用一些效率高、技术先进、加工量大的专门机具和设备,一方面提高了加工效率和加工质量,另一方面还提高了设备利用率。

本章小结

1. 包装是指为在流通过程中保护产品、方便储运、促进销售,按一定技术方法而采用的容器、材料和辅助材料的总体名字。包装也包括为了达到上述目的而进行的操作活动。

2. 由于物流作业及管理的需求不同,包装的功能可表现为货物保护、效率提高和信息传递。

3. 集装单元化的作用表现在:便于实现产品装卸、运输的机械化和自动化;促进了包装规格的标准化;保证了产品的运输安全;集合包装节省包装材料;简化了产品流通环节,加速了产品的流通。

4. 流通加工是为了提高物流速度和物品的利用率,在物品进入流通领域后,按客户的要求进行的加工活动,即在物品从生产者向消费者流动的过程中,为了促进销售、维护商品质量和提高物流效率,对物品进行一定程度的加工。流通加工通过改变或完善流通对象的形态来实现"桥梁和纽带"的作用,因此流通加工是流通中的一种特殊形式。

5. 流通加工的出现与现代生产方式有关,它不仅是大工业的产物,也是网络经济时代服务社会的产物;同时,流通加工的出现还与人们对流通作用的观念转变有关,效益观念的树立也是促使流通加工形式得以发展的重要原因。

复习思考题

一、判断题(正确的用√表示,错误的用×表示)

1. 通常概念中的消费者包装,其设计目的是为了方便顾客、提高市场营销的吸引力以及保护商品的安全。( )

2. 包装上的信息通常包括制造厂、商品名称、容器类型、个数、通用的商品代码等数字。( )

3. 绿色包装的材质必须满足相关条件,例如节省资源,用后可回收利用,同时在后期处理焚烧时无毒害气体。( )

4. 集装单元化是一种包装形式,它能够提高物流活动的效率,代替与包装相关的劳动生产。( )

5. 集合包装既是一种包装方式,也是一种新的运输方式。( )

6. 流通加工是为了促进销售、维护商品质量和提高物流效率,对物品进行一定程度的加

工;并且,该加工活动是发生在物品从生产者向消费者流动的过程中。(　　)
7. 流通加工和一般生产型加工在加工方法、加工组织、生产管理方面差别较大。(　　)
8. 在实际物流活动中,混凝土搅拌车可以根据客户的要求,把沙子、水泥、石子、水等建筑材料按比例装入可旋转的罐中边行驶边搅拌,这样在到达施工现场后,混凝土已经可以直接投入使用。这就是为了实现物流配送而实行的一种流通加工形式。(　　)

二、简答题
1. 谈谈你对包装定义的理解。
2. 我们日常中常见的包装材料有哪些?试举例说明。
3. 什么是集装单元化?它有何特点?
4. 流通加工的作用体现在哪些方面?
5. 列举几种典型的流通加工作业。

三、论述题
试论述物流管理中流通加工与生产加工的区别。

【案例分析】

迪安食品公司鲜牛奶流通加工

迪安食品公司的首席执行官霍华德·M·迪安(Howard M. Dean)正在开发一项计划,打算在墨西哥市场投放牛奶制品和冷冻蔬菜。对于这家有23亿美元资产、总部设在芝加哥、仅在美国从事销售活动的公司来说,这是一项重大的举措。由于北美自由贸易协议允许开放墨西哥市场,迪安食品公司正在利用机会将其产品介绍给9 000万新的消费者。

牛奶是一种特别吸引人的产品,因为墨西哥新鲜牛奶短缺,而人口中有一半年龄在18岁以下(主要的喝牛奶者)。并且,因为政府的限价,还没有什么动力驱使批发商和零售商推销该产品。在投入这项冒险事业之前,迪安指派了两名经理去研究墨西哥市场行情和物流需求。迪安还寻求专业厂商 Tetra Pak 公司的合作,这是他的包装供货商之一,经营着一家大型的墨西哥公司。

迪安首先通过建立一家合资企业把目标对准墨西哥奶制品市场。该合资企业期望配送商有经验处理迪安的牛奶和奶制品,将其装运到边界城镇。墨西哥现在消费迪安 EI Paso 奶制品公司的1/3的产品,迪安食品的合资企业仍然需要解决几个问题。第一个问题是个冷藏问题,因为绝大部分的产品是在小型的"夫妻"店里出售的,这类店里几乎没有什么冷藏设备。因为产品的堆放空间缩小了,在货架上的保存期也缩短了,迪安就把加仑壶包装改成小纸箱包装。第二个问题与超市有关,这些超市常常通宵停电,造成冰淇淋产品反复地融化和冻结,以至于损害了产品的品质。迪安正在考虑的一个解决办法就是自己购买冰箱并对店里24小时维持供电进行补贴。第三个问题是墨西哥缺少奶牛场,这一短缺正在迫使迪安考虑发展与原奶生产商的关系,而不是实际经营这些奶牛场。第四个是低品质牛奶的问题,因为墨西哥几乎没有有关产品品质控制的法律规章,所出售的全部牛奶中有40%未经巴氏法灭菌就直接输送到消费者手中。

虽然存在着许多潜在的困难,迪安的管理部门仍把这种形势看做是在一个大市场中获得大份额的机会,迪安先生说:"我们得快点行动,现在正是机会。"

[资料来源:http://lswl.kmu.edu.cn/lswl/2009-05/39.html]

问题:

1. 针对奶制品的包装和流通方面,迪安食品公司在墨西哥的市场中面临着哪些问题?

2. 在进入新的市场后,迪安食品公司在包装上有哪些举措?此外,它的鲜牛奶是如何实现流通加工的?

参 考 文 献

[1] 霍红. 物流管理学[M]. 北京:中国物资出版社,2006.

[2] 霍红. 现代物流管理[M]. 北京:对外经济贸易大学出版社,2007.

[3] 葛光明. 配送与流通加工[M]. 北京:中国财政经济出版社,2006.

[4] 郑全成. 运输与包装[M]. 北京:清华大学出版社,2005.

[5] 万志坚. 现代物流技术应用实务与案例分析[M]. 北京:中国物资出版社,2002.

Chapter 9

第九章

装卸搬运

【本章导读】

装卸搬运是指在某一物流节点范围内进行的,以改变物品的存放状态和空间位置为主要内容的目的和活动。装卸搬运在物流系统中是一种附属性、伴生性的物流活动,其在创造物流的时间效用、空间效益和形状性质效用方面无法与运输、储存和流通加工比较,但是装卸搬运在物流过程中出现的频率高于其他各项物流活动,不仅花费的时间较长而且装卸搬运费用在物流成本中所占比重也较高。因此,装卸搬运活动效率的高低、质量的优劣,会直接影响到物流整体质量或效率。

【关键概念】

装卸（Loading and Unloading）

搬运（Handling）

合理化（Rationalization）

活性（Activity）

【学习目标】

作为物流系统中必不可少的一个环节,装卸搬运在物品从供应地到接收地的实体流动过程中起到了承前启后的作用。通过本章的学习,使学生掌握装卸搬运的基本内容;认识装卸搬运的设备和作业;了解装卸搬运机械选择及配套的方法;研究装卸搬运合理化的措施。

【案例导入】

双鹤医药的装卸搬运之痛

云南双鹤医药有限公司是北京双鹤这艘医药航母部署在西南战区的一艘战舰，是一个以市场为核心、以现代医药科技为先导、以金融支持为框架的新型公司，是西南地区经营药品品种较多、较全的医药专业公司。

虽然云南双鹤已经形成了规模化的产品生产和网络化的市场销售，但是其流通过程中物流管理严重滞后，造成物流成本居高不下，不能形成价格优势。这严重阻碍了物流服务的开拓与发展，成为公司业务发展的"瓶颈"。

装卸搬运活动是衔接物流各个环节正常进行的关键，而云南双鹤恰好忽略了这一点，由于搬运设备的现代化程度低，只有几个小型货架和手推车，大多数作业仍处于人工作业为主的原始状态，工作效率低，且易损坏物品。另外仓库设计不合理，造成长距离的搬运。并且库内作业流程混乱，形成重复搬运，大约有70%的无效搬运，这种过多的搬运次数，损坏了商品，也浪费了时间。

[资料来源：http://info.10000link.com/newsdetail.aspx? doc=2010052990010]

在整个物流过程中，装卸搬运是发生频率最高的一项作业，当商品运输或商品储存等其他作业发生的时候，装卸搬运这项作业就会随之发生。装卸搬运作业质量的好坏将直接关系到物流其他环节和整个物流系统的运行状况。此外，我们有必要对装卸搬运进行系统的学习，以掌握装卸搬运的相关知识。

第一节 装卸搬运概述

一、装卸搬运的概念

我国在2001年颁布并实施的物流术语国家标准（GB/T 18354—2001）中对装卸（Loading and Unloading）的定义是：物品在指定地点以人力或机械装入运输设备或卸下。国际上对搬运（Handling/Carrying）的定义是：在同一场所内，对物品进行水平移动为主的物流作业。搬运虽也可以看成是一种线路活动，但是它与运输存在着一定的差别。搬运是在同一地域的小范围内发生的，而运输则是在较大范围内发生的，两者是量变到质变的关系，中间并无一个绝对的界限。

"装卸搬运"就是指在某一物流节点范围内进行的，以改变物品的存放状态和空间位置为主要内容和目的的活动。在实际的操作过程中，由于这两类物流活动经常相伴而生，并且在作业设备上也很难进行严格的区分，所以二者往往连在一起使用，并不过分强调两者的差别。在习惯使用中，物流领域（如铁路运输）常将装卸搬运这一整体活动称做"货物装卸"；在生产领域中常将这一整体活动称做"物料搬运"。实际上，活动内容都是一样的，只是领域不同而已。

有时也简单地用"装卸"或"搬运"表示"装卸搬运"的内涵。此时,若要强调物品存放状态的改变,就称"装卸";若要强调物品空间位置的改变,就称"搬运"。

在整个物流系统中,装卸搬运活动不像运输、储存、流通加工等能创造出新的价值和效用,但其出现的频率却明显高于其他物流活动,它花费的时间较长并且其耗费的费用在物流成本中所占的比重也较高。因此,装卸搬运活动效率的高低、质量的优劣会直接影响到物流整体质量和效率。

二、装卸搬运的特点

1. 装卸搬运是附属性、伴生性的活动

装卸搬运几乎是物流每一项活动开始及结束时必然发生的活动,因而有时常被人忽视,有时被看做其他操作时不可缺少的组成部分。例如,一般而言的"汽车运输",就实际包含了相随的装卸搬运,仓库中泛指的保管活动,也含有装卸搬运活动。

2. 装卸搬运是支持、保障性的活动

装卸搬运的附属性不能理解成被动的,实际上,装卸搬运对其他物流活动有一定决定性。装卸搬运会影响其他物流活动的质量和速度,例如,装车不当,会引起运输过程中的损失;卸放不当,会引起货物转换成下一步运动的困难。许多物流活动在有效的装卸搬运支持下,才能实现高水平。

3. 装卸搬运是衔接性的活动

在任何其他物流活动互相过渡时,都是以装卸搬运来衔接,因而,装卸搬运往往成为整个物流的"瓶颈",是物流各功能之间能否形成有机联系和紧密衔接的关键,而这又是一个系统的关键。建立一个有效的物流系统,关键看这一衔接是否有效。比较先进的系统物流方式——联合运输方式就是着力解决这种衔接而实现的。

三、装卸搬运的分类

1. 按装卸搬运施行的物流设施、设备对象分类

按此方法可分为仓库装卸、铁路装卸、港口装卸、汽车装卸、飞机装卸等。仓库装卸配合出库、入库、维护保养等活动进行,并且以堆垛、上架、取货等操作为主。

铁路装卸是对火车车皮的装进及卸出,特点是一次作业就实现一车皮的装进或卸出,很少有像仓库装卸时出现的整装零卸或零装整卸的情况,港口装卸包括码头前沿的装船,也包括后方的支持性装卸搬运,有的港口装卸还采用小船在码头与大船之间"过驳"的办法,因而其装卸的流程较为复杂,往往经过几次的装卸及搬运作业才能最后实现船与陆地之间货物过渡的目的。

汽车装卸一般一次装卸批量不大,由于汽车的灵活性,可以减少或根本减去搬运活动,而直接、单纯利用装卸作业达到车与物流设施之间货物过渡的目的。

2. 按装卸搬运的机械及机械作业方式分类

按此方法可分成使用吊车的吊上吊下方式、使用叉车的叉上叉下方式、使用半挂车或叉车的滚上滚下方式、移上移下方式及散装方式等。

(1) 吊上吊下方式

采用各种起重机械从货物上部起吊，依靠起吊装置的垂直移动实现装卸，并在吊车运行的范围内或回转的范围内实现搬运或依靠搬运车辆实现小搬运。由于吊起及放下属于垂直运动，这种装卸方式属垂直装卸。

(2) 叉上叉下方式

采用叉车从货物底部托起货物，并依靠叉车的运动进行货物位移，搬运完全靠叉车本身，货物可不经中途落地直接放置到目的处。这种方式垂直运动不大而主要是水平运动，属水平装卸方式。

(3) 滚上滚下方式

主要指港口装卸的一种水平装卸方式。利用叉车或半挂车、汽车承载货物，连同车辆一起开上船，到达目的地后再从船上开下，称滚上滚下方式。利用叉车的滚上滚下方式，在船上卸货后，叉车必须离船，利用半挂车、平车或汽车，用拖车将半挂车、平车拖拉至船上后，拖车开下离船而载货车辆连同货物一起运到目的地，再原车开下或拖车上船拖拉半挂车、平车开下。滚上滚下方式需要有专门的船舶，对码头也有不同要求，这种专门的船舶称"滚装船"。

(4) 移上移下方式

在两车之间（如火车及汽车）进行靠接，然后利用各种方式，不使货物垂直运动，而靠水平移动从一个车辆上推移到另一车辆上，称移上移下方式。移上移下方式需要使两种车辆水平靠接，因此，对站台或车辆货台需进行改变，并配合移动工具实现这种装卸。

(5) 散装散卸方式

对散装物进行装卸，一般从装点直到卸点，中间不再落地，这是集装卸与搬运于一体的装卸方式。

3. 按被装物的主要运动形式分类

按此方法可分垂直装卸、水平装卸两种形式。

4. 按装卸搬运对象分类

按此方法可分成散装货物装卸、单件货物装卸、集装货物装卸等。

5. 按装卸搬运的作业特点分类

按此方法可分成连续装卸与间歇装卸两类。连续装卸主要是同种大批量散装或小件杂货通过连续输送机械，连续不断地进行作业，中间无停顿，货间无间隔。在装卸量较大、装卸对象固定、货物对象不易形成大包装的情况下适用这一方式。

间歇装卸有较强的机动性，装卸地点可在较大范围内变动，主要适用于货流不固定的各种货物，尤其适于包装货物、大件货物，散粒货物也可采取此种方式。

四、装卸搬运的作用与意义

1. 衔接物流各环节

装卸搬运是介于物流各环节(如运输、储存等)之间起衔接作用的活动。它把物资运动的各个阶段连接成为连续的"流",使物流的概念名副其实。

2. 直接影响物流效率

装卸活动是物流各项活动中出现频率最高的一项作业活动,装卸活动效率的高低,直接会影响到物流整体效率。物流效率主要表现为运输效率和仓储效率,都与装卸搬运直接相关。

为了说明上述看法,列举几个数据如下:

①据我国统计,火车货运以 500 公里为分歧点,运距超过 500 公里,运输在途时间多于起止的装卸时间;运距低于 500 公里,装卸时间则超过实际运输时间。

②美国与日本之间的远洋船运,一个往返需 25 天,其中运输时间 13 天,装卸时间 12 天。

③我国对生产物流的统计,机械工厂每生产 1 吨成品,需进行 252 吨次的装卸搬运,其成本为加工成本的 15.5%。

3. 直接影响物流成本

虽然装卸活动本身并不产生效用和价值,但是,由于装卸搬运是劳动力借助于劳动手段作用于劳动对象的生产活动。为了进行此项活动,必须配备足够的装卸搬运人员和装卸搬运设备,因此物流成本中装卸费用所占的比重较大。

以我国为例,铁路运输的始发和到达的装卸作业费大致占运费的 20% 左右,船运占 40% 左右。

4. 直接影响物流质量

因为装卸搬运使货物产生垂直和水平方向上的位移,货物在移动过程中会受到各种外力的作用,如振动、撞击、挤压等,容易使货物包装和货物本身受损。

例如袋装水泥纸袋破损和水泥散失主要发生在装卸过程中,玻璃、机械、器皿、煤炭等产品在装卸时最容易造成损失。

5. 装卸搬运直接影响物流安全

由于物流活动是物的实体的流动,在物流活动中确保劳动者、劳动手段和劳动对象的安全非常重要。装卸搬运特别是装卸作业,货物要发生垂直位移,不安全因素比较多。

因此,装卸活动的合理化对于物流整体的合理化至关重要。装卸的机械化不仅可以减轻人的作业压力,改善劳动环境,而且可以大大提高装卸效率,缩短物流时间。

五、装卸搬运的原则

1. 尽量不进行装卸搬运

前面已经讲过,装卸搬运作业本身并不产生价值。但是,如果进行了不适当的装卸搬运作业,就可能造成商品的破损,或使商品受到污染。因此,尽力排除无意义的作业是理所当然的。尽量减少装卸搬运次数,以及尽可能地缩短搬运距离等,所起的作用也是很大的。因为装卸搬运作业不仅要花费人力和物力,增加费用,还会使流通速度放慢。如果多增加一次装卸搬运,费用也就相应地增加一次,同时还增加了商品污损、破坏、丢失、消耗的机会。因此,装卸搬运作业的经济原则就是"不进行装卸搬运"。所以,应当考虑如何才能减少装卸搬运次数、缩短移动商品的距离的问题。

2. 装卸搬运的连续性

装卸搬运的连续性是指两处以上的装卸搬运作业要配合好。进行装卸搬运作业时,为了不使连续的各种作业中途停顿,而能协调地进行,整理其作业流程是很必要的。因此,进行"流程分析",对商品的流动进行分析,使经常相关的作业配合在一起,也是很必要的。如把商品装到汽车或铁路货车上,或把商品送往仓库进行保管时,应当考虑合理取卸,或出库的方便。所以某一次的装卸搬运作业,某一个装卸搬运动作,有必要考虑下一步的装卸搬运而有计划地进行。要使一系列的装卸搬运作业顺利地进行,作业动作的顺序、作业动作的组合或装卸搬运机械的选择及运用是很重要的。

3. 减轻人力装卸搬运

减轻人力装卸搬运就是把人的体力劳动改为机械化劳动。在不得已的情况下,非依靠人力不可时,尽可能不要让搬运距离太远。关于"减轻人力装卸搬运"问题,主要是在减轻体力劳动、缩短劳动时间、防止成本上升、劳动安全卫生等方面推进省力化、自动化。

4. 提高装卸搬运对象的"搬运灵活性"

物流过程中,常需将暂时存放的物品再次搬运。从便于经常发生的搬运作业考虑,物品的堆放方法是很重要的,这种便于移动的程度,被称之为"搬运灵活性"。衡量商品堆存形态的"搬运灵活性",用灵活性指数表示。一般将灵活性指数分为5个等级,即散堆于地面上为0级;装入箱内为1级;装在货盘或垫板上为2级;装在车台上为3级;装卸搬运过程中为4级。

5. 把商品整理为一定单位

把商品整理为一定单位就是把商品汇集成一定单位数量,然后再进行装卸搬运,即可避免损坏、消耗、丢失,又容易查点数量,而且最大的优点在于使装卸搬运的单位加大,使机械装卸搬运成为可能,以及使装卸搬运的灵活性好等。这种方式是把商品装在托盘、集装箱和搬运器具中原封不动地装卸搬运,进行输送、保管。

6. 从物流整体的角度去考虑

在整个物流过程中,要从运输、储存、保管、包装与装卸搬运的关系来考虑。装卸搬运要适合运输、储存保管的规模,即装卸搬运要起着支持并提高运输、储存保管能力、效率的作用,而不是起阻碍的作用。对于商品的包装来说也是一样的,过去是以装卸搬运为前提进行的包装,要运进许多不必要的包装材料,现在采用集合包装,不仅可以减少包装材料,同时也省去了许多徒劳的运输。

第二节　装卸搬运机械及作业

合理利用各种装卸搬运机械及设备,是实现装卸搬运作业效率,降低装卸搬运成本,提高装卸搬运作业合理化的重要途径。过去的装卸作业主要是依靠人力手搬肩扛,劳动效率低,劳动强度大,从而严重地影响了装卸效率和装卸能力的提高。随着我国国民经济的迅速发展,商品流通量的扩大,单纯依靠人工装卸已无法满足客观形势发展的需要。

一、装卸搬运机械概述

1. 装卸搬运机械的概念

装卸搬运机械是指用来搬移、升降、装卸和短距离输送物流或货物的机械。它是物流机械设备重要的组成部分。

2. 装卸搬运机械的作用

①实现装卸机械化可以大大节省劳动力和减轻装卸工人的劳动强度。如装卸自行车时,每箱重180公斤左右,使用人工搬运,则比较费力,而使用铲车作业时,则轻而易举,充分显示了机械化的好处。

②装卸机械化可以缩短装卸作业时间,加快车船周转。各种运输工具在完成运输任务的过程中,有相当一段时间是属于等待装卸的。如能缩短装卸时间,就能用现有的运输工具完成更多的运输任务,这样不仅提高了物流的经济效益,也有利于社会经济效益的提高。

③有利于商品的完整和作业安全。商品的种类、形状极其复杂,但都可以根据商品的不同特性来选择或设计不同的机型,以保证商品的完整。如果人工把超过自身重量二三倍的木箱,从三米高处拿下,而又不使商品受损,是难以做到的。

④有效地利用仓库库容,加速货位周转。随着生产的发展,流通速度的加快,仓储的任务不断增加,无论是库房还是货场都要充分利用空间,提高库容利用率。因此,必须增加堆垛和货架的高度。但人工作业使堆码高度受到限制,若采用机械化作业,就可提高仓库的空间利用率,同时由于机械作业速度快,可及时腾空货位。

⑤装卸机械化可大大降低装卸作业成本,从而有利于物流成本的降低。由于装卸效率的提高,作业量大大增加,摊到每一吨商品的装卸费用相应的减少,因此降低了装卸成本。

3. 装卸搬运机械的分类

装卸搬运机械设备可以概括为搬运车辆、输送机械、起重机械和升降机械等。下面介绍起重机械、连续输送机械及几种典型的装卸搬运机械。

(1) 起重机械

起重机械是通过改变物品的垂直位移来实现装卸的,并使物品在较小范围(起重机械工作半径)内实现搬运。起重机械按照其大小、构造或形状可以分为轻小型起重机、桥式起重机、门式起重机、臂架式起重机及堆垛式起重机等。

部分起重机械如图9.1、9.2、9.3、9.4、9.5所示。

图9.1　轻小型起重机(电动葫芦)

图9.2　桥式起重机

图9.3　门式起重机

图9.4　臂架式起重机

图9.5　堆垛式起重机

(2)连续输送机械

输送机是一种可以使物品在一定输送线路上,从装载起点到卸载终点以恒定的或变化的速度进行输送,形成连续的或脉动物流的机械。在物流中心的内部作用中,如果搬运的数量非常大且又是连续的,输送机是非常合适和有效的。根据输送机的输送形式,输送机械可以分为皮带输送机、滚轮式输送机和悬挂式输送机三类。部分输送机械如图9.6、9.7、9.8所示。

图9.6　滚轮式输送机

图9.7　皮带式输送机

图9.8　悬挂式输送机

(3)几种典型的装卸搬运机械

①叉车。叉车又称铲车、叉式举货车,是物流领域最常用的装卸搬运机具。叉车具有以下主要特点:有很强的通用性,有装卸、搬运双重功能,配合叉车属具,可强化特殊功能、机动性强,应用方便。按照不同的标准,叉车可以分为很多不同的类别。按动力方式分类,叉车可以分为:发动机式叉车、电动机式叉车、手动式叉车;按特性及功能分类可以分为:平衡重式叉车、前移式叉车、侧叉式叉车三种基本类型;按起重能力分类可分为各种不同起重级别的叉车,一般的起重级别为1~10吨,不同领域也使用0.5~40吨的叉车。

②吊车。吊车是从物品上部通过吊钩、吊装、吊卸的一类起重机械的总称。这种机械以装卸为主要功能,搬运的功能较差,搬运距离很短。吊车具有这样几个主要特点:大部分吊车车体移动困难,因而通用性不强;功能单一,主要是装卸,起垂直吊装吊卸作用,移动的距离很短;吊车的作业方式,是从物品上部起吊,因而作业需要空间高度较大,作业时比较平衡;机动性差,主要在设施内作业,个别种类吊车可以在设施外作业,起重能力大,起重重量范围较大。吊车可以分为这样几类:卡车吊、履带吊、门式起重机、桥式起重机、门座式岸边起重机、船吊等。

③输送机。输送机是对物品进行连续运送的机械,可以将物资在一定的输送线路上,从装载起点到卸载终点以恒定的或变化的速度进行输送的机械。输送机的特点是它可以实现连续搬运,这是叉车和吊车无法比拟的。输送机作业连续效率高,可实现小范围的移动。输送机的输送路线是确定的,只有在重新安装时才会改变路线,因而易于规划统筹,实现作业的稳定。输送机械主要有三大类型:牵引式输送机、无牵引式输送机及气力输送机。牵引式输送机主要包括带式输送机、板式输送机、悬挂输送机、斗式提升机、自动扶梯、板式提升机和链式输送机等。无牵引式输送机主要包括辊式输送机、滚轮式输送机、螺旋输送机和振动输送机等。

4. 装卸搬运机械的选择

在采用机械化作业和选用装卸机械时,要与作业环境、作业量及其分布、货物特性以及使用机械的特性及经济性等因素结合起来考虑,以便使其发挥最大的效益。

(1)货物的特性

货物的特性是指货物的种类,如在散货的基础上选择最适宜的装卸机械。

(2)作业特性

作业特性是指作业的性质,如作业量、天气季节、搬运距离和范围、运输手段的种类、批量的大小,装卸搬运机械的选择应该与上述作业特性相适应。

(3)环境特性

作业环境特性是指设施的配置、建筑物的构造、站台的高低、地面的承受重量等各种因素。

(4)装卸机械特性

装卸机械特性是指装卸机械的安全性、耗能、噪声、公害等因素。

(5)经济性

在对以上因素分析后,最终还要从经济性的角度进行分析,从中选择出最优方案。

5. 装卸搬运机械的管理

随着快递的不断发展,装卸搬运机械将会得到更为广泛的应用。从装卸搬运机械发展趋势来看,发展多类型的装卸搬运机械、发展专用装卸搬运机械来适应货物的装卸搬运作业要求是今后装卸搬运机械的发展方向。为了使用好、管理好装卸搬运机械,实现装卸搬运机械作业,可采取如下措施:

①全面规划,合理布局,按需配置装卸搬运机械设备。

②建立一套行之有效的装卸搬运机械运用、维修和管理制度,并通过采用新技术、新材料、

新设备,逐步实现装卸搬运机械的系列化、标准化、通用化。

③建立装卸搬运技术人员队伍,配备维修力量。

④积极发展集装化,增大装卸搬运机械作业范围,提高机械作业比重。

⑤做好各种装卸搬运机械的配套工作,实现一机多能。

6. 装卸搬运机械正确使用的衡量标志

(1)高效率

物流机械设备的使用,必须使其作业能力得以充分发挥。在物流作业流水线所需的设备中或综合机械化组合中,至少应使其主要物流机械设备的物流作业能力得以充分发挥。物流机械设备如果长期处于低效运行状态,那就是不合理使用的主要表现。

(2)经济性

在物流机械设备使用已经达到高效时,还必须考虑经济性的要求。经济性要求是使物流机械设备在完成一定工作量的物流作业时所需使用费成本最低。不同的物流机械设备,不同的作业性质,具有相应的经济性指标。如在码头前沿作业的港口抓斗起重机,各个港口的管理部门都制订有"最经济指标"。如果使用费用成本经常高于这一定值,也就称不上正确使用。

(3)非正常磨损防护

物流机械设备的正常磨损是物质运动的规律,即使是正确使用和精良的维护保养,也是无法避免的。但是,非正常磨损往往可通过有效防护得到避免或者杜绝。机械设备非正常磨损的防护指标,一般以零部件和结构件的早期磨损、过度磨损、事故损伤频度以及各种使原有技术能受到损害或缩短使用寿命的程度来考察机械设备是否正确使用。

以上三个标志是衡量物流机械设备是否做到正确使用的主要标志。要达到上述要求的因素是多方面的。有物流作业设计、专业人员素质和运行管理方面的因素,也有各种技术措施方面的因素等。正确使用物流机械设备就要对这些因素进行分析和研究,找出有效的解决办法。

二、装卸搬运作业

1. 装卸搬运作业的构成

从作业的角度来看,装卸搬运的主要作业包括装卸、搬运、堆码、取出、分类和理货等几个环节。

①装卸。将物品装上运输机具或由运输机具卸下。

②搬运。使物品在较短的距离内移动。

③堆码。将物品或包装货物进行码放、堆垛等的有关作业。

④取出。从储存、保管场所将物品取出。

⑤分类。将物品按品种、发货方向、顾客需求等因素进行分类。

⑥理货。将物品备齐,以便随时进行下一步物流操作。

2. 装卸搬运作业准备

由于装卸搬运活动自身的特点,如装卸搬运是伴生性、保障性、衔接性的,所以在进行装卸搬运作业前,必须结合物流系统的其他活动来综合考虑装卸搬运的影响因素。这些因素主要包括搬运物品的属性、装卸搬运的场地、现有搬运设备及附属工具等,必须对这些要素加以整理、分析、研究,再决定采用的作业方法。

(1)装卸搬运物品的属性

①种类:气体、固体还是液体等。

②形态:散装物品及包装物品。

③特征:轻的、重的、软的、硬的、易污染的、易破损的等。

④量:数量的多少。

⑤体积:大型物品、小型物品、规则物品或不规则物品等。

根据装卸搬运对象的这些特征来确定装卸搬运的作业方式,确定装卸搬运的设备选择等。

(2)装卸搬运场地

在考虑装卸搬运场地的因素时,一般要预先考虑这样三个因素:

①预先确定装卸地点。

②预先确定卸下物品的摆放区域。

③预先确定站台及车辆靠接位置。

(3)现有搬运设备及附属工具

①装卸搬运机械。如手推车、油压拖板车、电动拖板车、堆高机及输送机等。

②附属工具。如吊具、索具等。

3. 装卸搬运作业方法

(1)单件物品装卸搬运作业

单件物品装卸搬运是指对非集装的、按件计的物品逐个进行装卸搬运操作的作业方法。

单件物品装卸搬运虽然是人工装卸搬运阶段的主导方式,今天,这种单件、逐件的装卸搬运方式依然存在。主要是因为:

①单件作业对机械设备的要求不高,因而机动性较强,不受设施、设备的地域局限。

②根据某些物品自身特有的属性如安全性或物品的体积过大,形状特殊,即使有机械也不便于采用集装化作业,只能采用单件作业。

单件物品的装卸搬运作业可以采取人力装卸、半机械化及机械装卸。单件物品装卸搬运作业的特点是速度慢,容易出现货损,反复作业次数较多,也容易出现货差。

(2)集装作业

集装作业是对集装货物进行装卸搬运的作业方法。

集装作业由于集装单元较大、较重,不能进行人力手工操作,也很少使用半机械化装卸,对大量集装货物而言只能采用机械化进行相关操作。集装作业受到场所条件、装卸设备条件和集装货载存放条件的限制,因而其机动性较差。

集装作业一次作业量大,操作速度快,而且在操作时并不逐个接触货体,而仅对集装体进行作业,因而货损较小,货差也不大。

集装作业主要包括托盘装卸搬运、集装箱装卸搬运、货捆装卸搬运和集装网、袋装卸搬运几类。

（3）散装作业

散装作业指对大量颗粒状、粉末状进行无包装的散装、散卸的装卸方法。如果这些粉末状、颗粒状的大批货物采用人力装卸,会有很大的劳动强度,所以散装货物装卸一般都是采用机械化设施、设备。散装作业方法主要有重力装卸、机械装卸、气力输送装卸等三类方法。

第三节　装卸搬运管理

一、装卸搬运机械的选择管理

装卸搬运机械的合理选用能够大大提高物流作业的效率。装卸搬运机械的选择需要考虑众多的因素,主要包括以下几个方面。

1. 装卸搬运机械的选择与物料流量、物流速度及频率相吻合

按照物料流量的需要,做到机械作业能力与现场物流作业量形成最佳的配合装体,机械作业能力应与物流量相等或略大于物流作业量。

2. 装卸搬运机械选择与物料属性相配合

按照装卸搬运作业对象的相关属性(液体、固体、颗粒状物品、块状物品等)特点和作业对象包装体(袋、箱、罐等)特点以及价值、易损性等因素与之配合的装卸搬运机械。

3. 装卸搬运机械选择与物料作业性质相配合

由于物流作业现场的具体情况不同、作业性质相异,我们需要明确装卸搬运作业是否需要更为机动一些的装卸搬运多功能机械。

4. 装卸搬运机械的选择与物料所在设施及搬运距离相配合

仓库设施的实物特性也会影响物料搬运设备的选择。一般来说,空间大、障碍小及单层的大型仓库便于采用连续输送机、高层货架等设备,相反则适合采用机动性较强的机械。

二、装卸搬运机械的配套管理

一个大型的物流节点中,装卸搬运作业靠几台机械设备是不能胜任的,需要多种类、多台次装卸搬运机械进行配套作业。因此在采用这种作业方式时就必须要考虑机械设备如何配套的问题,机械设备如何配套就成了一个非常重要的课题。

1. **装卸搬运机械配套的含义**

装卸搬运机械的配套是指根据现场作业性质、运送形式、速度及搬运距离等要求,合理选择不同类型的相关设备。

2. **装卸搬运机械配套的原则**

①装卸搬运机械必须要相互衔接,促使物流顺畅进行。

②装卸搬运机械在作业吨位上的配套,单位时间里可以使装卸搬运作业量达到最大值,不可出现"瓶颈"环节,抑制装卸搬运作业的整体效率发挥。

③装卸搬运机械在作业时间上要紧凑。首先应合理安排机械的运输回行距离,使前一个装卸搬运作业过程与下一个装卸搬运作业过程的速度相同。

3. **装卸搬运机械配套的方法**

一般情况下,可以按照装卸搬运作业量和被装卸搬运物资的种类进行机械配套,在确定各机械生产能力的基础上,按单位时间内进行某固定数量物资的装卸搬运操作来计算需要多少数量相应的起重、输送等各类机械。此外还可以采用数学方法(如线性规划等)来设计装卸搬运作业机械的配套方案,即根据装卸搬运作业现场的要求,列出数个线性不等式,并确定目标函数,然后求出最优的各种设备台数。

三、装卸搬运合理化

装卸搬运虽然不像运输、储存等其他物流环节一样能够创造出新的价值,但却要消耗劳动和物化劳动。这种劳动的消耗量要以价值的形式追加到装卸搬运对象的价值中去,从而增加了产品的物流成本。因此,如果要降低物流成本就要按照装卸搬运合理化的要求去做,尽量减少用于装卸搬运的劳动消耗。实现装卸搬运合理化首先要避免和防止无效的装卸搬运,在此基础上推行装卸搬运机械化、集装化等装卸搬运合理化措施。

1. **防止无效装卸搬运**

无效装卸搬运是用于货物必要装卸搬运劳动外的多余装卸劳动。

2. **减少装卸搬运次数**

装卸次数是指产品在生产和流通过程中,发生装卸作业的总次数。

对企业物流而言,在产品的生产过程中,从原材料进厂卸车到产成品入库待运要发生若干次装卸作业。影响装卸次数的因素很多,但主要是两个方面:

(1)物流设施、设备对装卸次数的影响

厂房、库房等建筑物的结构类型、结构特点及建筑参数,对装卸次数会产生直接影响。

(2)装卸作业组织调度工作对装卸次数的影响

在物流设施、设备一定的情况下,装卸作业组织调度工作水平是影响装卸次数的主要因素。

过多的装卸搬运次数必然导致损失的增加,又会大大地阻碍整个物流速度。所以我们要分析研究装卸搬运的每个环节的必要性,合并作业环节,减少作业次数。

3. 消除过大、过重的包装

包装过大、过重,在反复进行的装卸搬运过程中会消耗较大的劳动,这一消耗不是必要的,因而形成了无效劳动,对于过大过重的包装必须消除。

4. 去除无效物质

进入物流过程的货物,有时混杂着没有使用价值或对用户来说使用价值不大的各种掺杂物,在反复进行的装卸搬运过程中,对这些无效物质也在进行反复的无效劳动,因而形成了无效装卸搬运。所以,物流部门在进行装卸搬运工作前,需进行预先检验,除去杂物,防止无效装卸搬运的发生。

5. 提高货物的装卸搬运活性

装卸活性是搬运装卸专用术语,是指货物的存放状态对装卸搬运作用的方便(或难易)程度,称为货物的"活性",也称装卸活性。活性可用"活性指数"进行定量的衡量。日本物流专家藤健民教授对于不同放置状态的物品做了不同的活性规定。如表9.1所示,活性指数共有0,1,2,3,4 五个等级。

表9.1 物料放置状态活性对照表

活性等级	物料放置状态
0	散放于地面的物品
1	成捆或集装的物品
2	置于箱内,便于装卸、搬运的物品
3	置于装卸搬运机械上,可移动的物品
4	处于装卸、搬运状态的物品

在货场装卸搬运过程中,下一步工序比上一步的活性指数高,因而下一步比上一步工序更便于作业时,称为"活化"。装卸搬运的工序、工步应设计得使货物的活性指数逐步提高,则称"步步活化"。

从理论上讲,活性指数越高越好,但是也应考虑到实施的可能性,置于托盘上活性指数为2的状态具有广泛的实用价值。

6. 其他改善装卸作业的方法

(1)在汽车运输方面,采用集装箱专用挂车和底盘车

当集装箱由集装箱装卸桥从船舱吊起后,直接卸在专用挂车上,汽车就可以直接接走;又如散装粮食专用车在装卸时,采取汽车的载荷部位自动倾翻的办法,不用装卸即可完成卸货任务。

(2)在船舶运输方面,采用滚装船的办法

滚装船,是在海上航行的专门用于装运汽车和集装箱的专用船。它是从火车、汽车渡轮的基础上发展而来的一种新型运输船舶。在船尾有一类似登陆艇的巨大跳板和两根收放跳板的起重柱。世界上第一艘滚装船是美国于 1958 年建成并投入使用的。近年来,世界各国相继建设了一定数量的滚装船,成为远洋船队中一支现代化的新生力量。我国实现滚装化也已有多年,在运载汽车作业上,效果十分显著。如上海江南造船厂建造的 24 000 吨级滚装船,可载 4 000 辆汽车或 350 个集装箱。在装卸时,集装箱挂车用牵引车拉进拉出船舱;汽车则可直接开进开出。这种船的装卸速度比一般集装箱船快 30%,装卸费用比集装箱低 2/3 左右;也无需在港口安装大型超重装卸设备。在船舶运输方面,国外又开始使用载驳船。载驳船,又称子母船,是将已载货的驳船装在母船上,从事远洋运输的新船型。当到达目的港后,卸下的驳船再顶入或拖入内河,同时母船又装载等候的满载驳船返航。

四、装卸搬运机械化

装卸搬运机械化是指在装卸搬运作业中用机械作业替代人工作业。实现作业的机械化是实现省力化和效率化的重要途径,通过机械化改善物流作业环境,将人从繁重的体力劳动中解放出来。当然,机械化的程度除了技术因素外,还与物流费用的承担能力等经济因素有关。机械化的原则同时也包含了将人与机械合理地组合到一起,发挥各自的长处。在进行装卸搬运机械化的过程中要注意几个问题:

1. 符合装卸商品种类及特性的要求

不同种类的商品的物理、化学性质及其外部形状是不一样的,因此,在选择装卸机械时必须符合商品的品种及其特性要求,以保证作业的安全和商品的完好。

2. 适应运量的需要

运量的大小直接决定了装卸的规模和装卸设备的配备、机械种类以及装卸机械化水平。因此,在确定机械化方案前,必须了解商品的运量情况。对于运量大的,应配备生产率较高的大型机械;而对于运量不大的,宜采用生产率较低的中小型机械;对于无电源的场所,则宜采用一些无动力的简单装卸机械。这样,既能发挥机械的效率,又使方案经济合理。

3. 适合运输车辆类型和运输组织工作特点

装卸作业与运输是密切相关的,因此,在考虑装卸机械时,必须考虑装载商品所用的运输工具的特性,包括车船种类、载重量、容积、外形尺寸等,同时要了解运输组织的情况,如运输取送车(船)次数、运行图、对装卸时间的要求、对货运组织的要求、短途运输情况等。如,在港口码头装卸商品和在车站装卸商品,所需要的装卸机械是不同的。即使是同一运输工具,即使构造相同,也要采取不同的装卸机械。如用于铁路敞车作业和用于铁路棚车作业的装卸机械是不一样的。

4. 经济合理,适合当地的自然、经济条件

在确定选择机械化方案时,要作技术分析,尽量达到经济合理的要求。对现有的设施、仓库和道路要加以充分利用,同时要充分考虑到装卸场所的材料供应情况、动力资源,以及电力、燃料等因素。要充分利用当地的地形、地理条件,贯彻因地制宜、就地取材的原则。

通过实践,我们得出这样的结论:在许多场合,简单机械的配合同样可以达到省力化和提高效率的目的。片面强调全自动化会造成物流费用的膨胀,在经济上难以承受。

五、装卸搬运集装化

集装就是把许多需要运输的商品集中成一个单元,进行一系列的运输、储存和装卸作业,从而可以取得多方面的效果。集装化主要采取以下几种形式:

1. 集装箱化

除了符合国际和国内标准的通用集装箱外,还有多种多样的,根据不同特殊要求专门设计的专用集装箱,以及集装袋、集装网、集装盘等,主要有以下几种:

(1) 专用集装箱

①通风式集装箱适用于不怕风吹雨淋的商品和怕闷热的农副土特产品,如日用陶瓷、水果等。

②折叠式通风集装箱适用于装运瓜果、蔬菜、陶瓷等商品。

③多层合成集装箱主要用于装运鲜蛋,既通风又固定,每一层都有固定的格子,鲜蛋装满后,将每一层用固定装置组成集装箱。

④挂衣集装箱主要装运服装,不用折叠,直接挂在装集箱内。

(2) 集装袋

集装袋是一个大型口袋,上下都能开口,装货时用绳结拴住从上口装,卸货时将下口的绳结拉开,商品可自动出来。主要用于装运化肥、碱粉等袋装商品。

(3) 集装网

用麻绳或钢丝绳制成的网,麻绳网主要用于装运水泥等商品,钢丝绳主要用于装运生铁。

(4) 集装盘

将许多件商品放在类似托盘的木盘上,然后用塑料带或铁皮把商品捆扎在木盘上。它与托盘的不同之处在于木盘随货而去,不能回收。

2. 托盘化

托盘有由木材制成的,也有由钢材、塑料等材料制成的。托盘除了起搬运工具的作用外,主要起集合商品的作用。实行托盘化有许多优点,主要是它适合机械装卸,可以提高装卸效率,可以有效地保护商品、减少破损,可以节省物流费用,还可以推动包装的标准化。多年来,我国商业物流部门在使用托盘方面积累了不少经验,不少物流企业的仓库、专用线,都已使用了托盘作业。

本章小结

装卸搬运是物流系统的构成要素之一,是为储存和运输、配送等物流其他环节的需要而进行的物流作业。装卸搬运活动本身并不产生新的效用和价值,但是装卸搬运活动是物流各项活动中出现频率最高的一项作业,同时它还是物流成本的重要构成因素。因此,装卸搬运活动效率的高低、质量的优劣,会直接影响到物流整体质量和效率。所以,改善装卸搬运作业环境,提高装卸搬运作业的效率是物流现代化的重要课题。

复习思考题

一、判断题(正确的用√表示,错误的用×表示)

1. 装卸搬运对象的活性越高越好。(   )
2. 装卸搬运机械的通用性较差。(   )
3. 装卸搬运是两个截然不同的物流过程。(   )
4. 装卸搬运的合理化是多因素综合作用的结果,不可根据某一单独的指标进行判断。(   )
5. 集装化和机械化都是实现装卸搬运合理化的有效措施。(   )

二、简答题

1. 请说明装卸搬运的概念及特点。
2. 简述装卸搬运机械的分类。
3. 装卸搬运机械的选择应该从哪些方面考虑。
4. 试论述装卸搬运合理化的措施有哪些。
5. 分析如何实现装卸搬运机械的配套。

三、论述题

结合生活实践,试论述若在所在省份建立一家面向本省进行生活用纸配送的配送中心,应该如何进行装卸搬运环节的规划。

【案例分析】

东方药业装卸搬运的合理化改造

1. 东方药业的总体概况和发展前景

东方药业有限公司是一个以市场为核心、现代医药科技为先导、金融支持为框架的新型公司,是西南地区经营药品品种较多、较全的医药专业公司。公司成立以来,效益一直稳居云南同行业前列,属下有1个制药厂,9个医药经营分公司,30个医药零售连锁药店。它有着庞大的销售网络,该网络以昆明为中心,辐射整个云南省乃至全国,包括医疗单位网络、商业调拨网络和零售连锁网络。

2. 东方药业物流管理中面临的主要问题

目前,东方虽已形成规模化的产品生产和网络化的市场销售,但其流通过程中物流管理严重滞后,造成物流成本居高不下,不能形成价格优势。这严重阻碍了物流服务的开拓与发展,成为公司业务发展的"瓶颈"。分析东方药业物流管理中存在的问题,除了储存费用过高、运输费用没有得到有效控制、物流管理系统不完备之外,最主要的表现就是装卸搬运费用过高。

装卸搬运是衔接物流各环节活动正常进行的关键,它渗透到物流各个领域,控制点在于管理好储存物品、减少装卸搬运过程中商品的损耗率、装卸时间等。而东方恰好忽视了这一点,由于搬运设备的现代化程度较低,只有几个小型货架和手推车,大多数作业仍处于人工作业为主的原始状态,工作效率低,且易损坏物品。另外仓库设计的不合理,造成长距离的搬运,并且库内作业流程混乱,形成重复搬运,大约有70%的无效搬运,这种过多的搬运次数,损坏了商品,也浪费了时间。

3. 东方药业装卸搬运的合理化改造

(1) 减少作业环节

每一个作业环节都需要一定的活劳动和物化劳动消耗,采用现代技术手段和实行科学管理的方法,尽可能地减少一些作业环节,既有利于加速作业的进度,又有利于降低成本。东方药业采用"二就直拨"的方法来减少作业环节。

①就厂直拨。企业可以根据订单要求,直接到制药厂提货,验收后不经过仓库就将商品直接调运到各店铺或销售单位。

②就车直拨。对外地运来的商品,企业可事先安排好短途运输工具,在原车边即行分拨,装上其他车辆,转运收货单位,省去入库后再外运的手续。

以上这两种方法既减少了入库中包括装卸搬运在内的一切作业环节,又降低了储存成本。

(2) 减少装卸搬运环节

改善装卸作业,既要设法提高装卸作业的机械化程度,还必须尽可能地实现作业的连续化,从而提高装卸效率,缩短装卸时间,降低物流成本,其合理化措施有:

①防止和消除无效作业。尽量减少装卸次数,努力提高被装卸物品的纯度,选择最短的作业路线等都可以防止和消除无效作业。

②提高物品的装卸搬运活性指数。企业在堆码物品时事先应考虑装卸搬运作业的方便性,把分类好的物品集中放在托盘上,以托盘为单元进行存放,既方便装卸搬运,又能妥善保管好物品。

③积极而慎重地利用重力原则,实现装卸作业的省力化。装卸搬运使物品发生垂直和水平位移,必须通过做功才能完成。由于我国目前装卸机械化水平还不高,许多尚需人工作业,劳动强度大,因此必须在有条件的情况下利用重力进行装卸,将设有动力的小型运输带(板)斜放在货车、卡车上进行装卸,使物品在倾斜的输送带(板)上移动,这样就能减轻劳动强度和能量的消耗。

④进行正确的设施布置。采用"L"型和"U"型布局,以保证物品单一的流向,既避免了物品的迂回和倒流,又减少了搬运环节。

[资料来源:http://www.8cxo.com/qiyeguanli/20100415092413.shtml]

问题:

1. 公司如何改进装卸搬运环节的?
2. 装卸搬运合理化的意义是什么?
3. 作为个案的东方药业物流管理中装卸搬运问题是否具有普遍的借鉴意义?应该如何借鉴?

参 考 文 献

[1] 胡建波.物流学基础[M].成都:西南财经大学出版社,2006.
[2] 韦恒,熊健.物流学[M].北京:清华大学出版社,2007.
[3] 丁溪.现代物流学[M].北京:中国商务出版社,2008.
[4] 张理.现代物流案例分析[M].北京:中国水利水电出版社,2008.

第十章
Chapter 10

物流配送管理

【本章导读】

配送是物流中一种特殊的、综合的活动形式,使商流与物流紧密结合,包含了商流活动和物流活动,也包含了物流中若干功能要素的一种形式。一般的配送集装卸、包装、仓储、运输于一身,通过这一系列活动完成将货物送达的目的。特殊的配送还要以加工活动为支撑,涵盖的面更广。本章介绍配送的概念、分类,配送中心的功能以及作业流程;介绍配送合理化问题;最后介绍配送中心的基本运作和管理等内容。

【关键概念】

配送(Distribution)

配送中心(Distribution Center)

配送合理化(Distribution Rationalization)

【学习目标】

通过本章的学习,掌握配送的基本概念、特点、作用和分类以及配送的要素;了解配送中心的作业流程及规划涉及的问题;理解物流配送中心设计需遵循的原则;掌握物流配送中心选址方法;了解物流配送中心的作业流程;明确各种不合理配送现象及配送合理化的标志。

【案例导入】

山区烟草配送的解决

我国有不少地方是山地、丘陵地貌,此类地方卷烟配送车辆油耗、损耗等均比平地要高。为解决这一问题,某市卷烟公司采取了如下措施。

(1)规范车辆管理

卷烟配送车辆用油管理实施打卡制度,不能自行加油。出车前进行车辆标准化检查,使车辆保持良好状态。合理安排车辆检修,行驶4 000公里后在指定地点检修。

(2) 整合、优化送货线路

2005年设计了科学的送货线路整合方案,新方案延伸了送货线路,扩大了送货面,提高了服务质量,同时,缩短了送货时间,减少了车辆损耗。

(3) 合理提高车辆货物装载率

首先是精密测算,测定每台送货车的合理装载量;其次是分拣到户,出车前,将零售户订购的卷烟分户打包;再按送货线路顺序依次装货,这样每次送货至少可节省3小时。

(4) 实行山区指定代送

山区有1 000多家零售户处在送货车辆不能进入的偏远村寨,实施"指定代送"方式进行配送,每年可以减少物流配送成本52万元左右。

山区配送是一个特殊的问题,不同于市内配送,成本和费用的计算和考核比较单一和趋同。但山区的配送不可知的因素太多,区域性差别也很大,建立适合于山区的配送是很多企业面临的市场发展的瓶颈问题。

[资源来源:钱智.物流管理经典案例剖析[M].北京:中国经济出版社,2007.]

第一节 配送概述

随着市场经济的飞速发展和竞争的不断加剧,市场上出现多品种、小批量、产品多样化、消费多样化的趋势,为适应这种情况而产生了服务观念——配送。配送,作为一项特殊的、综合性的物流运动,在物流活动中具有重要的地位和作用,是物流的基本功能。它体现了物流的最终效应即直接为客户服务,满足客户的个性化需求。可以说,物流成果主要是通过物流配送得以实现,如果没有配送,就会从根本上削弱物流的经济效益和社会效益。

一、配送的概念

配送作为一种综合的、特殊的物流活动形式,几乎包括物流的所有职能。在某种程度上讲,配送是物流的一个缩影或在特定范围内物流全部活动的体现。一般配送集装卸、包装、保管、运输于一体,通过一系列活动完成将货物送达的目的。有些配送还包括进行加工活动。它的目的是安全、准确、优质服务以及较低的物流费用。

配送的概念可以理解为:配送是按用户订货的要求,以现代送货形式,在配送中心或其他物流据点进行货物配备,以合理的方式送交用户,实现资源的最终配置的经济活动。配送的概念包括以下几层意思:

①首先明确指出按用户订货的要求,用户处于主导地位。用户提出的要求,包括货物的品种、数量、质量、规格、送达时间要求等进行备货、送货。它比一般的作为一种营销手段(或称售后服务)的内涵要大得多。

②配送是小范围、综合性的物流活动。从环节上看,既包括货物运输,同时还融合集货、存

储、分货、拣选、配货等活动。有些货物的配送活动还附带着加工。从运动程序上看，配送贯穿以下几种操作：收集市场供求信息，备货，运送货物并在送货前对运货工具和送货路线进行科学选择，优化运输。

③重视配送的运输组织工作。合理配置运输车辆，科学地制订运输规划，确定运送路线，配装措施不断完善，尤其是那些多品种、小批量、多批次、多用户的供货和送货，只有通过专业流通组织中转配送才能达到较好的经济效果。

④配送本身并不限定距离。可以说，跨越国界的、长距离的、大批量的货物配装和运送等活动同样属于配送的范畴。

二、配送的分类

配送作为一种现代流通组织形式，具有集商流、物流于一身的职能。由于配送者、主体、配送对象、服务对象，以及流通环境等的不同，配送可以从不同的角度进行不同的分类。

1. 按配送商品的种类和数量进行分类

（1）少品种大批量配送

这种配送适用于那些需要量大、品种单一或少品种的生产企业，可以实行整车运输，有利于车辆满载和采用大吨位车辆运送。这种商品可由专业性很强的公司实行配送。此配送形式主要适用于大宗货物，如煤炭等。

（2）多品种少批量配送

由于这种配送的特点是用户所需的物品数量不大、品种多，因此在配送时，要按用户的要求，将所需的各种物品配备齐全，凑整装车后由配送中心送达用户手中。此配送形式适应了现代消费多样化、需求多样化的新观念。

（3）配套成套配送

此配送形式的特点是用户所需的物品是成套性的。如装配性的生产企业，为生产某种整机产品，需要许多零部件，这需要将所需的全部零部件配齐，按生产节奏定时送达生产企业，生产企业随即将此成套零部件送入生产线装配产品。

2. 按配送时间和数量进行分类

（1）定时配送

按规定的时间间隔进行配送，每次配送的品种、数量可按计划执行，也可以在配送之前以商定的联络方式通知配送时间和数量。

（2）定量配送

按规定的批量进行配送，但不严格确定时间，只是在一个指定的时间范围内配送。这种配送方式备货较为简单，可以通过与用户的协商，按托盘、集装箱及车辆的装载能力确定配送数量，配送成本较低。

（3）定时定量配送

按照规定的配送时间和配送数量进行配送，兼有定时配送和定量配送的特点，要求配送管理水平较高。

（4）即时配送

完全按用户提出的配送时间和数量随即进行配送，是一种灵活性很高的应急配送方式。采用此方式的物品，用户可以实现保险储备为零的零库存，即以即时配送代替了保险储备。

3. 按经营形式不同进行分类

（1）销售配送

配送主体是销售企业，或销售企业作为销售战略措施的主体，即所谓的促销配送型。批发企业通过配送中心把商品批发给各零售商店的同时，也可与生产企业联合，生产企业可委托配送中心储存商品，按厂家指定的时间、地点进行配送。因此，配送的随机性较大，大部分商店配送属于这一类。

（2）供应配送

大型企业集团或连锁店中心为自己的零售店所开展的配送业务。这种方式可以提高供应水平和供应能力，可以通过大批量进货取得价格折扣的优惠，达到降低供应成本的目的。

（3）销售与供应一体化配送

销售企业对于那些基本固定的用户及其所需的物品，在进行销售的同时还承担着用户有计划的供应职能，既是销售者，同时又是用户的供应代理人。这种配送有利于形成稳定的供需关系，有利于采取先进的技术和计划手段，有利于保持流通渠道的稳定等。

（4）代存代供配送

用户把属于自己的货物委托配送企业代存、代供，或委托代订，然后组织配送。这种配送的特点是不发生货物所有权的转移，所发生的只是货物的位置转移，商品在配送前后都属于用户所有。配送企业仅从代存、代供中获取收益。

4. 按配送的组织形式进行分类

（1）集中配送

集中配送就是由专门从事配送业务的配送中心对多个用户开展的配送业务。一次可以同时对同一线路中几家用户进行配送，配送的品种多、数量大，经济效益明显，是配送的主要形式。

（2）加工配送

加工配送是与流通加工相结合，在配送据点设置流通加工，或是流通加工与配送据点组建一体实施配送业务。这种将流通加工和配送一体化，使加工更有计划性，配送服务更趋完善。并且配送企业不但可以依靠送货服务、销售经营取得收益，还可通过流通加工增值取得收益。

（3）共同配送

共同配送是由若干个配送中心联合起来，共同制订计划，共同对某一地区用户进行配送，具体执行时共同使用配送车辆,称共同配送。

(4)分散配送

分散配送是由商业零售网点对零星、小量商品或临时需要的商品进行的配送业务。这种配送适合于多品种、少批量、近距离的商品的配送。

5.按配送企业专业化程度进行分类

(1)专业配送

专业配送是按产品的性质、状态划分专业领域的配送方式。这种方式可以优化配送设施,合理配备配送机械、车辆,并能制订适用合理的工艺流程,从而大大提高配送各环节的工作效率。例如中、小件杂货配送,金属材料配送,煤、水泥、木材、生鲜食品等的配送,都属于专业配送。

(2)综合配送

综合配送的特点是配送的商品种类较多,且来源渠道不同,但由一个配送据点组织对用户的配送,因此综合性强。综合配送可以减少用户为组织所需全部商品进货的负担,只需和少数配送企业联系,便可以解决多种需求。

由于产品性能、形状差别大,综合配送在组织时技术难度较大。因此,一般只是在性状相同或相近的不同类产品方面实行综合配送,差别过大的产品难以综合化。

第二节　配送中心

一、配送中心的含义

配送中心是组织配送性销售或供应,专门从事实物配送工作的物流基地。配送中心是物流结点的一种重要形式,是物流领域社会分工、专业分工细化的产物,它适应了物流合理化、生产社会化、市场扩大化的客观需求,集储存、加工、集货、分货、装运、情报等多项功能于一体,通过集约化经营取得规模效益。具体讲,配送中心是从供应者手中接受种类多、数量大的商品,通过转运、分类、保管、流通加工和信息处理等作业,然后根据众多用户的订货要求备齐商品,并能迅速、准确和廉价地进行配送的设施。

二、配送中心的功能

配送中心的功能全面完整,一般都具备下述功能,只是侧重点各有不同,其中对某些功能重视程度的差异,决定了配送中心的性质及具体规划。

1.集散功能

货物由几个公司集中到配送中心里,再进行发运,或向几个公司发运。集散功能也可以将其他公司的货物放入该配送中心来处理、发运,以提高卡车的满载率,降低费用成本。

2. 储存功能

配送依靠集中库存来实现对多个用户的服务，储存可形成配送的资源保证，是配送中心必不可少的支撑职能。为保证正常配送特别是即时配送的需要，配送中心应保持一定量的储备，而且要做好储存商品的保管保养工作，以保证储备商品的数量，确保质量完好。同时，为对货物进行检验保管，配送中心还应具备一定的检验和储存设施。

3. 分拣与配货功能

将集中的大量商品按用户的需要重新分拣、配齐后，送至用户。这是配送中心的主要功能之一，也是区别传统仓库的主要方面。

4. 流通加工功能

配送过程中，为解决生产中大批量、少规格和消费中的小批量、多样化要求的矛盾，按照用户对货物的不同要求对商品进行分装、配装等加工活动，这也是配送中心功能之一。

5. 送货功能

将配好的货物按到达地点或到达路线进行送货。运输车辆可以租用社会运输力量或自己的专业运输车队。

6. 情报功能

配送中心的情报活动是全物流系统中重要的一环。它为管理者提出更加准确、及时的配送信息，也是用户与配送中心联系的渠道。

三、配送中心的作业流程

1. 配送中心的一般作业流程

一般认为，以多品种、少批量、多批次、多用户地配送物品，能够最有效地通过配送实现末端的资源配置。这种类型的配送对象，配送工艺流程比较复杂，具有代表性，将这种配送对象的配送流程确定为通用的、一般的、标准的配送流程。配送的一般流程如图10.1所示。

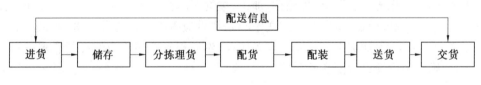

图 10.1　配送的一般流程

（1）接受并汇总订单

一般，在未曾进行实质性的配送活动之前，都有专门的机构（负责调度的机构）以各种方式收集用户的订货通知单并汇总订单。接受配送服务的各个用户（工商企业和商业网点）一般都要在规定的时间以前将订货单（或要货单）通知给配送中心，后者则在规定的时间截止之后将各个用户的订货单进行汇总，以此来确定所要配送的货物的种类、规格、数量和配送时间等。

(2)进货

配送中心的进货流程包括以下几种作业：

①订货。配送中心收到并汇总用户的订货单以后，首先要确定配送货物的种类和数量，然后要查询本系统现有库存物资中有无所需要的现货。如有现货，则转入拣选流程；如果没有或数量不足，则要及时向供应商发出订单，进行订货。有时，配送中心也根据商品销售情况或各用户需求情况以及与供货商签订的协议，提前订货，以备发货。

②接货。通常，在商品资源宽裕的条件下，配送中心向供应商（生产企业）发出订单之后，供应商会根据订单的要求快速组织供货，配送中心接到货物后，先要在送货单上签收，继而还要对货物进行检验（即验收）。

③验收。对接收的货物进行检验（检验货物质量和检查数量）后，若与订货合同要求相符，则转入下一道工序（分拣工序）；若不符合要求，则配送中心将详细记载差错情况，并可拒收货物。按照规定，质量不合格的商品将由供应商自行处理。

④分拣。对于生产商送交来的商品，配送中心的工作人员随即要按照类别、品种将其分开，分门别类地存放到指定的仓位和场地，或直接进行下一步操作——加工和选拣。

⑤储存。储存货物是购货、进货活动的延续，是维系配送活动连续运行的资源保证。它包括入库、码垛、上架、货区标识、货物的维护、货物的保养等活动。

备货是决定配送成败与否、规模大小的最基础的环节。同时，它也是决定配送效益高低的关键环节。如果备货不及时或不合理，成本较高，那么会大大降低配送的整体效益。

(3)理货和配货

当现代企业配送中心接到配送指令后，管理人员要向有关的作业人员分配适当的工作量，作业人员再根据理货单上的内容说明，按照出货优先顺序、仓位区域号、配送车辆趟次号、门店号、先进先出等方法和原则，把出货商品整理出来，经复核人员确认无误后，放置到暂存区，准备装货上车。从地位和作用上说，理货和配货是整个作业流程的关键环节。同时，它也是配送运动的实质性内容。

从理货、配货流程的作业内容来看，它是由以下几项作业构成的：加工作业，拣选作业，包装作业，组合或配装作业。

①加工作业。加工作业完善了配送中心的服务功能，属于增值性经济活动。

②拣选作业。拣选作业属于理货、配货范围。拣选作业就是配送中心的工作人员根据订货单从储存的货物中拣出用户所需要的商品的一种活动。常见的做法有：以摘取的方式拣选商品。工作人员按照配货单上指出的品种、数量、规格挑选出用户需要的商品并放入集货箱内。目前，许多大型的配送中心已经配置了自动化的分拣设备，并开始应用自动分拣技术拣选货物。

③包装作业。为了便于运输和识别各个用户的货物，配送中心将用户所需要的货物拣选出来以后，有时还要对配备好的货物重新进行包装，并在包装上贴好标签。这样，在拣选作业

之后,常常续接包装作业。

④配装作业。配装是送货的前奏,是根据运载工具的运能合理配载的作业活动。通常,为了充分利用运能和运力,往往需要把不同用户的配送货物集中起来搭配装载,以提高运送效率,降低送货成本。配装一般包括粘贴或悬挂货物质量、类别、数量、物理特性、体积大小、货主、送达地等的标志,并登记填写送货单、装载、覆盖、捆扎固定等项作业。

(4) 送货

送货是配送的最终环节,也是配送活动的核心,要求做到:在恰当的时间,将恰当的货物、恰当的数量,以恰当的成本送达恰当的用户。送货一般包括运送路线、方式、工具的选择,卸货地点及方式的确定,移交、签收和结算等项活动。一般情况下,配送中心都使用自备的车辆进行送货作业。有时也借助于社会上专业运输组织的力量联合进行送货作业。此外,为适应不同用户的需要,配送中心在进行送货作业时,常常做出多种安排:有时是按照固定时间、固定路线为圈定用户送货;有时也不受时间、路线的限制,机动灵活地进行送货作业。

2. 配送中心的特殊作业流程

所谓的特殊作业流程是指某一类配送中心(即个别配送中心)进行配送作业时所经过的程序,其中包括不设储存库(或储存工序)的配送中心流程和设有加工工序的配送工艺流程等。

(1) 不设储存库的配送中心流程

有的配送中心专以配送为职能,而将储存场所尤其是大量储存场所转移到配送中心之外的其他地点,配送中心中则只有为暂时配送备货的暂存,而无大量储存。据此,在其配送作业流程中,没有储存工序。不设储存区的配送中心区流程如图10.2所示。

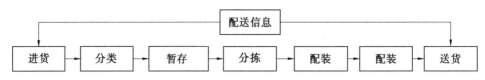

图 10.2 不设储存区的配送中心流程

实际上,在这类配送中心内部,货物暂存和配货作业是同时进行的。在现实生活中,配送生鲜食品的配送中心通常都按照这样的作业流程开展业务活动。

(2) 加工配送型配送中心流程

加工型配送中心多以加工产品为主,因此,在其配送作业流程中,储存作业和加工作业居主导地位。典型加工配送型配送中心流程如图10.3所示。

由于流通加工多为单品种、大批量产品的加工作业,并且是按照用户的要求安排的,因此对于加工型的配送中心来说虽然进货量比较大,但是分类、分拣工作量并不太大。所以,这种类型配送中心有时不单设分货、配货或拣选环节。配送中心中加工部分及加工后分放部分占较多面积。

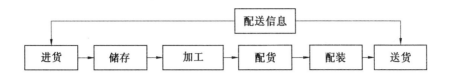

图 10.3 加工配送型配送中心流程

（3）分货型配送中心的作业流程

分货型配送中心是以中转货物为其主要职能的配送组织。一般情况下，这类配送中心在配送货物之前都先要按照要求把单品种、大批量的货物（如不需要加工的煤炭、水泥、油料等物资）转换成小批量，然后再将分好的货物分别配送到用户指定的接货点。这种配送中心流程非常简单，基本不存在分类、拣选、分货、配货、配装等工序，但由于是大量进货，储存能力较强，储存工序及装货工序是主要工序。分货型配送中心的作业流程如图 10.4 所示。

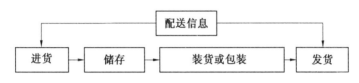

图 10.4 分货型配送中心的作业流程

四、配送中心的设施规划与设计

配送中心按功能可分为进货区、储存区、理货区、备货区、配装区、外运发货区、加工区以及其他功能区，在预定的空间内合理地布置好各功能块的相对位置是非常重要的。合理布置的目的是有效地利用空间、人员、设备和能源，最大限度地减少物料搬运，简化作业流程，缩短生产周期，力求投资最低，为职工提供安全、方便、舒适和卫生的工作环境。物流中心是大批物资集散的场所，物料搬运是最中心的作业活动，合理设施规划的经济效果将非常显著。配送中心的设施规划与设计的原则如下：

①运用科学、系统分析的方法求得整体优化。分析与个人经验相结合，定性分析与定量分析相结合。

②要有一个从宏观（总体方案）到微观（每个部门、库房、车间），又从微观到宏观的过程。例如，布置设计要先进行总体布置，后进行详细布置。而详细布置方案又要反馈到总体布置方案中去评价，并加以修正。

③尽量消除不必要的作业流程。只有缩短作业周期，节约空间面积，减少物料停留、搬运和库存，才能保证投入的资金最少、生产成本最低。

④以流动的观点作为设施规划的出发点，并贯穿在设施规划的始终，因为企业的有效运行依赖于人流、物流、信息流的合理化。

⑤重视人的因素。作业地点的设计,实际是人-机-环境的综合设计,要考虑创造一个良好、舒适的工作环境。

物流中心的主要活动是物资的集散和进出,在进行设施规划设计时,环境条件非常重要。相邻的站点设置、道路交通、机场和港口的位置等因素,如何与中心内的物流路线相衔接,形成内外一体、通畅的物流通道,这一点至关重要。

配送中心软硬件设备系统的规划与设计也是非常重要的问题。一般,软硬件设备系统的水平常常被看成是配送中心先进性的标志。但是,为了追求先进性而配备高度自动化、机械化的设备,在投资方面会带来很大的负担。有专家对先进性提出了不同的观点:先进性就是合理配备,以较简单的设备、较少的投资实现预定的功能。也就是说,先进性强调的是先进的思想与先进的方法,从功能方面来看系统先进性,而设备的自动化、机械化程度不是衡量先进性的最主要因素。

五、配送中心选址

配送中心位置的选择是配送中心规划首先应该考虑的问题。配送中心的任务是向各客户提供配送服务,因此配送中心的选址是很关键的,既要考虑配送范围的距离、集货渠道的距离、实际交通状况,又要考虑时间、费用和经济效益等因素。当这些因素决定后,可以用定量分析方法进行配送中心地址的选择。

1. 影响选址的主要因素

配送中心选址时应该考虑的主要因素有:客户的分布,供应商的分布,交通的条件,土地的条件,自然的条件,人力资源条件,政策环境条件。

(1)客户的分布情况

配送中心选址时首先要考虑的就是所服务客户的分布情况,要准确掌握配送中心现有服务对象的分布情况以及未来一段时间内的发展变化情况,因为顾客分布状况的改变、配送商品数量的改变及客户对配送服务要求的改变都会对配送中心的经营和管理产生影响。对于零售商型配送中心,其主要客户是超市和零售店,这些客户大部分分布在人口密集的地方或大城市,配送中心为了提高服务水准、降低配送成本,大多建在城市边缘并接近客户分布的地区。

(2)交通运输条件

配送中心的地址应选择靠近重要的运输线路,以保证配送服务的及时性、准确性。考核交通方便程度的条件有:高速公路、国道、铁路、港口、快速道路、交通限制规定等几种。一般配送中心应尽量选择在交通方便的高速公路、国道或快速道路附近的地方,如果以铁路及轮船来当运输工具,则要考虑靠近火车编组站、港口等。

(3)用地条件

配送中心建设需占用大量的土地资源,土地的来源、地价、土地的利用程度等要充分考虑并落实。建设用地的形状、长宽、面积与未来扩充的可能性,则与规划内容有密切的关系。因此在选择地址时,有必要参考规划方案中仓库的设计内容,必要时需要修改规划方案的内容。另外,还要考虑土地大小与地价,在考虑现有地价与未来增值状况下,配合未来可能扩充的需求程度,决定最适合的面积大小。

(4)政策环境条件

政策环境条件也是物流选址评估的重点之一,掌握政府对配送中心建设的法律法规要求;政策环境条件包括企业优惠措施(减税、土地提供)、城市规划(土地开发、道路建设计划)、地区产业政策;哪些地区不允许建设配送中心,哪些地区政府有优惠政策等。

(5)人力资源条件

由于一般物流作业仍属于劳力密集的作业形态,在配送中心内部必须要有足够的作业人力,因此在进行配送中心选址时必须考虑劳工的来源、技术水准、工资水准、工作习惯等因素。人力资源的评估条件有附近人口、上班交通状况、薪资水准等几项。

(6)其他

要考虑不同类别的配送中心对选址的需要不同。如有些配送中心所保管的商品有保温设施、冷冻设施、危险品设施等对选址都有特殊要求。

在选择地址时,要将上述各种条件进行综合比较,经反复论证,再圈定选址范围和备选地址。

2. 物流配送中心选址规划的几种主要算法

物流配送中心的地址几乎决定了整个物流系统的结构、模式和形状。配送中心选址决策包括设施的位置、数量和规模,这方面已有很多的研究成果。这里简要介绍几种常用的方法。

(1)单一物流配送中心选址估算方法

如果要配送的货物范围比较小,可以考虑只建设一个物流配送中心。一般来讲配送货物的目的地都非常明确,在这种情况下,选址的因素主要考虑运费率和该点的货物吞吐量。一个常用的模型方法就是重心法,其他的单个配送中心选址方法还包括图表技术(Graphical Techniques)和近似法(Approximating Methods)。这些方法对现实情况的把握程度、计算速度和难度以及获得的最优解各不相同。没有一个模型具有某一选址模型所追求的所有优点,也不可能由模型直接导出最终决策,管理人员也不能把选址问题完全委托给分析人员,因为选址问题还需要考虑自然环境、经济等各种动态因素。

(2)多物流配送中心选址估算方法

如果要配送的货物范围分布广,则一个配送中心无法满足需求,这时需要考虑设立两个或多个配送中心。实际上几乎所有的大公司的物流系统都有一个以上的配送中心,由于这些物流配送中心不能看成是经济上相互独立的,且可能的选址布局方案很多,所以问题比较复杂。选址问题是目前普遍问题,将配送中心选址问题作为一类普遍问题进行研究,可以归结为这样几个基本规划问题:

①物流网络中应该有多少个配送中心?这些配送中心应该有多大规模?位于什么地点?

②哪些客户指定由哪个配送中心负责供应。

③各配送中心都存放哪些产品？哪些货物可以直接从生产企业运到客户手中？

已经有很多学者设计了很多种方法解决上述部分或全部问题。这里给出一种最简单的方法——CFLP(Capacitated Facility Location Problem)。该方法适用于在单个配送中心仓库容量有限、用户的地址和需求量以及设置配送中心的数目均已确定的情况下，从配送中心的备选地点中选出总费用最小的由多个配送中心组成的配送系统。

该算法的基本步骤是：首先假定配送中心的备选地点已定，在保证总运费最小的前提下，求出各暂定配送中心的供应范围。然后在所求出的各供应范围内分别移动配送中心的地点，以使各供应范围的总费用下降。如果移动每个配送中心的地点都不能使总费用下降，则计算完毕。否则，按可使费用下降的新地点，再求各暂定配送中心的供应范围。重复以上计算，直至总费用不再下降为止。

其他的算法如多重心法（Multiple Center of Gravity Approach）、精确法（Exact Methods）、混合整数线性规划（Mixed-Integer Linear Programming）、启发法（Heuristic Methods）、模拟法（Simulation Methods）等都可以借助相关的软件来实现，其原理这里将不作详细阐述。

第三节　配送合理化

物流配送难度大，在实际操作中，会出现很多不合理的配送形式，如进货不合理、价格不合理、库存决策不合理、配送与直达的决策不合理、送货中运输不合理、经营观念不合理等。物流合理化是配送系统要解决的问题，也是衡量配送本身的重要指标。对于配送合理与否，不能简单判定，也很难有一个绝对的标准。由于还存在不合理配送方式，所以有必要探索物流配送工作的改善。

一、配送不合理的表现形式

1. 经营观念方面

在配送实施中，有许多是经营观念不合理，使配送优势无从发挥，且损坏了配送的形象。例如，配送企业利用配送手段向用户转嫁资金、库存困难，即当库存大时，强迫用户接受货物以缓解自己的库存压力；当资金紧张时，长期占用用户资金；在资源短缺时，将用户委托资源挪作他用或用于牟利等。结果是损害了配送的形象，使配送优势无从发挥。

2. 资源筹措方面

配送是利用扩大批量，通过规模效益来降低资源筹措成本，从而取得用户支持。但如果配送量计划不合理、资源筹措量过多或过少，在资源筹措时不考虑与资源供应者建立长期、稳定的供需关系，仅仅为少数用户服务等，就会使筹措成本不但不能降低，用户反而要多支付一笔配送企业的代筹代办费用。

3. 库存决策不合理

配送应该充分利用集中库存总量低于各用户分散库存总量的关系，大大节约社会财富，同时降低用户实际平均分摊库存负担。因此，配送企业必须依靠科学管理来实现一个低总量的库存，否则就会把配送仅仅当做库存的转移，不能科学决策，造成库存量过多或不足，就起不到配送应有的作用。配送企业库存决策不合理还表现在由于储存量不足，而不能保证随机需求，失去了应有的市场。

4. 价格方面

总的来讲，配送的价格应该低于用户自己单独购买、运输所形成的费用。这样，才会使双方都有利。有时候，由于配送有较高服务水平，价格稍高，用户也可以接受，但这不是普遍的原则。如果配送价格普遍高于用户自己进货价格，损伤了用户利益，就是一种不合理表现。价格过低，会使配送企业处于无利或亏损状态，这也是不合理的。

5. 送货方面

配送与用户自己提货相比，可以集中配货，一车送多家用户，可以大大节省运力和运费。如果还是一家一户地去送货，车辆达不到满载，路线不进行优化，就不能利用这种优势，造成更多的浪费。此外，不合理运输若干表现形式在配送中都可能出现，会使配送变得不合理。

6. 配送与直达的决策不合理

配送与直达相比，虽然增加了中间环节，但却可以降低库存成本，产生的效益要大于增加的费用。但是如果用户使用批量大，可以直接通过社会物流系统均衡批量进货，较之通过配送中转送货可能更节约费用，在这种情况下，采用配送是不科学、不合理的。

二、配送合理化的标志

对于配送合理与否的判断，是配送决策的重要内容。目前国内外尚无统一的技术经济指标体系和判断方法，按一般认识，配送合理化有以下几种标志。

1. 库存标志

库存标志是判断配送合理与否的重要标志，具体指标有以下两方面：

（1）库存总量

在配送系统中，库存从分散于各个客户转移给配送中心，配送中心库存数量加上各客户在实行配送后库存量之和应低于实行配送前各客户库存量之和。此外，从各个客户角度判断，各客户在实行配送前后的库存量比较，也是判断配送合理与否的标准。库存总量是一个动态的量，上述比较应当是在一定经营量的前提下。在客户生产有发展之后，库存总量的上升则反映了经营的发展，必须扣除这一因素，才能对总量是否下降做出正确判断。

（2）库存周转

由于配送企业的调剂作用，以低库存保持高的供应能力，库存周转一般总是快于原来各企业库存周转。此外，从各个客户角度进行判断，各客户在实行配送前后的库存周转比较，也是判断配送合理与否的标志。为取得共同比较基准,以上库存标志,都以库存储备资金计算,而不以实际物资数量计算。

2. 资金标志

实行配送应有利于资金占用降低及资金运用的科学化,具体判断标志如下:

(1)资金总量

用于资源筹措所占用的流动资金总量,随储备总量的下降以及供应方式的改变必然有一个较大的降低。

(2)资金周转

从资金运用来讲,由于整个节奏加快,资金充分发挥作用。同样数量的资金,过去需要较长时期才能满足一定供应要求,配送之后,在较短时期内就能实现目标。所以资金周转是否加快,是衡量配送合理与否的标志。

(3)资金投向的改变

资金分散投入还是集中投入,是资金调控能力的重要反映。实行配送后,资金必然应当从分散投入改为集中投入,以能增加调控作用。

3. 成本和效益

总效益、宏观效益、微观效益、资源筹措成本都是判断配送合理化的重要标志。对于不同的配送方式,可以有不同的判断侧重点。例如,配送企业、客户都是各自独立的以利润为中心的企业,则不但要看配送的总效益,而且还要看对社会的宏观效益及两个企业的微观效益,不顾及任何一方,都必然会出现不合理。又例如,如果配送是由客户集团自己组织的,配送主要强调保证能力和服务性,那么,效益主要从总效益、宏观效益及客户集团企业的微观效益来判断,而不必过多顾及配送企业的微观效益。由于总效益和宏观效益难以计量,在实际判断时,常以按国家政策进行经营,完成国家税收及配送企业及客户的微观效益来判断。

对于配送企业而言(投入确定的情况下),企业利润反映了配送合理化程度。对于客户企业而言,在保证供应水平或提高供应水平(产出一定)前提下,供应成本的降低,反映了配送的合理化程度。成本及效益对合理化的衡量,还可以具体到集资、配货、配装、送货等具体配送环节,使判断更加精细。

4. 供应保证标志

实行配送,各客户的最大担心是害怕供应保证程度降低,进而增加风险承担的程度。提高对用户的供应保证能力是配送的重点工作之一。只有提高对用户的供应保证能力,配送才算做到了合理。供应保证能力可以从以下几方面判断:

(1)缺货次数

实行配送后,对各客户来讲,该到货而未到货以至影响客户生产及经营的次数,必须有显著下降才算合理。

(2)配送企业集中库存量

对每一个客户来说,其数量所形成的保证供应能力高于配送前单个企业保证程度,从供应保证来看才算合理。

(3)即时配送的能力及速度

在客户出现特殊情况时,对客户的配送能力及反应速度能力必须高于未实行配送前客户紧急进货能力及速度才算合理。

需要强调的是,配送企业的供应保障能力,是一个科学、合理的概念,而不是无限的概念。具体来讲,如果供应保障能力过高,超过了实际需要,也属于不合理。所以,追求供应保障能力的合理化也是有限度的。

5. 社会运力节约标志

末端运输是目前运能、运力使用不合理,浪费较大的领域,因而人们寄希望于配送来解决这个问题,因此,这也成为配送合理化的重要标志。运力使用的合理化是依靠送货运力的规划和整个配送系统的合理流程及与社会运输系统合理衔接实现的。送货运力的规划是任何配送中心都需要花力气解决的问题,而其他问题有赖于配送及物流系统的合理化,判断起来比较复杂。可以简化判断如下:社会车辆总数减少,而承运量增加为合理;社会车辆空驶减少为合理;一家一户自提自运减少,社会化运输增加为合理。

6. 物流合理化标志

配送必须有利于物流合理化,可以从以下几方面来判断:是否降低了物流费用;是否加快了物流速度;是否减少了物流损失;是否发挥了各种物流方式的最优效果;是否有效衔接了干线运输和末端运输;是否不增加实际的物流中转次数;是否采用了先进的管理方法及技术手段。物流合理化的问题是配送要解决的大问题,也是衡量配送本身的重要标志。

三、配送合理化的主要方法

通过采用专业设备、设施及操作程序,取得较好的配送效果并降低配送过分综合化的复杂程度及难度,推行一定综合程度的专业化配送,从而追求配送合理化。

1. 推行加工配送

通过流通加工和配送的有机结合,充分利用本来应有的中转,而不增加新的中转以求得配送合理化。同时,加工借助于配送,加工目的更明确,与客户联系更紧密,更有效避免了盲目性。这两者有机结合,投入不增加太多却可追求两个优势、两个效益,是配送合理化的重要经验。

2. 推行一定综合程度的专业化配送

通过采用专业设备、设施及操作程序,取得较好的配送效果并降低配送过分综合化的复杂程度及难度,从而追求配送合理化。

3. 推行共同配送

通过联合多个企业共同配送,可以充分利用运输工具容量,提高运输效率。可以以最近的路程、最低的配送成本完成配送,从而追求合理化。

4. 实行双向配送

配送企业与客户建立稳定、密切的协作关系,配送企业不仅成为客户的供应代理人,而且承担客户储存据点,甚至成为产品代销人。在配送时,将客户所需的物资送到,再将该客户生产的产品用同一车运回,这种产品也成了配送中心的配送产品之一,或者作为代存、代储,免去了生产企业库存包袱。这种双向配送,使运力充分利用,也使配送企业功能有更大的发挥,从而追求合理化。

5. 推行即时配送

作为计划配送的应急手段,即时配送是最终解决用户企业担心断供之忧,大幅度提高供应保证能力的重要手段。即时配送是配送企业快速反应能力的具体化,是配送企业能力的体现。即时配送成本较高,但它是整个配送合理化的重要保证手段。此外,用户实行零库存,即时配送也是重要手段保证。

6. 推行准时配送系统

准时配送是配送合理化的重要内容。配送做到了准时,客户才有资源把握,可以放心地实施低库存或零库存,可以有效地安排接货的人力、物力,以追求最高效率的工作。保证供应能力,也取决于准时供应,从国外的经验看,准时供应配送系统是现在许多配送企业追求配送合理化的重要手段。

第四节 配送中心的基本运作和管理

一、配送中心的基本运作

配送中心对于实现城市和区域范围的配送,优化城市和区域范围的物流系统起到很大的作用,是物流系统中一种现代化的物流结点。尤其是城市物流领域,在连锁商业和连锁服务业领域,配送中心已经成为这个商业系统的有机组成部分。

由于配送中心的种类繁多,因此其内部的结构与运作方式也不相同。

1. 按运营主体的不同分类

按运营主体的不同分类,配送中心的运作大致分为四种类型:

(1)以制造商为主体的配送中心

这种配送中心里的商品全部是由自己企业生产制造,用以降低流通费用、提高售后服务质量和及时地将预先配齐的成组元器件运送到规定的加工和装配工位,不具备社会化的要求。

(2) 以批发商为主体的配送中心

批发是商品从制造者到消费者手中之间的传统流通环节之一,一般是按商品类别或部门的不同,把每个制造厂的商品集中起来,然后以单一品种或搭配的形式向消费地的零售商进行配送。这种配送中心的商品来自各个制造商,它所进行的一项重要的活动是对商品进行汇总和再销售,而它的全部进货和出货都是社会配送的,社会化程度高。

(3) 以零售业为主体的配送中心

当零售商发展到一定规模后,就可以考虑建立自己的配送中心,为专业商品零售店、百货商店、超级市场、粮油食品商店、建材商场、宾馆饭店等服务,其社会化程度介于前两者之间。

(4) 以仓储运输业者为主体的配送中心

这种配送中心最强的是运输配送能力,地理位置优越。如港湾、铁路或公路枢纽等,可迅速将到达的货物配送给用户。它提供仓储储位给制造商或供应商,而配送中心的货物仍属于制造商或供应商所有,配送中心只是提供仓储管理和运输配送服务。这种配送中心的现代化程度一般比较高。

2. 按采用模式的不同分类

按采用模式的不同分类,配送中心的运作可以分为以下三种主要模式。

(1) 集货型配送模式

此类模式主要针对上家的采购物流过程进行创新而形成。其上家生产具有相互关联性,下家互相独立,上家对配送中心的储存度明显大于下家,上家相对集中,而下家分散具有相同的需求。同时,这类配送中心也强调其加工功能。这种配送模式较适合于成品或半成品物资的推销,如汽车配送中心等。

(2) 散货型配送模式

此类模式主要是对下家的供货物流进行优化而形成。上家对配送中心的依存度小于下家,而且配送中心的下家相对集中或有利益共享（如连锁业）。采用此类配送模式的流通企业,其上家竞争激烈,下家需求以多品种、小批量为主要特征,适于原材料或半成品物资配送,如机电产品配送中心。

(3) 混合型配送模式

此类模式综合了上述两种配送模式的优点,并对商品的流通全过程进行有效控制,有效地克服了传统物流的弊端。采用这种配送模式的流通企业往往规模较大,具备相当的设备投资,如区域性物流配送中心。此类运作模式较符合新型物流配送的要求,特别是电子商务下的物流配送。在实际流通中,通常采取多样化经营,降低经营风险。

二、配送中心的作业管理

配送中心的作业管理主要有进货作业管理、在库保管作业管理、加工作业管理、理货作业管理和配货作业管理等。

1. 进货作业管理

进货作业是实现商品配送的前置工作。商业配送中心的收货工作涉及商品所有权的转移，商品一旦收下，配送中心将承担商品完好的全部责任。因此，进货作业的质量至关重要。配送中心的进货基本环节主要包括收货、检验和入库三个流程。

（1）收货、入库作业

收货是指连锁店总部的进货指令向供货厂商发出后，配送中心对运送的货物进行接收。收货检验工作需要慎之又慎。一般来说，配送中心收货员应做好如下准备：及时掌握连锁总部（或客户）计划中或在途中的进货量、可用的库房空储仓位、装卸人力等情况，并及时与有关部门、人员进行沟通，做好以下接货计划：

①使所有货物直线移动，避免出现反方向移动。
②使所有货物移动距离尽可能短，动作尽可能减少。
③使机器操作最大化、手工操作最小化。
④将某些特定的重复动作标准化。
⑤应准备必要的辅助设备。

（2）检验活动

检验活动包括核对采购订单与供货商发货单是否相符、开包检查商品有无损坏、商品分类、所购商品的品质与数量比较等。货物数量检查主要有以下四种方式：

①盲查，即直接列出所收到的商品种类与数量，待发货单到达后再做检查。
②半盲查，即事先收到有关列明商品种类的单据，待货物到达时再列出商品数量。
③直接检查，将运输单据与供货商发货单对比。
④联合检查，即直接检查与盲查综合起来使用，如果发货单及时到达就采用直接检查法，未到达就采用盲查法。经检查准确无误后方可在厂商发货单上签字将商品入库，并及时登录有关入库信息，并转至采购部，经采购部确认后开具收货单，从而使已入库的商品及时进入可配送状态。

2. 在库保管作业管理

商品在库保管的主要目的是加强商品养护，确保商品质量安全。同时还要加强储位合理化工作和储存商品的数量管理工作。商品储位可以根据商品属性、周转率、理货单位等因素来确定。储存商品的数量管理则需要依靠健全的商品账务制度和盘点制度。商品储位是否合理、商品数量管理是否精确都会直接影响商品配送作业效率。

3. 加工作业管理

加工作业管理主要是指对即将配送的产品或半成品按销售要求进行再加工，这主要包括：

①分装加工，如将散装或大包装的产品按零售要求进行重新包装。
②分割加工，如对大尺寸产品按不同用途进行切割。
③分选加工，如对农副产品按质量、规格进行分选，并分别包装。

④贴标加工,如粘贴价格标签,打制条形码。

⑤促销包装,如促销赠品搭配。加工作业完成后,商品即进入可配送状态。

4. 理货作业管理

理货作业管理即配送中心接到配送指示后,及时组织理货作业人员,按照出货优先顺序、储位区域别、配送车辆次别、门店号、先进先出等方法和原则,把配货商品整理出来,并经复核人员确认无误后,放置到暂存区,准备装货上车。理货作业是配货作业最主要的前置工作,其主要有两种方式:一是"播种方式",二是"摘果方式"。

(1)播种方式

播种方式就是把所要配送的同一品种货物集中搬运到理货场所,然后按每一货位(按门店区分)所需的数量分别放置,直到配货完毕。通常在保管的货物较易移动、门店数量多且需要量较大时,采用此种方法。

(2)摘果方式

摘果方式就是搬运车辆巡回于保管场所,按理货要求取出货物,然后将配好的货物放置到配货场所指定的位置,或直接发货。此方式又称挑选方式,通常在保管的商品不易移动、门店数量较少且要货比较分散的情况下,采用此种方法。在实际工作中,可根据具体情况来确定采用哪一种方法,有时两种方法也可同时运用。

5. 配货作业管理

(1)配送计划

配送计划是根据配送的要求,事先做好全局筹划并对有关职能部门的任务进行安排和布置。全局筹划主要包括:制订配送中心计划;规划配送区域;规定配送服务水平等。在制订具体的配送计划时通常考虑以下几个要素:连锁企业各门店的远近及订货要求,如品种、规格、数量及送货时间、地点等;配送的性质和特点以及由此决定的运输方式、车辆种类;现有库存的保证能力;现时的交通条件等。从而决定配送时间,选定配送车辆,规定装车货物的比例和最佳配送路线、配送频率。

(2)计划的实施

配送计划制订后,需要进一步组织落实,完成配送任务。首先应做好准备工作。配送计划确定后,将到货时间、到货品种、规格、数量以及车辆型号通知各门店做好接车准备;同时向各职能部门,如仓储、分货包装、运输及财务等部门下达配送任务,各部门做好配送准备。其次组织配送发运。理货部门按要求将各门店所需的各种货物进行分货及配货,然后进行适当的包装并详细标明门店地址、名称、送达时间以及货物明细等。按计划将各门店货物组合、装车,运输部门按指定的路线运送至各门店,完成配送工作。

本章小结

1.配送是指根据用户要求,在物流据点对商品进行分类、配货作业,并按时将商品送交收货人的物流活动。配送的种类多种多样,每种种类都有其固有的特点,适用于不同的情况。

2. 配送包括自营配送、共同配送、供应商配送、互用配送、第三方配送等模式。对于配送合理化与否的判断,是配送决策系统的重要内容。

3. 配送是实现高效物流的重要手段。合理的配送不但可以节约成本,而且可以促进流通的发展。配送包括进货、储存、分拣理货、配货、配装、送货等流程。

4. 配送中心是从事货物配备和组织对用户的送货,以高水平实现销售或供应的现代物流设施。配送中心具有采货、集货、储存、分拣、加工包装、配货、分放、送货、商品展示和贸易、信息处理等功能。

5. 配送中心的系统规划包括多方面的内容,是一个系统工程,其应该从物流系统规划、信息系统规划、运营系统规划等方面入手。

【案例分析】

联华生鲜食品加工配送中心

联华生鲜食品加工配送中心是我国国内目前设备最先进、规模最大的生鲜食品加工配送中心,总投资6 000万元,建筑面积35 000平方米,年生产能力20 000吨,其中肉制品15 000吨,生鲜蔬菜、调理半成品3 000吨,西式熟食制品2 000吨,产品结构分为15大类约1 200种生鲜食品;在生产加工的同时配送中心还从事水果、冷冻品以及南北货的配送任务。

门店的要货订单通过联华数据通信平台,实时地传输到生鲜配送中心,在订单上确定各商品的数量和相应的到货日期。生鲜配送中心接收到门店的要货数据后,立即生成到系统中生成门店要货订单,按不同的商品物流类型进行不同的处理。对于储存型的商品,系统计算当前的有效库存,比对门店的要货需求以及日均配货量和相应的供应商送货周期自动生成各储存型商品的建议补货订单,采购人员根据此订单再根据实际的情况做一些修改即可形成正式的供应商订单;对于中转型商品,此种商品没有库存,直进直出,系统根据门店的需求汇总按到货日期直接生成供应商的订单;对于直送型商品,根据到货日期,分配各门店直送经营的供应商,直接生成供应商直送订单,并通过EDI系统直接发送到供应商;对于加工型商品,系统按日期汇总门店要货,根据各产成品/半成品的BOM表计算物料耗用,比对当前有效的库存,系统生成加工原料的建议订单,生产计划员根据实际需求做调整,发送采购部生成供应商原料订单。

商品进货时先要接受订单的品种和数量的预检,预检通过方可验货,验货时需进行不同要求的品质检验,终端系统检验商品条码和记录数量。在商品进货数量上,定量的商品的进货数量不允许大于订单的数量,不定量的商品提供一个超值范围。对于需要重量计量的进货,系统和电子秤系统连接,自动去皮取值。

拣货采用播种方式,根据汇总取货,汇总单标识从各个仓位取货的数量,取货数量为本批配货的总量,取货完成后系统预扣库存,被取商品从仓库仓位拉到待发区。在待发区配货分配人员根据各路线各门店配货数量对各门店进行播种配货,并检查总量是否正确,如不正确向上校核,如果商品的数量不足或其他原因造成门店的实配量小于应配量,配货人员通过手持终端调整实发数量,配货检验无误后使用手持终端确认配货数据。在配货时,冷藏和常温商品被分置在不同的待发区。

商品分拣完成后,都堆放在待发库区,按正常的配送计划,这些商品在晚上送到各门店,门店第二天早上将新鲜的商品上架。在装车时按计划依路线门店顺序进行,同时抽样检查准确性。在货物装车的同时,系统能够自动算出包装物(笼车、周转箱)的各门店使用清单,装货人员也据此来核对差异。在发车之前,系统根据各车的配载情况出具各运输车辆的随车商品清单,各门店的交接签收单和发货单。

[资料来源:http://www.3edu.net/lw/scm/lw_47275.html]

问题:
(1)结合案例,联华配送中心作业的特点是什么?
(2)总结联华配送中心业务处理的基本流程。

复习思考题

一、简答题

1. 何谓配送,配送与送货有何不同?
2. 物流配送中心功能有哪些? 物流配送中心类型有哪些?
3. 不合理配送的表现有哪些方面? 如何实现配送的合理化?
4. 物流配送中心选址有哪些方法?
5. 简述配送中心的基本作业流程。

二、论述题

分析我国配送中心的设施设备存在的问题。

三、课堂讨论题

在物流配送中心的规划和设计中应注意哪些问题?

参考文献

[1] 杨永杰.物流管理概论[M].北京:化学工业出版社,2008.
[2] 钱廷仙.现代物流管理[M].南京:东南大学出版社,2003.
[3] 李慧兰.企业物流管理[M].上海:立信会计出版社,2008.
[4] 范庆玉.现代物流管理概论[M].上海:立信会计出版社,2009.
[5] 孙明贵.物流管理学[M].北京:北京大学出版社,2003.
[6] 邹辉霞.供应链物流管理[M].北京:清华大学出版社,2007.
[7] 杨茅甄.现代物流理论与实务[M].上海:上海人民出版社,2003.
[8] 齐二石.物流工程[M].天津:天津大学出版社,2001.

[9] 丁俊发.中国物流[M].北京:中国物资出版社,2002.
[10] 崔介何.物流学概论[M].北京:清华大学出版社,2000.
[11] 刘志学,等.现代物流手册[M].北京:中国物资出版社,2001.
[12] 叶怀珍.现代物流学[M].北京:高等教育出版社,2003.
[13] 陈子侠.现代物流学理论与实践[M].杭州:浙江大学出版社,2003.
[14] 徐勇谋.现代物流管理基础[M].北京:化学工业出版社,2003.

第十一章
Chapter 11

逆向物流

【本章导读】

在整个供应链系统中,完整的物流系统应包括正向物流和逆向物流两部分。但是长期以来,企业管理者只重视从生产企业向消费者流动的正向物流,而忽视了沿着供应链相反方向流动的逆向物流。随着可利用自然资源的日趋减少以及人们环保意识的增强,同时为了符合政府各项环境法规的要求和各企业自身持续发展的需要,产品和材料的回收和再利用越来越受到人们的重视。国外许多知名企业已把逆向物流战略作为强化其竞争优势,维系顾客满意度和忠诚度,提高其供应链整体绩效水平的一项重要手段。

【关键概念】

逆向物流(Reverse Logistics)

回收物流(Returned Logistics)

废弃物物流(Waste Material Logistics)

循环经济(Circular Economy)

【学习目标】

通过本章的学习,理解逆向物流、回收物流和废弃物物流的含义及三者之间的关系,明确逆向物流的内涵与特点,认识逆向物流发展的必然性,理解逆向物流的价值,熟悉逆向物流运作的内容与类型,掌握逆向物流的运作模式及模式选择应考虑的因素,理解逆向物流合理化措施。

【案例导入】

美国废旧手机的"再循环"

随着手机、电脑和私人数码相机等家用电子产品日益普及,其更新换代速度大为加快,作为全球信息技术领头羊的美国,其废弃消费性电子产品的数量也日渐庞大。

为了提高手机回收率，2008年1月，美国联邦环保署与手机制造商、服务商和零售商携手发起了废旧手机"再循环"宣传活动。通过张贴公益广告、发行博客等手段，请行业专家解疑答难，探讨手机"再使用"和"再循环"的各种方法，提高公众的废旧手机"再循环"和捐赠意识。这项活动受到了美国电话电报公司、百思买、LG电子公司、三星电子公司、斯普林特电讯公司、欧迪办公用品公司、诺基亚、摩托罗拉、索尼爱立信以及斯泰普斯等行业巨头的积极响应。

按照手机回收计划，质量较好的废旧手机经清洁或翻新后多送往慈善机构以供"再使用"或折价售给低收入阶层。难以修复的废旧手机则送去"再循环"处理。

美国联邦环保署将手机作为"再循环"的重中之重，原因有多方考虑。

首先，"再循环"利用价值可观。几乎所有手机部件，甚至包装材料都可供"再循环"，制造新产品。手机含有金、银、白金、钯金、金老铜、锡、锌等不同金属，提炼出来可用于珠宝、电镀、电子、铅管、汽车和艺术铸造等多种行业，生产汽车催化转化器、管道旋塞以及金银珠宝等。手机塑料也可"再循环"，制成庭院家具、车牌框架、非食品容器和汽车备用零配件等，甚至可用做替代燃料。手机包装材料可"再循环"生产纤维板，充电电池可"再循环"生产其他充电电池产品。

其次，废旧手机"再循环"还有利于保护环境。生产手机需使用贵金属等珍贵资源，开采和加工这些资源本身就需耗费大量能源。美国现在约有1亿至1.3亿闲置旧手机。据测算，1亿部废旧手机含有1 600吨的铜，35吨的银，3.4吨的黄金，1.5吨的钯金。"再循环"1亿部手机节约的能源相当于19.4万户美国家庭一年的用电量。因此，通过废旧手机"再循环"提炼金属，既可减少开采和加工新材料，同时又保护了自然资源，避免了水污染和温室气体排放。

［资料来源：中国电子废料网 http://www.dzfl.net/. 2009年8月12日］

第一节 逆向物流概述

随着人们对人类社会可持续性发展的关注和绿色环保运动的兴起，社会的各个层面都展开对人类行为的反思。环保理念逐步深入人心，同样也影射在物流领域中。在产业界，随着资源环境观和经济观的演变，一些知名企业已经注意到逆向物流所蕴含的商机并将其作为强化竞争优势，增加顾客价值，提高供应链整体绩效的重要手段。他们清楚地知道，有效的逆向物流系统和流程能节约成本、增加利润，并提高客户服务质量。惠普（HP）、通用汽车（GE）、IBM、3M等纷纷启动逆向物流发展战略，近年来，逆向物流业务呈现出快速增长的态势。

一、逆向物流概述

1. 逆向物流、回收物流与废弃物物流

（1）逆向物流

1998年，美国学者詹姆斯·斯多克（James·Stock,1998）发表了《逆向物流方案的制订、执行与应用》。之后,不断有各国学者在这一领域展开深入地研究。

目前,对逆向物流比较权威的定义有如下几种:

美国逆向物流执行委员会(The Reverse Logistics Executive Council)主任 Rogers 博士和 Tibben-Lembke 博士,1999 年出版了第一本逆向物流著作(*Going Backwards:Reverse Logistics Trends and Practices*)。他们对逆向物流下的定义是:为重新获取产品的价值或使其得到正确处置,产品从其消费地到来源地的移动过程(Rogers,Tibben-Lembke,1999)。他们认为,逆向物流的配送系统是由人、过程、计算机软件和硬件以及承运商组成的集合。它们相互作用,共同实现物品从终结地到来源地的流动。

欧洲逆向物流管理协会 ReVLog 认为,逆向物流是概括性的词。从广义上说,逆向物流代表了与产品和材料重新使用相关的所有活动。对于这些活动的管理可以称为产品回收管理(PRM),PRM 着眼于在产品或材料消耗之后仍进行适当管理。这些活动从某种程度上来说,与企业内部由于产品加工而导致的次品回收有几分相似。逆向物流指为了保证可持续的(环保的)产品回收,而产生的所有物流活动,包括对已用品、部件和原材料进行收集、拆卸、加工。

美国物流管理协会(The Commcil of Logistics Management,CLM)在其发布的《供应链全景:物流词条术语》(2003 年 9 月升级版)中对逆向物流的表述为:由于修理和信誉问题,对售出并发送到客户手中的产品和资源的回流运动实施专业化的物流管理。

结合上述学者的观点,从我国实施逆向物流的目的出发,我们认为,逆向物流是指为了重新获得产品的使用价值或正确处置废弃产品,将原材料、半成品、制成品,包装物等从产品消费地(包括最终用户和供应链上客户)返回产品起始地(生产地或供应地)的过程。

逆向物流是闭环供应链的一个不可或缺的组成部分,它是与正向物流紧密联系的物流网络,从操作环节上看,包括资源减量化(Resource Reduction)、再制造、再利用、再循环等环节,从物流活动上看,它主要包含退货逆向物流和回收物流两部分,包括以下环节:回收、检验与处理决策、分拆、再加工处理。逆向物流循环模式如图 11.1 所示。

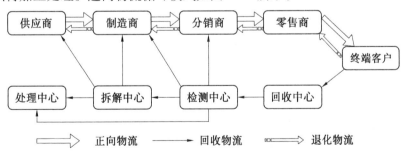

图 11.1 逆向物流循环模式

逆向物流可以通过对产品的重用、翻新、改制和废料的再生循环等活动形式,实现对资源的最有效利用和对生态系统的最少量输入,从而节约自然资源,降低生产成本和污染治理成本,进而提高客户满意度,获得竞争上的优势。

(2)回收物流

回收物流(Returned Logistics)是指不合格物品的返修、退货及周转使用的包装容器从需方返回到供方所形成的物品实体流动。即企业在生产、供应、销售的活动中总会产生各种边角余料和废料,这些东西的回收是需要伴随物流活动的。如果回收物品处理不当,往往会影响整个生产环境,甚至影响产品的质量,占用很大空间,造成浪费。

根据回收产品是否可以不经过再加工就直接再利用来区分,回收物流还可以分为退货逆向物流和回收逆向物流两部分。退货逆向物流是指下游顾客将不符合订单要求的产品退回上游供应商。而回收逆向物流是专指将最终顾客所持有的废旧物品回收到供应链各节点企业,主要包括回收分拣、储存、拆分处理及处理后可再次使用的材料或没有使用价值要填埋的废弃物等环节,处理后再次使用的材料又可回到原供应商,它也被称为"环保物流"。

(3)废弃物物流

废弃物物流(Waste Material Logistics)是指将经济活动中失去原有使用价值的物品,根据实际需要进行收集、分类、加工、包装、搬运、存储并分送到专门处理场所时所形成的物品实体流动。

综上所述,逆向物流有广义和狭义之分。狭义的逆向物流(Reverse Logistics)是指对那些由于环境问题或产品已过时的原因对产品、零部件或物料回收的过程。它是将废弃物中有再利用价值的部分加以分拣、加工、分解,使其成为有用的资源重新进入生产和消费领域。广义的逆向物流除了包含狭义的逆向物流的定义之外,还包括废弃物物流的内容,其最终目标是减少资源使用,并通过减少使用资源达到废弃物减少的目标,同时使正向以及回收的物流更有效率。

2. 逆向物流与循环经济

(1)循环经济的概念

循环经济的思想萌芽诞生于20世纪60年代的美国。"循环经济"这一术语在中国出现于20世纪90年代中期,国家发改委对循环经济的定义为:循环经济是一种以资源的高效利用和循环利用为核心,以"减量化、再利用、资源化"为原则,以低消耗、低排放、高效率为基本特征,符合可持续发展理念的经济增长模式,是对"大量生产、大量消费、大量废弃"的传统增长模式的根本变革。

(2)逆向物流与循环经济的关系

从循环经济和逆向物流的含义来看,循环经济考虑的范围相对比较大,它要求各行各业中都要注重资源的节约以及环境的保护,包括农业、工业以及第三产业。在三大产业中,利用资源的再循环来保护环境和节约资源。而逆向物流的范围则相对较小,它仅仅考虑的是在物流业发展和开展物流活动的过程中,注意资源的再利用、再生产、节约资源和保护环境。但是,从二者的本质来看,逆向物流和循环经济所反映的实质是相同的,可以把逆向物流看做是循环经济理论在物流领域的具体体现和应用。在物流业,要大力推行循环经济,就必须注重逆向物流的发展,循环经济需要逆向物流。只有构建起顺畅的逆向物流,才能形成封闭的循环流程,物质才能高效、低成本循环,否则循环链将断裂,循环经济将不能实现。因此逆向物流既是实现循环经济的必要手段,又在一定程度上推动着循环经济的进一步发展。

二、逆向物流的内涵与特点

1. 逆向物流的内涵

①从流动的对象看,逆向物流是指产品、产品运输容器、包装材料及相关信息从它们的最终目的地沿供应链渠道的"反向"流动过程。

②从流动的目的看,逆向物流是为了重新获得废弃产品或有缺陷产品的使用价值,或者对最终废弃物进行正确处置。

③从物流活动构成看,为实现逆向物流的目的,逆向物流应该包括对产品或包装物的回收、重用、翻新、改制、再生循环和垃圾填埋等形式。

④从物流的地位看,逆向物流不仅仅是一种环境保护策略,而且是一种节约资源、降低污染,能为企业产生明显经济效益的企业战略。

2. 逆向物流的特点

逆向物流作为企业价值链中特殊的一环,与正向物流相比,既有共同点,也有各自不同的特点。二者的共同点在于都具有包装、装卸、运输、储存、加工等物流功能。但是,逆向物流与正向物流相比又具有其鲜明的特殊性。

(1)逆向物流的分散性和不确定性

在整个物流活动中,由于一些退回的物品有各种不同的原因,逆向物流产生的地点、时间和数量是难以预见的,因此废旧物流可能产生于生产领域、流通领域或生活消费领域,涉及任何领域、任何部门、任何个人,在社会的每个角落日夜不停地发生。

(2)逆向物流的混杂性与复杂性

通常物品在进入逆向物流系统时不同种类、不同状况的回流物品通常混杂在一起;由于回流物品的产生地点、时间分散、无序,因此不可能集中一次转移,而且对于不同的回流物品需要采用不同的处理方法,从而导致管理的复杂性。

(3)逆向物流的价值递减性与递增性

由于逆向物流过程中一些回流产品会产生一系列的运输、仓储及处理等费用,因而会使其本身的价值递减。而另外一些回流物品,对消费者而言没有什么价值,但是通过逆向物流系统处理后,又会变成二手产品、零件或者生产的原材料,获得了再生的价值,因此逆向物流又具有价值的递增性。

(4)逆向物流的处理费用高

一方面,由于回流物品通常缺乏规范的包装,又具有不确定性,难以形成运输和储存的规模效益;另一方面,许多物品需要人工的检测、分类、判断、处理,效率比较低,因此,大大增加了人工处理的费用。

(5)逆向物流的缓慢性

通常情况下,如果回流物品的数量少,种类多,那么只有在不断汇集的情况下才能形成较大的流动规模。废旧物资的产生也往往不能立即满足人们的某些需要,它需要经过收集、分类、整理、运输、加工、改造等环节,甚至只能作为原料回收使用,这是一个较复杂的过程,所需要的时间比较长,这一切都决定了废旧物资缓慢性这一特点。

三、逆向物流的动因

1. 废旧产品回收市场发展的必然要求

随着我国人民生活水平的提高以及消费观念的转变,废旧物品量逐年增加。而与之相适应的回收物流体系却发展滞后,因此,大力发展和提高以回收处理废弃物为核心内容的逆向物流系统是必然趋势,是当务之急。

以家电业为例,2004年以来,我国迎来了家电报废的高峰期,每年都有计1 500万台左右的家电报废。目前全国电冰箱保有量达1.2亿台、洗衣机1.7亿台、电视机4亿台、电脑1 600万台。其中大部分已进入或即将进入报废期。近期,城市中70%~80%家庭的彩电、冰箱、洗衣机需要更新换代。面对这一组庞大的数字,发展逆向物流已刻不容缓。

2. 政府立法管制的必然要求

政府立法管制是指政府通过制定法律,强制企业承担其产品的社会责任,以促使企业以"循环使用"理念取代"一次使用"的观念。

仅在2005年,欧盟就出台了两个环保法案——《关于报废电子电器设备指令》(WEEE)和《关于在电子电器设备中禁止使用某些有害物质指令》(ROHS指令),前者被称为"全球最严厉的环保令"。可见,企业实施逆向物流是政府立法管制的必然要求。如不能实施绿色战略,我国相当大的出口企业将被欧盟拒之门外。实施逆向物流是企业提高国际竞争力的必由之路。

3. 消费者资源节约与环保意识增强的必然要求

随着社会的进步和人们素质的提高,消费者更偏向于购买有完善逆向物流系统的企业的产品。这种情况可以从经济学角度来解释。从需求方来看,一方面消费者资源意识增强,支持逆向物流,从而偏好购买实施逆向物流的企业的产品;另一方面,由于政府管制,对未实施逆向物流的企业进行罚款,使其产品价格上升,从而实施逆向物流的企业的产品更具有竞争力。从供给方来看,政府逐渐意识到环境治理的重要性,对实施逆向物流的企业给予补贴等支持,同时企业也由于消费者的支持,均衡产量上升。企业产品供需量的变化导致消费者剩余也有所增加,从而消费者也更偏向于选择该企业的产品。

4. 逆向物流是企业实施内涵式发展的要求

马克思主义政治经济学将扩大再生产分为"外延式扩大再生产"和"内涵式扩大再生产",外延式发展模式一般在经济发展初级阶段采用;内涵式发展主要依靠提高自身素质而降低成本、提高质量、提高效益,属质量效益型发展模式。逆向物流正是企业走内涵式发展的重要保障。逆向物流是闭环供应链的一个不可或缺的组成部分,它是与正向物流紧密联系的物流网络,为企业充分利用资源、降低生产成本、适应环保要求、加快发展速度提供了回流保障,与正向物流共同构建了物流的环形结构。加强对逆向物流的研究和实践,是实现企业经济利益、社会利益和环境利益的统一的必然要求,也是企业在未来激烈的市场竞争中拥有一席之地的必由之路。

5. 来自供应链下游企业的压力

随着商品供应的数量品种增加,产品可替代性逐渐增强,其生命周期也随之缩短,买方市场终于形成。生产上越来越依赖经销商、零售商将货物尽可能多地在产品生命周期内销售出去,处于物流下游环节的经销商、零售商们的影响力越来越大。只要掌握了足够的市场就可以迫使生产企业接受他们日渐苛刻的条件。例如,沃尔玛在美国就要求高露洁公司为他采用供应商管理库存(VMI)。对于无法售出或产品更新等各方面原因造成的库存,经销商倾向于向生产企业退货。把库存的风险和成本转嫁给生产商。由于生产商设计、生产、运输各环节造成的产品质量问题,都需要由生产商负责,就使得生产商的责任逐步扩展到了产品生命周期的整个阶段。

四、逆向物流的价值

逆向物流的实施对人类经济的可持续发展具有重大意义,表现在资源价值上最为突出。自然界的资源不是无限的,在资源日渐枯竭的今天,人类社会越来越重视通过逆向物流将可以利用的废气物收集加工,重新补充到生产、消费的系统中去。据统计,世界钢产量的45%,铜产量的22%,锌产量的30%,纸张的33%,都是通过逆向物流取得的。城市垃圾中的一些成分也可以加工成肥料或燃料,甚至有些废物、废材经过适当加工,可以直接成为商品进入消费领域。

逆向物流除具有重要社会意义外,还能极大促进企业的长远发展。逆向物流战略受到越来越多企业的重视,很多企业因此而受益。逆向物流的战略价值主要表现以下几个方面:

1. 降低企业成本,提高企业长期盈利水平

随着不可再生资源消耗数量的增加,资源枯竭的威胁加剧,企业获取资源的压力越来越大。因此,减少物料耗费,提高物料利用率成为企业成本管理的重点,它是企业增效的重要手段。然而,传统管理模式的物料管理仅仅局限于企业内部物料,不重视企业外部废旧产品及其物料的有效利用,造成大量可再用性资源的闲置和浪费。由于废旧产品的回购价格低、来源充足,对这些产品回购加工可以大幅度降低企业的物料成本。

逆向物流可以成为利润中心。世界大型汽车制造商沃尔沃预测到瑞典政府将会立法,规定汽车生产商对汽车零部件的法律责任。公司一次引入了先进的汽车拆卸和处理设备,并通过对汽车零部件回收和处理获得了巨大的收益:金属、塑料可以当做废品出售,而一些部件可以重新进入装配线,组装成汽车后在二级市场上出售,这些都成为沃尔沃重要的利润来源。

2. 改进产品或服务,提高顾客的忠诚度

通过设计良好的逆向物流系统,顺畅地进行产品回收和再处理,企业还可以收集宝贵的客户反馈信息。企业开展逆向物流活动,其实也是一种处理客户投诉的方式,可以及时消除客户不满、恢复信誉、确立企业的品质。

逆向物流运作的好坏直接影响到企业的社会信誉、在公众中的形象和知名度、产品的质量评价、客户服务水平、企业的经营成本和效益。

3. 树立良好的负责任的企业形象

不可再生资源的减少以及环境污染的严重,使得人们对产品的设计、生产、运输以及回收过程中出现的污染或浪费越来越关切。因此,企业在创造利润的同时,还要承担对员工、消费者、社区和环境的社会责任。而实施逆向物流战略,保持和改善环境质量,就成为企业重视环保的价值观和伦理观的体现。

许多国外的知名企业,如 GE、IBM、施乐、佳能、强生、3M 等公司都通过实施一系列管理措施,引进信息技术和信息化系统,在逆向物流管理领域降低由退货造成的资源损失率。这些企业对逆向物流的高度重视和有效管理,不仅为它们带来了直接的成本减少、客户满意度提高等积极效果,而且在环保和公益等多方面也获得了间接的经济效益和社会效益,提升了企业在公众中的形象,获得了社会的广泛赞誉。

4. 提升企业竞争力的重要手段

面对着日渐强大的消费者群体,在以服务营销为主导思想的全球化企业的经营战略中,许多公司将逆向物流看成是提升竞争力的重要法宝。

在当今顾客驱动的经济环境下,顾客价值是决定企业生存和发展的关键因素。众多企业通过逆向物流提高顾客对产品或服务的满意度,赢得顾客的信任,从而增加其竞争优势。对于最终顾客来说,逆向物流能够确保不符合订单要求的产品及时退货,有利于消除顾客的后顾之忧,增加其对企业的信任感,扩大企业的市场份额。对于供应链上的企业客户来说,上游企业采取宽松的退货策略,能够减少下游客户的经营风险,改善供需关系,促进企业间战略合作,强化整个供应链的竞争优势。特别对于过时性风险比较大的产品,退货策略所带来的竞争优势更加明显。

五、逆向物流的现状与前景

在公众的环保意识日益增强,环保法规约束力被不断加大的背景下,实施逆向物流计划,

能使生产者承担产品废弃后的回收利用责任,并能促使生产者更加关注其产品设计和使用阶段的环境友好性。20世纪末,逆向物流引起了美国物流专家的重视。

根据美国逆向物流专家(Rogers和TibbennLembke,1999)的一项调查研究显示,美国全部物流成本占美国经济总量的10.7%,逆向物流成本约占总物流成本的4%,1997年约为350亿美元;美国1/3以上的企业关心自己产品的最后处置问题,特别在汽车零部件制造业、电子产品制造业、出版业和目录销售等行业。

据美国汽车零部件再制造协会的估计,全世界每年通过再制造而节约的原材料可以装满155 000节车皮,可以排列成1 100英里(1英里≈1.609公里)长的火车。美国宇航局重新利用改制与翻新的零部件,使飞机制造费节省了40%~60%。在美国的地毯行业,很多大公司积极开展地毯回收计划,就是为了用低成本的回收尼龙代替昂贵的原材料,因为地毯中的1/3~1/2是纤维,而纤维中有60%是尼龙。美国零售商退货业务呈12%的年增长率。

世界上众多知名企业开始注重并主动培养自己的逆向物流处理能力,通过实施一系列管理措施、引进信息技术和信息化系统,在逆向物流管理领域降低由退货造成的资源损失率。例如,在施乐公司,退货被分成备件、零部件、替换物和具有竞争性的折价物4个部分进行管理,将"从退货到再销售可用性"(Return to Available)的时段定义为用来衡量这种资产从退货到重新可用状态所需的周期时间,并致力于缩短这一时间;佳能公司投入大量财力物力对使用过的设备进行再生产,并通过减少原料、回收、替代、再利用及处置/清理等方法对保修期内的产品进行更换退回,柯达公司从10年来一直在回收其一次性相机产品。

许多国际知名的IT企业也已将逆向物流战略作为强化其竞争优势的主要手段。例如,SunMicrosystems拥有国际零部件翻修中心,来自亚洲或拉丁美洲的零件经过翻新,可以达到最新设计的要求;Hewlett-Packard也经常采用翻新或改制的零件,以不同的方式再销售其产品;Thomson家用电器公司委托第三方物流企业,将可回收的零部件运往墨西哥进行翻新。

而我国可回收利用而没有利用的再生资源价值就高达300多亿元,每年大约有500万吨废钢铁,20多万吨废有色金属,1 400万吨废纸及大量的废塑料、废玻璃、废电池没有有效、无害地回收利用。逆向物流业具有相当的规模,而且伴随着循环型社会的建立,逆向物流服务需求将会大大增加,逆向物流业会拥有更大的发展空间。

目前我国企业也在积极探索和实践逆向物流,比如神龙汽车公司对废旧物质资源的综合利用,联想公司与美集物流公司合作延伸到"逆向物流"领域。此外还有医药、食品、电器等行业对退货的处理和主动召回,都标示着逆向物流的重要性。

随着废弃物处置费用的增加以及环境法规约束力度的加大,逆向物流将在企业战略规划中发挥日益重要的作用。逆向物流有着无限的发展空间和广阔的市场前景。

第二节 逆向物流的运作模式

一、逆向物流运作的内容

发展循环经济是贯彻落实科学发展观,实现经济增长方式根本性转变的一项重大战略任务。我国为推行循环经济,确定了七大重点行业:钢铁行业、有色金属行业、煤炭行业、电力行业、化工行业、建材行业、轻工行业;四大重点领域:再生资源回收利用领域、废旧金属再生利用领域、废旧家电回收利用领域、再制造领域。这些行业和领域都是逆向物流实施的重点。

1. 回收

回收是将顾客所持有的产品通过有偿或无偿的方式返回销售方。这里的销售方可能是供应链上任何一个节点,如来自顾客的产品可能返回到上游的供应商、制造商,也可能是下游的配送商、零售商。回收过程包括搜集、运输、储存等环节,回收物品的流动表现为由供应链中的后一节点向前一节点的逆向流动。

企业回收的主要渠道有:

①设立专门回收部门,在固定的地点、时间专门回收各种产品及包装。

②企业上门回收。企业定期定点或预约时间到交回包装的单位上门回收。

③产品销售部门回收。顾客可以将不能使用的商品或包装直接送到销售部门。

④企业与销售使用单位对口交回由产品销售部门或使用部门直接负责回收的旧产品旧包装,交给生产企业重新使用,中间不经过旧包装回收单位。

2. 检验与分类

一般来说回收产品种类繁多,剩余价值也不相同,因此必须进行检测分类。对已回收的产品的功能进行测试,并根据产品结构特点以及产品和各零部件的性能分类,分析产品回流原因,确定可行的处理方案。包括直接再销售、再加工后销售、分拆后零部件再利用和产品或零部件报废处理等。然后,对各方案进行成本效益分析,确定最优处理方案,以便将其送到最终的归属地。

3. 返品处理

零售商对逆向物流中的可再销售产品继续销售,对无法再销售产品交由配送中心处理;配送中心对可再分销产品继续分销,无法销售产品转移到制造商处理。

生产商对可维修产品进行维修,然后再销售,对不可维修产品、回收报废产品及零部件、生产中的报废零部件以及边角材料,通过分析、整理重新进入原料供应系统进行再制造;回收产品通过分拆,进行更换零部件或技术改造等补救措施,重塑产品价值;对于产品包装物,以及分解后的不可再利用部件要采取填埋、机械处理等环保报废方式处理。

(1) 再销售

商业企业对返品的处理主要方式有：

①直接返回给制造商。在现在的商品销售中，大部分商品都是代销的。在代销协议中，零售商并不拥有商品的所有权，零售商往往以各种理由要求制造商负责回收商品。

零售商要求制造商回收商品的理由有：一方面是与商品有关的问题，如商品存在缺陷、商品样式过时，库存过量、滞销、顾客返货无法二次销售等。另一方面，有时制造商会以允许零售商每年退回一定比例的库存为条件获取订单，因此，零售商在某种程度上具有无条件退货的特权。

②重新出售或打折出售。如果回流商品没有被使用过，制造商或销售商就可能把它送到其他零售商店，作为新产品再次销售。

如果回流商品已使用过，但没有丧失使用价值，可以打折再次销售。

③进入二级市场销售。所谓二级市场是指一些专门组织或个人低价收购清仓商品或滞销商品后再次销售的市场。当企业不能自己售出商品，又不能将商品退给制造商时，企业可选择在二级市场销售商品。为节省时间与精力，快速回收资金，企业可以直接将商品销给专门从事二级市场业务的组织或个人。

(2) 再制造

对废旧产品进行再制造，可以减少原始矿藏开采提炼以及新产品制造过程中造成的环境污染，能够极大地节约能源、减少温室气体排放。

济南复强动力有限公司是从事发动机再制造的国内著名企业，他把行将报废的发动机做再生性的改造，通过再制造，其质量、使用寿命完全与新机相同，价格仅为新机的55%。由于科学技术进步，再制造后的发动机不仅能达到新品质量，而且还会超过新品性能，节材70～80%，节能60%以上。济南复强动力有限公司可以把欧0的斯太尔发动机经再制造后达到欧2标准。

(3) 再利用

废弃物再利用是为了重新体现产品价值而将废弃物回收、处理、利用的过程。资料显示，废旧家电中含有大量可以回收再利用的黑色金属、有色金属等资源。废旧家电的回收利用为美国提供了10%的再生钢铁，与通过采矿、运输、冶炼得到的新钢材相比，可减少40%的用水量，节约90%的原材料，74%的能源，因此，对废旧家电进行回收和资源化处理是一条典型的可持续发展和循环经济之路，具有巨大的经济和社会效益。

产品的再利用主要针对于零部件。将到达使用寿命的设备分解为部件和最终的零件。其中的部分零部件状态良好，无须重新制造和维修，而是被放置在零件仓库中供维修使用。

(4) 报废处理

对那些没有经济价值或严重危害环境的回收品或零部件，通过机械处理、地下掩埋或焚烧等方式进行销毁。在废物处理过程中还应将危险品和普通产品区分开处理，如果不这样做会导致高额的成本。西方国家对环保要求越来越高,为减少土地占用、空气污染等,已开始大量采用机械处理方式。

二、逆向物流的运作模式

1. 一体化运营模式

一体化运营模式是指企业的逆向物流与正向物流共用一个渠道,一般是企业原有的正向物流渠道。

实践中供应链流程往往是双向的,既包括正向物流,也包括逆向物流。逆向物流与正向物流相比,也需要经过运输、加工、库存和配送等环节。因此,一体化运营模式是大多数企业都愿意采用的一种逆向物流模式。

这种方式的优点在于投入少,成本低,渠道各个节点之间相互了解,企业可以比较准确地了解市场的变化。也由于逆向物流的展开,使得核心企业加大对渠道上的合作伙伴的投入,如产品性能只是培训等。缺点在于一旦销售旺季来临,出现两种流向业务资源不足时,很容易重正向物流而轻逆向物流。

2. 独立自营运作模式

独立自营运作模式是指企业不采用原有的正向物流渠道,而是重新建立单独的专业化的逆向物流渠道,并由企业自己直接运营和管理的模式。独立自营运作模式如图 11.2 所示。

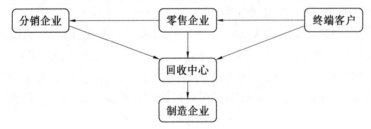

图 11.2　独立自营运作模式

它的优点在于企业能掌握第一手的市场资料,信息失真的程度大大降低,同时能够给消费者专业性的指导或服务,当然,这种方式投入也是巨大的,从设立机构到购买设备、广告宣传、招聘人才等,是大多数企业所不能承受的。

独立自营运作模式主要运用于规模较大的电子产品制造商,他们拥有种类广泛的逆向物流产品,且数量较大。回收后的产品也有多种重新利用方式,重新利用率高,更重要的是,企业能够从中获得较丰厚的潜在价值,获取竞争优势。一般地,电子废弃物通过在原有的正向物流中的逆向流动或制造商设立的回收中心回收、检测、分类后绝大部分仍由制造商处理利用,显然,这需要专门的机构来实现,往往只有大中型企业才有能力去执行;只把需要通过再生和无害处理的部分交给专业的回收机构处理。

3. 联盟共建运作模式

联盟共建运作模式是指与竞争对手一起出资,以多种形式组建逆向物流渠道的管理模式,共享专业的逆向物流带来的利益。其实施形式表现为有共同产品回收需求的同行业者共同出资组建集中返品中心。联盟共建运作模式如图11.3所示。

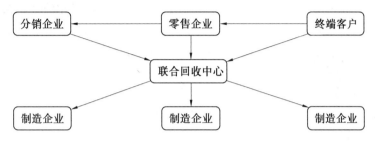

图 11.3　联盟共建运作模式

集约化处理已成为逆向物流管理的主导方式。目前,许多国外跨国企业的配送中心都设有专门的退货集中地,逆向物流流程上所有的产品都会被先送到这里,经过分类、处理后,再送到其最终的归属地。

我国家电企业将面临巨大的欧盟绿色壁垒,据悉,中国家电行业协会、中国机电进出口商会和十几家大型家电企业正在商讨家电行业开展联合回收。而在这之前,索尼、惠普、伊莱克斯以及博朗四家企业在3年前就达成协议,组建联合服务采购公司,在欧盟范围内展开报废电子电器产品的回收再循环。

4. 逆向物流外包模式

第三方物流企业提供逆向物流服务有很多优势,如专业化运作可以在很大程度上提高逆向物流管理效率,且厂商不需要建立自己的逆向物流系统而进行较大投资和承担风险等。

引进第三方逆向物流来协助管理。第三方逆向物流已经成为逆向物流发展的趋势。随着大型企业的脚步逐渐向边缘地区延伸,有些销售网络的布局相对分散,企业不便于设立自己的返品中心对逆向物流实行集中管理。出于经济效益的考虑,一些大型企业委托从事第三方物流的公司承担逆向物流管理业务。这些公司也由此逐步发展成为以逆向物流管理为主的专业化公司。对于我国大部分中小企业而言,无力投资进行逆向物流系统的建设,第三方逆向物流就显得尤为重要。对于大型企业,为了集中精力形成核心竞争力也非常有必要将部分或全部逆向物流活动外包。

三、逆向物流运作类型

1. 产品退回逆向物流

商品进入逆向物流的原因有很多。一般而言,顾客和经销商要求退货的原因主要有:运输短少:遗失整个产品、部件、包装等;重复运输:同一订单错误地重复送货;订单输入出错:人工输入订单时出现产品或数量错误;产品部件缺少:包装完好,内部配件缺少;偷盗:内部或运输途中产品被偷;产品缺陷和品质问题:新的品种替代;季节性商品;销售商的商品库存过量,顾客或经销商投诉产品无法正常使用;产品过期等。

(1) 终端退回逆向物流

终端退回的产品是经完全使用后需处理的产品,通常发生在产品出售之后较长时间。终端退回可以是出自经济的考虑,最大限度地进行资产恢复,例如地毯循坏、轮胎修复等这些可以再生产、再循环的产品,也可能是受制于法规条例的限制,对诸如超过产品生命期的一些白色和黑色家电等产品仍具有法律责任。

(2) 商业退回逆向物流

一方面由于运输差错、质量问题等原因会造成商业退回,一般在产品出售短期内发生。通常情况下,客户服务部门会首先进行受理,确认退回原因,做出检查,最终处理的方法包括退换货、补货等。电子消费品如手机、家用电器等通常会由于这种原因进入回流渠道。

另一方面,下游经销商未售出的商品也会产生回流。例如零售商的积压库存,如时装、化妆品等,这些商品通过再使用、再生产、再循环或者处理,尽可能进行价值的回收。

为了减少成本、降低库存和增加灵活性,可以在较大区域范围内设置一个分销中心,集中处理来自不同地区的退回商品。对退回的商品有多种处理方法可以选择:质量好的商品可以送回原商品库,进行再次销售;质量不好的商品,可以作为处理品销售;如果退回商品无法直接销售,或通过修复、改制可以显著增加商品售价,那么在出售前可以先完成上述操作,然后作为修复品或再制造品进行销售;如果上述选择都无法进行,则对贵重的或可循环的材料进行回收,再以最低的成本对其进行废弃处置。

商业退回逆向物流网络结构较简单,一般具有集中、闭环、层次少的特点。

(3) 维修退回逆向物流

维修退回是指有缺陷或损坏产品在销售出去后,根据售后服务承诺条款的要求,退回制造商,它通常发生在产品生命周期的中期。典型的例子包括有缺陷的家用电器、零部件和手机。一般是由制造商进行维修处理,再通过原来的销售渠道返还用户。

需要退回维修的典型产品包括家电、计算机、机器设备等。产品退回维修需要提供一个便利、可预估、迅速且费用合理的维修服务,这就涉及如何在不同的服务据点提供稳定且一致的技术,如何能够精确预估维修服务的完成时间,如何控制产品的运输成本,如何追踪产品的保持期,如何维持一个必须的少量维修备件库存。此外,还应考虑在哪里进行维修。无论如何,产品退回维修将处于客户急需的压力下,必须在最短的时间内完成并交还客户使用。维修退回逆向物流网络结构较简单,一般具有集中、层次少的特点。

2. 产品召回逆向物流

产品召回制度,是指产品的生产商、进口商或者经销商在得知其生产、进口或经销的产品存在可能危害消费者健康安全时,依法向政府部门报告,及时通知消费者,并从市场和消费者手中收回有问题产品,予以更换、赔偿,消除缺陷产品的危害风险。

产品召回的典型原因是所售出的产品被发现存在缺陷,且该缺陷可能危害消费者健康安全。所谓缺陷产品,是指因产品设计上的失误或生产线某环节上出现的错误而产生的,大批量危及消费者人身、财产安全或危害环境的产品。由于缺陷产品往往具有批量性的特点,因此,当这些产品投放到市场后,如不加以干预,其潜在的危害是巨大的,有可能对消费者的生命、财产安全或环境造成损害。

美国1966年制定的《国家交通与机动车安全法》中首次明确规定汽车制造商有义务召回缺陷汽车。之后,又在多项产品安全和公共健康的立法中引入了缺陷产品召回制度,使其应用到可能对公众造成伤害的主要产品领域,特别是食品。例如,先后出台的《联邦肉产品检验法》(FMIA)、《禽产品检验法》(PPIA)、《食品、药品及化妆品法》(FDCA)等。

目前实行召回制度的国家还有日本、韩国、加拿大、英国和澳大利亚等国。作为一种国际通行的做法,在商品召回制度成熟的国家,商品召回的程序、监督和赔款等都有明确规定。召回制度在美国等发达国家的实践表明,召回制度是产品质量和消费者权益的有力保证,实施召回制度有利于提高生产商和销售商的产品质量意识,有利于企业关注技术改造和环保问题,有利于规范市场竞争秩序。2004年10月,我国出台了《缺陷汽车产品召回管理规定》,首次实行了汽车召回制度。

产品召回逆向物流具有产品量大、时间集中、处理程序化的特点。

3. 包装物回收逆向物流

产品的包装一般可以分为物流包装和销售包装。很多包装材料是可以直接再利用的物品,包括玻璃瓶、包装袋、托盘等,它们通过检测和清洗处理环节便可以被重新利用。

随着环保意识的增强和社会资源再利用思想的提升,产品包装回收成为企业将要面对的问题。这方面的问题在欧洲比较突出,由于环保的要求,欧洲一些国家要求别国生产的产品在本国销售后,其包装不得留在本国,必须回收。因此,包装材料的回收对在欧洲开展业务的企业是比较重要的问题。

4. 产品回收再用逆向物流

产品回收再用逆向物流主要表现为再使用、再制造、再加工逆向物流。

通过产品退回逆向物流和包装物回收逆向物流而回到经销商或制造商处的产品主要表现为两种情形:一是外观与质量完好可以直接二次销售的产品,二是只要经过维修或清理就可以再次销售或使用的产品。而经由产品回收再用逆向物流回收的产品指的是产品已无法使用和修复,作为原产品本身已丧失使用价值,但产品的某些零部件却未丧失使用价值,拆卸后可以作为新产品的构件或维修产品的更新部件来使用。

(1)再使用(Reuse)逆向物流

再使用产品中最常见的是各类包装,广泛应用于啤酒或软饮料、食品、化工和集装箱运输等行业。其中,玻璃瓶等商业包装的回收再用物流网络类似于再制造逆向物流网络,不同的是前者只需简单的清洗和检测,而后者需要复杂的修复或再加工。对于集装箱等工业包装,闲置时一般存放在物流服务提供商的集装箱站场,一旦有用箱请求,则被送往发货方,用过的空集装箱从收货方收回(未考虑从发货方到收货方的外部运输过程),并进行简单的清洗和维修,由于产品再使用和原先使用没有什么区别,因而网络设计采用闭环结构。

再使用逆向物流网络结构相对较简单,一般具有分散、闭环、单级的特点。

(2) 再制造(Remanufacturing)逆向物流

典型的可再造物品包括飞机和汽车的发动机、机电设备、复印机和计算机部件等价值较高的产品,其主要驱动因素是对上述物品进行增值修复以获取经济效益。由于再制造需要产品生产的有关知识,因此再制造逆向物流通常由制造商发起。此类逆向物流与传统的正向物流结合得最为紧密,它可以利用原有的物流网络进行物品回收,并通过再加工过程,还将进入原来的产品制造环节,严格意义上,这是真正的逆向物流。

再制造逆向物流网络结构较复杂,一般具有分散、闭环、多级的特点。

再制造业在发达国家发展迅速,并已成为相当成熟的行业。每年全世界仅再制造业节省的材料就达到1 400万吨,节约的能量相当于8个中等规模核电厂的年发电量。能拨动节约"大循环"的再制造业在我国才露尖尖角。全球73 000多家再制造企业,我国仅有其中的2家。不足3/100 000,或许这是我国在全球所占比重最小的行业。我们以中国2020年GDP预计达到4万亿美元计算,如果以美国现有资源化的水平作为中国2020年目标,则资源化产业年产值将达到640亿美元。

(3) 再循环(Recycle)逆向物流

物料循环利用由来已久,如废旧金属、纸、玻璃、塑料等。收集的废旧物品价值一般较低,但需要先进的处理技术和专用设备,投资成本很高,因而要求回收产品的数量必须达到一定的规模,回收处理设施比较集中,以进行大批量处理,形成规模经济效应。此外,进行行业内的合作也是很好的选择。

再循环逆向物流涉及的活动不多,网络结构较简单,一般具有集中、开环、层次少的特点。

第三节 逆向物流的管理

一、实施逆向物流的难点

有着"绿色物流"、"环保物流"美誉的逆向物流,能降低成本,提高顾客满意度,实现经济效益和社会效益的双赢,但在具体运作逆向物流业务时,可能会遇到如下问题:

1. 正向物流与逆向物流相冲突

现代企业越来越意识到逆向物流已成为企业正常经营不可或缺的一项工作,但是当企业面对同时要处理正向物流业务和逆向物流业务时,几乎无一例外的选择首先处理正向物流业务。因为这两种业务在加工、库存、配送等环节都可能会相互冲突,企业为了确保常规业务正常运作,不得不放弃或暂缓回收业务。正向物流在企业经营中始终处于核心业务地位,而逆向物流始终扮演着附属业务的角色。为了避免逆向物流与正向物流的冲突,国外大型企业的解决方法是建立返品中心,对逆向物流和正向物流做分流处理,返品中心集中分类,处理企业逆向物流过程中的所有产品,并将其送到最终的归属地。

2. 供应链上风险逐级扩大

逆向物流虽然能使下游客户减少或规避经营风险,但由于采取宽松的回收策略而加大了自身的风险,即风险由下游往上游转移。另外,供应链也存在需求信息逐级放大效应,即长鞭效应,致使上游所获信息严重失真。上述两方面因素共同作用,导致供应链的风险逐级放大,效应更加明显。

3. 经济利益与环境效益的矛盾

由于环保法规的约束,企业必须通过产品回收减少产品对环境的危害,以达到国家的环保标准。然而,产品回收却不一定能带来经济利益,甚至造成亏损。逆向物流过程中可能产生的企业的边际成本大于对社会产生的边际效益而导致的外部性问题,会导致企业的投入少于社会的最优逆向物流投入水平,从而产生经济利益与社会效益的矛盾。为了解决这一矛盾,可以采取政府或行业协会补贴的方式促使企业运作逆向物流业务,如美国、荷兰等国都采取这种方式。

4. 产品回收的不确定性

逆向物流系统往往难以确定回收产品的时间、地点和数量,造成回收产品的需求和供给难以平衡。从信息获得的角度来讲,许多企业不容易获得可以正确分析产品回收处理问题的信息。因为这些相关的信息通常都相当的分散,有的信息在公司内部,有的在整个企业链中,有的信息甚至是无法取得的。

通过以上分析我们可以了解到逆向物流在管理上比正向物流复杂得多,因此企业应根据自身的特点选择合适的逆向物流运作和管理模式。

二、逆向物流模式的选择

逆向物流实施的好坏,在于正确选择适合企业的逆向物流模式。

企业在选择逆向物流模式时,必须考虑 3W,即 Who——你的公司是何种类型?What——回收的是何种产品?Where——回收终端在哪里?

1. 明确公司的类型

确定公司类型是选择逆向物流模式的首要任务。

(1)逆向物流模式因企业的性质及其在供应链中的位置不同而不同

选择逆向物流模式前应明确的具体问题有:公司是制造企业还是配送中心?是零售商还是批发商?是大型制造企业的供货商还是面向终端消费者的直销商?公司在供应链中处在上

游还是下游?是核心企业还是非核心企业?这些问题既影响到企业建立逆向物流时应考虑采用何种模式,又影响到确定具体逆向物流设施设备及规模大小等问题。

在逆向物流流程中最应优先考虑的就是设施的认定。美国匹兹堡配送系统公司认为:"独立设施的最大好处在于,在这里对逆向物流运作有最高的关切度。"也就是说,所选择的设施必须能完好地履行公司对退货产品的承诺,因为这直接影响公司与客户的关系,而这在正向物流中很难实现。

(2)公司所属行业的特殊需求,也会影响逆向物流模式的抉择

那些与消费者的生命健康和安全紧密相关的行业,比如食品业和医药保健行业,必须将退货产品与新产品严格隔离。因此,处于以上行业的公司使用独立的退货处理中心就成为必然的选择,而且也使退货处理流程更易操作。

2. 回收产品的种类

与正向物流相比,逆向物流在流程设计、设施装备和人力需求方面都相差较大。大部分配送中心都是为更有效地处理容器和托盘而设计的,逆向物流中心处理的则往往是单件产品或独立包装的产品。比如配送邮购直销产品的处理中心就易于处理退货产品,而一般的配送中心缺乏运送单件商品的载车,使回收流程难以有效运转。那些回收后不需作过多深化处理的产品适用于一般配送中心,邮购直销产品的退货往往未经开封和使用,几乎立刻就可以返回仓库进入正向物流流程。

3. 回收产品的数量

不仅是回收什么,回收数量也在必须抉择的因素之列。如果是大量退货,则不适用于正向物流中心,因为鱼与熊掌无法兼得,否则会因注意力的分散妨碍逆向物流的运作。而且大批量退货处理相关重置物流中心的成本,包括建设费用、原材料处理系统以及信息系统等,其成本因素直接关系到是自办逆向物流还是外包给第三方。另外,退货数量也影响着运输成本,集中设施有利于退货的集中运送,但如果运送大量小产品往返于中心费用就相当高昂了。

4. 回收产品的处理

如何处理退货也影响着对退货的分拨处理。是维修、翻新、还是重新包装?最终目的是返销、招回还是回收零部件?是仔细查验、按规定进行登记还是简单地抛弃?每一项活动都对场地、运输、人力和信息系统有不同的要求。大部分公司会选择独立的场地将退货重新查验、评估和维修,不管是自办还是外包。

华宇物流公司为某电脑产品配送中心设计解决方案时,该中心要求方案必须能够迅速评估和测试退货,然后使退货快速返回正向物流流程。最终解决方案是:将正向配送中心和逆向配送中心分开建设、中心相连,使处理后的退货迅速而简便地流向中央配送系统。

当退货从零售商处运抵处理中心,专业检验和技术人员会打开每一个托盘和产品作检查,再经测试找出退货原因,确定是再利用还是销毁,是送去分解、回收,还是只回收零部件。然后就重新分拨到产品线,维修、翻新、再包装或送回仓库。一系列复杂的处理环节需要独立而且

大面积的场地才易于操作。

5. 考虑回收成本

影响选择逆向物流模式的因素有很多,这些因素互相牵制,而最重要的决定因素,是回收的整体成本。在逆向物流流程中所作的任何一项工作都与回收成本相关,包括初处理、仓储、运输、复检、维修、再包装、返销、客户服务以及更多操作环节,都要计算在回收成本之中。合理的模式应是既达到回收目的又使回收成本最低。

三、基于供应链的逆向物流管理

1. 制造企业

制造企业是产品的生产者,它在回收物流合理化中是一个关键环节,如果能解决好制造企业的问题,就能促使回收物流的合理化。

生产或制造商品企业的生产原料可采用原物料、再生物料,制造过程中采用可再用的工具或器械,生产过程剩余的废弃品或物料可以进行适当的资源回收,并在生产时就要注意到产品的回收问题,尽量做到绿色生产,从源头上提高物品的回收活性。

2. 销售企业

尽量利用销售企业是连接制造企业和用户之间桥梁的作用,首先在销售时可以向用户宣传废旧物品及包装物的随意处理对环境的危害,提高民众的环保意识;其次,销售企业可以向制造企业传达人们的购买意向,使制造企业进行绿色设计;第三,现在许多消费者正在逐渐改变对旧物直接遗弃的做法,转而寻求再次销售。销售企业应考虑参与二级市场交易,这样既可获得新的盈利机会,又能发挥专业化优势,规范市场。

例如,我国每年都有大量的二手家电交易,这些二手家电大多是流入教育相对落后的地区,这些地区人们的环保意识还比较差,二手家电的使用寿命又不长,所以每年都有很多的家电废弃后被随意抛弃,给环境造成了很大破坏。销售企业应重视这个市场,做好废旧家电回收物流。

3. 物流企业

可以将逆向物流纳入到物流中心系统中,充分利用物流中心的原有功能,这有利于资源的合理分配。物流中心有商品周转、商品拣选、商品保管、流通加工、信息处理等功能。回收企业或销售企业可以利用物流中心的这些功能为本企业服务,从而降低成本,使企业的物流过程合理化。

4. 回收企业和处理中心

回收企业担负着将废旧品进行处理的任务,他们对废旧品的处理方式,将直接影响到最终这些废旧品处理的合理程度,是回收物流合理化的一个重要方面。处理中心在处理方式上,可根据被处理物品的状况,用回收或再生的方式恢复其经济价值或效益。对低价值的废弃物,采用无害化的掩埋、造肥或焚化产生能源的方式进行处理等。

5. 消费者

消费者从一定程度上影响着制造企业在原料选择和制造方式中的取向,如果对消费者的购物意向能进行合理引导,也是为我国回收物流趋于合理化的有效途径。为提高废弃物的回收活性,应引导消费者采用正确的废弃物分类,一方面可增加资源的复生效率,另一方面也可减少废弃物对于环境的污染。

四、逆向物流合理化措施

企业实施逆向物流不仅能节省资源、节约企业成本,为企业创造经济价值,还能减少环境污染,提高企业形象,创造社会价值。因此,越来越多的企业意识到逆向物流已日渐成为企业之间竞争的一个有力武器,逆向物流已经被提到了一个战略高度。但由于逆向物流理论与实践客观上与正向物流存在较大差距,因此,如何实施逆向物流,如何合理实施逆向物流已成为摆在我们面前的一个重大课题。

1. 尽量减少商品的回流

预先考虑逆向物流的正向物流,是一个系统化的供应链物流体系。通过供应链内各个节点的联动化、一体化的物流流程的设计,尽可能地减少不必要的逆向物流。如在产品的设计阶段,就应该考虑如何使回流产品后续处理更加容易,以便于产品的回收再利用,对流通过程中的包装物的设计上,要尽可能地减少利用资源,而不仅仅是强调包装的回收和重新利用。在产品的销售过程中要加强与客户的沟通,减少客户购物的盲目性,这样也可以减少逆向物流的产生,节约企业资源和社会资源,促进循环经济的发展。

2. 采用集中化逆向物流模式

零售商物品送到一家或更多的集中式回流物品处理中心,在处理中心内,对所有要进入逆向物流通道的物品进行分类,并根据零售商和制造商的指导,对回流物品做出是重新改造出售还是废弃的决定。然后运到下一个目的地。这种系统的好处在于回流中心内的分拣专家依靠他们拥有该领域的专门知识,可以为每件产品找到最佳的回流目的地。选择最佳的处理回流物品的方式可以从回流商品中获取最大的收益,为企业创造最大的价值。

由于新产品加工和旧产品修复之间的密切关系,并且新产品和修复产品的销售市场可能重合,因而可以将再制造物流网和传统生产分销物流网进行集成,综合考虑两者的设施共用和运输合并。比如,逆向物流的处理中心可以与地区的商品配送中心合二为一,共同使用仓储、运输等硬件及管理等人力资源设施,最终将逆向物流与正向物流充分结合起来。

3. 建设完备的逆向物流管理信息系统

现代物流是建立在现代信息技术上的物流。同样,逆向物流的管理离不开信息技术。通过对回收产品信息的收集和统计,对每次回流物品原因及最后处置情况编订代码,统计回流物品的回流率等,企业才能精确地跟踪整个回流过程并计算处理成本,并为客户提供及时的服务,为企业赢得信用。构建完善的逆向物流管理系统应当从以下三个方面着手。首先,应当建立准确迅速的信息采集系统,通过使用条形码、无线射频等技术,对产品的信息进行管理,便于对进入逆向物流领域的产品进行及时有效的跟踪;其次,建立并完善物流信息处理系统,对逆向物流从入口到最后处理的全过程进行信息跟踪和处理,能显著缩短逆向物流处置周期;最后应当建立可靠有效的信息传递网络,通过基于 Internet 和 XML 的 EDI 系统能够及时传递退货及回收产品信息,实现在制造企业和销售企业之间的信息共享。

4. 加强逆向物流的源头控制,降低物流操作量的随机性

由于逆向物流与正向物流有着特殊的特征,如逆向物流的分散性、复杂性和不确定性,使得逆向物流战略在开展时面临巨大的风险。而起始点控制就是在逆向物流的流程入口对产品是否应进入流程进行判定并初步决定回返产品在逆向物流渠道上的流向和处理方法。加强逆向物流的源头控制是逆向物流的重要的一环,也是比较困难的一环。逆向物流的源头繁多复杂,消费者、零售商、批发商甚至是下游生产者都可能是逆向物流的源头。这种复杂性要求这些逆向物流的"源头"与逆向物流企业配合来完成逆向物流源头的控制。

以零售业态为例,零售店的雇员是逆向物流源头的把关者,因此,必须加强对这些雇员的培训,在退货逆向物流流程的入口,对顾客要求回流的物品进行审查,加速逆向物流流程。当然也可以通过信息技术的手段。例如,美国一家电子游戏 Nintendo 开发了一套专门的起始点控制系统,在顾客退货时,零售商可以通过扫描进入数据库获得该产品的消息信息,解决产品的非质量问题。在实施这个系统后,Nintendo 公司的商品回流降低达 80%,回流额度降低到 2% 以下。

5. 在供应链的范围内构建企业逆向物流系统

逆向物流是一个复杂的运动过程,牵涉供应商、制造商、中间商等节点企业和顾客,如果其中有某一节点企业没有处理好退货问题,就会影响到供应链的整体绩效,因此企业要实施逆向物流,还必须与供应链上的其他企业合作,建立契约式合作的战略伙伴关系。

面对激烈的竞争,企业为了提高顾客满意度,留住顾客,于是采取宽松的退货策略,这使得企业将下游客户的风险转向企业自身。由于供应链上存在"长鞭效应",上游企业所获的信息将出现严重失真,这又会为企业带来更大的风险。为了实现供应链最大利益,尽量减少"长鞭效应"所带来的风险,企业必须与供应链上的其他企业共享信息,建立战略合作伙伴关系,减少不必要的商业退回类逆向物流。也就是说,企业必须在供应链的范围内构建逆向物流系统。

6. 使用第三方物流来协助管理逆向物流

随着社会分工和专业化的发展,第三方逆向物流逐步成为逆向物流发展的趋势。第三方逆向物流的引入一方面有助于利用专业化经营来降低成本,实现规模效益,另一方面将使企业专注于自身核心能力的提高。这将促进循环经济的发展。

对于大部分中小企业而言,无力投资进行逆向物流系统的建设;对于大型企业而言,为了集中精力形成核心竞争力也非常有必要将部分或全部逆向物流活动外包。因此,第三方逆向物流已经成为逆向物流发展的趋势。

第三方物流公司之所以能承担回收物流业务,是由自身优势决定的:首先,它是专业的物流公司,可以根据企业实际情况设计逆向物流业务,并进行专业、科学、规范的操作。其次,它可实行规模化经营,产生规模效益。它将退回的产品集中起来进行分类处理,提高处理速度。再次,第三方的逆向物流公司的软件通常可以让零售商通过计算机进行产品追踪,厂商可以使用这些信息向供应商发出警报。而且,厂商可以根据这些信息做更有效的购买决定,这样可以进一步降低退货率。

7. 推动逆向物流技术创新

当前新产品绿色设计最为活跃的领域在 DFX(Design for X)领域,X 可以是设计中较为重要的任意一个因素。其中产品的拆卸回收分析是绿色设计中非常关键的因素,它可以延长资源的利用时间,它是实现制造业可持续发展的先决条件。因此面向回收的设计 DFR(Design for Recycling)已引起人们的高度重视。DFR 包含可回收材料、可回收方法及可回收零部件的结构设计等方面。目前的回收基本上是材料的回收,一般通过压碎后再分类的方法进行回收。显然,压碎后的材料混合在一起难于分离,回收效率低,难度大。目前发达国家的许多产品已实施了可回收性设计。

为配合社会逆向物流的进行,新产品设计阶段应注意以下几个内容:

(1)可拆卸创新设计

进行回收的产品通常要进行拆卸,所以在设计时最好采用拆卸方便的设计。减少不可拆连接,如机械设计中,对于需要充分回收的产品,减少焊接、铆接、粘接等形式,增加螺纹连接、铰链连接等形式,将会大大提高产品的可拆度。

(2)兼容创新设计

计算机设计中使硬件及软件具有较好的兼容性或在设计上具有前瞻性,这样可以使计算机的第一次使用周期加长。又如不同产品功能相近的零配件,在设计中最好以标准件的形式出现,使之有广阔的用途。

(3)设计中材料的选择

设计中,尽量采用小型或重量轻、可再生的同种材料制造,可减少回收的复杂度。尽量采用低能耗、环保型的材料及部件,这些对于增加商机和客户是非常重要的。如当今太阳能热水器和液晶电视的顺利推广,就与材料的低能耗和环保特征非常有关。所有可回收零部件上必须标明材料名称和回收标志,便于今后的回收。

本章小结

1. 逆向物流是指为了重新获得产品的使用价值或正确处置废弃产品,将原材料、半成品、制成品、包装物等从产品消费地返回产品起始地的过程。逆向物流是实现循环经济的必要手段。

2. 实施逆向物流具有重大社会意义和经济效益。逆向物流在企业战略规划中发挥日益重要的作用,有着无限的发展空间和广阔的市场前景。

3. 逆向物流运作主要包括产品回收、产品检验与分类、返品处理等内容。逆向物流的运作模式主要有一体化模式、独立自营模式、联盟共建模式和外包模式。

4. 逆向物流类型有产品退货逆向物流、产品召回逆向物流、包装物回收逆向物流和产品回收再利用逆向物流。

复习思考题

一、判断题(正确的用√表示,错误的用×表示)

1. 逆向物流中产品价值表现为递减性。(   )
2. 回收过程包括搜集、运输、储存等环节,回收物品的流动表现为由供应链中的后一节点向前一节点的逆向流动。(   )
3. 当企业不能自己售出商品,又不能将商品退给制造商时,企业就只能将商品按废品处理,或直接销毁。(   )
4. 逆向物流的一体化运营模式是指企业的逆向物流与正向物流共用一个渠道。(   )
5. 大量退货可以采用正向物流中心完成。(   )
6. 逆向物流的源头繁多复杂,消费者、零售商、批发商甚至是下游生产者都可能是逆向物流的源头。(   )

二、简答题

1. 什么是逆向物流、回收物流和废弃物物流?它们三者之间的关系是怎样的?
2. 逆向物流有哪些特点?
3. 为什么要发展逆向物流?发展逆向物流的价值有哪些?
4. 逆向物流有几种类型?
5. 逆向物流的运作模式有哪几种?
6. 选择逆向物流模式应考虑哪些因素?
7. 如何实现逆向物流合理化?

三、论述题

以家电业为例,谈一下逆向物流的发展空间和市场前景,并提出相应的解决方案。

【案例分析】

瑞典的回收管理

《环球》杂志报道 瑞典地处北欧,常年平均气温较低,有1/6的国土位于北极圈内,可供万物生长的日期比大多数国家都短,这就使得瑞典的生态基础较其他国家更脆弱。但是每一个来瑞典的游客都会有一个印象,不论是人流繁忙的机场、火车站,或者偏远的乡村小道,总是特别干净。

是什么原因让瑞典这个20世纪90年代才开始从重工业向高新技术产业转型的国家,在环境方面有如此优异的表现?

1. 从源头开始回收

有一个说法,垃圾是放错了地方的宝贝。换个角度说,让一件商品从被生产开始,经使用到回收,一直在正确的轨道上运行,也即是确保"宝贝"不至于变成"垃圾"的重要手段。当所有废弃物不分种类规模堆积成山的时候,再想要分拣利用的难度可想而知。所以,垃圾收集,要从源头开始。

收集的源头,并不是在你将垃圾丢入垃圾箱的那一刹那,而从源头收集,开始在产品被制造以前。

自20世纪末开始大量增加的电子产品,更新速度比一般产品要快很多,电脑、手机、Mp3,这些产品回收困难,却又包含了大量对环境有巨大毒害的元件。电子产品的印刷电路板(PCB)由玻璃纤维、强化树脂和多种金属化合物组成,而含有铅、汞、镉等元素的纽扣电池,一粒电池即可以污染600吨水。

在瑞典,在你要生产销售电子产品之前,你必须有完善的回收处理流程和设备,并在产品的说明上详细标注如何在使用后将此产品回收——生产者负责,这也正是欧盟针对电子产品回收制订的环保指令《关于报废电子电气设备的指令》(WEEE)的核心内容。

垃圾分类回收是瑞典垃圾收集的另一大特色。瑞典每户人家都有好多个垃圾筒,对应的是不同的垃圾分类。瑞典人在垃圾分类上面认真得可爱,除了大家耳熟能详的生活垃圾、金属、电池、纸张、塑料这些基本分类以外,为了进一步提高废弃物的利用效率,更有很多细分小类。

譬如同样是纸,在垃圾回收的时候,平时看的报纸、打印用纸是一类,而牛奶、果汁的纸包装则是另外一类。如果把这两类纸混在一个垃圾袋里,等到扔垃圾的时候就会犯难。因为大多数生活小区的垃圾房都把这两类"纸"分成两个不同的垃圾箱,开始归类的时候不注意,到时候还必须在垃圾房里把这两样东西分拣开来。

瑞典的小区垃圾房起码有8~10个不同的箱子,每个垃圾箱上都有清楚的标识。如果有一件商品你觉得不再需要了,但是可能对其他人有用,不管是自行车还是微波炉,你都可以放到一个公用的"交流废物间"里,一个居住小区有一个这样的公用的小屋子,这样的交流方式,也在很大程度上促进了"物尽其用"。

2. 以政策引导方向

除了回收制度和技术投入以外,瑞典在环保方面的政策也是其他环保成果得以维系的重要保障。

饮料有各种各样的包装,以塑料瓶、铝罐、玻璃瓶居多。瑞典政府为了确保饮料包装的回收率,实行了"押金回收"制度。在瑞典,任何饮料瓶的标签上都会标示这个饮料瓶的押金,一般是0.5~2瑞典克朗,在你购买饮料的时候,除了饮料价格外,必须先支付押金。饮料瓶的回收很方便,一般超市门口都有专用的回收机器,把废弃的饮料瓶分别投进回收机后,就会打印一张小票,上面有这次回收的金额。凭这张小票可以在超市退款或者在购物时直接抵扣购物款。

押金回收制的原理是,通过对产品如果不回收利用而使环境受到的破坏进行估算,进而要求产品使用者预缴费用,以此引导消费者将废弃物纳入正当渠道进行回收。在消费者层面,这一政策还被用于电池等产品;而在生产商层面,许多强制回收的产品在生产之前就需要向环境保护部门预缴一笔押金,只有在产品经检验达到了回收比率之后,押金才能退还。这一政策有效地促进了环保回收体系的建设。

在瑞典购物,能看到各种各样的生态环保标志,向消费者传达各种各样的环保信息。环保标志鼓励生产商去设计环保产品,以此为消费者在购物时提供了环保选择。较为知名的有"欧盟生态标签之花"、"WWF 野生动物保护"等标志。

生态标准只授权市场上不超过 30% 的产品,每一个环保标志都对产品的原材料采集过程、生产过程、发放(包括包装)过程、使用过程,一直到最终废弃等各个阶段对环境的影响有严格规定,由独立的第三方机构对申请进行评估。环保标志的设定标准给各生产厂家确立起了良性竞争的体系,也在无形中逐渐提高了消费者的环保意识。

[资料来源:http://www.xinmin.cn/.2009 年 12 月 20 日]

问题:

1. 瑞典垃圾回收有何特色?
2. 瑞典对回收的政策引导措施有哪些?
3. 你怎样理解"垃圾是放错了地方的宝贝"这句话?
4. 瑞典从重工业向高新技术产业转型中,在环境方面的优异表现对我国有何借鉴意义?

参 考 文 献

[1] 孙玉敏,杨怀珍,乔陆.逆向物流网络结构类型与特征研究[J].商业时代,2008(9):17-18.
[2] 谢家平.逆向物流管理[M].北京:中国时代经济出版社,2009.
[3] 张永文.浅析逆向物流促进循环经济发展[J].中国市场·物流与采购研究,2007(9):52-53.
[4] 李静芳.现代物流管理[M].北京:清华大学出版社,2009.
[5] 杨茅甄.现代物流理论与实务[M].上海:上海人民出版社,2003.
[6] 计国君.生产物流运作及模型[M].北京:中国物资出版社,2006.

第十二章
Chapter 12

第三方物流

【本章导读】

20世纪80年代,企业回归主业、集中核心业务的呼声高涨,随后,全球化竞争加剧,信息技术迅速发展,电子商务越来越普及,物流及配送与生产领域分离成了现代物流的主要发展趋势。在此背景下,第三方物流应运而生。相比传统的物流企业,第三方物流更专业化,综合成本更低,配送效率更高,已经成为国际物流业发展的趋势、社会化分工和现代物流发展的方向。我国是资源大国、制造大国、贸易大国,不论哪个领域的发展都离不开第三方物流专业化、规模化的运作支持,而我国第三方物流水平与发达国家差距较大,大力发展第三方物流已成为一项重要的战略任务,而其本身亦当之无愧称为21世纪的"黄金产业"。

【关键概念】

第三方物流(Third Party Logistics,3PL)
第四方物流(Fourth Party Logistics。4PL)
关键绩效指标(Key Performance Indicators)

【学习目标】

通过对本章的学习,理解第三方物流的含义与特征,了解第三方物流企业的类型,掌握第三方物流的运作模式,明确第三方物流的运作能力,熟知第三方物流的服务内容,了解第三方物流评价指标的构成,理解第四方物流的概念、特点与作用,了解第四方物流的运作模式。

【案例导入】

DFDS 运输公司的第三方物流服务

DFDS 运输公司是丹麦的一家综合物流公司。它提供"门到门"的服务,向欧洲的主要客户提供第三方物流解决方案。该公司现在集中精力致力于两个主要市场:计算机市场和汽车零部件市场。他们的主要客户包括:Digital Equipment、ICL、Olivetti、Apple Computers、Ford Motor Co.、General Motors 和 Toyota 等。

DFDS 运输公司为计算机行业的客户开发了一种北欧的物流解决方案,运用在哥本哈根的配送中心为在丹麦、芬兰、挪威和瑞典的顾客直接配送。这种方式使有相同服务要求的顾客能分享配送中心设施、信息系统和运输能力。与单个客户依靠自己所提供的物流解决方法相比,DFDS 运输公司有较高的服务成效和较低的总成本。DFDS 运输公司还为计算机行业提供了另一种增值服务,如按顾客的要求装配计算机、检查装备和在客户所在地安装计算机等。

Olivetti 是意大利的一家计算机公司,它在每个北欧国家都有一个全国仓库,以服务于全国的顾客。备用零件的服务和维修也同样地分权给各国的销售机构。1994 年春天同 DFDS 运输公司开始第三方物流合作。之后,Olivetti 关闭了在芬兰、挪威和瑞典等国家的仓库,而把他们转移到丹麦。这个新的斯堪的纳维亚的仓库是 Olivetti 自己的仓库和 DFDS 在哥本哈根的配送中心的结合体。个人计算机储存在 Olivetti,办公用品储存在 DFDS 的配送中心。服务的要求是发运时间短、可信度高。发往大部分丹麦、挪威客户的货物运达时间为 24 小时,而发往芬兰及其他较远的北欧国家的运达时间则为 48 小时。

在 DFDS 运输公司提供增值服务方面,如为 Olivetti 检测和组装计算机,对 Olivetti 的好处有几个方面:仓库的减少可以空出资金并且减少操作成本。存货成本已经减少 30%,存取成本至少降低 10%,总的物流成本减少 10% 以上。另外一个好处是可以将从非欧盟国家进口的货物储存在自由贸易区,从而推迟海关关税、增值税的缴纳,直到产品出售为止。

[资料来源:http://wiki.mbalib.com/wiki]

第一节 第三方物流概述

一、第三方物流的概念

第三方物流(Third Party Logistics,TPL)是 20 世纪 80 年代由美国物流管理委员会(the Council of Logistics Management)首先提出的。1988 年,美国物流管理委员会的一项客户服务调查中,首次使用了"第三方服务提供者"一词。

第三方物流的概念源自于管理学中的(Out-souring),即业务外包,意指企业动态地配置自身和其他企业的功能和服务,利用外部的资源为企业内部的生产经营服务。将(Out-souring)引入物流管理领域,就产生了第三方物流的概念。

但第三方物流又不能等同于外包,所谓的外包是指粗放型的业务外部委托,而第三方物流则是在更新、更高层次上的发展,其包含更丰富的内容。

第三方物流是生产经营企业为集中精力搞好主业,把原来属于自己处理的物流活动,以合同方式委托给专业物流服务企业,同时通过信息系统与物流服务企业保持密切联系,以达到对物流全程的管理和控制的一种物流运作与管理方式。

美国物流管理委员会于2002年10月1日在其公布的《物流术语条例2002》中对第三方物流进行了具体解释:第三方物流就是将企业的全部或部分物流运作任务外包给专业公司管理经营,而这些能为顾客提供多元化物流服务的专业公司称为第三方物流服务提供商。

我国第一部基础性国家标准《物流术语》是这样定义第三方物流的:第三方物流是由供应方与需求方以外的物流企业提供物流服务的业务模式。第三方物流(以下简称3PL)是相对"第一方"发货人和"第二方"收货人而言的。它既不属于第一方,也不属于第二方,而是通过与第一方与第二方的合作来提供专业化的物流服务。它不拥有商品,不参与商品买卖,而是为客户提供以合同为约束,以经营为基础的系列化、个性化、信息化的物流代理服务。

由于第三方物流的服务方式通常是物流企业与客户签订一定期限的物流服务合同,所以有人称第三方物流业的物流服务为"合同物流"、"契约物流";也有人为了区别企业自身提供的物流作业与外界提供的物流服务,而称第三方物流为"外协物流"、"外部物流"。

提供第三方物流服务的企业,其前身一般是运输业、仓储业等从事物流活动及相关的行业。从事第三方物流的企业在委托方物流需求的推动下,从简单的存储、运输等单项活动转为提供全面的物流服务,其中包括物流活动的组织、协调和管理、设计建议最优物流方案、物流全程的信息搜集、管理等。目前第三方物流的概念已广泛地被西方流通行业所接受。

二、第三方物流产生与发展

1. 第三方物流的产生是社会分工的必然结果

在Out-souring等新型管理理念的影响下,各企业为增强市场竞争力,而将企业的资金、人力、物力投入到其核心业务上去,寻求社会化分工协作带来的效率和效益的最大化。专业化分工的结果导致许多非核心业务从企业生产经营活动中分离出来,其中包括物流业。将物流业务委托给第三方专业物流公司负责,可降低物流成本,完善物流活动的服务功能。

2. 第三方物流的产生是供应链管理理念的要求

供应链管理强调外部的协调与合作,既增加了物流活动的复杂性,又对物流活动提出了零库存、准时制、快速反应等更高的要求,企业依靠自身能力很难承担此类业务,由此产生了专业化物流服务的需求。第三方物流的思想正是为满足这种需求而产生的。它的出现提高了物流服务质量,促进供应链达到整体最佳性。

3. 电子商务的快速发展激发了对第三方物流的需求

实现电子商务以后,网上交易必然要求网下配送,否则,网上的电子交易就不可能完成,这就将大量零售贸易也纳入了物流市场,大大增加了物流需求量。但是,电子商务企业又不可能都自办物流,因此它们就把非核心的物流业务外包。第三方物流集成各电子商务经营者的外包物流,进行规模化、集约化的运作,使得第三方物流的发展获得了一个能量巨大的催化剂。

4. 经济全球化加速第三方物流在世界范围内的发展

目前,世界上跨国公司及其分支机构遍布全球,跨国公司的产值已占到发达国家总产值的40%,跨国公司正向围绕总体战略协同经营一体化的方向发展,从而促使第三方物流与其同步发展。比如,波音747飞机的制造需要400多万个零部件,由65个国家的1 500个大企业和15 000个中小企业提供。这势必需要有一个强大物流系统来支撑这种生产,一个完整的供应链来帮助完成这个过程,而第三方物流恰恰是这个物流系统和整个供应链顺畅运行的关键。

5. 现代信息技术是第三方物流发展的助推器

现代信息技术的参与,推动了物流活动向信息化、自动化、网络化、智能化和柔性化的发展,使物流行业的专业性增强,最终促使其从企业其他业务中成功地分离出来。现代信息技术支持第三方物流与供应链中其他环节的沟通与信息共享,并根据物流需求方的工作进展及意向调整物流计划,提供最优的物流方案。许多原来不可能实现的管理思想,如零库存、准时制、快速反应等,在信息技术条件成熟后,其实现成为可能,保证了作为服务方的第三方物流的高质量工作,促进了整个供应链的高度集成,使物流网络真正实现增值网的功能。

三、第三方物流的基本特征

第三方物流是第三方物流企业在特定的时间段内,按照特定的价格向物流使用者提供的个性化的系列物流服务。它具有以下特征:

1. 第三方物流是合同导向的一系列服务

第三方物流是通过合同形式来规范物流经营者与物流消费者之间关系的。物流经营者根据合同规定的要求,提供多功能直至全方位一体化物流服务,并以合同来管理所有提供的物流服务活动及其过程。一般来说,第三方物流公司能提供仓库治理、运输治理、订单处理、产品回收、搬运装卸、信息管理,产品安装、运送、报送、运输谈判等近30种物流服务。

2. 第三方物流是个性化物流服务

首先,不同的物流消费者存在不同的物流服务要求,第三方物流需要根据不同物流消费者在企业形象、业务流程、产品特征、顾客需求特征、竞争需要等方面的不同要求,提供针对性强的个性化物流服务和增值服务。其次,从事第三方物流的物流经营者也因为市场竞争、物流资源、物流能力的影响需要形成核心业务,不断强化所提供物流服务的个性化和特色化,以增强物流市场竞争能力。

3. 第三方物流所提供的是专业化的物流服务

第三方物流企业由于业务量较大,所以多个物流作业可以实现专业化,例如运输、仓储、装卸、搬运、包装、信息处理等都可以实现专业化运作。专业化运作可以提高物流效率,降低物流成本,从而大幅度提高经济效益。专业化的优势已经在工业化时期的各个领域得到了证明,第三方物流企业是物流产业的支柱企业,具有的专业优势是其超越客户的一个重要资源。

4. 第三方物流企业与客户企业之间是一种优势互补的战略联盟关系

第三方物流的服务范围不仅仅限于运输、仓储业务,也更加注重客户物流体系的整体运作效率与效益。供应链的管理与不断优化是其核心服务内容。它的业务深深地触及客户企业销售计划、库存管理、订货计划、生产计划等整个生产经营过程,远远超越了与客户一般意义上的买卖关系,而是紧密地结合成一体,形成了一种战略合作伙伴关系。从长远看,第三方物流的服务领域还将进一步扩展,甚至会成为客户销售体系的一部分。它的生存与发展必将与客户企业的命运紧密地联系在一起。

5. 第三方物流企业是客户的战略投资人和风险承担者

第三方物流服务是一种建立在物流企业与客户企业利益一体化基础上的长期投资。随着物流市场的不断扩大,物流业务的不断增长,第三方物流公司越来越重视长期利益。表现为第三方物流企业从客户需要出发,自行投资或合资为客户建造现代的专用仓库、个性化的信息系统,以及特种运输设备等,完全以一种投资人的身份为客户服务,这是它身为战略同盟者的一个典型特点。随着各国资本市场的发展,第三方物流企业与客户企业双方在股权、资本上的融合更加紧密,第三方物流战略投资人的性质更加明显。

6. 第三方物流是建立在现代信息技术基础上的

信息技术的进展是第三方物流显示的必要条件,信息技术实现了数据的快速、准确地传送,提升了仓库管理、装卸搬运、采购订货、配送发运、订单处理的自动化水平;客户企业可以在信息系统支持下与物流企业进行交流和协作;同时,物流信息技术的飞速进展使混杂在其他业务中的物流成本能被精确演算出来,这使企业可以把原来内部物流作业交由物流公司运作。用于支撑第三方物流的信息技术包括自动分拣/存取技术、条形码技术、无线射频技术(RFID)、电子数据交换技术(EDI)、全球定位系统(GPS)、地理信息系统(GIS)、电子订货系统(EOS)等。

四、发展第三方物流的意义及作用

第三方物流规模大小、水平高低,直接影响的不仅仅是企业效益,更影响到国家利益,即关系到国家综合国力的提升。因此,发展第三方物流意义重大,作用深远。

1. 发展第三方物流提升社会效益

社会分工发展的规律表明,内部分工协作的发展必然会扩展到外部,形成新的社会分工。从发达国家物流产业的发展看,当第三方物流规模达到物流市场的一半时将形成物流产业。第三方物流的发展将带来整个物流产业生产效率的提高,进而产生巨大的社会效益,这也正是许多国家政府推动第三方物流发展的动力所在,我国政府于2009年2月推出《物流产业振兴计划》。第三方物流是物流产业的中坚力量,因此第三方物流的发展壮大是产业振兴的重中之重。

(1)发展第三方物流可以改善经济运行模式,实现整个社会经济质量的提升

我国虽然在经济上取得了令世人瞩目的成就,但是经济运行质量不高,"粗放式"的问题还很严重。因此,我国的物流成本降低的空间很大,大力发展第三方物流将带来明显的社会经济效益,改善经济运行模式,提升整个社会经济质量。例如,德国通过第三方物流,物流成本下降到商品总成本的10%;日本在近20年内,物流行业每增长2.6%,经济总量就增加1%;而在美国,物流产业的规模已达到9 000亿美元,几乎是高技术产业的2倍。目前,中国物流成本占GDP的比重为16.7%,而发达国家仅为10%。

(2)发展第三方物流是提升综合国力的重要手段

物流业纵贯商品生产、流通和消费各个环节,横跨国民经济各个产业,是衡量一个国家现代化水平与综合国力的重要标志。2008年,我国社会物流总额达89.89万亿元,即每1个单位的GDP需要3个单位的物流量来支撑;我国物流业增加值占全部服务业增加值的比重为16.5%,即物流业每增加6.06%,就可以带动服务业增加1%,对结构调整的拉动作用十分明显。我国企业当中具备自建物流体系的大型企业数量有限,为了满足众多中小企业的物流需求,发展专业化的第三方物流成为最佳选择。

(3)发展第三方物流是成长和壮大物流产业的中坚力量

第三方物流是物流专业化的重要形式,第三方物流的占有率与物流产业的水平之间有着非常规律的相关关系。西方国家的物流业实证分析证明,独立的第三方物流要占社会的50%,物流产业才能形成。所以,第三方物流的发展程度反映和体现着一个国家物流业发展整体水平。我国已于2009年将物流列为十大产业振兴计划之一,提倡大力提高物流的社会化、专业化和现代化水平。该目标的实现,很大程度上要依靠第三方物流的发展和壮大,因此,努力培养一批专业化、规模化的现代物流企业已成为一项各方关注的紧迫任务。

(4)第三方物流有助于缓解城市交通压力

通过第三方物流的专业技能,加强运输控制,通过制订合理的运输路线,采用合理的运输方式,组织共同配送、货物配载等,可减少城市车辆运行数量,减少车辆空驶、迂回运输等现象,解决由于货车运输的无序化造成的城市交通混乱、堵塞问题,缓解城市交通压力。由于城市车辆运输效率的提高,可减少能源消耗,减少废气排放量和噪声污染等,有利于环境的保护与改善,促进经济的可持续发展。在德国,通过第三方物流,运输效率提高80%,车流量减少60%。

2. 发展第三方物流提升企业效益

(1)提升企业核心竞争力

第三方物流提供者通过"量体裁衣"的设计,制订以顾客为导向,低成本高效率的物流方案,为企业创造有利的竞争条件。同时,通过采用第三方物流,企业将与顾客间的物流活动转由第三方物流企业来承担,使原来的直接面对多个顾客的一对多关系变成了直接面对第三方物流的一对一关系,客户企业实现了资源优化配置,将有限的人力、财力集中于核心业务进展

上,努力开发新的产品参与市场竞争,使客户企业专注于核心竞争力的巩固与提高。

第三方物流企业可以站在比单一企业更高的角度上来处理物流题目,通过其掌握的物流系统开发设计能力、信息技术能力,将原材料供给商、制造商、批发商、零售商等处于供给链上下游的各相关企业的物流活动有机衔接起来,使企业能够形成一种更为强大的供应链竞争优势,这是个别企业无法实现的工作。

(2)为企业节省费用,降低成本

企业将物流业务外包给第三方物流公司后,可以不再保有仓库、车辆等物流设施,对物流信息系统的投资也可转嫁给第三方物流企业来承担,从而可减少投资和运营物流的成本;还可以减少直接从事物流的人员,从而减削工资支出;提高单证处理效率,减少单证处理费用;库存管理控制的加强可降低存货水平,削减存货成本;通过第三方物流企业广泛的结点网络实施共同配送,可大大提高运输效率,减少运输费用等。某些企业甚至可以将退货处理、废品回收等部分售后服务内容交由第三方物流来进行,进一步降低企业在此方面的流通成本。这些都是使用第三方物流能够带来的成本降低、费用减少的好处。

美国著名物流公司 Schneider Logistic3 从各个环节分别对客户进行了调查,分析了客户在哪些环节上受益,受益程度有多少,客户在使用 Schneider Logistic3 公司第三方物流服务所实现的费用节省情况,如表 12.1 所示。

表 12.1 费用节省情况

项　目	节约/%
拼箱费用	15~25
设计和优化路线	10~15
选择合适的运输路线	10~15
运输管理	2~6
财务和审计	3~5
使用适当的设备	6~8
仓储费用	7~10

(3)提高企业灵活快速的市场反应能力

企业在物流管理方面必须具有灵活性。灵活性表现在:当市场变化,订单增多,企业运输能力不足时,可以借助第三方物流的职能来补充或替代企业的运输工作;当实际需求加大时,要求在库存设置和空间上进行调整,此时,企业可以外购仓储保管能力,即借助第三方物流的保管功能来补充保管容量;当企业加工能力不足,希望减少流通加工的包装工序时,可以借助第三方物流的包装功能来实现;当企业没有精力进行配货时,也可以借助第三方物流的配送功能。总之,利用第三方物流的各项功能,可以使企业具有较好的后援能力,以及各种服务能力,以应付瞬息万变的环境。

(4) 提升企业服务水平与品牌形象

第三方物流提供者是企业的战略伙伴,帮助企业提高顾客服务水平和质量是第三方物流所追求的根本目标。第三方物流企业拥有完备的设施设备和训练有素的员工队伍,借助先进的信息网络和广泛的结点网络,能够加快对顾客订货的反应能力,加快订单处理,缩短从订货到交货的时间,进行门到门运输,实现货物的快速交付;同时还能够加强对在途货物的监控,及时发现、处理配送过程中的意外事故,保证所订货物及时、安全送达目的地;此外,产品的售后服务、送货上门、退货处理、废品回收等也可由第三方物流企业来完成。第三方物流保证了企业为顾客提供稳定、可靠的高水平服务,进而提高顾客满意度,增强客户企业信誉,树立客户企业的品牌形象。

(5) 共担和分散企业风险

企业如果自己运作物流,要面临两大风险,一是投资的风险,二是存货的风险。一方面,企业自营物流是要进行物流设施、设备的投资的,如建立或租赁仓库、购买车辆等。这样的投资往往比较大,如果企业物流管理能力较低,不能将企业拥有的物流资源有效协调整合,尽量发挥其功用,致使物流效率低下,物流设施闲置,这部分在物流固定资产上的投资将面临无法收回的风险。另一方面,企业由于自身配送能力、管理水平有限,为了及时对顾客订货作出反应,防止缺货和快速交货,往往需要采取高水平库存的策略,如果安全库存量占到企业平均库存50%以上,对于企业来说就存在着巨大资金风险。存货占用大量资金,存货越多,变现能力往往越弱,企业资金越少。而且随着时间的推移,存货有贬值的风险。企业如果通过第三方物流企业进行专业化配送,由于配送能力的提高,存货流动速度的加快,企业可以减少内部的安全库存量,从而减少企业的资金风险,或者把这种风险分散一部分给第三方物流企业。

五、第三方物流企业

1. 按物流范围和服务功能划分

(1) 功能性物流企业

功能性物流企业指仅仅承担和完成某一项或几项物流功能的物流企业,也可叫单一物流企业。按照其主要从事的物流功能,可将其进一步分为信息主导型、服务主导型、仓储型、运输型、流通加工型物流企业等。

(2) 综合性物流企业

综合性物流企业是指能够完成和承担多项甚至所有的物流功能的物流企业。综合性物流企业一般规模较大、资金雄厚,具有强大的现代高技术支持,可以根据情况租用专用仓库,也可以有自己的运输车队、船队、飞机等运输工具,并且有着良好的物流服务信誉,能够提供各种延伸服务,如快运服务、限时服务、门对门服务等,还可以提供货物同步查询服务等增值服务。综合物流企业的优势在于它可以利用它的网络优势服务得到更多的业务,它可以利用大量的货物运输和仓储使得运输和仓储成本降低。

2. **按业务实现形式划分**

（1）物流自理企业

物流自理企业是指将承接的物流业务由自己完成、承担的物流企业。物流自理企业就是平常人们所说的物流企业，它可进一步按照业务范围进行划分。

（2）物流代理企业

物流代理企业是指将物流业务以委托给其他物流企业完成为主的物流企业。这类企业的业务范围特别广，涵盖有空运、海运、公路运输、多式联运等，它服务的区域也很大，可以扩展到地球的任何一个角落，以收取代理费为主要营业收入。

3. **根据拥有的资源划分**

（1）资产型基础供应商

资产型基础供应商拥有自己的运输工具和仓库，通常实实在在地进行物流操作。

（2）非资产型基础供应商

非资产型基础供应商不拥有固定资产，而是租赁固定资产，主要提供人力资源和先进的物流管理系统，专业管理顾客的物流功能。

六、第四方物流

为了降低成本，企业不断扩大物流的外包，然而现实中的第三方物流在综合能力、集成技术、战略管理等方面难以满足用户的需要。为了满足这种需要，某些第三方物流企业、信息技术企业以及咨询公司结成服务商联盟，为用户提供更加全面的供应链物流服务。这种崭新的外包服务模式，也就是所谓的"第四方物流"。

1. **第四方物流的概念**

美国安德逊咨询公司（Andersen Consulting）于1998年提出第四方物流的（Fourth Party Logistics，4PL）概念，美国物流经济学家John Gattorna最先在其著作中提出第四方物流的定义："第四方物流供货商是一个供应链的集成商，它对公司内部和具有互补性的服务供货商所拥有的不同资源、能力和技术能进行整合和管理，并提供一整套供应链解决方案。"

可见，第四方物流实际上是对整个供应链的管理，在管理方式上比第三方物流要复杂得多。它是在第三方物流的基础上发展起来的，是对物流资源的进一步整合。它同时也是一种虚拟物流，是依靠业内最优秀的第三方物流供应商、技术供应商、管理咨询顾问和其他增值服务商，整合社会资源，为用户提供独特的和广泛的供应链解决方案。

4PL与3PL协作极大地扩展了物流发展空间，也为客户提供了更高层次的服务。3PL主要是为企业提供实质性的具体的物流运作服务。而主要的不足是本身的技术水平不高，能为客户提供的技术增值服务比较少。4PL刚好相反，4PL的专长是物流供应链技术，它具有丰富的物流管理经验和供应链管理技术、信息技术等。它的不足在于自身不能提供实质的物流运输和仓储服务。4PL 的思想必须依靠 3PL 的实际运作来实现并得到验证;3PL 又迫切希望得到 4PL 在优化供应链流程与方案方面的指导。因此,只有二者结合起来,才能更好地、全面地提供完善的物流运作和服务。3PL 与 4PL 联合成为一体以后,将 3PL 与 4PL 的外部协调转化为内部协调,使得两个相对独立的业务环节能够更和谐、更一致地运作,物流运作效率会得到明显地改善,进而增大物流成本降低的幅度,扩大物流服务供应商的获利空间。

2. 第四方物流的特点

（1）集约化

第四方物流集成了技术公司、管理咨询和第三方物流服务商的能力,整合了相关的物流资源,提供了一整套全面意义上的供应链物流解决方案,以有效适应需求方多样化和复杂化的需求。

（2）价值化

第四方物流通过对整个供应链产生影响的能力来降低运营成本,降低工作成本和提高资产利用率,能够为整条供应链的客户都带来利益,增加价值。

（3）规范化

第四方物流加速了整个物流行业的标准化和规范化的进程,推进了物流技术指标和质量标准的统一以及物流管理程序和实务的规范化。

（4）国际化

第四方物流是在经济全球化的大趋势下出现的,因此其自身的国际化将是不可避免的,主要表现在物流市场的国际化、服务需求的国际化、物流支持系统的国际化、供应链管理的国际化和企业文化的国际化等方面。

3. 第四方物流的运作模式

第四方物流是一个提供全面供应链解决方案的供应链集成商,按照安德逊咨询公司的分类,存在三种可能的应用模式:

（1）协同运作模型

协同运作模型又称知识密集型模式。在这种模式中,第四方物流和第三方物流共同开发市场,第四方物流向第三方物流提供一系列的服务,包括技术、供应链策略、进入市场的能力和项目管理的专业能力。第四方物流往往会在第三方物流公司内部工作,其思想和策略通过第三方物流这样一个具体实施者来实现,以达到为客户服务的目的。第四方物流和第三方物流一般会采用商业合同的方式或者战略联盟的方式合作。

（2）方案集成商模型

方案集成商模型又称方案定制模式,在这种模式中,第四方物流为客户提供运作和管理整个供应链的解决方案。第四方物流对本身和第三方物流的资源、能力和技术进行综合管理,借助第三方物流为客户提供全面的、集成的供应链方案。第三方物流通过第四方物流的方案为客户提供服务,第四方物流作为一个枢纽,可以集成多个服务供应商的能力和客户的能力。

(3) 行业创新者模型

行业创新者模型又称行业整合模式,在这种模式中,第四方物流为多个行业的客户开发和提供供应链解决方案,以整合整个供应链的职能为重点,第四方物流将第三方物流加以集成,向上下游的客户提供解决方案。在这里,第四方物流的责任非常重要,因为它是上游第三方物流的集群和下游客户集群的纽带。行业解决方案会给整个行业带来最大的利益。第四方物流会通过卓越的运作策略、技术和供应链运作实施来提高整个行业的效率。

以上三种模式的复杂性依次递增,但第四方物流无论采取哪一种模式,都突破了单纯发展第三方物流的局限性,可以不受约束地将每一个领域的最佳物流提供商组合起来,为客户提供最佳物流服务,能做到真正的低成本、高效率、实时运作,实现最大范围的资源整合,进而形成最优物流方案或供应链管理方案。

4. 第四方物流的前提条件

"第四方物流"的前景非常诱人,但是成为第四方物流的门槛也非常的高。美国和欧洲的经验表明,要想进入"第四方物流"领域,企业必须在某一个或几个方面已经具备很强的核心能力,并且有能力通过战略合作伙伴关系很容易地进入其他领域。

要想成为第四方物流企业必须具备的前提条件有:

①有世界水平的供应链策略制定、业务流程再造、技术集成和人力资源管理能力。
②在集成供应链技术和外包能力方面处于领先地位的企业。
③在业务流程管理和外包的实施方面有一大批富有经验的供应链管理专业人员。
④能够同时管理多个不同的供应商,具有良好的关系管理和组织能力。
⑤有对全球化的地域覆盖能力和支持能力。
⑥有对组织变革问题的深刻理解和管理能力。

第二节 第三方物流运作模式与能力

一、物流运作模式

运作模式已经成为影响企业经营成败的重要因素,成功的运作模式是企业获得盈利的基础,同时也是企业核心竞争力的体现。传统储运企业向现代物流企业转变,目标就是寻求一种新的盈利模式,只有找到了适合于企业的运作模式,传统储运企业才真正完成了转变。

所谓物流运作模式是指第三方物流企业为实现物流服务定位而建立的一整套运作体系。具体地说,就是实现物流服务的全过程中所涉及的软、硬件等一系列环节和手段的集合。

第三方物流活动运作过程复杂,服务对象多样,涉及领域广泛,使用技术高端,市场竞争激烈,因此,物流企业必须对物流市场进行深入细致地分析,明确目标市场,结合自身优势,准确市场定位,同时,利用现代物流理念来改善企业的经营,使选择的经营模式能够给企业带来最佳的经济效益。经营模式不是一成不变的，一个企业可以选择多种经营模式，也可选择一种经营模式。

二、第三方物流运作模式

企业在为顾客提供物流服务的过程中，必须站在客户的立场上思考物流合理化问题，以客户需求为导向，采用符合客户要求以及与企业自身能力相适应的运作模式，实现客户满意与企业盈利双赢。

第三方物流提供的物流服务模式主要有以下六种：

1. 项目物流服务模式

项目物流是指为具体的项目提供全程物流服务的模式。这类需求主要集中在我国一些重大的基础设施建设项目和综合性的展会、运动会中，如三峡水电站、秦山核电站、国家体育馆等基建项目以及奥运会、展览会等大宗商品的运输物流服务，实施这种模式的物流企业必须具备丰富的物流运作经验和强大的企业实力。

2. 行业物流服务模式

行业物流服务模式是通过运用现代技术手段和专业化的经营管理方式，在拥有丰富目标行业经验和对客户需求深度理解的基础上，在某一行业领域内，提供全程或部分专业化物流服务的模式。这种经营模式主要特点是将物流服务的对象分为几个特定的行业领域，然后对这个行业进行深入细致的研究，掌握该行业的物流运作特性，提供具有特色的专业服务。

商业运作方式决定着物流服务方式，只有深入掌握了目标行业或项目的具体特征，才能提供专业化的物流服务。实际上，行业物流服务模式体现了细分物流市场的特征。物流企业必须不断研究目标市场行业的物流特点和发展趋势，成为这些行业的物流服务专家。在全球，也只有极少数企业能进行所有种类物流服务的现代物流企业。绝大多数物流企业都可采用目标集聚战略，进行准确的市场定位，各有侧重地展开各具特色的物流服务。

在国内，行业物流服务是近年来我国物流市场发展的一个趋势，我国物流产业振兴规划已将钢铁、医药、汽车等行业列为重点发展对象，行业物流具有巨大的发展空间和市场潜力。

3. 定制式物流服务模式

定制物流服务是指将物流服务具体到某个客户，为该客户提供从原材料采购到产成品销售过程中各个环节的全程物流服务模式，涉及储存、运输、加工、包装、配送、咨询等全部业务，甚至还包括订单管理、库存管理、供应商协调等在内的其他服务。现代物流服务强调与客户建立战略协作伙伴关系，采用定制式服务模式不仅能保证物流企业有稳定的业务，而且能节省企业的运作成本。物流企业可以根据客户的实际情况，为其确定最合适的物流运作方案，以最低的成本提供最高效的服务。

4. 物流管理输出模式

物流管理输出模式是指物流企业在拓展国内企业市场时，强调自己为客户企业提供物流管理与运作的技术指导，由物流企业接管客户企业的物流设施或者成立合资公司承担物流具体运作任务的服务模式。采用管理输出方式时，可有效减少客户企业内部物流运作与管理人员的抵制，使双方更好地开展合作。采用物流管理输出模式时，可以利用客户企业原有设备、网络和人员，大幅减少投资，并迅速获取运作能力，加快相应市场需求的速度。

在运作时，可以有两种方式：

(1) 系统接管客户物流资产

如果客户在某地区已有车辆、设施、员工等物流资产，而物流企业在该地区又需要建立物流系统，则可以全盘买进客户的物流资产，接管并拥有客户的物流系统甚至接受客户的员工。接管后，物流系统可以在为该客户服务的同时为其他客户服务，通过资源共享以改进利用率并分担管理成本。

(2) 与客户合资成立物流公司

物流企业与客户共建合资物流公司的方式，既使客户保留物流设施的部分产权，并在物流作业中保持参与，以加强对物流过程的有效控制；又注入了专业物流公司的资本和技能，使物流企业在物流服务市场竞争中处于有利地位。

5. 物流连锁经营模式

物流连锁经营是指特许者将自己所拥有的商标（包括服务商标）、商号、产品、专利和专有技术、经营方式等以特许经营合同的形式授予被特许者使用；被特许者按合同的规定，在特许者统一的业务模式下从事经营活动，并向特许者支付相应费用的物流经营形式。物流连锁经营借鉴了成功的商业模式，可以迅速地扩大企业规模，实现汇集资金、人才、客户资源的目标，同时在连锁企业内部，可以利用互联网技术建立信息化的管理系统，更大程度地整合物流资源，用以支持管理和业务操作，为客户提供全程的物流服务。

6. 物流战略联盟模式

物流联盟模式是指物流企业为了达到比单独从事物流服务更好的效果，相互之间形成互相信任、共担风险、共享收益的物流伙伴关系的经营模式。中小型物流企业自身力量薄弱，难以与大型跨国物流企业竞争，因此，中小型物流企业的发展方向是相互之间的横向或纵向联盟。这种自发的资源整合方式，经过有效的重组联合，依靠各自的优势，可以在短时间内形成一种合力和核心竞争力。同时在企业规模和信息化建设两个方面进行提高，形成规模优势和信息网络化，实现供应链全过程的有机结合，从而使企业在物流服务领域实现质的突破，形成一个高层次、完善的物流网络体系。

三、第三方物流运作模式应考虑的因素

第三方物流企业在建设运营模式的时候，主要应考虑两个方面的问题：一个是如何整合资源，另一个是如何提供服务。

1. 资源整合

从资源整合的方式看,第三方物流企业主要有两种:一种是不拥有固定资产,依靠企业协调外部资源进行运作的"非资产型";另一种是投资购买各种设备并建立自己物流网点的"资产型"。究竟采用哪种类型主要取决于企业的成长背景、投入能力、战略规划以及宏观环境。

"非资产型"物流企业仅拥有少数必要的设施设备,基本上不进行大规模的固定资产投资,它们主要通过整合社会资源提供物流服务。由于不需要大量的资金投入,运行风险较小。采用这种方式需要有一个成熟的底层物流市场,同时企业自身也要有先进的技术手段做支撑。

"资产型"物流企业采取的方式是自行投资建设网点和购买设备,除此之外,还可以通过兼并重组或者建立战略联盟的方式来获得或利用资源。虽然需要较大的投入,但拥有自己的网络与设备有利于更好地控制物流服务过程,使物流服务质量更有保证,同时雄厚的资产也能展示企业的实力,有利于同客户建立信任关系,对品牌推广和市场拓展有重要作用。

2. 服务提供

如何提供服务、提供怎样的服务是第三方物流企业重点关注的问题,这需要确定以下五个方面的内容:

(1)服务区域

服务区域是指第三方物流企业提供物流服务的覆盖范围。企业对于自身服务的范围是国际物流、全国物流、区域物流还是市域物流要有明确的划分。服务区域的确定要与本企业的资金、设备、条件相匹配,要符合企业的实际情况。

(2)服务对象

服务对象的确定是解决企业为谁服务的问题,只有明确服务对象,才能在提供物流服务时有的放矢,以企业有限的资源为客户提供更完善、周到的物流服务。第三方物流企业的服务对象主要有社会公众、生产制造企业、商贸企业等。

(3)服务内容

第三方物流服务的内容主要包括运输、仓储、包装、搬运装卸、流通加工、配送等基础性服务,以及信息系统管理、物流系统方案设计等增值性服务。企业选择哪些物流服务内容,选择多少项目,要依据企业的战略定位、整体实力,以及市场需求等综合确定。

(4)服务产品

物流服务产品是第三方物流企业根据市场定位、服务对象推出的相应的物流服务项目。服务产品的类型可以按照物品的重量、体积划分,也可以按照物品的性质如服装、家电、生物制品等划分。由于不同的物品对物流服务的要求不同,因此确定服务产品的类型对于运作模式的建立也有着很重要的作用。

(5)服务手段

第三方物流企业的服务手段主要包括运输、仓储、网络、信息等软硬件设施、设备的选择和使用。对于运输来说,它是指运输方式的选择,是一种运输方式还是多种运输方式;对于仓储来说,它是指仓储的类型,其物流中心是中转型、分拨型还是综合型;对于网络来说,它是指网络覆盖的范围及密度的大小;对于信息系统来说,它是指信息系统的功能和实现方式。

四、第三方物流企业的运作流程

物流需求随着经济的增长而增长,企业物流需求越来越倾向于选择外部方式完成,从而产生针对第三方物流的大量需求,该物流需求是第三方物流业务流程的起点。

用户根据事先界定的服务需求、设立的目标和选择标准,通过公开招标及交互选择方式筛选确定第三方物流提供商。

第三方物流提供商根据客户的实际物流需求和企业经营方式,提出合理化、科学化的方案设计;并整合资源,在保证客户服务要求的情况下,用最低的成本进行物流操作。使客户在降低物流成本的同时,又提高在行业内的竞争力。

第三方物流企业的基本运作流程如图 12.1 所示。

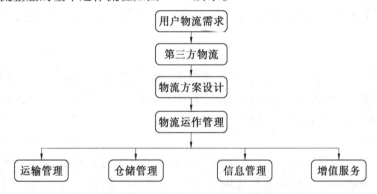

图 12.1　第三方物流企业的基本动作流程图

五、第三方物流企业的运作能力

1. 物流资源的整合能力

任何物流活动的开展对社会交通运输、仓储、物流公共设施、信息及社会物流环境等都有很强的依赖性。因此,整合物流资源是 3PL 企业物流运作能力的关键。基于企业战略定位的物流资源整合,可以有效地获得战略性经营资产,完善物流服务功能,充分利用社会资源,创造良好的外部环境,提高物流效率。

3PL 企业的资源整合范围可分为:内部资源和外部资源。内部资源主要有人力、设备设施、信息、资金、无形资产等;外部资源主要包括用户、供应商、投资商、政府、标准组织、咨询机构等。从资源整合的对象来看,可分为客户资源整合、能力资源整合、信息资源整合。从整合的方式来看,可分为兼并重组、合资合作、协议联盟、租赁托管、建立信息共享或交易平台等。

2. 物流业务的运作能力

服务是无形产品,服务过程就是客户的消费过程,任何差错都会对客户产生不良影响,物流企业只有具备较高的业务运作能力,才能实现低成本高水平服务的目的。因此,物流业务运作能力是物流企业最基本、不可或缺的能力,是物流企业竞争优势的基本体现。

物流业务运作的内容可分为三个层次:一是整套物流实施方案的运作能力,这要求各功能业务环节相互配合,紧密衔接,高效运转,保证整个流程低成本高效进行;二是具体物流功能业务的运作,主要是仓储、配送、运输等功能内部的各作业环节,运作高效、准确、安全;三是具体作业(操作)的运作,具体包括制订科学的工作流程、作业方法、操作规范、质量标准等。

世界第三方物流企业前10强经营管理模式如表12.2所示,这10家物流企业都有一些共同的特点:

第一,专业化。比如UPS主要是陆运,Fedex主要是空运,德国邮政主要是邮政运输,Maersk主要是海运。

第二,都有自己的核心竞争力。比如像Exel做废品处理,有自己独特的一套。

成功在于走专业化的道路,这是值得我们借鉴的地方。

表12.2 世界第三方物流企业前10强经营管理模式

公司名称	经营模式
UPS	90%美国,陆运为主,200多个国家,每天600万收件人,全球最大
Fedex	76%美国,空运为主,全球3.8万邮局收件箱,在大量兼并同行
德国邮政	71%欧洲,邮政占总收入49%,83家分拣中心,与DHL合作
Maersk	250艘船,全球最大航运公司,丹麦GDP37%,第二大连锁超市
日通	93%业务在日本市场,汽车运输为主,现代化规模化仓储服务
Ryder	82%北美,设备租赁、机动车维修,与丰田合资TPL,互联网外贸
TNT	85%欧洲,邮递占42%营业额,占76%利润,网上汽车商店/配送
Expeditors	56%远东,63%空运,物流信息服务,擅长拼货(美国注册)
Panalpina	52.7%欧非,全球第一家门到门,有时限担保和无重量限制空运
Exel	39%英国,全球最大废品处理物流,为摩托罗拉和福特全球配送

3. 物流信息技术的应用能力

现代信息技术的广泛应用,大大降低了物流过程的交易费用、资源的整合成本,提高了服务的响应速度、运作的便捷与效率。物流信息技术的应用主要包括两个方面:自动识别技术和物流信息管理系统。以RFID为代表的自动识别技术具有数据高速自动输入、高读取率、低误读率、容易操作等优点,有效解决物流数据采集、录入、处理、传输等。物流信息管理系统是以物流信息传递的标准实时化、存储的数字化、物流信息处理的计算机化为基础的物流业务与企业管理平台。建立健全物流信息系统,是物流企业获得竞争优势的必要条件。

4. 物流市场的营销能力

营销能力反映3PL企业在发展过程中的市场影响力,是3PL发展新业务的引擎,更是巩固市场,维持长期发展的保障。提升3PL企业市场营销能力的主要途径为:一是树立先进的营销理念,如品牌营销理念、知识营销理念、文化营销理念、关系营销理念、特色营销理念、绿色营销理念、创新营销理念等;二是制订合理的营销策略,包括服务产品策略、价格策略、合作策略、促销策略等。

5. 物流客户关系管理能力

基于战略联盟的物流服务合同多为中长期合同,发达国家3PL的服务合同一般都在5~7年。在有限的客户市场中,谁的客户关系管理做得好,谁就可能扩大市场份额,谁就能在竞争中立于不败之地,竞争对手想挖走客户往往需要付出更大的代价,因此,客户关系管理是物流企业提升竞争能力的重要手段。

第三节 第三方物流的服务管理

一、第三方物流服务的概念与意义

1. 物流服务的概念

GB/T19680—2005《物流企业分类与评估指标》中对物流服务作了进一步的细化:物流服务是指物流供应方通过对运输、储存、装卸、包装、流通加工、配送和信息管理等基本功能的组织与管理来满足客户物流需求的行为。

2. 第三方物流服务管理的意义

(1) 提升顾客满意度

(2) 获取物流项目

(3) 顺利实施物流项目

(4) 提高企业竞争力

二、第三方物流服务的内容

第三方物流的兴起和发展是与"外包(Out sourcing)"紧密联系在一起的。正是由于物流供需双方为了专注于其核心竞争力而将物流业务外包出来,第三方物流企业才有了立足之地。但这并不意味着3PL企业只能被动地为客户服务。事实上,现代第三方物流企业必须把自己理解成供应链中不可或缺的一环,并增强在外包物流中的创新意识,拓展综合性的一体化服务。这就要求第三方物流企业必须重新审视外包的新趋势,不能只是紧盯着生产型企业所外包出来的运输和配送业务,而是需要拓展更多的一体化业务。

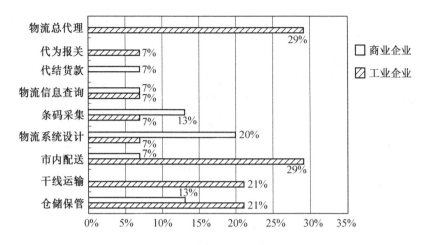

图 12.2 欧美国家使用第三方物流服务情况图

据统计,欧美国家第三方物流公司近 30 项第三方物流服务项目中,仅有 15% 的公司的服务项目低于 10 种,而 66% 以上的公司服务项目高于 20 种。欧美国家使用第三方物流服务情况如图 12.2 所示。另据美国科尔尼管理咨询公司的一份分析报告显示,单独提供运输服务的第三方物流企业的利润率为 5%,单独提供仓储服务的利润率为 3.9%,而提供综合性一体化服务的利润率可达 10.5%。北美著名物流商 Fedex 公司、Circle 公司、CTI 公司除了提供传统的运输、仓储、装卸、搬运、包装、流通加工、配送、信息服务之外,还涉足了货品的采购、销售、结算、订单处理、数据传输、产品安装、分担风险等诸多服务内容,其服务一体化的趋势已经十分明显。但据调查资料表明:现阶段我国物流服务商收益的 85% 来自于基础性服务(如运输、仓储),增值服务、物流信息服务和支持物流的财务服务的收益只占 15% 左右。

典型的第三方物流提供者的服务内容有:仓库管理,集运,物流信息系统,车队管理,运费谈判,选择承运商,订单履行,产品回收,订单处理,客户备用零件,产品安装/装配,库存补充和进出口等。第三方物流服务可以分为三个层次:基本服务,增值服务和高级服务。

1. 基本服务

①运输与配送服务,即运用海空陆的交通系统,及时准确地将货物送到指定的商家和地点。

②仓储服务,即为制造型企业提供仓储管理和库存管理,包括仓库选址、仓库布局设计、货架设计、货物搬运和装卸等,并提供存货、补货策略。

③包装加工服务,即根据货物的特点和客户的要求进行包装和初加工。

④配套服务,包括海关的报关、中介代理、广告参展等。

⑤追踪服务,即通过电子技术来实现对货品的查询和跟踪服务。

2. 增值服务

在竞争不断加剧的市场环境下,不但要求物流服务在传统的运输和仓储服务上能够满足

客户需求,同时还要求它们要积极拓展物流业务,提供尽可能多的增值性服务。第三方物流发展增值服务主要包括:

(1) 增加便利性的服务

便利性的服务是指那些能够简化手续、简化操作的服务。这里的简化是相对于客户而言的,并不是服务内容的简化,而是指物流服务提供商以各种方式代替客户做某些客户原来自己做的事情,使客户作业变得更加简单,更加方便,从而增加了商品或服务的价值。例如,在包装箱上标明条形码,使物流过程中的各方都便于搬运和点数;建立方便的订货动态系统,使物流链中有关各方能够迅速获得有关订货执行情况的准确信息。

(2) 物流延伸服务

所谓物流服务延伸模式,是指在现有物流服务的基础上,通过向两端延伸,向客户提供更加完善和全面的物流服务,从而提高物流服务的附加价值,满足客户高层次物流需求的经营模式。如仓储企业利用掌握的货源,通过购买部分车辆或者整合社会车辆从事配送服务;运输企业在完成货物的线路运输之后,根据客户的要求从事货物的临时保管和配送。这种模式对于从事单一功能物流服务的传统物流企业来说,不仅可以拓展物流服务的范围,而且达到提高物流服务层次的目的。

3. 高级物流服务

(1) 物流整体服务

物流整体服务是指第三方物流提供商为客户企业提供市场调查与预测、物流系统设计、物流方案的规划与选择、优化配送中心作业流程、合理设计布局物流网络,整合流通渠道,库存控制决策建议、教育与培训等多项可选服务或全部服务。而以上这些服务也是最难提供的服务,能否提供此类服务已成为衡量一个物流企业是否真正具有竞争力的标志。

(2) 物流金融服务

大部分中小企业,包括经销商、供应商和生产商,都存在无法及时获得银行金融服务有效支持的问题,从而使企业物流资金周转率低下,原材料、半成品或产品不能"物畅其流",占用企业大量流动资金,影响了企业的运作效率。第三方物流企业利用其物流服务平台,利用企业的存货为质押品,联合金融机构为企业提供物流金融服务,将能大大增强企业的融资能力,盘活企业存货,加速资本周转,同时也提高了第三方物流企业的服务能力,拓展了新的利润增长点。物流金融服务包括:仓单质押业务,保兑仓业务,价值评估、去向监管、信用担保等。

(3) 物流信息服务

第三方物流企业可以为客户提供两个层次的信息服务:信息收集服务和信息传递服务。前者是指第三方物流企业为客户收集市场供需信息、产品销售与库存信息、用户反馈信息等,为生产经营企业的决策提供服务;后者是指第三方物流企业可利用其计算机网络系统和现代信息技术,在供应商、生产企业、销售商间架起信息传递的桥梁,同时也为客户实现电子报送、货物跟踪、货款结算、电子商务等提供服务,从而实现商流、物流、资金流和信息流的高度统一。

三、第三方物流顾客服务水平定位

从市场营销学产品角度来讲,物流服务实质就是第三方物流企业向客户提供的一个无形产品,而产品是否为市场接受,一个重要因素是该产品的市场定位是否准确,是否既符合目标市场客户的需求,又与提供该产品的物流企业实力相符。

1. 影响第三方物流服务水平的主要因素

(1) 人员沟通质量

人员沟通质量指负责沟通的物流企业服务人员是否能通过与顾客的交流提供良好的服务。表现在服务人员是否具备良好的知识储备、礼貌耐心的态度、良好的处理事件的能力和信息传达的可得性和可靠性等方面。客户在接受此服务的过程中会逐步形成对物流服务质量的评价。因此,良好的沟通质量是提升第三方物流服务质量的重要方面。

(2) 信息质量

信息质量指第三方物流企业要保证按照合约提供给客户所需的相关信息的可得性和可靠性。这些信息包括各种查询、单据、报表和相关的文件。表现在网络覆盖率、及时准确率、信息共享程度、稳定性、保密性、意外情况反馈能力等方面。

(3) 响应时间

响应时间是第三方物流企业提供各种服务的效率指标,贯穿于服务提供的所有环节。包括运输效率指标、配送效率指标、仓储效率指标、搬运效率指标、流通加工效率指标、信息处理效率指标、客户服务效率指标等方面。

(4) 订货完成质量

订货完成质量是对订单执行质量的衡量指标。包括订单完成率、货品可得率和准确率等。

(5) 货品完好程度

第三方物流企业不对由生产过程决定内在的货品质量负责,但在提供物流服务的过程中需保证货品原有的质量不受损坏。货品完好程度反映货品损坏程度,贯穿于服务提供的所有作业环节。

(6) 交货准确率

交货准确率指实际送达的货品和订单要求的货品相一致的程度。货品准确率应包括货品种类、型号、规格准确及相应的数量正确。

(7) 误差处理

误差处理指在提供的信息或货品出现错误后的处理,这些错误可能来自客户,也可能出自第三方物流企业本身。如订单执行错误、运费核算错误、送货地址错误等。对这类错误是否采取了妥当的处理方式将直接影响客户对物流服务质量的评价。

2. 顾客服务水平定位的原则

物流服务水平的定位应考虑两个方面:

(1)定位符合目标市场中的客户需求

物流企业服务的客户各行各业,服务的产品种类繁多,而绝大部分物流企业不可能也没有必要做到满足所有客户的需求,因此物流企业应首先明确自己服务的目标客户是哪些,继而分析目标客户的需求,设计开发符合目标客户的物流服务产品。物流服务水平低不行,但也不是越高越好,最好的物流服务应该是既满足客户需求,又能为客户节省成本。

(2)定位实现物流企业成本与收益的平衡

较高的客户服务水平可以增加客户满意度,使企业留住客户,提高企业信誉和形象,扩大市场占有率。然而,客户服务水平提高必然会带来成本的提高。因此,企业要努力寻找一合适的收益、成本契合点。最佳的客户服务水平是使销售减去成本的差额最大,实现利润最大化。

3. 顾客服务水平定位的步骤

(1)了解客户服务的需求

调查显示,美国企业关心的物流服务内容主要有现货供应比率、交货频率、库存、运输时间、交货时间的信息服务。而中国生产企业采用第三方物流,关心的依次为物流代理商的作业质量,物流满足能力,最后为经济性。商业企业关心的因素则依次为经济性,物流满足能力,物流代理商的作业质量。改进物流客户服务水平应该首先了解客户的需求,对主要客户市场进行透彻详尽的调查,准确把握客户真正所需要的服务,这是改进物流服务水平的基础。

(2)分析企业内部资源情况

通过市场调查,了解客户服务的需求后,企业要结合自身的情况和特点,考虑如何去满足客户的需求,内外结合,提出合理的改进方案。

(3)提出物流服务水平改进方案

最好的客户服务方案可以以最低的服务成本为企业留住及争取最有价值的客户群。改善后的客户服务方案可以从以下方面来衡量:

①能真实反映客户的需要和观点。

②能为客户服务绩效提供可操作性有针对性的评估方法。

③为管理层提供调整业务活动的线索和思路。

④执行方案并考核执行情况。

市场在不断变化,企业要关注市场变化情况,及时跟进,对方案进行调整,使其与客户服务需求相一致。第三方物流企业应该充分了解客户群体,基于客户需求,结合自身企业的特点,选择最佳的客户服务水平。

四、第三方物流评价指标

1. 关键绩效指标 KPI

关键绩效指标 KPI(Key Performance Indicators),是通过对组织内部流程的输入端、输出端的关键参数进行设置、取样、计算、分析,衡量流程绩效的一种目标式量化管理指标。

确定 KPI 的一个重要原则是 SMART 原则。SMART 是五个英文单词的首字母缩写:S 代表具体(Specific),指绩效考核要切中特定的工作目标,并且随情境的变化而发生变化;M 代表可度量(Measurable),指绩效指标是数量化或者行为化的,验证绩效指标的数据或者信息是可以获得的;A 代表可实现(Attainable),指绩效指标在付出努力的情况下可以实现,避免设立过高或过低的目标;R 代表现实性(Realistic),指绩效指标是现实存在并可验证的,而不是基于假设或预期;T 代表有时限(Time bound),注重完成绩效指标的特定期限,是关注效率的表现。

2. 第三方物流企业的 KPI 构成

对第三方物流企业来说,组织目标是通过提高物流服务的客户满意度、客户忠诚度,来巩固已有的客户关系,发掘潜在的新客户;流程总目标是在低成本快速满足客户对服务的要求。第三方物流企业主要 KPI 指标有:

(1)运输服务指标

①运输需求满足率。指客户企业的运输需求能够及时满足的比率,可用需求得到满足的次数占总需求次数的百分比来表示。

②货物及时发送率。可用一定时期内第三方物流企业接到客户订单后,按指定的或协议的日期及时将货物发送出去的次数占总订单次数的百分比来表示。

③货物准时送达率。可用一定时期内准时送达次数占总送货次数的百分比来表示。

④货物完好送达率。可用一定时期内货物无损坏的送达次数占总送货次数的百分比来表示,客户要求这个指标应该达到 100%。

⑤运输信息及时反馈率。指每一笔货物运输出去以后,第三方物流企业向客户反馈运输信息的比率,可用一定时期内及时反馈运输信息的次数占总订单次数的百分比来表示,这个指标也要求达到 100%。

(2)库存管理指标

①库存完好率。指某段时间内仓库货物保存完好的比率,可用一定时期内完好库存数占总库存数的百分比表示。客户企业对这一指标的要求一般为 100%。

②存货准确率。存货定期盘点且账物相符的数量占定期盘点并核对的存货的百分比,这一指标应每月由作业地点汇报。

③发货准确率。指仓管人员根据订单准确发货的比率。

3. 客户服务过程的评价指标

①客户投诉率。指在 T 时间段内,某一客户企业向第三方物流企业投诉的比率。这是体现客户服务水平高低和质量好坏的重要指标,可用客户投诉次数与总的物流服务次数之比来表示。

②客户投诉处理时间。每次客户投诉后,第三方物流企业应做出及时反应以处理问题,并且保证以后此类问题不再出现。投诉处理时间一般为 2 小时,可以根据行业情形,适当调节。但如果客户重复投诉,则此指标的权重应该加大。

③回单返回及时率。指在完成每笔物流业务后,运输单据及时返回客户企业的比率。一般客户企业会每月收回一次运输单据以备查。

除了以上三类主要评价指标外,KPI还可包括进出口业务评价指标(报关及时性、订单处理及时率、准确率)、费用结算评价指标(费用结算及时率、准确率)等。

本章小结

1. 第三方物流是由供应方与需求方以外的物流企业提供物流服务的业务模式,是创造第三利润的主要源泉,发展第三方物流可以使国家、企业、个人三方受益。

2. 第三方物流企业必须进行准确的市场定位,选择最适合发挥自身优势的经营模式,同时,还必须具备全面高效的运作能力,只有这样才能获取应有的经济效益。第三方物流企业应深刻挖掘、巩固企业核心竞争力,以保证在激烈的市场竞争中求得生存,并持续稳定地发展。

3. 第三方物流企业不但要做好功能性的物流基本服务,更应向客户提供增殖性物流服务,并保持始终如一的使客户满意的服务水平。使用KPI指标体系科学评价服务状况,实施全程全方位的监督与控制,不断改进和提高服务水平。

4. 第四方物流是一个供应链的集成商,它对公司内部和具有互补性的服务供货商所拥有的不同资源、能力和技术进行整合和管理,并提供一整套供应链解决方案。它突破了第三方物流单纯发展的局限性,将资源从社会全局的角度上进行整合,实现低成本、高效率,给顾客带来最大的价值。

复习思考题

一、判断题(正确的用√表示,错误的用×表示)

1. 第三方物流与物流外包是一回事。(   )
2. 综合性物流企业能够完成和承担多项甚至所有的物流服务,因此综合性物流企业一般规模较大、资金雄厚,拥有车队、船队或飞机等运输工具。(   )
3. 第三方物流企业的运作模式一旦确定就不会改变。(   )
4. 最好的物流服务应该是既满足客户需求,又能为客户节省成本。(   )
5. 物流业务运作能力是物流企业最基本的能力,是物流企业竞争优势的基本体现。(   )

二、简答题

1. 什么是第三方物流?它有哪些特征?
2. 第三方物流企业有哪些类型?
3. 第三方物流的运作模式有哪些?
4. 第三方物流的应具备哪些运作能力?
5. 第三方物流企业可以提供哪些增值服务?
6. 什么是KPI指标?第三方物流的KPI指标主要有哪些?

7. 什么是第四方物流？它有何特征？
8. 发展第四方物流应具备哪些条件？

三、思考题

我国物流服务商收益的大部分来自于基础性服务，增值服务、高端服务收益比例很少，这样的赢利模式有何缺点？如何改变这一现状？

【案例分析】

麦当劳的第三方物流

在麦当劳的物流中，质量永远是权重最大、被考虑最多的因素。麦当劳重视品质的精神，在每一家餐厅开业之前便可见一斑。餐厅选址完成之后，首要工作是在当地建立生产、供应、运输等一系列的网络系统，以确保餐厅得到高品质的原料供应。无论何种产品，只要进入麦当劳的采购和物流链，必须经过一系列严格的质量检查。麦当劳对土豆、面包和鸡块都有特殊的严格要求。比如，在面包生产过程中，麦当劳要求供应商在每个环节加强管理。比如装面粉的桶必须有盖子，而且要有颜色，不能是白色的，以免意外破损时碎屑混入面粉，而不易分辨；各工序间运输一律使用不锈钢筐，以防杂物碎片进入食品中。

谈到麦当劳的物流，不能不说到夏晖公司，这家几乎是麦当劳"御用3PL"（该公司客户还有必胜客、星巴克等）的物流公司，他们与麦当劳的合作，至今在很多人眼中还是一个谜。麦当劳没有把物流业务分包给不同的供应商，夏晖也从未移情别恋，这种独特的合作关系，不仅建立在忠诚的基础上，麦当劳之所以选择夏晖，在于后者为其提供了优质的服务。

麦当劳对物流服务的要求是比较严格的。在食品供应中，除了基本的食品运输之外，麦当劳要求物流服务商提供其他服务，比如信息处理、存货控制、贴标签、生产和质量控制等诸多方面，这些"额外"的服务虽然成本比较高，但它使麦当劳在竞争中获得了优势。"如果你提供的物流服务仅仅是运输，运价是一吨4角，而我的价格是一吨5角，但我提供的物流服务当中包括了信息处理、贴标签等工作，麦当劳也会选择我做物流供应商的。"为麦当劳服务的一位物流经理说。

另外，麦当劳要求夏晖提供一条龙式物流服务，包括生产和质量控制在内。这样，在夏晖设在台湾的面包厂中，就全部采用了统一的自动化生产线，制造区与熟食区加以区隔，厂区装设空调与天花板，以隔离落尘，易于清洁，应用严格的食品与作业安全标准。所有设备由美国SASIB专业设计，生产能力每小时24 000个面包。在专门设立的加工中心，物流服务商为麦当劳提供所需的切丝、切片生菜及混合蔬菜，拥有生产区域全程温度自动控制、连续式杀菌及水温自动控制功能的生产线，生产能力每小时1 500公斤。此外，夏晖还负责为麦当劳上游的蔬果供应商提供咨询服务。

麦当劳利用夏晖设立的物流中心，为其各个餐厅完成订货、储存、运输及分发等一系列工作，使得整个麦当劳系统得以正常运作，通过它的协调与连接，使每一个供应商与每一家餐厅达到畅通与和谐,为麦当劳餐厅的食品供应提供最佳的保证。目前,夏晖在北京、上海、广州都设立了食品分发中心,同时在沈阳、武汉、成都、厦门建立了卫星分发中心和配送站,与设在香港和台湾的分发中心一起,斥巨资建立起全国性的服务网络。

例如,为了满足麦当劳冷链物流的要求,夏晖公司在北京地区投资5 500多万元人民币,建立了一个占地面积达12 000平方米、拥有世界领先的多温度食品分发物流中心,在该物流中心配有先进的装卸、储存、冷藏设施,5到20吨多种温度控制运输车40余辆,中心还配有电脑调控设施用以控制所规定的温度,检查每一批进货的温度。

夏晖食品公司大中华区总裁白雪李很自豪地表示,夏晖的平均库存远远低于竞争对手,麦当劳物流产品的损耗率也仅有万分之一。"全国真正能够在快餐食品达到冷链物流要求的只有麦当劳。"白雪李称,"国内不少公司很重视盖库买车,其实谁都可以买设备盖库。但谁能像我们这样有效率地计划一星期每家餐厅送几次货,怎么控制餐厅和分发中心的存货量,同时培养出很多具有管理思想的人呢?"

与夏晖合作多年的麦当劳中国发展公司北方区董事总经理赖林胜拥有同样的自信:"我们麦当劳的物流过去是领先者,今天还是领先者,而且我们还在不断地学习和改进。"他表示,麦当劳全国终端复制的成功,与其说是各个麦当劳快餐店的成功,不如说是麦当劳对自己运营的商业环境复制的成功,而尤其重要的是其供应链的成功复制。离开供应链的支持,规模扩张只能是盲目的。

让人感兴趣的是,麦当劳与夏晖长达30余年的合作,为何能形成如此紧密无间的"共生"关系?甚至两者间的合作竟然没有一纸合同?

这种合作关系看起来不符合现代的商业理念,但却从麦当劳的创始人与夏晖及供应商的创始人开始一路传承下来。

"这种合作关系很古老,不像现代管理,但比现代管理还现代,形成超供应链的力量。"白雪李说,在夏晖的10年工作经历让自己充分感受到了麦当劳体系的力量。夏晖北方区营运总监林乐杰则认为,这种长期互信的关系使两者的合作支付了最低的信任成本。

多年来,麦当劳没有亏待他的合作伙伴,夏晖对麦当劳也始终忠心耿耿,白雪李说,有时长期不赚钱,夏晖也会毫不犹豫地投入。因为市场需要双方来共同培育,而且在其他市场上这点损失也会被补回来。有一年,麦当劳打算开发东南亚某国市场,夏晖很快跟进在该国投巨资建配送中心。结果天有不测风云,该国发生骚乱,夏晖巨大的投入打了水漂。最后夏晖这笔损失是由麦当劳给付的。

[资源来源:http://www.56885.net]

问题:
1. 夏晖为麦当劳提供物流服务是哪一种物流运作模式?
2. 麦当劳对物流服务的要求有哪些?
3. 夏晖为麦当劳提供物流做了哪些投入?为什么这样做?

4. 夏晖与麦当劳的合作为何能形成紧密无间的"共生"关系?

参 考 文 献

[1] 郭秀春. 第三方物流企业运作模式探讨[J]. 商场现代化, 2007(4):117-118.

[2] 王夏阳, 陈功玉. 第三方物流企业的服务创新研究[J]. 现代管理科学, 2007(2):5-7.

[3] 张晓青. 物流管理基础[M]. 广州: 华南理工大学出版社, 2007.

[4] 喻丽辉, 王丽梅. 现代物流基础[M]. 北京: 清华大学出版社, 2009.

[5] 王俭廷, 唐川. 第三方物流运营实务[M]. 北京: 中国物资出版社, 2009.

第十三章
Chapter 13

供应链管理

【本章导读】

近年来,随着市场需求等不确定性因素的增加及信息技术的迅猛发展,供应链管理的理念受到理论界和企业界的广泛关注,各国的学者和企业家都在理论和实践上进行了很多的研究和探讨。有人预言,21世纪的市场竞争将不再是企业和企业之间的竞争,而是供应链和供应链之间的竞争。任何一个企业只有从供应链管理的角度来考虑企业的整个生产经营活动,形成这方面的核心能力,才有可能提升企业竞争力,取得竞争的主动权。

【关键概念】

供应链(Supply Chain,SC)
企业核心能力(Core Capability of Enterprise)
基于产品的供应链设计策略(Product-based Supply Chain Design)
业务外包(Outsourcing)
集成供应链(Integrated Supply Chain)

【学习目标】

通过对本章的学习,重点掌握供应链管理的基本概念和基础理论;掌握物流供应链管理下的企业业务外包方式;掌握供应链设计的相关策略、设计原则及其设计步骤。通过本章的学习,读者可对供应链管理的基本概念、业务外包理论、扩展企业理论以及供应链构建的基本方法有初步的认识。

第十三章 供应链管理

【案例导入】

IBM 的供应链管理

供应链管理的实现，是把供应商、生产厂家、分销商、零售商等在一条供应链上的所有节点企业都联系起来进行优化，使生产资料以最快的速度，通过生产、分销环节变成增值的产品，到达有消费需求的消费者手中。这不仅可以降低成本，减少社会库存，而且使社会资源得到优化配置，更重要的是通过信息网络、组织网络实现了生产及销售的有效连接和物流、信息流、资金流的合理流动。

计算机产业的戴尔公司在其供应链管理上采取了极具创新的方法，体现出有效的供应链管理比品牌经营更好的优越性。戴尔公司的成功为其他电脑商树立了榜样，使他们目睹了戴尔公司的飞速成长过程。作为戴尔的竞争者之一，IBM 过去倾向于根据库存来生产计算机，但由于其制造的产品型号繁多，常常发现在有的地区存储的产品不合适，因而丧失了销售时机。计算机业面临的另一问题是技术上的日新月异，这意味着库存会很快过时，造成浪费。为解决这些问题，IBM 和计算机产业界的其他众多计算机厂商也在改变其供应链，使之能够适应急剧变化的市场环境。

通过实施供应链管理，IBM 公司避免生产的盲目性，完整的欧洲区供应链管理系统所带来的益处是：帮助随时掌握各网点的销售情况，充分了解、捕捉与满足客户的真正需求，并且按照订单制造、交货，没有生产效率的损失，在满足市场需求的基础上，增进了与用户的关系；能全面掌握所有供应商的详细情况；合理规划异地库存的最佳水平；合理安排生产数量、时间以及运输等问题；合理调整公司的广告策略和价格政策；网上订货和电子贸易，可随时把电脑的动态信息告诉每一位想了解的顾客；减少了工业垃圾和制造过程对环境的破坏。

物流管理的本质就是供应链管理，供应链管理把供应商、生产厂家、分销商、零售商等在一条供应链上的所有节点企业都联系起来进行优化，以降低成本，减少社会库存，而且使社会资源得到优化配置。IBM 公司正是通过供应链的整合取得了预期的效果。

[资源来源：http://www.amteam.org(畅享网).2007年4月19日]

第一节 供应链概述

一、供应链的概念

供应链（Supply Chain，SC）的概念在20世纪80年代末提出，早期的观点认为供应链是制造企业中的一个内部过程，它是指将采购的原材料和收到的零部件，通过生产的转换和销售等过程传递到制造企业的用户的一个过程。后来供应链的概念注意了与其他企业的联系，注意了供应链的外部环境，偏向于定义它为一个通过链中不同企业的制造、组装、分销、零售等过程将原材料转换成产品到最终用户的转换过程，它是更大范围、更为系统的概念。例如，美国的史迪文斯(Stevens)认为:"通过增值过程和分销渠道控制从供应商的供应商到用户的用户的流就是供应链,它开始于供应的原点,结束于消费的终点。"伊文斯(Evens)认为:"供应链是通过前馈的信息流和反馈的物料流及信息流,将供应商、制造商、分销商、零售商,直到最终用户连成一个整体的结构模式。"这些定义都注意了供应链的完整性,考虑了供应链中所有成员操作的一致性。

我国《物流术语》国家标准对供应链的定义是:供应链即生产与流通过程中涉及将产品或服务提供给最终用户活动的上游与下游企业所形成的网链结构。供应链的概念是从扩大的生产概念出发的,它将企业的生产活动进行了前伸和后延。比如,在日本丰田公司的精益协作方式中就将供应商的活动视为生产活动的有机组成部分加以控制和协调,这就是向前延伸。后延是指将生产活动延至产品的销售和服务阶段。因此,供应链就是通过计划、获得、存储、分销、服务等活动在顾客和供应商之间形成一种链接,使组织能满足内外部顾客的需求。企业从原材料采购开始以将其进行加工直到最终送到顾客手中为止的这一过程被看成一个环环相扣的链条,而其中的主要活动企业被视为链条上的节点。

供应链不仅是一条连接供应商到用户的物料链,而且是一条增值链,物料在供应链上因加工、运输等过程而增加其价值。这样的一条链是一个围绕核心企业的网链,而不仅仅是一条简单的从供应商到用户的单链。

二、供应链的类型

从不同的角度出发,根据不同的划分标准,可以将供应链分为以下几种类型。

1. 稳定的供应链和动态的供应链

根据供应链存在的稳定性来划分,可将供应链划分为稳定的和动态的供应链。基于相对稳定、单一的市场需求而组成的供应链稳定性较强,而基于相对频繁变化、复杂的需求而组成的供应链动态性较高。在实际管理运作中,需要根据不断变化的需求,相应地改变供应链的组成。

2. 平衡的供应链和倾斜的供应链

根据供应链容量与用户需求的关系可以将供应链划分为平衡的供应链和倾斜的供应链,如图 13.1 所示。一个供应链具有一定的、相对稳定的设备容量和生产能力(所有节点企业能力的综合,包括制造商、供应商、分销商、零售商等),但用户需求处于不断变化的过程中。当

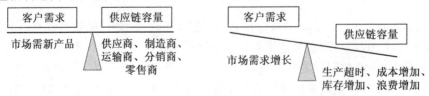

图 13.1 平衡的供应链和倾斜的供应链

供应链的生产能力能和用户需求平衡时,供应链处于平衡状态;而当市场变化加剧时,造成供应链库存增加、成本增加、浪费增加等现象,这样企业不是在最优状态下运作,供应链处于倾斜状态。平衡的供应链可以实现各主要职能(低采购成本、低运输成本、规模效益、产品多样化以及资金运转快)之间的均衡。

3. 有效性供应链和反应性供应链

根据供应链的功能模式(物理功能和市场中介功能)可以把供应链分为两种:有效性供应链(Efficient Supply Chain)和反应性供应链(Responsive Supply Chain)。有效性供应链主要体现供应链的物理功能,即以最低的成本将原材料转化为零部件、产品、半成品以及在供应链中的运输等;反应性供应链主要体现供应链的市场中介功能,即把产品分配到满足用户需求的市场,并对未预知的需求做出快速反应。

4. 推动式供应链和拉动式供应链

根据供应链驱动力的来源可以将供应链划分为推动式供应链和拉动式供应链。推动式供应链以制造商为核心,产品生产出来后从分销商逐级推向客户,分销商和零售商处于被动接受的地位,各个企业之间的集成度较低,通常采取提高安全库存量的办法应对需求的变动。因此,整个供应链的库存量较高,对需求变动的响应能力较差。这种运作方式适用于供应链管理初级阶段,产品或市场变动较小的情况,如图 13.2 所示。

图 13.2　推动式供应链

拉动式供应链的驱动力产生于最终用户,整个供应链的集成度较高,信息交换迅速,这样可有效降低库存,并可根据客户的需求实现定制化服务,为客户提供更大的价值。采取这种运作方式的供应链系统库存量低,响应市场的速度快,但这种模式对供应链上的企业要求较高,对供应链运作的技术基础需求也较高。拉动式供应链适用于客户需求不断变化、供大于求的市场环境,如图 13.3 所示。

图 13.3　拉动式供应链

5. 不同主体的供应链形态

经营主体一般可分为生产商、批发商、零售商以及各种形式物流服务提供商。按照供应型核心企业的经营主体,可以将供应链分为以生产商、零售商和第三方物流商为主体的供应链模式。

(1) 以生产商为主体的供应链

这种供应链是在生产力为主导的大背景下出现的,其结构相对复杂。供应链的结构形式多种多样。某生产商的供应链结构,如图13.4所示。

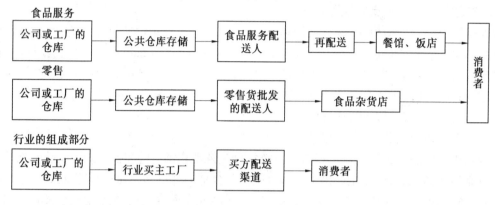

图 13.4　生产商的供应链结构

(2) 以批发商为主体的供应链

批发商在供应链结构中一般执行配送功能,其供应链结构取决于产品的特征、生产商所选择的渠道、消费者购买渠道和批发商的营销策略。

消费品批发商供应链结构如图13.5所示。对消费者来说最典型的是批发商—零售商—消费者结构,绝大多数批量生产的消费品都是这样到达市场的。工业品批发供应链结构如图13.6所示。在工业品市场中,绝大多数产品都是直接从生产者手中转移到消费者手中去的,批发商往往处理供应品、替换零件以及小批量项目的订货。

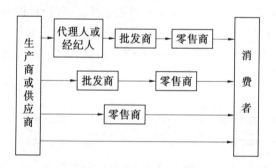

图 13.5　消费品批发供应链结构

(3) 以零售商为主体的供应链

这种模式是在以需求为导向、产品市场从卖方市场转变为买方市场的大背景下产生的。一些零售商特别是享有强大的品牌优势的零售商,由于贴近消费者,实力强大,可以通过自己

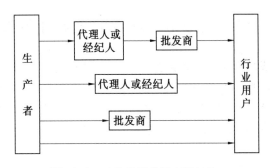

图 13.6 工业品批发供应链结构

的品牌优势来建立一个以自己为中心的供应链。沃尔玛(Wal-Mart)就是这种模式的典型案例。

(4)以第三方物流商为主体的供应链

第三方物流企业在参与供应链管理过程中,与供应链其他成员之间的合作不断加深,并将业务延伸出物流领域,成为对整个供应链运作质量的真正控制者。这样就形成了以第三方物流企业为主导的供应链模式。

三、供应链的特征

供应链上各个环节的企业通过信息技术实现了信息和其他资源的共享和互相渗透,实现了优势互补,完成了单个企业不能承担的市场功能,从而更有效地向市场提供商品和服务,这样就使得企业与企业之间传统的界限变得模糊。为了更好地理解供应链的内涵,下面简单地介绍供应链管理的基本特征。

1. 复杂性

因为供应链节点企业组成的跨度(层次)不同,供应链往往由多个、多类型甚至多国企业构成,所以供应链结构模式比一般单个企业的结构模式更为复杂。

2. 动态性

供应链管理因企业战略和适应市场需求变化的需要,其中节点企业需要动态地更新,这就使得供应链具有明显的动态性。

3. 交叉性

节点企业可以是这个供应链的成员,同时又是另一个供应链的成员。众多的供应链形成交叉结构,增加了协调管理的难度。

4. 面向用户需求

供应链的形成、存在、重构都是基于一定的市场需求而发生,并且在供应链的运作过程中,用户的需求拉动是供应链中信息流、产品/服务流、资金流运作的驱动源。

第二节　供应链管理下的企业业务外包

供应链管理战略的成功实施需要不断地培养企业的核心竞争能力,强调根据企业的自身特点,专门从事某一领域、某一专门业务,只在某一点形成自己的核心竞争力。核心竞争力是企业赢得竞争的基础和关键,是企业的立足之本,对于供应链管理来说,核心竞争力更是必不可少的。这样,势必要求企业将其他非核心竞争力业务外包给其他企业,即所谓的业务外包。

一、业务外包的原因

业务外包推崇这样的理念:如果在供应链上的某一环节不是世界上最好的,如果这又不是我们的核心竞争优势,如果这种活动不至于与客户分开,那么可以把它外包给世界上最好的专业公司去做。也就是说,首先确定企业的核心竞争力,并把企业内部资源集中在那些有核心竞争优势的活动上,然后将剩余的其他活动外包给最好的专业公司去做。下面是促使企业实施业务外包的原因。

1. **分担风险**

企业可以通过业务外包分散由政府、市场、经济、财务等因素产生的风险。企业本身的资源、能力是有限的,通过业务外包,与外部的合作伙伴分担风险,企业变得更有柔性,更能适应变化的外部环境。

2. **加速重构优势**

企业重构需要花费企业很多的时间,并且获得效益也要很长的时间,而业务外包是企业重构的重要策略,可以帮助企业很快解决业务方面的重构问题。

3. **企业难以管理或失控的辅助业务职能**

企业可以将在内部运行效率不高的业务职能外包,但是这种方法并不能彻底解决企业的问题,相反,这些业务职能可能在企业外部变得更加难以控制。在这种时候,企业必须花时间去找到问题的症结所在。

4. **使用企业没有的资源**

如果企业没有有效完成业务所需的资源(包括所需设备、现金、技术),而且不能盈利时,企业也会将业务外包。这是企业临时外包的原因之一,但是企业必须同时进行成本/利润分析,确认在长期情况下这种外包是否有利,由此决定是否应该采取外包策略。

5. **降低和控制成本**

许多外部服务提供者都拥有能比本企业更有效、更便宜地完成业务的技术和知识,因此他们可以实现规模效益,并且愿意通过这种方式获利。企业可以通过外向资源配置避免在设备、技术、研究开发上的大额投资。

二、业务外包的问题

成功的业务外包策略可以帮助企业降低成本、提高业务能力、提高利润率、改善质量和生产率,但同时也会遇到一些问题。

首先,业务外包通常会减少企业对业务的控制,企业必须不断监控外企业的行为并与之建立稳定长期的联系。另外,随着更多业务的外包,企业员工会担心失去工作。如果员工知道自己的工作被外包只是时间问题的话,其职业道德和业绩就可能下降。最后,越来越多的企业将部分业务转移到不发达国家,获得廉价劳动力达到降低成本。企业必须确认当地公众对招聘工作是否有消极反应。公众的反应对于企业的业务、成本、销售有很大影响。

很多业务外包的失败不仅是因为忽略了以上问题的存在,同时也是因为没有正确地将合适业务进行外包,或者没有选择好合作伙伴,过分强调短期效益。

三、业务外包的方式

1. 生产外包

企业在各种降低成本的新方法中,生产外包是最重要的一种。这种外包一般是企业将生产环节安排到劳动力成本较低的国家,以降低生产环节的成本。当前,越来越多拥有名牌产品或商标的企业不再拥有自己的生产厂房和设备,不再在生产过程中扮演过多的角色。企业将自己的资源专注于新产品的设计、开发和销售上,而将生产及生产过程的相关研究"外包"给其他的合同生产企业。

例如,著名的运动鞋制造商 Nike 公司不设工厂,它的 7 800 名员工专门负责设计、监制和销售,所有产品的生产由分散在世界各地的 40 多家合同制造商来完成,最后贴上名牌商标"Nike"。著名的计算机网络设备公司 Cisco 本身也没有任何生产能力,其产品均由东南亚的制造商完成。

2. 研发外包

企业要保持技术优势,就必须具备持续创新能力。即使实现"外包"的企业,也应该设有自己的研发部门和保持相当的研发力量。尽管如此,研发环节也存在"外包",研发外包是利用外部资源弥补自己开发能力的不足。企业可以根据需要,有选择地和相关研究院所、高等院校建立合作关系,将技术项目"外包"给他们攻关,或购买先进的但尚未产业化的技术等。

3. 物流外包

目前,许多公司将自己的货物或产品的存储、配送外包给专业性的货物配送公司来完成,这就是物流外包。物流外包不仅可以降低企业的整体运作成本,更重要的是使买卖过程摆脱了物流过程的束缚,使供应链能够为客户提供更加完善的服务。

例如,HP 公司,其在美国的 11 家工厂,原来各自处理自己的进货和产品的存储以及分配工作,供应路线混乱,协调复杂,经常造成运输车辆空驶,效率低下。1993 年,HP 将上述业务外包给专业从事货物配送的赖德综合物流服务公司（Ryder Integrated Logistics），精简了自己的仓库和卡车运输业务。这样使原材料运送到工厂所需的费用比过去减少了10%以上。

4. 应用服务外包

随着Internet的普及，大量基于Web的解决方案不断涌现，这使远程的基于主机的应用方案成为可能。许多企业已经普遍将信息系统业务在规定的服务水平基础上外包给应用服务提供商（ASP），由ASP管理并提供用户所需要的信息服务。

5. 脑力外包

除了代加工这样的"体力外包"外，"脑力外包"也正在成为21世纪新的经济潮流，也就是说企业管理层面的业务如产品设计、技术创新、财务管理、对外公关、互联网咨询、信息管理、ERP系统实施应用、人力资源管理等都可以外包出去，让这方面的专家打理，而自己则把精力集中在经过仔细挑选的少数核心业务上。

四、全球范围的业务外包

如今，企业处于全球经济范围内的竞争，这要求企业必须在全球范围内寻求业务外包。在全球范围内对原材料、零部件的配置正成为企业国际化进程中获得竞争优势的一种重要手段。全球资源配置已经使许多行业的产品制造国的概念变得模糊了。原来由一个国家制造生产的产品，可以通过发达的远程通信技术和迅捷的交通运输成为国际产品，开发、产品设计、制造、广告、市场营销等可能是由分布在世界各地的能为产品增值最多的企业完成的。

全球范围的业务外包有它的复杂性、风险性和挑战性。国际运输可能遇到障碍，订单和再订货可能受到配额的限制，汇率变动及货币的不同也会影响付款的正常运作。因此，全球业务外包需要有关人员具备专业的国际贸易知识，包括国际外汇、物流、国际贸易实务、国外供应商评估等方面的知识。

五、业务外包决策与实施

企业在做出外包决策时需要考虑以下几个方面的问题：

（1）是否为企业核心能力（Core Capability of Enterprise）

核心能力是企业在长期生产经营过程中的知识积累和特殊的技能以及相关的资源组合成的一个综合体系，是企业独具的、与他人不同的一种能力。从战略角度来看，企业的核心能力应该保留在企业内部，而补充性资源则可以通过外包获取。

（2）财务问题

如果企业面临财务问题，它就需要通过一定程度的外包分化企业的业务活动。

（3）成本效率因素

一般情况下，外包是一种成本效率更高的活动，成本效率可以通过高生产率和具备高核心能力的产品获得。

一个企业要成功地实施业务外包,通常需要四个阶段。

1. 明确实现业务外包需要具备的外部条件和内部条件

(1)外部条件

一是产业要有相当程度的标准化。只有在这种条件下,"外包"企业提供的产品、服务才能为企业所用。二是信息技术。只有信息技术的广泛应用,企业与"外包"企业之间才能做到信息的充分沟通和共享,才能节省交易费用,提高效率。

(2)内部条件

一是企业要进行流程重组。重组的目的是提高效率,适应外包的需要。二是企业要进行组织结构的重建。"外包"要求充分发挥各个业务单位的积极性和能动性,使每个业务单位在自己的专精领域不断突破。这就要求建立一种相对分散的、充分授权的组织架构。同时,加大核心界面在整个组织中的地位,强化组织适应外部和与外国进行交易的能力。三是企业要不断更新经营理念。这要求企业的领导层具有战略眼光和追求变革的决心。

2. 企业的内部分析和评估

在这一阶段,企业的高层管理者要确定外包的需求并制定实施的策略。要想从外包中获得效益,企业的最高决策层必须采取主动的态度。只有最高决策层,才具有外包成功所必需的视角和推动变革的力量。在制定外包的策略时,主要考虑如下问题:

(1)明确企业的经营目标和外包之间的联系

(2)明确实施外包的业务领域

在确定需要外包的业务后,还需要确定从哪些外包的业务中可以获得最快或者最佳的投资回报。

(3)重视与员工的沟通

外包势必会涉及一些员工的利益,良好的沟通可以了解到应如何满足员工的正当要求,而员工的支持和士气对外包能否顺利实施也会起到重要的作用。

3. 评估自己的需求,选择适合的服务提供商

企业的领导层应听取来自内部或外部专家的意见,这支专家队伍至少要覆盖法律、人力资源、财务和批外包的业务等领域。然后,才可以按照企业的需求去寻找最适合的外包商。另外,外包商的财务状况也是需要考虑的重要问题。在与外包服务商签订合约时,要规定外包的价格和评测性能的尺度,还要规定服务的级别以及违规的处罚条款等。

4. 外包的实施和管理阶段

用户在这一阶段要保持对外包业务性能的随时监测和评估,并及时与厂商交换意见。在外包实施的初期应重视并妥善解决企业员工的思想问题,使他们能够积极地引导、配合外包商的工作。

第三节 供应链的构建

为了提高供应链管理的绩效,除了有一个高效的运行机制外,还需要建立一个高效精简的供应链,这是非常重要的一环。因此,无论是理论研究人员还是企业实际管理人员,都必须重视供应链的构建问题。

一、常见的几种供应链体系结构模型

进行供应链设计之前,了解几种常见的供应链结构模型是十分必要的,这里着重从企业与企业之间关系的角度提供几种供应链的拓扑结构模型。

1. 链状模型

供应链模型中较简单的是链状模型,如图 13.7 所示。该模型清楚地表明产品的最初来源是自然界,如油田、矿山、橡胶园等,最终去向是用户。产品因用户需求而生产,最终被用户所消费。产品从自然界到用户经历了供应商、制造商以及分销商三级传递,并在传递过程中完成产品加工、产品装配形成等转换过程。被用户消费掉的最终产品仍然回到自然界,完成物质循环(如图 13.7 所示)。

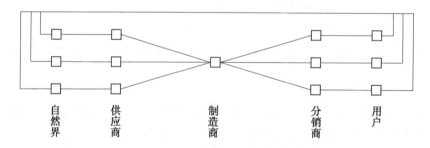

图 13.7 链状结构的供应链模型

显然,静态的链状供应链模型可以进一步简化成如图 13.8 所示的串行链状供应链模型。串行链状供应链模型把商家都抽象成一个个的点,称为节点,并用字母或数字表示。节点以一定的方式和顺序联结成一串,构成一条供应链。在该模型中,若假定 C 为制造商,则 B 为供应商,D 为分销商;同样地,若假定 B 为制造商,则 A 为供应商,C 为分销商。在此模型中,产品的最初来源(自然界)、最终去向(用户)以及产品的物质循环过程都被隐含抽象掉了。从供应链研究便利的角度来讲,把自然界和用户放在模型中没有太大的作用。串行链状供应链模型着重对供应链的中间过程进行研究。

(1) 供应链的方向

物流、信息流、资金流、作业流和价值流是供应链上的五类资源流,它们流动的方向可以表示出供应链增值运动的方向。物流的方向一般都是从供应商流向制造商,再流向分销商,最后

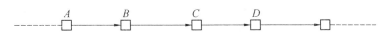

图 13.8　串行链状供应链模型

到达消费者。在特殊情况下(如销售退货、损坏赔偿等),产品在供应链上的流向与上述方向相反。但由于产品退货属非正常情况,退货的产品也非本书严格定义的产品,所以这里不予考虑。在图 13.8 所示串行链状结构的供应链模型中,箭头的方向表示供应链物流的方向,即供应链的方向。

(2) 供应链的级

在串行的链状结构的供应链模型中,定义 C 为制造商时,可以相应地认为 B 为一级供应商,A 为二级供应商,而且还可递归地定义三级供应商、四级供应商……同样地,可以认为 D 为一级分销商,E 为二级分销商,依次地定义三级分销商、四级分销商……一般地讲,一个企业应尽可能深入地考虑多级供应商或分销商,这样有利于从整体上了解供应链的运行状态。

2. 网状模型

事实上,在串行链状供应链模型中,C 的供应商可能不止一家,而是有 $B_1,B_2,\cdots,B_n$ 等 n 家,分销商也可能有 $D_1,D_2,\cdots,D_m$ 等 m 家。动态地考虑,C 也可能有 $C_1,C_2,\cdots,C_k$ 等 k 家,这样图 13.8 模型就转变为一个如图 13.9 所示的网状模型。网状模型更能说明现实世界中产品的复杂供应关系。在理论上,网状模型可以涵盖世界上所有的企业组织,把所有企业都看做是其上面的一个节点,并认为这些节点存在着联系。当然,这些联系有强有弱,而且在不断地变化着。通常,一个企业仅与有限个企业相联系,但这不影响我们对供应链模型的理论设定。网状结构的供应链模型对企业供应关系的描述很直观,适合宏观把握企业间的供应关系。

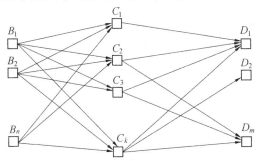

图 13.9　网状结构的供应链模型

(1) 入点和出点

在网状模型中,物流的流动具有方向性,它从上游的一个节点企业流向下游另一个节点企业。这些物流补充流入某些节点,分流流出某些节点。我们把这些物流进入的节点称为入点,把物流流出的节点称为出点。入点相当于矿山、油田、橡胶园、山泉等原始材料提供商,出点相当于用户。图 13.8 中 A 节点为入点，E 节点为出点。对于有的企业既为入点又为出点的情况，为了便于网状供应链表达的简化，将代表这个企业的节点一分为二，变成两个节点：一个为入点，一个为出点，并用实线将其框起来。如图 13.10 所示，A_1 为入点，A_2 为出点。同样地，如有的企业对于另一企业既为供应商又为分销商，也可将这个企业节点一分为二，甚至一分为三或更多，变成两个节点：一个节点表示供应商，一个节点表示分销商。也用实线将其框起来。如图 13.11 所示，B_1 是 C 的供应商，B_2 是 C 的分销商。

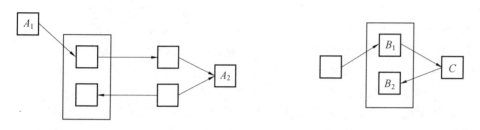

图 13.10　含出点和入点的企业　　　　图 13.11　含供应商和分销商的企业

(2) 供应链子网

一些集团公司虽然规模庞大，内部结构非常复杂，但与其他企业发生业务往来的只是其中的一些部门或分公司；而且在集团内部也存在着产品供应关系。显然，这时候用一个节点来表示集团内部这些复杂的关系显然不行，这就需要将表示这个集团的节点分解成很多相互联系的子节点，这些子节点之间存在关联关系，构成一个网，称之为子网，如图 13.12 所示。

图 13.12　供应链子网模型

(3) 虚拟企业

借助以上对子网模型过程的描述，可以把供应链子网上为了实现各自利益和目标、通力合作的这样一些企业形象地看做一个大的企业，这就是虚拟企业。虚拟企业是在经济交往中，一些独立企业为了共同的利益和目标在一定时间内结成的相互协作的利益共同体。虚拟企业组建和存在的目的就是为了获取相互协作而产生的效益，一旦这个目的已完成或利益关系不再存在，虚拟企业即不存在，新的动态企业联盟将伴随另一个利益目标产生。

二、供应链的设计策略与设计原则

1. 供应链体系的设计策略

设计和运行一个有效的供应链对于每一个制造企业都是至关重要的。因为它可以获得提高用户服务水平、提高企业竞争力、达到成本和服务之间的有效平衡、提高柔性、渗透入新的市场、通过降低库存提高工作效率等好处。

在设计供应链时,首先应明白用户对企业产品的需求是什么。产品寿命周期、需求预测、产品多样性、提前期和服务的市场标准等,都是影响供应链设计的重要问题。供应链的设计应该以产品为中心,必须设计出与产品特性一致的供应链。

产品类型不同对供应链设计的要求也不同。一般情况下,产品类型分为两类:一类是高边际利润、不稳定需求的革新性产品;另一类是低边际利润、有稳定需求的功能性产品。

革新性产品的寿命周期比较短,需求量不好预测,主要通过在使用功能上的产品创新,赢得消费者的购买,从而获得高的边际利润。采用反应性供应链设计比较适合于这类产品。反应性供应链主要体现供应链的市场中介功能,即把产品分配到满足用户需求的市场,对未知的需求做出快速反应,其管理的目标是使缺货、降价、库存最小化,在供应商选择上重点考虑其速度、柔性和质量,对供应商的选择以成本和质量为核心,从而实现绩效最大化。

功能性产品一般用于满足用户的基本需求,具有稳定的可以预测的需求,变化很少,并具有较长的寿命周期,但它们的边际利润率较低。这类产品主要通过规模化的生产获得收益,降低生产成本成为这类产品生产的一个主要目标。这类产品的供应链设计应该采用有效性供应链流程设计。有效性供应链主要体现供应链的物理功能,即以最低的成本将原材料转化成零部件、半成品、产品,以及在供应链中的运输。其管理的目标是达到以最低的成本供应可以预测的需求。

通过成本的核算和优化来选择供应链的节点,找出最佳的节点企业组合,设计出低成本的供应链,从而形成基于成本的供应链设计策略。该策略的核心是在给定时间周期 T 内,计算所有节点组合的供应链总成本,从中选择最低成本的节点企业组合,构建供应链。其计算公式如下:

$$C(k) = \min \sum_{t=1}^{T} \left\{ \sum_{i \in k} \left[M_i(t) + L_i(t) + T_i(t) + U_i(t) \right] \cdot e_i(t) \cdot P_{vi}(t) \right\} \tag{13.1}$$

其中　　t——时间周期,假设供应链合作周期为 T,则 $t = 1, 2, \cdots, T$;

i——节点序数,假设供应链有 k 个节点企业组成,则 $i = 1, 2, \cdots, k$;

$M_i(t)$——物料成本函数,可以通过实际测算后获得。单位产品的物料成本随着累计产量的增加而降低,加工经验的积累,以及成品、零部件、产品设计、质量工程的改善都可能导致产品物料成本的降低;

$L_i(t)$——劳动力成本函数,劳动力成本会随着累计加工产量的增加而下降,可以通过实际测算后获得;

$T_i(t)$——运输成本函数;

$U_i(t)$——设备和其他变动成本函数;

$e_i(t)$——当期汇率;

$P_{vi}(t)$——净现值折算系数。

总之,能够使总成本最低的节点企业组合,就是最优的节点组合;由这些企业组成的供应链将会达到成本最小化的目的。

2. 供应链的设计原则

在供应链的设计过程中,应遵循一定的原则,以保证供应链的设计和重建能够满足供应链管理思想得以实施和贯彻的要求。

(1) 自顶向下和自底向上相结合的设计原则

在系统建模设计方法中,存在两种设计方法,即自顶向下和自底向上的方法。自顶向下的方法是从全局走向局部的方法,而自底向上的方法是从局部走向全局的方法;自上而下是系统分解的过程,而自下而上则是一种集成的过程。在设计一个供应链系统时,通常是先由主管高层做出战略规划与决策,规划与决策的依据来自市场需求和企业发展规划,然后由下层部门实施决策,因此供应链的设计是自顶向下和自底向上的综合。

(2) 简洁性原则

为了使供应链具有灵活快速响应市场的能力,供应链的每个节点都应是精简并具有活力的,能够实现业务流程的快速组合。例如供应商的选择就应以少而精为原则,通过和少数的供应商建立战略伙伴关系,减少采购成本。生产系统的设计更是应以精细思想为指导,努力实现从精细的制造模式到精细的供应链这一目标。

(3) 集优原则

供应链的各个节点的选择应遵循强-强联合的原则,达到实现资源外用的目的。每个企业只集中精力致力于各自核心的业务过程,就一个独立的制造单元来讲,这些所谓单元化企业具有自我组织、自我优化、面向目标、动态运行和充满活力等特点,能够实现供应链业务的快速重组。

(4) 协调性原则

供应链合作伙伴关系是否和谐(和谐是描述系统是否形成了充分发挥系统成员和子系统的能动性、创造性及系统与环境的总体协调性)会决定供应链业绩的好坏,因此建立战略伙伴关系的合作企业关系模型是实现供应链最佳效能的保证。建立战略合作伙伴和谐关系模型是实现供应链最佳效能的保证。

(5) 动态性(不确定性)原则

许多学者在研究供应链运作效率时都提到不确定性问题,不确定性在供应链中随处可见。由于不确定性的存在,导致需求信息的扭曲。因此要预见和预测各种不确定因素对供应链运作的影响,减少信息传递过程中的信息延迟和失真,增加流程透明性并减少不必要的中间环节。

(6) 创新性原则

没有创新性思维,就不可能有创新的管理模式,创新设计是系统设计的重要原则。要产生一个创新的系统,就要敢于打破各种陈旧的思维框框,用新的角度、新的视野审视原有的管理模式和体系,进行大胆的创新设计。

(7)战略性原则

供应链的建模应具备战略性观点,通过战略的观点考虑减少不确定影响。从供应链战略管理的角度考虑,供应链建模的战略性原则应体现供应链发展的长远规划和可预见性,供应链的系统结构发展应和企业的战略规划保持高度一致,并在企业战略指导下进行。所以,在设计供应链时,首先必须考虑战略性原则。

3. 供应链设计步骤

费舍尔(Marshall L. Fisher,1997)认为供应链的设计要以产品为中心。供应链的设计首先要明确用户对企业产品的需求是什么。产品寿命周期、需求预测、产品多样性、提前期和服务的市场标准等都是影响供应链设计的重要问题。因此,基于产品和服务的供应链设计步骤可以归纳为以下几步,如图13.13所示。

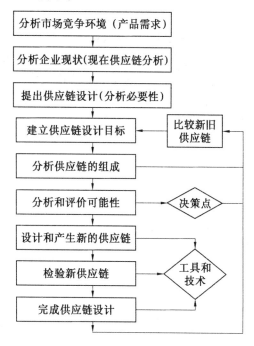

图13.13 供应链设计步骤

(1)分析核心企业的现状

这个阶段的工作主要侧重于对核心企业的供应、需求管理现状进行分析和总结。如果核心企业已经有了自己的供应链管理体系,则对现有的供应链管理现状进行分析,以便及时发现在供应链的运作过程中存在的问题,或者说哪些方式已出现或可能出现不适应时代发展的端倪,同时挖掘现有供应链的优势。本阶段的目的不在于评价供应链设计策略的重要性和合适性,而是着重于研究供应链开发的方向,分析、寻找、总结企业存在的问题及影响供应链设计的阻力等因素。

(2)分析核心企业所处的市场竞争环境

通过对核心企业现状分析,了解企业内部的情况;通过对市场竞争环境的分析,找到针对哪些产品市场开发供应链才有效,必须知道现在的产品需求是什么,产品的类型和特征是什么;通过对市场各类主体,如用户、零售商、生产商和竞争对手的专项调查,了解到产品和服务的细分市场情况、竞争对手的实力和市场份额、供应原料的市场行情和供应商的各类状况、零售商的市场拓展能力和服务水准、行业发展的前景,以及诸如宏观政策、市场大环境可能产生的作用和影响等。这一步骤的输出是每一产品按重要性排列的市场特征。同时对于市场的不确定性要有分析和评价。

(3)明确供应链设计的目标

供应链设计的主要目标在于获得高品质的产品、低成本的库存投资、快速有效的用户服务、低单位成本的费用投入等几个目标之间的平衡,最大限度地避免这几个目标之间的冲突。同时,还需要实现以下基本目标:进入新市场;拓展老市场;开发新产品;调整老产品;开发分销渠道;改善售后服务水平;提高用户满意程度;建立战略合作伙伴联盟;降低库存;降低成本;提高工作效率。在这些设计目标中,有些目标很大程度上存在冲突,有些目标是主要目标、有些目标是首要目标,这些目标的实现级次和重要程度随不同企业的具体情况而有所区别。

(4)分析供应链的组成

供应链中的成员组成分析主要包括制造工厂、设备、工艺和供应商、制造商、分销商、零售商及用户的选择及其定位,以及确定选择与评价的标准。要确定供应链上主要的业务流程和管理流程,描绘出供应链物流、信息流、资金流、作业流和价值流的基本流向,提出组成供应链的基本框架。在这个框架中,供应链中各组成成员如生产制造商、供应商、运输商、分销商、零售商及用户的选择和定位是这个步骤必须解决的问题。另外,组成成员的选择标准和评价指标应该基本上得到完善。

(5)评价供应链设计方案的可行性

供应链设计框架建立之后,需要对供应链设计的技术可行性、功能可行性、运营可行性、管理可行性进行分析和评价。这不仅是供应链设计策略的罗列,而且还是进一步开发供应链结构、实现供应链管理的关键一步。在供应链设计的各种可行性分析的基础上,结合核心企业的实际情况以及对产品和服务发展战略的要求,为开发供应链中技术、方法、工具的选择提供支持。同时,这一步还是一个方案决策的过程,如果分析认为方案可行,就可继续进行下面的设计工作;如果方案不可行,就需要重新进行设计。

(6)设计供应链

这个阶段主要解决以下问题:供应链的成员组成(供应商、设备、工厂、分销中心的选择与定位、计划与控制);原材料的来源(包括供应商、流量、价格、运输等);生产设计(需求预测、生产什么产品、生产能力、供应给哪些分销中心、价格、生产计划、生产作业计划和跟踪控制、库存管理等);分销任务与能力设计(产品服务于哪些市场、运输、价格等);信息管理系统设计;物流管理系统设计等。在供应链设计中,要用到许多工具和技术,包括归纳法、集体问题解决、流程图、模拟和设计软件等。

(7) 检验供应链

供应链设计完成以后,需要通过一定的方法、技术对设计好的供应链进行检测。通过模拟一定的供应链运行环境进行测试、检验或试运行。如果模拟测试结果不理想,就返回第三步重新进行设计;如果没有什么问题,就可以实施了。

(8) 完成供应链的运行

供应链的出现必然带来供应链的管理问题。不同特征的供应链其管理特征、内涵、方法及模式也有所不同。在实施过程中,需要核心企业的管理和协调,还需要信息技术的支持。

第四节　基于供应链的物流管理

一、供应链管理与物流管理的关系

供应链管理与物流管理之间既有联系,又存在区别。一方面,供应链管理是在物流管理由内部一体化向外部一体化发展过程中产生的一种管理思想,与物流管理之间存在不可割裂的联系,物流管理是供应链管理的重要内容;另一方面,供应链管理源于物流管理,却又高于物流管理,与传统的企业内部的一体化的物流管理有着根本的区别。

1. 供应链管理与物流管理的联系

21 世纪的竞争不再是个别企业和产品的竞争,而是供应链之间的竞争。随着供应链管理思想越来越受到欢迎和重视,其视角早已拓宽,不仅仅着眼于降低库存,其管理触角也伸展到企业内外的各个环节、各个角落。从某些场合下人们对供应链管理的描述来看,它类似于穿越不同组织界限的、一体化的物流管理。供应链管理战略的成功实施必然以成功的企业内部物流管理为基础。

率先提出供应链管理概念的也是一些具有丰富物流管理经验和先进物流管理水平的世界级顶尖企业。这些企业在研究企业发展战略的过程中发现,面临日益激烈的市场竞争,仅靠一个企业和一种产品的力量,已不足以占据优势。企业必须与其原材料供应商、产品分销商、第三方物流服务者等结成紧密、持久的联盟,共同建设高效率、低成本的供应链,才可以从容应对市场竞争,取得较大的市场份额。

2. 供应链管理与物流管理之间的区别

1998 年,美国物流管理协会(CLM)修订了物流的定义:物流管理是供应链过程的一部分,它对从原产地到消费地的有效率且高效的物流和货物储存、服务及相关信息进行计划、实施和控制,以满足顾客的需要。

从这个定义可以看出,物流是供应链管理的一个子集,两者非同义词。CLM 的定义清楚地表明,物流在恰当的实施下,总是以点到点为目的,而供应链管理是将许多物流以外的功能穿越企业间的界限整合起来,它的功能超越了企业物流的范围。因此,可以认为,物流管理仅仅是供应链管理的一个组成部分。

二、基于供应链的物流管理特征

由于供应链管理下物流环境的改变,使新的物流管理有许多不同于传统物流管理的特点,这些特点反映了供应链管理思想的要求和企业竞争的新策略。

首先来考察传统的物流情况,如图 13.14 所示。在传统的物流系统中,由于需求信息和反馈信息(供应信息)都是逐级传递的,因此上级供应商不能及时地掌握市场信息,因而对市场的信息反馈速度比较慢,从而导致需求信息的扭曲。

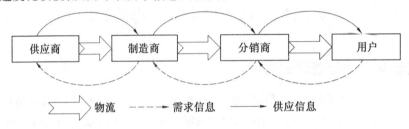

图 13.14 传统的物流系统

另外,由于传统的物流系统没有从整体角度进行物流规划,所以经常导致一方面库存不断增加,另一方面当需求出现时又无法满足。导致企业因为物流系统管理不善而丧失市场机会。例如,1994 年,康柏公司就因为流通渠道没有跟上而导致 1 亿美元的损失。对此,康柏财务经理说:"我们在制造、市场开拓、广告等方面做了大量的努力,但是物流管理没有跟上,这是最大的损失。"

与传统的物流模型相比,基于供应链的物流系统模型的信息流量大大增加,需求信息和反馈信息不是逐级传递,而是采取网络式传递,企业通过 Internet/EDI 可以很快掌握供应链上不同环节的供求信息和市场信息。因此基于供应链的物流系统有三种信息在系统中运行,即需求信息、供应信息和共享信息,如图 13.15 所示。

由于可以做到信息共享,供应链上任何节点的企业都能及时地掌握市场的需求信息和整个供应链的运行情况,每个环节的物流信息都能透明地与其他环节进行交流与共享,从而避免了需求信息的失真。可见,共享信息的增加对供应链管理是非常重要的。

在供应链管理环境下,充分利用第三方物流系统、代理运输等多种形式的运输和交货手段,降低了库存的压力,提高了安全库存水平。

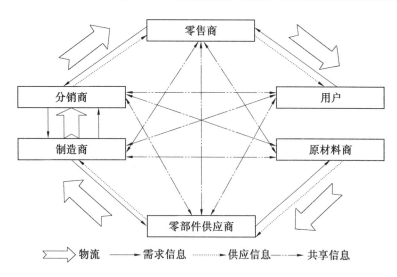

图 13.15　基于供应链的物流系统模型

作业流程的快速重组能力极大地提高了物流系统的敏捷性。通过消除不增加价值的过程,使得供应链物流系统的成本进一步降低,从而为实现供应链的敏捷性、精细化运作提供了基础性保障。

在传统的物流系统中,许多企业有能力跟踪企业内部的物流过程,但没有能力跟踪企业之外的物流过程,这是因为没有共享的信息系统和信息反馈机制。基于供应链的物流系统对信息跟踪能力大大提高,供应链物流过程更加透明化,同时也为实时控制物流过程提供了条件。

合作性与协调性是供应链管理的一个重要特点,但如果没有物流系统的无缝连接,运输的货物就可能会逾期未到,顾客的需要就不能得到及时满足,采购的物资就会经常在途受阻,这些都会使供应链的合作性大打折扣。因此,无缝连接的供应链物流系统是使供应链获得协调运作的前提条件。灵活多样的物流服务提高了用户的满意度。通过制造商和运输部门的实时信息交换,可以及时地把用户关于运输、包装和装卸方面的要求反映给相关部门,从而提高了供应链管理系统对用户个性化响应的能力。

归纳起来,基于供应链的物流管理特点可以用几个术语简要概括:信息——共享,过程——同步,合作——互利,交货——准时,响应——敏捷,服务——满意。

三、基于供应链的物流管理存在的问题

基于供应链的物流管理和传统企业的物流管理的意义和方法不同。由于企业的经营思想的转变,为保证供应链的企业之间运作的同步化、并行化,实现快速响应市场的能力,基于供应链的物流系统管理将面临一系列的转变和以下五方面的问题:

①低成本、准时的物资采购供应策略问题。

②实现快速准时交货的措施问题。
③供需协调实现无缝供应链连接问题。
④物流信息的准确输送,信息反馈与共享问题。
⑤物流系统的敏捷性和灵活性问题。

本章小结

1. 供应链是围绕核心企业,从采购原材料开始,制成中间产品以及最终产品,最后由销售网络把产品送到消费者手中的一个网链结构,其节点包括供应商、制造商、分销商、零售商等,其流程要素包括商流、物流、信息流和资金流。

2. 整个供应链从流程周期的观点来看,可分为四个流程周期:客户订单周期、补货周期、制造周期和采购周期;从推与拉的观点来看,供应链流程可分为拉式流程和推式流程。

3. 供应链有多种分类:稳定的供应链和动态的供应链;平衡的供应链和倾斜的供应链;有效性供应链和反应性供应链等。

4. 基于供应链的物流管理指的是用供应链管理思想实施对供应链物流活动的组织、计划、协调与控制。与一般物流管理相比,基于供应链的物流管理注重总的物流成本与客户服务水平之间的关系,利用系统理论和集成思想,把供应链成员内各职能部门以及成员间相关职能部门有机地结合在一起,最终达到供应链成员共同获益的目的。

5. 基于供应链的物流管理的具体目标是总成本最小化,客户服务最优化,总库存最少化,总周期最短化,物流质量最优化。

6. 供应链管理的发展趋势是:协调物流的功能机制从由相互对立转向战略协作;物流管理从功能整合转向流程集成;从信息封闭转向信息共享;供应链物流的目标从客户服务转向客户关系管理;供应链物流管理的目标从核算成本管理转向目标成本管理;企业形式由垂直一体化转向虚拟集成化。

复习思考题

一、判断题(正确的用√表示,错误的用×表示)

1. 以前的竞争是企业与企业之间的竞争,以后的竞争将是供应链与供应链之间的竞争。(　　)

2. 供应链涵盖着从原材料的供应商经过开发、加工、生产、批发、零售等过程到达用户之间有关最终产品或服务的形成和交付的每一项业务活动。(　　)

3. 供应链的基本要素包括供应商、销售商和流通代理企业。(　　)

4. 供应链一般包括物资流通、商业流通、信息流通、资金流通四个流程。四个流程的流通方向都是单向的。(　　)

5. 商品的开发和制造不是供应链的主要活动。(　　)

6. 供应链管理代表的不仅仅是某种管理方法,而是代表了一整套管理理念。(　　)

7. 供应链管理是计划、组织和控制从最初原材料到最终产品及其消费的整个业务流程,这些流程连接了从供应商到顾客的所有企业。供应链包含了由企业内部和外部为顾客制造产品和提供服务的各职能部门所形成的价值链。(　　)

8. 供应链管理的内容包括采购、制造、运输、存储、销售等五项基本活动及其相应的近期与远期计划。(　　)

9. 供应链管理的策略就是通过致力于整个供应链上信息的快速、准确的流动,来减少不可预料情况的发生,从而避免不合理的采购和不需要的库存。(　　)

10. 合理设定流通配送环节的库存是减少成本的唯一策略。(　　)

11. 要实现供应链上各个环节的有机连接,需要对各个环节信息沟通方式及信息内容进行统一化、标准化。(　　)

12. 供应链管理行动步骤的战略目标包括改进决策和提高市场地位。(　　)

13. 企业可通过缩短交货期,要求小批量、高频率的交货,具体规定原材料运输和包装方法等措施改善企业的交货情况。(　　)

14. 在选择长期合作伙伴时,应选择能提供最低价格的供应商。(　　)

15. 检验和评价供应链的服务性能是指包括在规定的交货期内的产品交付率,未及时交付时的处理方式,售后服务态度等为用户服务的质量。(　　)

二、简答题

1. 简述供应链的定义。
2. 供应链主要具有哪些特征?
3. 什么是企业核心竞争力,怎样对企业核心竞争力进行分析?
4. 试论述业务外包的含义、原因及其主要方式。
5. 供应链的构建是在战略层面上的,它主要包括哪两个方面的内容?
6. 基于产品的供应链设计有哪些步骤?

三、论述题

试论述供应链管理与物流管理的关系。

【案例分析】

惠普公司的供应链

惠普公司(Hewlett-Packard Co)生产的台式喷墨打印机系列在全球打印机市场享有盛誉。该公司的供应商、制造商、配送中心、中间商和用户一起构成了原来的供应链,如图13.16所示。该公司有五个位于不同地点的分支机构负责打印机的生产、装配和运输。在以往的生产和管理方式下,各成品厂装配好通用打印机之后直接进行客户化包装,为了保证顾客订单98%的及时满足率,各成品配送中心需要保证大量的安全库存(一般需要7周的库存量)。产品将分别销往美国、欧洲和亚洲。

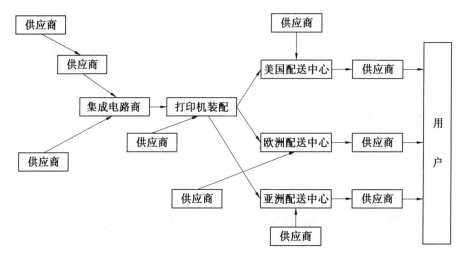

图 13.16　惠普公司打印机系统产品原来的供应链

1. 存在的问题

惠普打印机的生产、研究开发节点分布 16 个国家，销售服务部门节点分布 110 个国家，而其总产品超过 22 000 类。欧洲和亚洲地区对于台式打印机电源供应（电压 110 伏和 220 伏的区别，以及插件的不同）、语言（操作手册）等有不同的要求。以前这些都由温哥华的公司完成，北美、欧洲和亚太地区是它的三个分销中心。分销商们都希望尽可能降低库存，同时尽可能快地满足客户的需求。这样导致惠普公司感到保证供货及时性的压力很大，从而不得不采用备货生产（Make-To-Stock）的模式以保证对分销商供货准时的高可靠性，因而分销中心成为有大量安全库存的库存点。

零部件原材料的交货质量、内部业务流程、需求等因素导致不能及时补充分销中心的库存，需求的不确定性导致库存堆积或者分销中心的重复订货。需要用大约 1 个月的时间将产品海运到欧洲和亚太分销中心，这么长的提前期导致分销中心没有足够的时间去对快速变化的市场需求作出反应，而且欧洲和亚太地区就只能以大量的安全库存来保证对用户需求的满足，占用了大量的流动资金；若某一地区产品缺货，为了应急，可能会将原来为其他地区准备的产品拆开重新包装，造成更大浪费。但是提高产品需求预测的准确性也是一个主要难点。企业管理者希望在不牺牲顾客服务水平前提下改善这一状况。

2. 解决方案

供应商、制造商、分销中心、经销商和消费者组成惠普台式打印机供应链的各个环节，供应链是一个由采购原材料，把他们转化为中间产品和最终产品，最后交到用户手中的过程所组成的网络。重新设计的供应链，如图 13.17 所示。

基本考虑的方案是工厂生产通用打印机后，直接发往各批发部门，批发部门再将打印机和

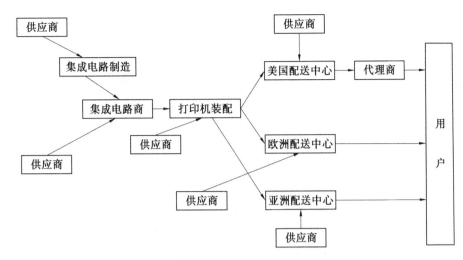

图 13.17　惠普公司打印机系统产品新的供应链

当地语言的说明书、电源线装箱发往消费者,这就大大地缩小了全部库存量。

其结果是,为了满足 98% 的订货服务目标,原方案需要维持 7 周的成品库存量,而新方案只需 5 周的库存量。按照现有的规模,一年可以省 3 000 万美元。节省的成本一方面来自库存量的减少,另一方面来自库存价值的减少,因为将产品地区化(加入不同的电源线、变压器、说明书)使产品的价值增加,通用打印机库存的价值显然比地区化的打印机低。从而又进一步节省了运输、关税等项费用。除了降低成本,客户化延迟使得产品在企业内的生命周期缩短,从而对需求预测不准确性或是外界的需求变化都具有很好的适应性,一旦发现决策错误,可以在不影响顾客利益的情况下以较小的损失较快地加以纠正。

值得注意的是,地区化方案对美国本土并不适用。由于美国适用的标准统一,批发部门若是重新开箱,加入电源线、变压器和说明书,再重新包装,这笔费用将更加昂贵,因此,在美国必须另行设计方案。

由此可见,供应链的改进潜力是很大的,合理的供应链将大大提高企业的竞争力。

[资料来源:杨永杰.物流管理概论[M].北京:化学工业出版社,2008.]

问题:
1. 新方案和原方案相比,所花费成本是否相同?
2. 对比新旧供应链方案有什么不同?
3. 为什么说成本的节约来自库存量的减少?
4. 美国本土为什么不能应用新方案?

参 考 文 献

[1] 彭沂.供应链管理[M].北京:北京大学出版社,2007.

[2] 闫秀霞.供应链管理[M].北京:经济科学出版社,2008.
[3] 王耀球.供应链管理[M].北京:机械工业出版社,2005.
[4] 周艳军.供应链管理[M].上海:上海财经大学出版社,2004.
[5] 查先进.物流与供应链管理[M].武汉:武汉大学出版社,2003.
[6] 赵涛.物流经营管理[M].北京:北京工业大学出版社,2003.
[7] 杨茅甄.现代物流理论与实务[M].上海:上海人民出版社,2003.
[8] 王道平.供应链管理教程:理论与方法[M].北京:经济管理出版社,2009.
[9] 罗松涛.供应链管理[M].北京:对外经济贸易大学出版社,2008.
[10] 戢守峰.物流管理新论[M].北京:科学出版社,2004.
[11] 陈子侠.现代物流学理论与实践[M].杭州:浙江大学出版社,2003.
[12] 徐勇谋.现代物流管理基础[M].北京:化学工业出版社,2003.
[13] 张铎.电子商务物流管理[M].北京:高等教育出版社,2002.
[14] 张国方.物流工程[M].北京:机械工业出版社,2002.

第十四章
Chapter 14

物流信息技术及信息系统

【本章导读】

物流信息技术及信息系统是现代物流的核心系统,是物流现代化的重要标志。现代物流是涉及社会经济生活各个方面的错综复杂的社会大系统。物流信息技术主要由通信、软件、面向行业的业务管理系统三大部分组成。物流信息技术的不断发展,催生了一系列新的物流理念和新的物流经营方式,推进了物流的变革。

【关键概念】

条形码(Bar Code,BC)

无线射频技术(Radio Frequency Identification,RFID)

电子数据交换(Electronic Data Interchange,EDI)

地理信息系统(Geographical Information System,GIS)

全球定位系统(Global Positioning System,GPS)

【学习目标】

通过本章的学习,使学生掌握物流信息技术的概念、特点、分类及其在现代物流中的作用。熟悉现在主要的物流信息技术:条形码技术、无线射频技术、GIS和GPS等,并了解它们在物流系统中的应用。掌握物流信息化的相关概念,了解物流信息化中存在的问题及对策。

【案例导入】

宝供的信息化之路

1. 起步

物流行业中的宝供储运,是一家民营的中型储运企业。宝供储运的总经理和创始人刘武在1992年承包了广州的一个铁路货物转运站。在1994年,刘武的转运站迎来了一个对未来事业产生巨大影响的客户——美国宝洁公司(PSLG)。

1994年,美国宝洁公司进入中国市场,并在广东地区建立了大型生产基地。对于刚刚进入中国市场的宝洁公司来讲,产品能否及时、快速地运送到全国各地,是其能否快速抢占中国市场的一个重要环节。宝洁公司首先联系的就是大型国营储存和运输公司,但由于长期计划经济体制下形成的官僚主义作风等,使宝洁公司忍无可忍,开始把目光投向了民营储运企业。

在业务的发展初期,由于业务量小,复杂程度低,依靠灵活的人工操作管理与服务顾客的思想,就可取得一定的成效。但随着时间的推移,按刘武的话说,"传统的运作方法必须改变",这个想法后来也促使他下决心创办了宝供储运这一企业。

2. 发展

1994年刘武注册成立了广州宝供储运有限公司。对宝供储运的整个发展来说,"宝洁"是一个非常关键的大客户。刘武一直强调:通过跟"宝洁"合作,他们学到了很多东西,因为在合作过程中,"宝洁"会不断地提出更高的目标、新的要求,更重要的是,它也会很愿意帮助你提高。这样无形之中就推动了刘武不断地去学习和思考,同时也就开启了刘武对信息技术的渴望。

宝供储运在发展到高速成长阶段的时候开始遇到了一个信息瓶颈的问题。实际上,"宝洁"对这个问题的反应最为敏感。经过一年左右相对的"蜜月"期之后,"宝洁"对宝供储运的意见开始越来越大。随着业务越来越大,宝供储运的反应速度却在明显下降。如果宝供储运可以突破"信息瓶颈",能够实时监控各个储运环节,实现这种服务应该是会受客户欢迎的。

早些时候,宝供储运就已经有了自己的计算机室。随着业务的变化,单机操作已经远远解决不了问题,于是他们建立了一套在DOS平台上用电话线连接的"原始"内部网络,以便可以在全国范围的企业内部传递一些信息。然而这套系统在行家眼里毫无价值。这时候,IT规划和企业的目标实现了统一,建立先进的企业信息系统也自然被提上了议事日程。

3. 提升

尽管资金非常紧张,宝供还是尽力建立了一套较为完整的信息系统。要知道,业务人员的真正参与才是信息系统建设成功的关键。

初始时员工们提出要查一个数据往往要经过很繁琐的程序,这能不能从数据库里面自动提取出来?能不能按一两个键,就会产生所要的表格?

这一想法和要求引出了宝供储运信息系统建设的第二个阶段——报表自动生成。

目前,宝供储运的客户中有80%都是外资企业,显然,企业管理规范程度的差异和对物流的理解差距是个主要的原因。虽然宝供储运的价格并不低,但许多外企客户宁愿多花一点钱委托宝供储运去管理。

宝供储运做到今天,已经从只有"宝洁"一个客户变成了拥有45个客户,从4个分公司变成了在全国31个城市都设有运作点的公司。先不说信息系统对它的发展起了多大作用,单从现在公司的业务管理来看,没有"思想革命"就不可能正常运转。

对储运企业来说,对成本的控制和成本核算是"运作精良"的首要条件。宝供储运内部形成的成本流程模式:受单→初步报价→估算成本→统计成本→再报价。

4. 评述

宝供储运是一家民营的中型物流企业,但是,它能在几年中,在众多大型国营储运企业的眼皮下生存、成长并逐步壮大。它靠的是什么呢?

许多与国外大企业打交道的人,大多能发现信用和认真是工作的基本信条,是企业生存之本;企业家的超前意识和准确判断是企业发展的基础;机遇是企业发展的助推器。而这些宝供都拥有了,做到了,它成功了。

有人说,中国的民营企业往往容易从无到有,却很难真正做到从小到大地持续发展。不知道宝供储运是不是可以有所突破,把自己创造的奇迹续写下去。我们可以感觉到它正在努力使自己向大企业的方向迈进,这是宝供与大家共同的希望。

[资料来源:http://5doc.com/doc/347538]

第一节 物流信息

一、物流信息的概念

物流信息是指反映物流各种活动内容的知识、资料、图像、数据和文件的总称。

从狭义范围来看,物流信息是指与物流各个基本活动相关的信息,对运输管理、库存管理、订单管理等物流活动具有支持保证的功能;从广义范围来看,物流信息不仅指与物流活动有关的信息,而且包含与其他流通活动有关的信息,如商品交易信息、市场信息等,具有连接整合整个物流系统和使整个物流系统效率化等功能。

物流信息是物流活动的指南,物流过程中所有的物流活动都是根据物流信息开展的,最终促使整个物流系统顺利地运转。在现代物流过程中,伴随着物流活动的进行,产生了大量的反应相关物流输入输出结构、流向与流量、库存量、物流费用和市场动态等数据,这些数据不断地被传输和反馈,形成了纵横交错、包罗万象的物流信息,成为现代物流的基础。

二、物流信息的特点

1. 广泛性

由于物流系统的覆盖范围较大,因此物流信息源分布于大范围内,信息源点多、信息量大,涉及从生产到消费、从国民经济到财政信贷等各个方面。物流信息来源的广泛性决定了它的影响的广泛性,涉及国民经济各个部门、物流活动的各个环节。

2. 联系性

物流活动是多因素、多环节、多角色共同参与的活动,目的就是实现产品从产地到销售地的顺利移动。因此,在该活动中所产生的各种物流信息必然存在着十分密切的联系。这种相互联系的特性是保证各物流子系统以及物流内部系统与物流外部系统相互协调运作的重要因素。

3. 多样性

物流信息种类繁多,从其作用的范围来看,本系统内部各个环节有不同类的信息,如流转信息、作业信息、控制信息等;物流系统外部也存在各种不同类型的信息,如市场信息、政策信息和区域信息等;从其稳定程度来看,又有固定信息、流动信息以及偶然信息等。因此在进行物流系统的研究时,应根据不同种类的信息进行分类收集和整理。

4. 动态性

小批量、多频率的配送技术、电子订货系统(EOS)、电子数据交换(EDI)等数据收集技术的不断应用,使得各种物流作业频繁发生,加快了物流信息的价值衰减速度,要求物流信息不断更新,从而使物流信息体现出更强的动态性。

5. 复杂性

物流信息的广泛性、联系性、多样性和动态性决定了物流信息的复杂性。

三、物流信息的作用

物流信息在物流活动中具有十分重要的作用,通过物流信息的收集、传递、存储、处理和输出等,成为决策依据,对整个物流活动起到指挥、协调、支持和保障作用。物流信息的主要作用有以下几点。

1. 沟通联系

物流系统是由多个行业、多个部门及众多企业群体构成的经济大系统,系统内部正是通过各种指令、计划、文件、数据等物流信息,建立起各种横向和纵向的联系,沟通生产厂、批发商、零售商、物流服务商和消费者,满足各方面的需要。因此,物流信息是沟通物流活动各个环节之间联系的桥梁。

2. 引导和协调

物流信息随着物资、货币及物流当事人的行为等信息载体进入物流系统中,同时信息的反馈也随着信息载体反馈给系统中的各个要素,依靠物流信息及其反馈可以引导物流运作的变动和物流布局的优化,协调物资结构,使供需平衡;协调人、财、物等物流资源的配置,促进物流系统的整合和合理使用。

3. 管理控制

通过移动通信、计算机信息网、电子数据交换、全球定位系统等技术实现物流活动的电子化,用信息化代替传统的手工作业,实现物流运行、服务质量和成本等的管理控制。

4. 缩短物流管理

通过实时的掌握物流系统中的各种信息,可以对库存进行缩减,从而缩短物流链,提高物流服务水平。

5. 辅助决策分析

物流信息是制定决策方案的重要基础和关键依据,物流管理决策过程的本身就是对物流信息进行深加工的过程,是对物流活动的发展变化规律性认识的过程。物流信息可以协助物流管理者鉴别、评估、比较物流战略和策略中的可选方案,从而辅助决策。

6. 支持战略计划

作为决策分析的延伸,物流战略计划涉及物流活动的长期发展方向和经营方针的制订,如企业战略联盟的形成、以利润为基础的客户服务分析以及能力和机会的开发和提炼。物流战略计划作为一种更加抽象、松散的决策,是对物流信息进一步提炼和开发的结果。

7. 价值增值

物流本身是有价值的,而在物流领域中,物流信息在实现其使用价值的同时,其自身的价值又呈现出增长的趋势,即物流信息本身具有增值性。

四、物流信息的种类

在进行物流信息处理和建立物流信息系统时,需要对物流信息进行分类。物流信息有以下几种不同的分类方式。

1. 按物流信息沟通联络的方式划分

(1) 口头信息

口头信息是指通过面对面的口头交谈而进行传递的信息。口头信息具有直接而迅速传播的特点,但是在传播的过程中也容易掺杂入信息传播者的主观理解而产生信息失真。

(2) 书面信息

书面信息是指为了保证物流信息的客观性,便于重复说明和反复检查,而用书面文字进行描述的一种信息类型。各种物流环节经常出现的数据报表、文字说明和技术资料都属于书面信息。

2. 按物流信息的来源划分

(1) 内部信息

内部信息是对来自物流系统内的各种信息的总称。这种信息是用于协调系统内部的人、财、物等各种资源的重要依据。

(2) 外部信息

外部信息是指来自特定系统以外的信息。由于系统的边界具有一定的相对性,所以如果从整个物流系统的角度看,外部信息包括物质生产部门、物质消费部门、各类党政机关以及国内外市场产生的信息。而对物流系统中的某个子系统而言,则来自另一个子系统的信息称为外部信息。

3. 按照物流信息的变动情况划分

按照物流信息的变动情况可分为固定信息和流动信息。

(1) 固定信息

所谓固定与流动也是相对而言的。固定信息只是通常具备相对稳定的特点。主要包括这样三类：物流生产标准信息、物流计划信息和物流查询信息。

(2) 流动信息

与固定信息相反，物流流动信息是指物流系统中经常发生变动的信息。这类信息以物流活动过程中的各类作业统计信息为基础，例如某一时刻物流任务的实际进度、计划完成情况等。

4. 按物流信息的加工程度划分

(1) 原始信息

原始信息是指未加工的信息，是信息工作的基础，也是最具有权威性的凭证性信息，可以从原始信息中找到物流管理和决策的依据，是加工信息可靠性的保证。

(2) 加工信息

加工信息是对原始信息进行各种方式、各个层次处理之后的信息，这种信息是原始信息的提炼、简化和综合，可大大缩小信息量，并将信息梳理成规律性的形式，便于使用。

第二节　物流信息技术

物流信息技术指运用于物流各环节中的信息技术。根据物流的功能以及特点，物流信息技术包括如计算机技术、网络技术、信息分类编码技术、条形码技术、射频识别技术、电子数据交换技术、全球定位系统(GPS)、地理信息系统(GIS)等。

一、条形码技术

条形码技术是在计算机的应用实践中产生和发展起来的一种自动识别技术。它为我们提供了一种对物流中的货物进行标志和描述的方法。条形码是实现 POS 系统、EDI、电子商务、供应链管理的技术基础，是物流管理现代化、提高企业管理水平和竞争能力的重要技术手段。

1. 条形码技术概述

条形码最早出现在 20 世纪 40 年代，但得到实际应用和发展是在 20 世纪 70 年代左右。早在 20 世纪 40 年代，美国乔·伍德兰德(Joe Wood Land)和伯尼·西尔沃(Berny Silver)两位工程师就开始研究用代码表示食品项目及相应的自动识别设备，于 1949 年获得了美国专利。之后条形码技术有了长足的发展。1991 年 4 月中国物品编码中心代表中国加入国际物品编码协会。

2. 条形码的编码方法

(1) 模块组合法

模块组合法是指条形码符号中,条与空分别由若干个模块组合而成。一个标准模块的条表示二进制的"1",一个标准模块的空表示二进制的"0"。

(2) 宽度调节法

宽度调节法是指条形码中,条(空)的宽窄设置不同,宽单元表示二进制的"1",窄单元表示二进制的"0",宽单元的宽度通常是窄单元宽度的 2~3 倍。

3. 条形码识读技术

(1) 条形码识读原理

由于不同颜色的物体,其反射的可见光的波长不同,白色物体能反射各种波长的可见光,黑色物体则吸收各种波长的可见光,所以当条形码扫描器光源发出的光经光闸及凸透镜 1 后,照射到黑白相间的条形码上时,反射光经凸透镜 2 聚焦后,照射到光电转换器上,于是光电转换器接收到与白条和黑条相应的强弱不同的反射光信号,并转换成相应的电信号输出到放大整形电路。白条、黑条的宽度不同,相应的电信号持续时间长短也不同。但是,由光电转换器输出的与条形码的条和空相应的电信号一般仅 10 mV 左右,不能直接使用,因而先要将光电转换器输出的电信号送放大器放大,放大后的电信号仍然是一个模拟电信号,为了避免由条形码中的疵点和污点导致错误信号,在放大电路后需加一整形电路,把模拟信号转换成数字电信号,以便计算机系统能准确判读。其工作原理如图 14.1 所示。

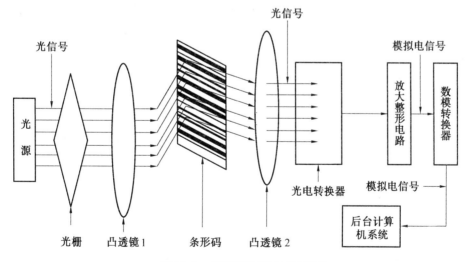

图 14.1 条形码识别系统示意图

(2) 条形码识读设备

条形码识读设备可以按照工作原理及使用形态进行分类。

①CCD扫描器和激光扫描器。
CCD扫描器的特点：价格低，属于低档产品，扫描距景深短。
激光扫描器的特点：扫描速度快，扫描距景深长。
②手持式、小滚筒式、平台式条形码扫描器。

4. 商品条形码的应用

（1）建立商店自动销售管理系统（POS）

POS系统，又称销售点管理系统，是利用现金收款机作为终端机与计算机系统相联，并借助于光电识读设备为计算机采集商品的销售信息。当带有条形码符号的商品通过结算台扫描时，该商品的销售信息立刻传入商店的计算机管理系统，计算机自动查询到该商品的名称、价格等，并进行自动结算，提高了结算速度和结算的准确性。该管理系统可以根据这些信息，实现结算、商品货架补充、订货、盘点等自动化管理。

（2）实现商品信息的电子数据交换（EDI）

条形码作为商品信息的载体，不仅为生产商、批发商和零售商建立了联系的纽带，更重要的是为电子信息交换提供了通用的"语言"。

国际物品编码协会已组织几十个会员国，在联合国及国际标准化组织ISO规范指导下，根据联合国欧洲经济开发委员会的行政管理、商业和运输业电子数据交换规则（EDIFACT），制定了电子通信标准（EANCOM）。

很多发达国家如英国、荷兰等，通过采用EANCOM标准建立了条形码商品信息交换系统。有些中等发达国家和发展中国家也在这方面开始了有益的尝试。条形码商品信息交换系统的出现，使工厂、商店和顾客可以通过计算机联网，借助于条形码，获得大量的商品信息，实现电子数据交换和资源共享。

二、无线射频技术

无线射频技术又称RFID技术，RFID是射频识别技术的英文Radio Frequency Identification的缩写，射频识别技术是20世纪90年代开始兴起的一种自动识别技术，射频识别技术是一项利用射频信号通过空间耦合（交变磁场或电磁场）实现无接触信息传递并通过所传递的信息达到识别目的的技术。

1. 无线射频技术概述

（1）RFID技术的产生

RFID在历史上的首次应用可以追溯到第二次世界大战期间，其当时的功能是用于分辨出敌方飞机与我方飞机。我方的飞机上装载有高耗电量的主动式标签（Active Tag），当雷达发出询问的讯号，这些标签就会发出适当的响应，借以识别出自己是友军或是敌军。此系统称为IFF（Identify：Friend or Foe）。

1948年哈里·斯托克曼发表的《利用反射功率的通信》奠定了射频识别技术的理论基础。

到了20世纪70年代末期,美国政府透过Los Alamos科学实验室将RFID技术转移到民间。RFID技术最先在商业上的应用是用于畜牧业。20世纪80年代,美国与欧洲的几家公司开始着手生产RFID标签。目前,RFID技术已经被广泛应用于各个领域,从门禁管制、牲畜管理到物流管理,皆可以见到其踪迹。

(2)RFID的基本组成部分

最基本的RFID系统由三部分组成:

①标签(Tag)。标签由耦合元件及芯片组成,每个标签具有唯一的电子编码,附着在物体上标识目标对象。标签载有可用于认证识别其所附着的目标物的相关信息数据。标签可以是只读的、读/写兼具的或写一个/读多个的形式;可以是"主动式"也可以是"被动式"的。

"主动式"标签需要专用电池支持其传输器及接收器的工作,但RAM区不一定大。为避免干扰,主动式的标签要求能接收与转发多个频点的信号,以避免邻道干扰,卡的组成复杂,而且功耗也大。由此,"主动式"标签一般比"被动式"标签在外形上要大一些且价格更昂贵。另外,"主动式"标签的使用寿命都与其电池寿命直接相关。

"被动式"标签根据其应用的不同,也可以分为"有源"和"无源"工作模式。"被动式"标签将从读写器或传输接收机(Transceiver)传来的射频信号反射并可通过调制解码将相关信息加入到其所反射的射频信号中。对于"被动式"标签而言,它无需电池来放大反向信号的载波能量,有的"被动式"标签使用电池仅是用于支持标签中存储器的工作或支持标签中的对反射信号进行调制解码的元件的工作。

②阅读器(Reader)。RFID阅读器,读取(有时还可以写入)标签信息的设备,又称解读器、识读器,它的任务是控制射频收发器发射射频信号:通过射频收发器接收来自标签上的已编码射频信号,对标签的认证识别信息进行解码;将认证识别信息连带标签上其他相关信息传输到主机以供处理。

③天线(Antenna)。天线在标签和读取器间传递射频信号。任一个RFID系统至少应包含一根天线(不管是内置还是外置)以发射和接收射频信号。有些RFID系统是由一根天线来同时完成发射和接收;而另一些RFID系统则是由一根天线来完成发射而另一根天线来承担接收,所采用天线的形式及数量应视具体应用而定。

2. RFID技术的基本工作原理

标签进入磁场后,接收解读器发出的射频信号,凭借感应电流所获得的能量发送出存储在芯片中的产品信息(Passive Tag,无源标签或被动标签),或者主动发送某一频率的信号(Active Tag,有源标签或主动标签);解读器读取信息并解码后,送至中央信息系统进行有关数据处理。

3. RFID技术特点及优势

(1)读取方便快捷

数据的读取无需光源,甚至可以透过外包装来进行。有效识别距离更长,采用自带电池的主动标签时,有效识别距离可达到30米以上。

(2) 识别速度快

标签一进入磁场,阅读器就可以即时读取其中的信息,而且能够同时处理多个标签,实现批量识别。

(3) 数据容量大

数据容量最大的二维条形码(PDF417),最多也只能存储 2 725 个数字;若包含字母,存储量则会更少;RFID 标签则可以根据用户的需要进行扩充。

(4) 使用寿命长,应用范围广

其无线电通信方式,使其可以应用于粉尘、油污等高污染环境和放射性环境,而且其封闭式包装使得其寿命大大超过印刷的条形码。

(5) 标签数据可动态更改

利用编程器可以向电子标签里写入数据,从而赋予 RFID 标签交互式便携数据文件的功能,而且写入时间比打印条形码更短。

(6) 更好的安全性

RFID 电子标签不仅可以嵌入或附着在不同形状、类型的产品上,而且可以为标签数据的读写设置密码保护,从而具有更高的安全性。

(7) 动态实时通信

标签以每秒 50～100 次的频率与阅读器进行通信,所以只要 RFID 标签所附着的物体出现在解读器的有效识别范围内,就可以对其位置进行动态的追踪和监控。

4. RFID 应用领域

RFID 的主要应用领域如表 14.1 所示。

表 14.1 RFID 应用领域

区分	领域	主要内容	适用技术
物流/流通	制造业	附着在部件、TQM 及部件传送(JIT)	915 MHz
	物流管理	附着在 palette、货物、集装箱等。降低费用及提供配送信息,收集 CRM 数据	433 MHz
	支付	需要注油、过路费等非现金支付时自动计算费用	13.56 MHz
	零售业	商品检索及陈列场所的检索,库存管理,防盗,特性化广告等	915 MHz
	装船/受领	附着 palette 或集装箱、商品,缩短装船过程及包装时间	433 MHz
	仓储业	个别货物的调查及减少发生错误,节省劳动力	915 MHz

续表 14.1

区分	领域	主要内容	适用技术
健康管理/食品	制药	为了视觉障碍者,在药品容器附着存储处方、用药方法、警告等信息的 RFID 标签,并通过识别器把信息转换成语音,并进行传送	915 MHz
	健康管理	防止制药的伪造和仿造,提供利用设施的识别手段,附着在老年性痴呆患者的收容设施及医药品/医学消耗品	915 MHz
	畜牧业流通管理	家畜出生时附着 RFID 标签,把饲养过程及宰杀过程信息存储在中央数据库里	125 KHz、134 KHz
确认身份/保安/支付	游公园/活动	给访客附着内置 RFID 芯片的手镯或 ID 标签,进行位置跟踪及防止迷路,群体间位置确认服务	433 MHz
	图书馆、录像带租赁店	在书和录像带附着 RFID 芯片,进行借出和退还管理,防止盗窃	13.56 MHz、915 MHz
	保安	用做个人 ID 标签,防止伪造,确认身份及控制出入,跟踪对象及防止盗窃	2.45 GHz
	接待业	自动支付及出入控制	13.56 MHz
运输	交通	在车辆附着 RFID 标签,进行车辆管理(注册与否、保险等)及交通控制实时监控管理大众交通情况	433 MHz、915 MHz、2.45 GHz

三、EDI 技术

EDI(Electronic Data Interchange)是指通过电子方式,采用标准化的格式,利用计算机网络进行结构化数据的传输和交换。

1. EDI 概述

早期将 EDI 翻译为"无纸贸易",但现在不能将 EDI 仅仅理解为"无纸贸易",因为电子数据交换的意思并不限于贸易活动。EDI 的实质在于"数据不落地",也就是信息存储及传递的介质从纸张转为电磁设备。允许信息在企业间直接交换,并且由计算机进行相应的自动处理,这个过程无需人为干涉。

(1) EDI 概念

由于 EDI 是一个信息概念,各国家、各个组织都在致力于 EDI 的研究与发展,因此相应地也就提出了很多不同的 EDI 概念。尽管 EDI 的概念不尽相同,但是其基本都包含以下几点含义:

① EDI 是计算机系统之间所进行的电子信息传输。
② EDI 是标准格式和结构化的电子数据的交换。
③ EDI 是由发送和接收者所达成一致的标准和结构所进行的电子数据交换。

④EDI 是由计算机自动读取而无需人工干预的电子数据交换。
⑤EDI 是为了满足商业用途的电子数据交换。

从一般技术角度,我们可以将 EDI 的概念概括为:EDI 是参加商业运作的双方或多方按照协议,对具有一定结构的标准商业信息,通过数据通信网络,在参与方计算机之间所进行传输和自动处理。

(2) EDI 特点
①EDI 是在企业与企业之间传输商业文件数据。
②EDI 传输的文件数据都采用共同的标准。
③EDI 是通过数据通信网络一般是增值网和专用网来传输数据。
④EDI 数据的传输是从计算机到计算机的自动传输,不需人工介入操作。

(3) EDI 的优点
①降低了纸张的消费。根据联合国组织的一次调查,进行一次进出口贸易,双方约需交换近 200 份文件和表格,其纸张、行文、打印及差错可能引起的总开销等大约为货物价格的 7%。据统计,美国通用汽车公司采用 EDI 后,每生产一辆汽车可节约成本 250 美元,按每年生成 500 万辆计算,可以产生 12.5 亿美元的经济效益。

②减少了许多重复劳动,提高了工作效率。如果没有 EDI 系统,即使是高度计算机化的公司,也需要经常将外来的资料重新输入本公司的电脑。调查表明,从一部电脑输出的资料有多达 70% 的数据需要再输入其他的电脑,既费时又容易出错。

③EDI 使贸易双方能够以更迅速有效的方式进行贸易,大大简化了订货或存货的过程,使双方能及时地充分利用各自的人力和物力资源。

④通过 EDI 可以改善贸易双方的关系,厂商可以准确地估计日后商品的需求量,货运代理商可以简化大量的出口文书工作,商户可以提高存货的效率,大大提高他们的竞争能力。

2. EDI 的组成

数据标准化、EDI 软件及硬件、通信网络是构成 EDI 系统的三要素。

(1) 数据标准化

EDI 标准是由各企业、各地区代表共同讨论、制订的电子数据交换共同标准,可以使各组织之间的不同文件格式,通过共同的标准,获得彼此之间文件交换的目的。

(2) EDI 软件及硬件

实现 EDI 需要配备相应的 EDI 软件和硬件。EDI 软件具有将用户数据库系统中的信息,译成 EDI 的标准格式,以供传输交换的能力。

当需要发送 EDI 电文时,必须用某些方法从公司的专有数据库中提取信息,并把它翻译成 EDI 的标准格式进行传输,这就需要有 EDI 相关软件的帮助。

①转换软件(Mapper)。转换软件可以帮助用户将原有计算机系统的文件,转换成翻译软件能够理解的平面文件(Flat file),或是将从翻译软件接收来的平面文件,转换成原计算机系

统中的文件。

②翻译软件(Translator)。将平面文件翻译成 EDI 标准格式,或将接收到的 EDI 标准格式翻译成平面文件。

③通信软件。将 EDI 标准格式的文件外层加上通信信封(Envelope),再送到 EDI 系统交换中心的邮箱(Mailbox),或由 EDI 系统交换中心内,将接收到的文件取回。

EDI 软件结构如图 14.2 所示。

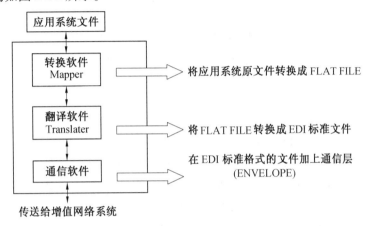

图 14.2　EDI 软件结构图

3. EDI 的工作流程

EDI 将所有贸易单证的传送由 EDI 通信网络实现,并且买卖双方单证的处理全部(或大部分)由计算机自动完成。EDI 的工作流程可以划分为三大部分:

(1)文件的结构化和标准化处理

用户首先将原始的纸面商业或行政文件,经计算机处理,形成符合 EDI 标准的,具有标准格式的 EDI 数据文件。

(2)传输和交换

用户用自己的本地计算机系统将形成的标准数据文件,经过 EDI 数据通信和交换网,传送到登录的 EDI 服务中心,继而转发到对方用户的计算机系统。

(3)文件的接收和自动处理

对方用户计算机系统收到发来的报文之后,立即按照特定的程序自动处理。

4. EDI 标准体系

EDI 标准体系是在 EDI 应用领域范围内的、具有内在联系的标准组成的科学有机整体,它由若干个分体系构成,各分体系之间又存在着相互制约、相互作用、相互依赖和相互补充的内在联系。

我国根据国际标准体系和我国 EDI 应用的实际以及未来一段时期的发展情况,制订了

EDI 标准体系,以《EDI 系统标准化总体规范》作为总体技术文件。根据该规范,EDI 标准体系分基础、单证、报文、代码、通信、安全、管理应用七个部分。

5. EDI 技术在物流中的应用

一个由发送货物业主、物流运输业主和接收货物业主组成的物流模型动作步骤介绍。

(1)发送货物业主(如生产厂家)在接到订货后制订货物运送计划,并把运送货物的清单及运送时间安排等信息通过 EDI 发送给物流运输业主和接收货物业主(如零售商),以便物流运输业主预先制订车辆调配计划和接收货物业主制订货物接收计划。

(2)发送货物业主依据顾客订货的要求和货物运送计划下达发货指令、分拣配货、打印出物流条形码的货物标签(即 SCM 标签,Shipping Carton Marking)并贴在货物包装箱上,同时把运送货物品种、数量、包装等信息通过 EDI 发送给物流运输业主和接收货物业主依据请示下达车辆调配指令。

(3)物流运输业主在向发货货物业主取运货物时,利用车载扫描读数仪读取货物标签的物流条形码,并与先前收到的货物运输数据进行核对,确认运送货物。

(4)物流运输业主在物流中心对货物进行整理、集装、做成送货清单并通过 EDI 向收货业主发送发货信息。在货物运送的同时进行货物跟踪管理,并在货物交纳给收货业主之后,通过 EDI 向发送货物业主发送完成运送业务信息和运费请示信息。

(5)收货业主在货物到达时,利用扫描读数仪读取货物标签的条形码,并与先前收到的货物运输数据进行核对确认,开出收货发票,货物入库。同时通过 EDI 向物流运输业主和发送货物业主发送收货确认信息。

四、GIS 技术

GIS 是多种学科交叉的产物,它以地理空间数据为基础,采用地理模型分析方法,适时地提供多种空间的和动态的地理信息,是一种为地理研究和地理决策服务的计算机技术系统。其基本功能是将表格型数据(无论它来自数据库、电子表格文件或直接在程序中输入)转换为地理图形显示,然后对显示结果浏览、操作和分析。其显示范围可以从洲际地图到非常详细的街区地图,显示对象包括人口、销售情况、运输线路和其他内容。

1. GIS 概述

地理信息系统(Geographical Information System 或 Geo-Information system,GIS,GIS)是一种决策支持系统,它具有信息系统的各种特点。有时又称为"地学信息系统"或"资源与环境信息系统"。它是一种特定的十分重要的空间信息系统。它是在计算机硬、软件系统支持下,对整个或部分地球表层(包括大气层)空间中的有关地理分布数据进行采集、储存、管理、运算、分析、显示和描述的技术系统。

地理信息系统具有以下三个方面的特征:

①具有采集、管理、分析和输出多种地理信息的能力,具有空间性和动态性。

②由计算机系统支持进行空间地理数据管理,并由计算机程序模拟常规的或专门的地理分析方法,作用于空间数据,产生有用信息,完成人类难以完成的任务。

③计算机系统的支持是地理信息系统的重要特征,因而使得地理信息系统能以快速、精确、综合地对复杂的地理系统进行空间定位和过程动态分析。

2. GIS 组成

与普通的信息系统类似,一个完整的 GIS 主要由四部分构成,即计算机硬件系统、计算机软件系统、地理数据(或空间数据)和系统管理操作人员。其核心部分是计算机系统(软件和硬件),空间数据反映 GIS 的地理内容,而管理人员和用户则决定系统的工作方式和信息表示方式。

3. GIS 在物流中的应用

GIS 应用于物流分析,主要是指利用 GIS 强大的地理数据功能来完善物流分析技术。GPS 在物流领域的应用可以实时监控车辆等移动目标的位置,根据道路交通状况向移动目标发出实时调度指令。而 GIS、GPS 和无线通信技术的有效结合,再辅以车辆路线模型、最短路径模型、网络物流模型、分配集合模型和设施定位模型等,能够建立功能强大的物流信息系统,使物流变得实时并且成本最优。GIS 在物流企业应用的优势主要体现在以下几个方面。

(1)打造数字物流企业,规范企业日常运作,提升企业形象

GIS 的应用,必将提升物流企业的信息化程度,使企业日常运作数字化,包括企业拥有的物流设备或者客户的任何一笔货物都能用精确的数字来描述,不仅提高企业运作效率,同时提升企业形象,能够争取更多的客户。

(2)通过对运输设备的导航跟踪,提高车辆运作效率,降低物流费用,抵抗风险

GIS 和无线通信的结合,使得流动在不同地方的运输设备变得透明而且可以控制。

结合物流企业的决策模型库的支持,根据物流企业的实际仓储情况,并且由 GPS 获取的实时道路信息,可以计算出最佳物流路径,给运输设备导航,减少运行时间,降低运行费用。

人的因素处处存在,而 GIS 能够有效地监控司机的行为。在物流企业中,为了逃避过桥费而绕远路延误时间,私自拉货,途中私自停留等现象司空见惯,反正"山高皇帝远",物流企业不能有效监控司机的行为。而对车辆的监控也就规范了司机的行为。

(3)通过物对物流运作的协调,促进协同商务发展,让物流企业向第四方物流角色转换

由于物流企业能够实时地获取每部车辆的具体位置,载货信息,故物流企业能用系统的观念运作企业的业务,降低空载率。这一职能的转变,物流企业如果为某条供应链服务,则能够发挥第四方物流的作用。

物流企业通过无线通信,GIS 能够精确地获取运输车辆的信息,再通过 Internet 让企业内部和客户访问,从而把整个企业的操作、业务变得透明,为协同商务打下基础。

五、GPS 技术

1. GPS 概述

全球定位系统(Global Positioning System,GPS)是美国从 20 世纪 70 年代开始研制,历时 20 年,耗资 200 亿美元,于 1994 年全面建成,具有在海、陆、空进行全方位实时三维导航与定位能力的新一代卫星导航与定位系统。经我国测绘等部门的使用表明,GPS 以全天候、高精度、自动化、高效益等显著特点,赢得广大测绘工作者的信赖,并成功地应用于大地测量、工程测量、航空摄影测量、运载工具导航和管制、地壳运动监测、工程变形监测、资源勘察、地球动力学等多种学科,从而给测绘领域带来一场深刻的技术革命。

随着全球定位系统的不断改进,硬、软件的不断完善,应用领域正在不断地开拓,目前已遍及国民经济各种部门,并开始逐步深入人们的日常生活。

2. GPS 系统组成及原理

(1) GPS 系统组成

①空间部分。GPS 的空间部分是由 24 颗工作卫星组成,它位于距地表 20 200 公里的上空,均匀分布在 6 个轨道面上(每个轨道面 4 颗),轨道倾角为 55°。此外,还有 4 颗有源备份卫星在轨运行。卫星的分布使得在全球任何地方、任何时间都可观测到 4 颗以上的卫星,并能保持良好定位解算精度的几何图像。

②地面控制部分。地面控制部分由一个主控站、5 个全球监测站和 3 个地面控制站组成。

③用户设备部分。用户设备部分即 GPS 信号接收机。其主要功能是能够捕获到按一定卫星截止角所选择的待测卫星,并跟踪这些卫星的运行。当接收机捕获到跟踪的卫星信号后,即可测量出接收天线至卫星的伪距离和距离的变化率,解调出卫星轨道参数等数据。根据这些数据,接收机中的微处理计算机就可按定位解算方法进行定位计算,计算出用户所在地理位置的经纬度、高度、速度、时间等信息。

(2) GPS 原理

24 颗 GPS 卫星在离地面 12 000 公里的高空上,以 12 小时的周期环绕地球运行,使得在任意时刻,在地面上的任意一点都可以同时观测到 4 颗以上的卫星。

由于卫星的位置精确可知,在 GPS 观测中,我们可得到卫星到接收机的距离,利用三维坐标中的距离公式,利用 3 颗卫星,就可以组成 3 个方程式,解出观测点的位置(X,Y,Z)。考虑到卫星的时钟与接收机时钟之间的误差,实际上有 4 个未知数,X、Y、Z 和钟差,因而需要引入第 4 颗卫星,形成 4 个方程式进行求解,从而得到观测点的经纬度和高程。

3. GPS 在物流中的应用

GPS 在物流中的应用主要体现在以下两个方面:

(1) GPS 在道路工程中的应用

GPS 在道路工程中的应用,目前主要是用于建立各种道路工程控制网及测定航测外控点等。

(2)GPS 在汽车导航和交通管理中的应用

三维导航是 GPS 的首要功能,飞机、轮船、地面车辆以及步行者都可以利用 GPS 导航器进行导航。

①在汽车自动定位、跟踪调度方面的应用。利用 GPS 的计算机管理停息系统,可以通过 GPS 和计算机网络实时收集全路汽车所运货物的动态信息,实现汽车、货物追踪管理,并及时地进行汽车的调度管理。

②在铁路运输方面的管理。利用 GPS 的计算机管理信息系统,可以通过 GPS 和计算机网络实时收集全路列车、机车、车辆、集装箱及所运货物的动态信息,实现列车及货物的追踪管理。只要知道货车的车种、车型和车号,就可以立即从近 10 万公里的铁路网上流动着的几十万辆货车中找到该货车,还能得知这辆货车现在何处运行或停在何处,以及所有的车载货物发货信息。铁路部门运用这项技术可大大提高其路网及其运营的透明度,为货主提供更高质量的服务。

③用于军事物流。全球卫星定位系统首先是因为军事目的而建立的,在军事物流中应用相当普遍,如后勤装务的保障等方面。通过 GPS 技术及系统,可以准确地掌握和了解各地驻军的数量和要求,无论在战时还是在平时都能及时地进行准确的后勤补给。

第三节　物流管理信息化

一、物流管理信息化概述

1. 物流管理信息化的概念

物流管理信息化主要是指建立高效畅通的物流信息系统,实现从物流决策、业务流程、客户服务的全程信息化,对物流进行科学管理。物流管理信息化是物流信息化的重要内容之一,物流系统只有具有良好的信息处理和传输系统,才能快速、准确地获取销售反馈信息和配送货物跟踪信息,从而大大提高物流企业的服务水平。

在物流信息系统的建设中,一方面要重视新的信息技术(如 Internet)的应用,提高信息技术的水平,另一方面也要重视物流信息系统和物流管理的互动,既要根据自己的物流管理流程来选择适合的物流信息系统,也要通过物流信息系统来优化和再造自己的物流管理流程。

2. 物流管理信息化的必备条件

物流管理信息化的必备条件,主要有三点:

①一套完整的物流信息管理系统,为物流运作提供电子化管理。

②一个能快速、方便、安全、可靠的交换数据的电子数据交换平台。

③为用户提供个性化的物流信息服务。

为此,企业应加大投入,建立计算机支持的物流信息系统。

3. 物流管理信息化的意义

物流管理工作包括计划、组织、指挥、协调、控制等功能，是一项复杂的系统工程。物流管理信息化彻底改善物流管理工作费时费力的状况，大大提高物流管理工作效率。通过建立物流管理信息系统，使物流计划制订更加科学合理，更加切合实际，并具有前瞻性。组织职能也将大大优化，更有效率。指挥路线不再是自上而下的单向指挥，而是自上而下和自下而上的双向指挥，指挥的效果能够得到及时反馈，各部门的协调交流更加快捷、直接、通畅。控制职能将进一步发挥作用，特别是事前控制将发挥更大作用，各种误差事故将及时得到反馈和纠正。

管理信息化将覆盖物流管理的各个方面，具体体现在物流管理的各个环节全过程的信息管理。对人、财、物、技术更加有效地进行管理，使之适应信息化管理需要。通过建立人力资源、劳动工资、财务管理、成本核算、物耗能耗管理、技术管理等管理信息系统，使人流、财流、物流、技术流更加规范合理。彻底改变传统物流那种封闭的、强制的、分而治之的、以纵向层次组织为主体的信息流程，代之以开放的、民主的、组合分工、以横向组织为主的信息化管理运作。

二、物流信息化的实现

一个组织进行物流信息化建设，其进程应是由企业内部管理向外部管理、企业核心业务向企业整体业务扩展的，总体来说，企业信息化的建设有五大阶段。

在第一阶段，企业为了进行信息化管理的建设，核心工作大都是企业的信息化基础设施建设。在此阶段，企业一方面要逐渐改变自身多年的人工管理习惯以适应信息化管理带来的管理升级，另一方面着力构筑信息化所必需的软硬件设施及平台，包括网络硬件、操作系统和数据库软件等，搭建起信息化基础平台。

第二阶段是针对企业的核心部门进行信息化建设。相比针对企业整体的信息化解决方案，只针对某一或者几个核心部门的信息化建设相对来说容易一些。虽然这样的建设很容易形成信息孤岛，不利于企业整体的互联互通，对后期实现整合也有不利影响，但由于大部分企业在信息化管理上的投入有限，所以只能先把"好钢用在刀刃"上。具体来说，企业大都从计划、生产、仓储等部门入手，逐步建立起相互独立的部门级应用系统，短时期内能满足本部门业务管理需要，继而满足企业最低的信息化管理需求。但由于数据独立存储，业务之间缺乏必要的信息交换，当企业业务发展到一定规模，各部门之间沟通的需求逐渐增多之后，各种矛盾就会不可避免的凸显。例如订单、计划与生产无法协调控制，库存量不能有效减少等。由此引出了企业信息化建设的第三个阶段。

在第三阶段，信息化建设集中在对企业内部生产活动之间进行有效的互联上，也就是对第二阶段的问题进行补救。在此阶段，ERP起了最为重要的作用。通过对软硬件平台进行同构化建设以实现部门间的信息共享和协同操作，实现基于企业内部范围的管理，最终对计划需求量、安全库存量、采购提前期、采购批量、采运方式、采购价格、市场行情和供应商等进行准确的分析和设定，使企业的信息化水平得到质的提升，保证对企业管理可以进行事先计划、事中控制和事后分析。

在第四阶段,通过构建现代物流供应链信息化体系,推进信息化管理从企业内部扩展到企业外部,甚至整条供应链上,实现企业上下游协同管理成为企业更高的追求。随着我国对外开放范围的逐步扩展,越来越多的企业投进了国际市场的怀抱,企业通过业务拓展、调整产品结构,实现组织生产和流通的全球化。企业间的分工细化、协作增强,市场竞争不再局限在单个企业之间,而是企业群与企业群、产业链与产业链之间的竞争。在用户需求的牵引下,由多个企业纵向联合形成一种合作组织形式,再通过信息技术把这些企业连成链条或网络,把链条上各节点的资源有效整合并互动管理,更有效地向市场提供商品和服务来完成单个企业所不能承担的市场功能,简单来说,就是构建现代供应链信息化系统。

最终阶段,则是以智能化管理为特点。信息化管理不再是企业物流供应链、运营的帮手,而上升到企业战略的指导建议层次,真正实现计算机管理人的终极目标。当然,这个层次至今还无人涉及。

三、我国物流信息化的发展

信息化是现代物流的灵魂,是现代物流发展的必然要求和基石。随着我国物流业的快速发展,物流信息化也得到了一定的发展。

1. 企业物流信息化现状

(1)信息化意识普遍提高,信息化进程正在加快

目前我国大中型企业中已有近八成建立了信息管理系统,大约九成的企业已建立了自己的网站。在已经建立了管理信息系统的企业中,基于局域网和广域网的系统各占一半左右。

(2)企业信息化仍处于起步阶段

①企业网站的功能以基础应用为主。据调查,现阶段我国企业网站的主要功能是用于企业宣传、信息服务和内部通信,作为电子商务平台的比例相对较少。

②系统功能依然集中在企业内部资源整合,对于客户关系管理等基于供应链的开发不足。

③信息化的作用主要集中在提高效率和规范管理方面,也就是说现阶段我国物流信息化的建设主要集中在物流信息化的第一个阶段,对于更高层次的支持决策和支持供应链管理的更高层次的信息化建设则相对不足。

(3)企业的信息化需求前景广阔

我国企业的信息化需求前景主要表现在这样几个方面:

①未建管理信息系统的企业有物流信息化的需求。

②信息系统升级的需求大。

③对于信息平台建设的需求强烈。

2. 主要问题及挑战

通过对我国物流信息化建设现状的分析,可以看到我国物流信息化存在的问题和挑战主

要体现在以下几个方面：
①信息化在企业管理中仍未确立权威地位。
②缺乏成熟有效的方法论指导。
③系统运营与实施方面的领导力与执行力不足，人才匮乏。
④信息化的总体环境与外部环境仍存在制约条件。
⑤供需矛盾突出。

3. 我国物流信息化的对策与建议

今天，全球各企业及组织都把信息化作为提高企业收益及竞争力的战略工具之一，为更快、更多地获得业务收益，我国企业必须尽快缩短与国外竞争对手的差距，快速推进其信息化进程，而这需要解决以下问题。
①企业高层领导必须积极参与信息化项目的战略制订与规划。
②企业领导应根据客户需要与业务需求来制订信息化投资。
③软件商应推出低成本、适用易用、标准化、模块化的软件平台。
④需要对物流信息化加强研究与指导。
⑤加强物流管理与信息化的培训。

本章小结

物流信息技术及物流信息系统是现代物流的核心系统，是物流现代化的重要标志。现代物流是涉及社会经济生活各个方面的错综复杂的社会大系统。物流信息技术主要由通信、软件、面向行业的业务管理系统三大部分组成。物流信息技术的不断发展，催生了一系列新的物流理念和新的物流经营方式，推进了物流的变革。

物流信息具有广泛性、联系性、多样性、动态性和复杂性等特征。在物流现代化中具有重要的作用，通过物流信息的收集、传递、存储、处理及输出等，成为决策依据，对整个物流活动起到指挥、协调、支持和保障的作用。

物流管理信息化主要是指建立高效畅通的物流信息系统，实现从物流决策、业务流程、客户服务的全程信息化，对物流进行科学管理。物流管理信息化是物流信息化的重要内容之一，物流系统只有具有良好的信息处理和传输系统，才能快速、准确地获取销售反馈信息和配送货物跟踪信息，从而大大提高物流企业的服务水平。

复习思考题

一、判断题（正确的用√表示，错误的用×表示）

1. 人们为了促进物流业的发展，开发了条形码技术。（   ）
2. 无线射频技术与条形码技术相比较，在各方面都具有比较优势。（   ）
3. 条形码有很多种类，其中运用最为广泛的是 EAN 码和 UPC 码。（   ）

4. GIS 技术在日常生活中的运用不如条形码技术广泛。（　　）
5. GPS 技术主要用于物流中的运输环节。（　　）
6. 运用物流信息技术是实现物流现代化的一个充分必要条件。（　　）

二、简答题

1. 物流信息的特点有哪些？
2. 结合实际说明物流信息是如何发挥作用的？
3. 物流信息的种类及各自的特点、工作原理是什么？
4. 我国物流信息化的现状如何，有哪些对策？

三、论述题

试论述物流信息技术是如何影响我们日常生活的？

【案例分析】

物流与信息流的技术应用

1. 背景介绍

华宝空调器厂是生产空调器的专业厂家之一，它的生产方式是"小制造，大装配"型。生产的主要特点是：产品属于预先设计型，设计周期一般按月计算；主生产计划以预测为主，总装生产计划按日生产量排产，部件生产计划是按批量生产排产的，采用自动化物流系统生产线，加工节拍以秒为计算单位。

1995 年 10 月自动化物流系统的投产激化了以前生产流水线作业管理中大批量生产与信息滞后的矛盾，高科技应用的环境对生产系统提出了新的挑战。

自动化物流系统给工厂领导提出了新的课题，建立一个适合本企业的制造运作模式已经迫在眉睫。这样，给华宝的 MRP Ⅱ 系统实施带来机遇。

2. MRP Ⅱ 运行环境的建立

华宝的 MRP Ⅱ 系统启动是从物流管理开始的。加强物料管理，减少成本是实施的第一个目标。生产系统主要抓了两方面的工作：一是健全物料管理制度；二是调整生产系统的工作重点，实现以生产计划为核心的运作机制。

(1) 规范物料管理，优化生产过程

① 规范物料管理。
② 简化物料统计。
③ 规范生产过程。
④ 严格库存管理。
⑤ 实现定置管理。

(2) 转变生产系统运作机制

以前生产系统管理是以统计管理为中心的事后处理模式，现在要求以生产计划管理为核心,以计划驱动部件加工和材料采购。

①改变管理意识。
②规范生产计划制度。
③实施各项管理制度。
④实现生产系统信息集成。

3. 物流系统结构

一个制造业的生产过程实质上是一个物流的过程。生产计划实际上是一个物料流动的计划,计划的对象是物料,计划执行的结果要通过对物料的监控来考核。运用这一基本原理,以物流结构作为管理模式构筑起管理信息网。

(1) 基础数据

其中主要有:物料主文件,它关联着物料的消耗、库存、计划和资金的属性,定义了物料的生产提前期、采购提前期等信息。系统还设置了库存状态、工艺路线等基础数据。

(2) 工厂的物流过程

产品的物流过程是将外购件制作成部件存放在各车间的半成品仓库中,又将部件、外购件和外协件总装成产成品存放在成品仓库待销售。

(3) 物流管理技术

系统为每一个仓库设定了多个库位,又为每一个物料设定了一个或多个库位。采用库位管理物料的方法是:每当发生一次加工领料时就会产生一次物料的移动,相对应的库位就会发生一次变化。

4. 信息流的规律及其应用

现代企业管理的基本结构分为三个层次,从上至下分为决策层、管理层与操作层,它们是各类信息形成的环境。物料的采集、传递和加工处理的过程,就是信息的形成过程。

(1) 信息与物料的关系

这里所说的信息是对物料状态的描述,信息流是物流过程的流动影像,物流是信息流的载体。

(2) 信息流的特点

信息流分三个过程:采集、传递和加工处理。

(3) MRPⅡ管理信息流的特点

在MRPⅡ管理系统中,信息流的采集与物流的过程同时发生。信息采用计算机集中储存,统一加工处理,消除了部门与部门交接处的冗余加工处理。

剖析信息流的三个层次不难发现,在人工处理信息时工作量为两头小中间大;而在MRPⅡ运行的环境下呈现出两头大中间小的状况。

5. 效果与评述

本案例是华宝空调应用MRPⅡ管理的过程与总结。华宝空调厂在MRPⅡ应用中的实际

效果表现为:
① 全厂实现集中管理。
② 车间乃至班组实施加工单生命周期管理。
③ 仓库实施采购单生命周期管理。
④ 生产部细化了物料的管理,提供了物料在线监控管理的功能。
⑤ 随时可追踪到每一物料的状态。
⑥ 根据库存状态调整生产计划,完成生产物料的配套供应,杜绝了停线待料的现象。
⑦ 按生产计划制订物料需求,使车间和仓库的库存量减少了30%以上。
⑧ MPR II 与自动化物流集成运行,提高了工厂的现场管理水平。

实施 MPR II 反映的核心内容是:时间节约、成本降低、流程完整、效益提高。华宝空调在这方面无疑是一个较好的范例。

实施 MRP II 的方法很多,可以从财务开始,也可以从库存管理开始,而不论从哪里开始都是由企业的需求驱动的。应当说,车间作业管理是实施 MRP II 的真正切入点。

6. 特点与启示

① 空调器和许多家用电器产品的生产方式大多属于"小制造,大装配"型。这种生产方式对企业管理、计划、流程和设计等的要求极高,其最终检验十分简单,即最终产品成本的高低。

② 一个制造企业的生产过程实质上是一个物流的过程。生产计划实际上是一个物料流动的计划,所以华宝的 MRP II 系统启动是从物流管理开始的。应当说在我国当前这是一个很有远见的、正确的认识,实质上是对"第三利润源泉"真实含义的理解。

③ 华宝对信息流与物流关系的认识也是超前的。信息流伴 随物流而产生又反过来控制和调节物流,只有当信息流与物流同步时,才可实现管理层对操作层的透明管理。

④ 华宝对信息流三个层次分析后,得出的结论:在 MRP II 运行的环境下呈现出两头大中间小的状况。这正是实施 MRP II 带来的低成本、高效率、高水平结果。

[资料来源:张理. 现代物流案例分析[M]. 北京:中国水利水电出版社,2008.]

问题:

1. 你了解 MRP II 的理论结构与实际应用吗? 如果了解,你认为它在我国应用的实际价值有多大?

2. 实施 MRP II 实际上是高水平管理,你认为,应如何建立适应 MRP II 运行的作业环境呢?

3. 信息是当今最热门的话题,你对案例中 MRP II 管理信息系统有何评价,其优缺点是什么?

参 考 文 献

[1] 胡建波. 物流学基础[M]. 成都:西南财经大学出版社,2006.

[2]韦恒,熊健.物流学[M].北京:清华大学出版社,2007.

[3]丁溪.现代物流学[M].北京:中国商务出版社,2008.

[4]邢薇,马立和,沙宁.物流企业管理信息系统(MIS)综述[J].科技论坛,2005(08):25-26.

[6]杨丰,周广田.现代物流配送中心信息系统设计分析[J].信息技术,2008(11):11-17.

第十五章
Chapter 15

绿色物流

【本章导读】

随着环境资源恶化程度的加深,人类生存和发展面临的威胁越来越大,因此人们对环境的利用和环境的保护越来越重视。现代物流的发展必须优先考虑环境问题,需要从环境角度对物流体系进行改进,即需要形成一个环境共生型的物流管理系统。这种物流管理系统建立在维护全球环境和可持续发展基础上,改变原来发展与物流、消费生活与物流的单向作用关系,在抑制物流对环境造成危害的同时,形成一种能促进经济与消费健康发展的物流系统,即绿色物流。因此,现代物流行业的竞争,也不再局限于传统的成本、服务和质量,环保措施越来越成为客户选择物流服务商的重要考核标准之一。面对物流业新一轮的竞争,只有抢占绿色物流这个制高点,才能在未来全球物流服务业的竞争中拥有话语权。

【关键概念】

绿色物流(Environmental logistics 或 Green Logistics)

生态经济(Ecological Economy)

循环经济(Cyclical Economy)

低碳经济(Low-carbon Economy)

【学习目标】

通过对本章的学习,掌握绿色物流的内涵与特征,了解绿色物流产生的动因,理解绿色物流的价值,了解绿色物流系统的构成,明确绿色物流管理的目标,懂得如何进行绿色物流管理,认识我国绿色物流发展现状,形成发展绿色物流的基本思路。

【案例导入】

中远物流的跨国水陆多式联运服务方案

中远集团早在2004年就加入联合国"全球契约"计划,率先节能减排。他是第一个获得全球GRIA+级可持续发展报告的中国企业,是亚洲唯一连续三年获联合国全球契约COP典范的企业。中国远洋物流公司(COSCO LOGISTICS,以下简称中远物流)是中国远洋运输集团(COSCO)下属的规模和实力位于国内行业前列的公共物流企业。中远物流已成长为中国最大现代物流企业,也秉承着集团的绿色环保理念。

在云南建设景洪、糯扎渡两个水电站工程中,中远物流是总包商。但因两项目都处于高原丛林,按照公路与铁路结合运输大件设施,将面临通行困难,需砍伐原始森林以拓路搭桥。如此行事,对中远物流来说方便省事,但要毁掉沿途原始森林。2006年,在经过调研后,中远物流提出了一套环保的方案——"境内—境外—境内"跨国水陆多式联运的服务方案,即从国内转运泰国港口后,沿湄公河—澜沧江转运国内工地现场。为适应湄-澜原始水道上大件运输,中远物流特意定制了专业运输船舶……整个方案规避了对云南28万平方公里原始森林的破坏,既保护了生态环境,又为业主节省了大量费用。

[资料来源:http://www.amrzs.com/Default.aspx/.2009年10月14日]

第一节 绿色物流概述

进入21世纪,物流业必将把有效利用资源和维护地球环境放在发展的首位,建立信息流与物质流循环化的绿色物流系统。目前,世界各国都在尽力把推广绿色物流作为物流业发展的重点,积极开展绿色环保物流的专项技术研究,促进新材料的开发和应用,并积极出台相应的绿色物流政策和法规,努力为物流的绿色化和可持续发展奠定基础。

一、绿色物流的内涵

1. 绿色物流的概念

1996年美国密歇根州立大学进行的"环境负责制造模式"研究中,首次提出了"绿色供应链"概念。这一概念包括绿色设计、绿色材料、绿色生产、绿色包装运输、绿色营销和绿色回收等模块,其中绿色包装运输和绿色回收就是绿色物流的重要组成部分,而绿色设计、绿色材料、绿色生产和绿色营销则构成了绿色物流重要外部条件。

在国际上,绿色物流已作为继绿色制造、绿色消费之后的又一个新的绿色热点,受到广泛的关注。丹麦出版的Bjorn N. Petersen和Pall Petersen合著的 *Green Logistics* 中定义:绿色物流就是对前向物流(Forward Logistics)和逆向物流(Reverse Logistics)的生态管理。由A·M·布鲁尔、K·J·巴顿和D·A·亨舍尔合著的《供应链管理和物流手册》一书中,认为由"绿色(Green)"和"物流(Logistics)"组合在一起的"绿色物流(Green Logistics)"一词,代表着与环境相协调的高效运输配送系统。美国逆向物流执行委员会(Reverse Logistics Executive Council, RLEC)在研究报告中对绿色物流的定义是：绿色物流也称为"生态型的物流"，是一种对物流过程产生的生态环境影响进行认识并使其最小化的过程。从国外学者对绿色物流的定义可以看出，绿色物流其实是一个很广泛的、内容很丰富的概念，一切旨在降低物流过程对环境影响的手段、方法都属于绿色物流。

中华人民共和国国家标准《物流术语(GB/T 18354—2001)》中规定，绿色物流指在物流过程中抑制物流对环境造成危害的同时，实现对物流环境的净化，使物流资源得到最充分利用。英文直译则为环境友好的物流。

绿色物流是从环境保护的角度对现代物流体系进行研究，形成一种与环境共生的综合循环物流系统，改变原来经济发展与物流之间的单向作用关系，抑制物流对环境造成危害，采取与环境和谐相处的全新理念，使物流系统的每一个环节都建立在有利于保护环境的基础上，并使废旧物资能回流到正常的物流过程中来，同时又能促进经济和消费的健康发展。它是以降低对环境的污染、减少资源消耗为目标，利用先进物流技术，规划和实施运输、储存、包装、装卸、流通加工等物流活动。

2. 绿色物流的层次

绿色物流既包括企业的绿色物流，又包括社会对绿色物流的管理、规范和控制。从绿色物流的范围来看，它既包括各个单项的绿色物流功能要素(如绿色运输、绿色包装、绿色储存等)，还包括为实现资源再利用而进行的废弃物循环物流。因而，绿色物流至少还应该从两个层次来定义，一是微观层次，一是宏观层次。

在微观层次，绿色物流从物流活动的开始就注意防止环境污染，以先进设施和科学管理为手段，在运输、储存、装卸、搬运、包装、流通加工、配送、信息处理等功能要素中实现节能、降耗以及减少环境污染，并由此实现盈利目的。

在宏观层次，绿色物流旨在通过对城市、区域乃至全国的产业布局、人口布局进行合理规划，适当调整，尽量减少重复的物流活动，降低总的物流发生量；提倡环境友好的物流技术，用健全的标准体系来规范物流企业的环境行为，建立绿色物流评审制度，从技术和管理上抑制物流对环境的影响；大力发展废弃物流，使之规范化、产业化，最终实现物流与经济、社会的协调和持续发展。

3. 绿色物流的内涵

①绿色物流的最终目标是可持续发展，实现该目标的准则是经济利益、社会利益和环境利益的统一。

一般的物流活动主要是为了实现企业的盈利，满足顾客需求，扩大市场占有率等，这些目标最终均是为了实现某一主体的经济利益。而绿色物流在上述经济利益的目标之外，还追求节约资源、保护环境这一既具有经济属性，又具有社会属性的目标。

②绿色物流的行为主体不仅包括专业的物流企业，还包括产品供应链上的制造企业和分

销企业,同时还包括不同级别的政府和物流行政主管部门等。

绿色物流战略是连接绿色制造和绿色消费之间的纽带,专业物流企业对运输、包装、仓储等物流作业的绿色化负有责任和义务;作为供应链上的制造企业,也要设计绿色产品,制订绿色物流战略和策略;另外,绿色物流的实施不是仅靠某个企业或在某个地区就能完成的,它需要政府的法规约束和政策支持。例如,制订统一的物流器具标准,限制运输工具的环境污染指标,规定产品报废后的回收处理责任等。

(3)从绿色物流的活动范围看,它包括物流作业环节和物流管理全过程的绿色化。

从物流作业环节来看,包括绿色运输、绿色包装、绿色流通加工等。从物流管理过程来看,主要是从环境保护和节约资源的目标出发,改进物流体系,既要考虑正向物流环节的绿色化,又要考虑供应链上的逆向物流体系。

4. 绿色物流与绿色制造、绿色消费

绿色物流是可持续发展的一个重要环节,它与绿色制造、绿色消费共同构成了一个节约资源、保护环境的绿色经济循环系统。绿色制造(亦称清洁制造)是制造领域的研究热点,是指以节约资源和减少污染的方式制造绿色产品,是一种生产行为;绿色消费是以消费者为主体的消费行为。绿色物流与绿色制造和绿色消费之间是相互渗透、相互作用的。绿色制造是实现绿色物流和绿色消费的前提,绿色物流可以通过流通对生产的反作用来促进绿色制造,通过绿色物流管理来满足和促进绿色消费。

二、绿色物流的理论基础

1. 可持续发展理论

1987年国际环境与开发委员会发表的《我们共有的未来》的研究报告提出,当代对资源的开发和利用必须有利于下一代环境的维护及其资源的持续利用,因此,为了实现长期、持续发展就必须采取各种措施来维护我们的自然环境。

可持续发展理论的内容包括以下方面:

(1)生态持续

生态持续要求改变单纯追求经济增长、忽视生态环境保护的传统发展方式,切实保持整个生命保障系统的完整性,保持生物多样化,保护人类赖以生存的大气、淡水、海洋、土地、森林等自然资源不受污染和肆意侵害,积极治理和恢复已遭到破坏和污染的环境。

(2)经济持续

经济持续要求通过产业结构调整和开发应用高新技术,转变经济增长方式,改善质量,优化配置,节约能源,降低消耗,增加效益,实行清洁生产和文明消费,减少有害废弃物的流出和排放,使经济和发展既能满足当代人需要,又不致对后代人构成危害。

(3)社会持续

社会持续要求以提高人类生活质量为目的,积极促进社会向文明、公正、安全、健康的方向发展。为此,必须控制人口数量、提高人口质量;合理调节社会分配关系,消除贫富不均和两极分化;大力发展教育、文化、卫生事业,提高全体人民的科学文化素质和健康水平;建立和完善社会保障体系,保持社会政治稳定。

由此可见,可持续发展既不是单指经济发展或社会发展,也不是单指生态持续,而是生态、经济、社会三维复合系统的可持续。在这个可持续经济、可持续生态和可持续社会组成的三维复合系统中,是以生态可持续为基础、经济可持续为主导、社会可持续为根本的可持续发展。

可持续发展的原则之一,就是使今天的商品生产、流通和消费不至于影响未来商品的生产、流通和消费的环境及资源条件。将这一原则应用于现代物流管理活动中,就是要求从环境保护的角度对现代物流体系进行研究,形成一种与环境共生的综合物流系统,改变原来经济发展与物流之间的单向作用关系,抑制物流对环境造成危害,同时又要形成一种能促进经济和消费生活健康发展的现代物流系统,这一物流系统就是绿色物流。

2. 生态经济理论

生态经济学是研究再生产过程中,经济系统与生态系统之间的物质循环、能量转化和价值增值规律及其应用的科学。物流是社会再生产过程的重要环节,它既包括物质循环利用、能量转化,又包括价值转化与价值实现。因此,物流涉及经济与生态环境两大系统,理所当然地架起了经济效益与生态效益之间联系的桥梁。而传统的物流管理没有处理好二者的关系,过多地强调了经济效益,而忽视了环境效益,导致了社会整体效益的下降。经济效益主要涉及目前和局部利益,而环境效益则关系到宏观与长远利益。现代绿色物流的出现,较好地解决了这一问题。绿色物流以经济学的一般原理为指导,以生态学为基础,对物流的经济行为、经济关系和规律与生态系统之间的相互关系进行研究,以谋求在生态平衡、经济合理、技术先进条件下的生态与环境的最佳结合以及协调发展。

3. 循环经济理论

循环经济是对物质闭环流动型经济的简称,强调把清洁生产、资源综合利用、生态设计和可持续消费等因素融为一体,运用生态学规律来指导人类社会的经济活动。

(1) 单程经济与循环经济比较

从产出与资源投入角度看,传统经济属于单程经济,是线性的增长模式,高产出建立在高消耗的基础上,以"资源—产品—废弃"为表现形式,视地球为无穷大的资源库和排污场,一方面从地球大量开采资源生产各种工业品和消费品,另一方面向地球环境排放大量的废水、废气和废渣。循环经济则是一种建立在物质不断循环利用基础之上的经济发展模式,以"资源—产品—再生资源"为表现形式,以"低投入—低开采—低排放—高利用"为特征,要求在生产和再生产的各个环节循环利用一切可以利用的资源,提高资源利用效率,减少对地球资源的开采,按物质代谢或共生的关系延伸产业链,使整个经济系统包括从生产到消费的物流过程,基本上不产生或只产生很少的废弃物。"宇宙飞船经济理论"创始人鲍尔丁曾说过,人类赖以生存的地球,只不过是茫茫无垠太空中的一艘小小的飞船。人口、经济的不断增长终将使这艘小飞船内有限的资源消耗完,人类生产和消费所排出的废物终将使飞船舱内完全污染。因此,必须建立既不能使资源枯竭,又不能造成污染,能循环使用各种物质的循环经济,以代替过去仅限于"取"和"排"的单程经济。

(2)循环经济的行为准则与绿色物流

循环经济的发展,主要体现"减量化、再使用、再循环"的社会经济活动的行为准则,即要求用较少的原料和能源投入来达到既定的生产目的或消费目的,从源头上注意节约资源和减少污染;要求产品和包装容器能够以初始的形式被多次重复使用;要求生产出来的物品在完成其使用功能后能重新变成可以利用的资源参与经济循环。循环经济与绿色物流相互影响。

循环经济"减量化"准则减少了资源的消耗和废弃物的排放,从而减少了无效的物流业务量,降低了绿色物流体系的运行成本。循环经济"再使用、再循环"准则需要高效的绿色物流体系来支持,以保证循环经济顺利循环。很显然,发展循环经济和绿色物流是实现可持续发展的重要途径,同时也是保护环境和削减污染的根本手段。循环经济和绿色物流都反映了人与自然的和谐,也反映了人类现在与未来的和谐,有利于推进当今和谐社会的构建。

4. 低碳经济理论

人类活动导致地球大气层中的温室气体(主要是二氧化碳)不断增多,温室气体水平过高导致的全球变暖会对人类生活产生负面影响,气候问题已经成为人类共同面对的关乎人类未来发展的重大问题。1992年的《联合国气候变化框架公约》和1997年的《京都议定书》就是世界范围内共同解决气候问题的具有一定约束性的国际文件。2003年英国能源白皮书《我们能源的未来:创建低碳经济》首次在政府文件中提出了"低碳经济"的概念。2009年末召开的哥本哈根全球气候变化大会更将"低碳经济"推向了前所未有的高度,受到世界范围内的空前关注。在此背景下,"碳足迹"、"低碳经济"、"低碳技术"、"低碳发展"、"低碳生活"、"低碳社会"、"低碳城市"、"低碳世界"等一系列新概念、新理论迅速普及传播。发达国家经济的发展模式已逐渐摒弃20世纪的传统增长模式,进入21世纪以来,越来越清楚地表明已开始或加速向低碳经济模式转变。

作为具有广泛社会性的前沿经济理念,低碳经济其实没有约定俗成的定义,其涉及广泛的产业领域和管理领域。本书认为:低碳经济是通过技术创新、制度创新和发展观的转变,以低能耗、低排放、低污染为基础,提高能源利用效率和创建清洁能源结构,实现整个社会清洁发展与可持续发展的经济运行方式。发展低碳经济是一场涉及生产模式、生活方式、价值观念和国家权益的全球性革命。

物流行业是二氧化碳的重要"产地",是实施低碳经济的重要领域。一项关于公路货运的研究表明,空气中有16%的二氧化碳气体是由汽车产生的。而担负国际贸易90%的远洋运输活动,每年由于船舶的污染占整个海洋污染30%~40%。

随着世界经济和中国经济进一步发展,低碳经济对"绿色物流"形成某种倒逼机制,物流运作模式须做出重大改变。因此,以低碳经济理论为指导,大力发展绿色物流是全球物流业发展的必然趋势。

三、绿色物流的特征

绿色物流除了具有一般物流所具有的特征外,还具有学科交叉性、多目标性、多层次性、时域性和地域性等特征。

1. 学科交叉性

由于物流与环境之间的密切关系,在研究社会物流与企业物流时必须考虑环境问题和资源问题;又由于生态系统与经济系统之间的相互作用和相互影响,生态系统也必然会对经济系统的子系统——物流系统产生作用和影响。因此,必须结合环境科学和生态经济学的理论、方法进行物流系统的管理、控制和决策。

2. 多目标性

绿色物流的多目标性体现在企业的物流活动要顺应可持续发展的战略目标要求,注重对生态环境的保护和对资源的节约,注重经济与生态的协调发展,追求企业经济效益、消费者利益、社会效益与生态环境效益四个目标的统一。

3. 多层次性

绿色物流的多层次性体现在三个方面:首先,从对绿色物流的管理和控制主体看,可分为社会决策层、企业管理层和作业管理层等三个层次的绿色物流活动,或者说是宏观层、中观层和微观层。其中,社会决策层的主要职能是通过政策、法规的手段传播绿色理念;企业管理层的任务则是从战略高度与供应链上的其他企业协同,共同规划和控制企业的绿色物流系统,建立有利于资源再利用的循环物流系统;作业管理层主要是指物流作业环节的绿色化,如运输的绿色化、包装的绿色化、流通加工的绿色化等。

其次,从系统的观点看,绿色物流系统是由多个单元(或子系统)构成的,如绿色运输子系统、绿色仓储子系统、绿色包装子系统等。这些子系统又可按空间或时间特性划分成更低层次的子系统,每个子系统都具有层次结构,不同层次的物流子系统通过相互作用,构成一个有机整体,实现绿色物流系统的整体目标。

4. 地域性

绿色物流的地域特性体现在两个方面:一是指由于经济的全球化和信息化,物流活动早已突破地域限制,呈现出跨地区、跨国界的发展趋势;二是指绿色物流管理策略的实施需要供应链上所有企业的参与和响应。

四、发展绿色物流的动因

1. 人类环境保护意识的觉醒

20世纪60年代以来,人类环境保护意识开始觉醒,开始关心和重视环境问题,于是,绿色消费运动在世界各国兴起。消费者不仅关心自身的安全和健康,还关心地球环境的改善,拒绝接受不利于环境保护的产品、服务及相应的消费方式,人们越来越多地关注企业的环境声誉和产品或服务的绿色性。物流环保问题也自然受到人们的关注。

2. 物流业对生态环境的负面影响

物流过程中的一系列活动,包括输送、保管、流通加工、包装、装卸等,都可能因存在非环保因素而对环境造成污染。运输车辆的燃油消耗和燃油污染是物流作业造成环境污染的主要原因,另外,除物流活动本身可能对环境造成损害以外,物流所运输的商品也有可能对环境造成损害,如石油在海运过程中发生泄漏而造成大片海域污染,给海洋生态环境造成严重损害。

3. 国际国内政策与法律的约束

许多国际组织和国家相继制定出台了与环境保护和资源保护相关的协议、法律体系。例如,《蒙特利尔议定书》、《里约环境和发展宣言》、《工业企业自愿参与生态管理和审核规则》、《京都协议书》等,中国也制定了《环境保护法》等一系列法律法规。其中,2006年实施的《防治船舶污染内河水域环境管理规定》是我国第一部治理内河船舶污染内河水环境的法规,从法规层面积极履行一个发展中大国的责任和义务。以2008奥运为契机推出并实施的"黄标换绿标",是我国物流业由粗放经营向绿色物流转变的号角,是我国物流业走可持续发展战略向前迈出的坚实一步。

这些法律要求产品的生产商必须对自己所生产的产品造成的污染负相应责任,并且采取相应的措施,否则将会受到严厉惩罚。这就要求生产类似产品的企业必须构建相应的绿色物流体系,以降低经营风险和违反法律的成本。

4. 消除绿色贸易壁垒的需要

许多发达国家为了保护自己的民族工业,更多地采用绿色贸易壁垒,ISO 14000成为企业进入国际市场的新的通行证。ISO 14000的两个基本思想就是预防污染和持续改进,它要求企业建立环境管理体系,使其经营活动、产品和服务的每一个环节对环境的不良影响最小。实施绿色物流管理的企业更容易获得环境标准认证,从而在激烈的市场竞争中取得优势。有些发达国家强制执行绿色标准,对我国商品的出口带来了很大影响。因此,提高绿色物流管理和技术水平,发展绿色物流,是我国企业参与国际竞争的必经之路。

欧洲市场对于外来商品的准入设置了越来越多的门槛,较低的碳足迹就是新的门槛之一。而且,一些国际组织和欧美国家先后出台了一系列法规,从立法的角度,让物流服务业渐渐"绿"起来。这些都使得发展绿色物流不但是当务之急,更是企业参与国际竞争的长期战略。

5. 现代物流业可持续发展的需要

绿色物流的核心思想在于实现企业物流活动与社会和生态效益的协调,物流要实现可持续发展,必然要与绿色生产、绿色营销、绿色消费等绿色经济活动紧密衔接,以市场为导向,以全新的管理理念实施绿色物流管理,从而在激烈的市场竞争中获得竞争优势。

可以说,发展绿色物流是参与全球物流业竞争的重要基础,是保护环境和物流业可持续发展的重要途径,对于我国经济的发展意义重大。

五、绿色物流价值

绿色物流战略不仅对环境保护和经济的可持续发展具有重要的意义,还会给企业带来巨大的经济效益。实践证明,绿色物流是有价值的,这种价值不仅体现在概念层次上,还体现在实实在在的经济价值上。

绿色物流能够为物流企业创造更多的价值表现在:

①绿色物流有利于树立良好的企业形象,提高企业品牌价值,使企业更容易获得投资者和消费者的青睐。

品牌价值是由市场占有率、品牌的超值创利能力、品牌的发展潜力等因素决定的。绿色物流从产品开发设计开始,贯穿整个生产流程,直到最终消费者,对提高企业形象与企业声誉,提高市场占有率,增加品牌价值和寿命具有显著作用。

②绿色物流通过对资源的集约利用、循环回收等正向与逆向物流的科学规划,可以大大降低整个物流环节的成本、降低物流的环境风险成本,拓展有限的"第三利润"空间,增强企业核心竞争力。

传统的物流是高投入大物流,低投入小物流的运作模式,而绿色物流强调的是低投入大物流的方式。显而易见,绿色物流不仅是一般物流所追求的降低成本,更重要的是物流的绿色化和节能高效少污染,由此可以带来物流经营成本的大幅度下降。

③绿色物流的全面实施可以极大地促进和带动整个产业链的绿色化,形成协同效应,最终向全社会实现绿色经济迈进。

实施绿色物流策略,不仅可以直接提高物流自身的运作效率,而且还能与供应链上的其他相关者,例如供应商、分销商等协同起来,从整个供应链的角度优化与组织物流,最终在整个产业链上建立起包括绿色供应、绿色制造、绿色分销和绿色消费在内的绿色物流系统,形成协同效应,使供应链上的各个企业直接惠及绿色物流带来的可观效益。

六、绿色物流系统

绿色物流就是在闭环的物流的各个环节包括运输、储藏、包装、装卸、流通加工和废弃物处理等物流活动中,采用环保技术,提高资源利用率,最大地降低物流活动对环境的影响。因此绿色物流可以分为绿色供应物流、绿色生产物流、绿色销售物流以及绿色逆向物流,其中绿色供应物流、绿色生产物流和绿色销售物流统称为绿色正向物流。

1. 正向绿色物流系统

绿色物流系统构成中,发挥主要功能的要素包括集约资源、绿色仓储、绿色运输、绿色包装、绿色流通加工、绿色装卸、绿色信息搜集和管理等。

(1)集约资源

这是绿色物流最本质的内容,也是发展物流的主要指导思想之一,即通过整合现有资源,优化资源配置,企业能够提高资源利用率,减少资源消耗和浪费。

(2) 绿色仓储

绿色仓储要求仓库布局合理,以节约运输成本。布局过于密集,会增加运输的次数,从而增加资源消耗;布局过于松散,则会降低运输的效率,增加空载率。仓库建设前还应当进行相应的环境影响评价,充分考虑仓库建设对所在地的环境影响。

(3) 绿色运输

绿色运输首先对货运网点、配送中心的设置做合理布局与规划。通过缩短路线和降低空载率,实现节能减排的目标。绿色运输的另一个要求是改进内燃机技术和使用清洁燃料,以提高能效。绿色运输还应当防止运输过程中的泄漏问题,以免对局部地区造成严重的环境危害。

(4) 绿色包装

采用节约资源、保护环境的包装,其特点是节省材料和能源,易于回收利用和再循环。包装材料可自行降解且降解周期短,对人体和生物系统无毒无害,包装产品在其生命周期全过程中均不产生环境污染。

(5) 绿色流通加工

物流中的加工虽然简单,但亦应遵循绿色原则。绿色流通加工的途径主要分两个方面:一方面变分散加工为专业集中加工,以规模作业方式提高资源利用效率,以减少环境污染;另一方面是集中处理加工中产生的边角废料,以减少分散加工所造成的废弃物污染。

(6) 绿色装卸

在装卸过程中进行正当装卸,避免商品的损坏,从而避免资源浪费以及废弃物对环境造成污染。另外,绿色装卸还要求消除无效搬运,提高搬运的灵活性,合理利用现代化机械,保持物流的均衡顺畅。

(7) 绿色信息搜集和管理

物流不仅是商品空间的转移,也包括相关信息的搜集、整理、储存和利用。绿色物流要求对绿色物流系统的相关信息能够及时有效地进行收集、处理,并及时运用到物流管理中去,促进物流的进一步绿色化。而且,物流信息的搜集、整理、储存过程也应是绿色的。

2. 逆向绿色物流系统

逆向物流是指物料从消费者向生产企业流动的物流。合理高效的逆向物流体系结构分为五个环节:

(1) 回收旧产品

回收旧产品是逆向物流系统的始点,它决定着整个逆向物流体系是否能够赢利。旧产品回收的数量、质量、方式以及产品返回的时间选择都应该在控制之下,如果这些问题不能得到有效的控制,那很可能使得整个逆向物流体系一团糟,从而使得对这些产品再加工的效率得不到保证。要解决这个问题,厂商必须和负责收集旧产品的批发商及零售商保持良好的接触和沟通。

(2)旧产品运输

产品一旦通过批发商和零售商收集以后,下一步就是把它们运输到对其进行检查、分类和处理的车间。如何对其运输和分类没有固定的模式,这要根据不同产品的性质而定,比如,对易碎品像瓶子、显示器等的处理方式和轮胎、家具等完全不同。但是,我们需要注意的一点是我们不仅要考虑产品的运输和储藏成本,还要考虑产品随着回收时间延长的"沉没成本",从而对不同产品在时间上给予不同的对待。

(3)检查与处置

回收产品的测试、分类和分级是一项劳动和时间密集型的工作,但是如果企业通过设立质量标准,使用传感器、条形码以及其他技术使得测试自动化就可以改进这道工序。一般说来,在逆向物流体系中,企业应该在质量、产品形状或者变量的基础上尽早地做出对产品的处置决策,这可以大大降低物流成本,并且缩短再加工产品的上市时间。

(4)回收产品的修理或复原

企业从回收产品中获取价值主要通过两种方式来实现:第一是取出其中的元器件,经过修理后重新应用;第二是通过对该产品全部的重新加工,再重新销售。但是,相对于传统的生产而言,对回收产品的修理和再加工有很大的不确定性,因为回收的产品在质量以及时间上可能差异会很大,这就要求我们在对回收产品分类时,尽量把档次、质量及生产时间类似的产品分为一组,从而降低了其可变性。

(5)再循环产品的销售

回收产品经过修理或复原后就可以投入到市场进行销售。和普通产品的供求一样,企业如果计划销售再循环的产品,首先需要进行市场需求分析,从而决定是在原来市场销售,还是开辟新的市场,在此基础上企业就可以制定出再循环产品的销售决策,并且进行销售,这就完成了逆向物流的一个循环。

第二节　企业绿色物流管理

在环境问题日益严重的状况下,实施绿色物流管理将是企业取得经济效益的重大举措。实施绿色物流管理有利于树立企业形象和提升企业的竞争力,可以顺应当前提高绿色 GDP 的发展要求,改变我国企业长期以来只重经济增长而忽略环境效益的粗放经营模式。实施绿色物流管理可以最大限度地使资源得到优化,提高资源利用效率,减少资源的消耗。对于社会经济的发展,有着长远的经济效益和社会效益。

一、绿色物流管理目标

企业实施绿色物流管理,要达到三个主要目标:

一是实现共生型物流,即在提高现代物流效率的同时不以牺牲环境和生态为代价,而是积极有效地采取技术和措施实现物流与环境的共同进步。

二是实现资源节约型物流,通过集约型的科学管理,合理配置企业资源,使企业所需要的各种物质资源最有效、最充分地得到利用,使单位资源的产出达到最大最优,减少、降低在运输、包装、仓储、流通加工过程中造成的资源浪费。

三是实现循环型物流,在通过实行以预防为主的措施和全过程控制的环境管理,使生产经营过程中的各种废弃物最大限度地减少的同时,实现再生资源如原材料副产品、包装物、废品、垃圾的回收和利用,实现再资源化。

以上三个目标之间是相互联系、相互制约的,通过这三个目标的实现,最终使企业发展目标与社会发展目标、环境改善协调同步,走上企业与社会都能可持续发展的双赢之路。真正实现绿色物流既追求经济高效又追求节约资源、保护环境的可持续发展目标。

二、企业绿色物流管理

1. 绿色包装管理

"绿色包装"(Green Package)有人称其为"环境友好包装"(Environmental Friendly Package)或生态包装(Ecological Package)。绿色包装是对生态环境和人体健康无害,能循环复用和再生利用,可促进国民经济持续发展的包装。也就是说包装产品从原材料选择、产品制造、使用、回收和废弃的整个过程均应符合生态环境保护的要求。它包括了节省资源、能源、减量、避免废弃物产生,易回收复用,再循环利用,可焚烧或降解等生态环境保护要求的内容。

(1)绿色包装的内涵

绿色包装是指采用节约资源、保护环境的材料,商品包装无害于生态平衡,无害于人类健康,符合环保要求的包装。

绿色包装一般应具有五个方面的内涵:

①实行包装减量化(Reduce),包装在满足保护、方便、销售等功能的条件下,应是用量最少。

②包装应易于重复利用(Reuse),或易于回收再生(Recycle)。通过生产再生制品,焚烧利用热能,堆肥化改善土壤等措施,达到再利用的目的。

③包装废弃物可以降解腐化(Degradable),不形成永久垃圾,进而达到改善土壤的目的。

④包装材料对人体和生物应无毒无害,包装材料中不应含有有毒性的元素、卤素、重金属,或含有量应控制在有关标准以下。

⑤包装制品从原材料采集、材料加工、制造产品、产品使用、废弃物回收再生,直到最终处理的生命全过程均不应对人体及环境造成公害。前面四点应是绿色包装必须具备的要求,最后一点是依据寿命周期评定(LCA),用系统工程的观点对绿色包装提出的理想的最高要求。

Reduce,Reuse,Recycle,Degradable 是当今世界公认的发展绿色包装的3R和1D原则。根据上述原则企业应促进生产部门尽量采用简化的、可降解材料制成的包装,商品流通过程中尽量采用可重复使用单元式包装,实现流通部门自身经营活动包装的减量化,促使生产部门进行包装材料的回收及再利用。

(2) 实现绿色包装的措施

①强化绿色包装意识。在"绿色浪潮"席卷全球的今天,企业应树立绿色营销观念,进一步认清绿色包装在国际流通领域中的地位和作用。应该清醒地认识到发展绿色包装不但可以降低能耗和物耗,降低成本,减少污染,而且可以提高企业形象,增加消费者对企业的认同感和信任感,从而提高产品的国际竞争力。

②充分利用可回收容器。包括采用通用包装,不用专门安排回返使用;采用周转包装,可多次反复使用,如饮料、啤酒瓶等;梯级利用,一次使用后的包装物,用完后转作它用或简单处理后转作它用;对废弃包装物经再生处理,转为其他用途或制作新材料。

③包装大型化和集装化。这种途径有利于物流系统在装卸、搬迁、保管、运输等过程的机械化,加快这些环节的作业速度,有利于减少单位包装,节约包装材料和包装费用,有利于保护货体。如采用集装箱、集装袋、托盘等集装方式。

④发展绿色材料技术。绿色包装材料是指具有良好的使用性能或功能、对生态环境污染小、易降解、易回收,再生利用率高或能进行环境有效循环利用、对人体不造成危害的材料。

绿色材料包括纸包装,可降解的塑料、铝包装,以及可食用包装。

我国制造业的产品每年需要的 EPS 发泡缓冲包装材料大约为 8 000 万立方米,价值 500 亿元。如果用蜂窝材料替代发泡塑料,不但可以减少二氧化碳的排放,还可以产生上百亿的新兴包装材料市场,具有显著的社会效益和经济效益。世界著名家电制造商海尔集团已在世界范围内开始实施产品环保包装计划。海尔的家电包装通过采用蜂窝材料替代 EPS 发泡缓冲材料,包装成本降低 20%。

⑤开发绿色包装结构。在开发研究各种新型美观的包装结构制品时,应充分考虑其绿色环保性能。比如纸盒属于纸包装结构的一种。它具备包装的三大功能,即保护功能、使用功能和促销功能。另外还具有加工性能好、易成型、易回收,且成型及充填工艺易于实现机械化、自动化、高速化等优点。目前被世界各国广泛采用。

⑥包装模数化。确定包装尺寸基础的是包装模数尺寸。为实现包装货物合理化而制订的包装尺寸的系数叫做包装模数。包装模数标准确定以后,各种进入流通领域的产品便需要按模数规定的尺寸包装。模数化包装利于小包装的集合,利于利用集装箱及托盘装箱、装盘。包装箱就可以按照一定的堆码方式合理、高效率地码放在托盘上。包装模数如能和仓库设施、运输设施尺寸模数统一化,也利于运输和保管,从而实现物流系统的合理化。

2. 绿色运输管理

运输是整个物流活动的核心环节,同时也是污染最为严重的环节。表现为:交通运输工具的大量能源消耗;运输过程中排放大量的有害气体,产生噪声污染;运输易燃、易爆、化学品等危险原材料或产品可能引起的爆炸、泄露等事故。这些都会对环境造成很坏的影响。

鉴于运输工具在整个物流环节的基础性地位，运输工具的节能不但能减少对环境的压力，而且作为物流成本中最大的燃油，其消耗量的降低，也能大幅降低其成本，达到保护生态环境和降低经营成本的双赢效果。因此，加强企业绿色物流运输管理就显得至关重要。

(1) 提高运输规划设计与管理水平

企业应重视与物流运输有关的规划与设计，力争在既有条件下实现低消耗、低污染的绿色物流运输。主要策略有：有效利用车辆，消除空驶运输、迂回运输，减少车辆运行，提高配送效率；合理规划物流网点及配送中心，优化配送路线，提倡共同配送、提高往返载货率等；合理采用不同运输方式。不同运输方式对环境的影响不同，尽量选择铁路、海运等环保运输，以及实行联合一贯制运输等。通过以上诸种运输策略，有效降低物流运输环节对资源的消耗和对环境的污染，将会减少企业经济成本和社会环境成本，提升企业经济运行和社会形象。

(2) 采用科学方法使现有运输工具绿色化

物流运输是实现二氧化碳减排的重要环节。立足当前，最为可行有效的方法就是使现有运输工具绿色化。如作为二氧化碳的主要发生源头——汽车运输，就可以在能源上实施替代策略，以减少二氧化碳的排放，即采用以天然气、酒精、生物燃料等作为汽车燃料。

世界著名卡车制造商斯堪尼亚公司制订的二氧化碳减排目标是：在 2000～2020 年间，斯堪尼亚卡车在欧洲每吨公里将降低 50% 的二氧化碳排量。他们采用了"新旧理念相结合的方式"。具体措施有：

① 使用替换燃料。基于斯堪尼亚柴油发动机技术，向可再生燃料转变。

② 混合动力技术。增加在混合动力技术上的研发投资，首先从城市公交以及卡车入手。

③ 驾驶员培训。通过斯堪尼亚培训学院专业培训的驾驶员可以提高 10%～15% 的燃油效率。这相当于每行驶 20 万公里二氧化碳排放可减少 19 吨。同时，谨慎驾驶还可减少车辆维修、损坏以及保养的费用。

④ 校正轮胎压力。滚动阻力消耗的燃料约占整车使用成本的 30%。适当的胎压和轮胎尺寸能够优化滚动阻力。

⑤ 优化运输系统，提高运输效率，尽量避免空载，浪费燃料。

⑥ 提高货运能力。加长整车拖挂并最大化货运空间。

⑦ 降低空气阻力。如果安装不当，卡车上安装的部件，比如导流板和辅助灯，会增加空气阻力，以至于提高燃料消耗。

⑧ 利用先进技术提高燃油经济性。斯堪尼亚一直在为改进车辆的传动系统而努力，以便提供更强大的发动机、更低的传输损失，减少滚动阻力和空气阻力。

(3) 采用低能耗、低排放、低污染的运输方式

低碳经济将是未来经济发展趋势，低碳优势将是未来企业的制胜法宝，提早布局，可以尽快占据领先优势。2009 年，"股神"巴菲特斥资 260 亿美元，同时承担 100 亿美元债务，收购美国铁路企业北伯林顿铁路公司 77% 的股份，这是巴菲特迄今为止最大一笔收购。巴菲特收购

铁路公司正是看中铁路这种传统运输方式是在现有公路、铁路、水陆、航空等运输方式中是最节能、最低碳的。

美国的铁路运送了全国40%的货物,但仅占与运输有关的温室气体排放量的2.2%。我国的铁路货运市场占有率除了2003年有少许增长外,其他年份呈逐年下降趋势,从1978年的54%到1990年的40.5%再到2007年的23.5%。客运和货运从低碳排放的铁路上转移到高碳的公路和航空上,对于中国节能减排不利,不符合未来经济发展的趋势。

从全球大力发展绿色能源的角度看,铁路业必将借助低碳经济的兴起获得巨大的发展空间。具体措施可以通过创新运输组织模式、发展多式联运、提高信息化水平以及采用重载化、集装化、高速化等新技术来提高铁路运输的能力。同时,对运输距离500公里以上的货物运输提倡尽可能采用铁路,尽可能地实现低碳物流。

(4)推行多式联运方式

多式联运是指吸取铁路、汽车、船舶、飞机等基本运输方式的优点,把它们有机地结合起来,实行多环节、多区段、多运输工具相互衔接进行商品运输的一种方式。多式联运的主要特点是:在从生产者到消费者整个行程中,货物运输在公路和铁路(有时是水上)之间是连续不断的,联运的核心是每一种运输形式都发挥出最适应其运输特点的应有的作用。

一方面,这种运输方式以集装箱作为统一包装形式,既可以减少包装支出,又可以降低运输过程中的货损、货差,提高货运质量,还可以实现一票到底,节省人力、物力和财力;另一方面,它克服了单个运输方式固有的缺陷,通过最优化运输线路的选择,各种运输方式的合理搭配,使各种运输方式扬长避短,实现了运输一体化,从而在整体上保证了运输过程的最优化和效率化,以此降低能源浪费和环境污染。

3. 绿色装卸管理

绿色装卸搬运是指为尽可能避免商品体的损坏,减少装卸搬运环节,避免资源浪费,减少废弃物和粉尘烟雾的产生而采取的现代化的装卸搬运手段及措施。

首先,要消除无效搬运。要提高搬运纯度,搬运必要的物资,如有些物资要去除杂质之后再搬运比较合理;避免过度包装,减少无效负荷;提高装载效率,充分发挥搬运机器的能力和装载空间;中空的物件可以填装其他小物品再进行搬运;减少倒搬次数,继而减少装卸搬运中的粉尘对环境的污染。

其次,要提高搬运活性。放在仓库的物品都是待运物品,应使之处在易于移动的状态(即"搬运活性",指在装卸搬运作业的物资进行搬运装卸作业的方便性)。物品放置时要有利于下次搬运,如装于容器内的物品较散放于地面的物品易于搬运。在装上时要考虑便于卸下,在入库时要考虑便于出库,还要创造易于搬运的环境和使用易于搬运的包装。这样做一方面提高了搬运装卸效率;另一方面也减少了可能造成的污染程度。

再次,注意货物集散场地的污染防护工作。在货物集散地,尽量减少泄露和损坏,杜绝粉尘;清洗货车的废水要在处理后排出,以防为主、防治结合。在货物集散地要采用防尘装置,制定最高容许度标准；废水应集中收集、处理和排放，加强现场的管理和监督。

4. 绿色储存管理

储存在物流系统中起着缓冲、调节和平衡的作用，是物流的一个中心环节。储存的主要设施是仓库。现代化的仓库是促进绿色物流运转的物资集散中心。绿色仓储是指以环境污染小、货物损失少、运输成本低等为特征的仓储。绿色仓储要求仓库选址要合理，以节约运输成本。布局过于密集，会增加运输的次数，从而增加资源消耗，增加二氧化碳排放；布局过于松散，则会降低运输的效率，增加空载率。仓储布局要科学，使仓库得以充分利用，实现仓储面积利用的最大化，减少仓储成本。仓库建设前还应当进行相应的环境影响评价，充分考虑仓库建设对所在地的环境影响。例如，易燃易爆商品仓库不应设置在居民区，有害物质仓库不应设置在重要水源地附近。采用现代储存保养技术是实现绿色储存的重要方面，如气幕隔潮、气调储存和塑料薄膜封闭等技术。

5. 绿色流通加工管理

流通加工是指在流通过程中继续对流通中商品进行生产性加工，以使其成为更加适合消费者需求的最终产品。流通加工具有较强的生产性，也是流通部门对环境保护大有作为的领域。流通加工中也有非绿色影响因素，表现为加工中资源的浪费或过度消耗，加工中可能产生的废气、废水和废物等。

绿色流通加工的途径主要分两个方面：一方面变消费者分散加工为专业集中加工，以规模作业方式提高资源利用效率，以减少环境污染。如饮食服务业对食品进行集中加工，以减少家庭分散烹调所带来的能源和空气污染；二是集中处理消费品加工中产生的边角废料，以减少消费者分散加工所造成的废弃物的污染，如流通部门对蔬菜集中加工，可减少居民分散加工垃圾丢放及相应的环境治理问题。

6. 绿色配送管理

（1）实施共同配送

共同配送是指由多个企业联合组织实施的配送活动。它主要是针对某一地区的客户所需要物品数量较少而使用车辆不满载、配送车辆利用率不高等情况，在经济合理区域范围内，根据用户要求，对物品进行拣选、加工、包装、分割、组配等作业，并按时送达指定地点的物流活动。共同配送有利于节省运力，提高运输车辆的货物满载率，最大限度地提高人员、物资、资金、时间等资源的利用效率，取得最大化的经济效益。同时，可以去除多余的交错运输，并取得缓解交通、保护环境等社会效益。

共同配送可以分为以货主为主体的共同配送和以物流企业为主体的共同配送两种类型。

（2）发展智能化配送管理，科学优化配送线路

采用智能化车辆调度管理系统，订单信息经过送货线路优化模块自动排单系统处理，在地理信息系统（GIS）的支持下，每日生成动态的送货指导线路。从而避免空驶运输的现象发生，最大限度发挥车辆使用效率。

采用 GPS 车辆定位系统,对送货车辆进行实时监控。在送货途中,送货员可以结合当日路况,修正 GIS 指导线路,实现对配送线路的动态管理,保证了每条送货线路的合理性和科学性。

(3)大力发展第三方物流

第三方物流是由供方与需方以外的物流企业提供物流服务的业务方式。发展第三方物流,由这些专门从事物流业务的企业为供方或需方提供物流服务,可以从更高的角度考虑物流合理化问题,简化配送环节,进行合理运输,有利于在更广泛的范围内对物流资源进行合理利用和配置,可以避免自有物流带来的资金占用、运输效率低、配送环节繁琐、企业负担加重、城市污染加剧等问题。当一些大城市的车辆配送大为饱和时,专业物流企业的出现使得在大城市的运输车量减少,从而缓解了物流对城市环境污染的压力。

7. 绿色信息网络

当前经济形式对多品种小批量的物流要求成为趋势,就更要求企业信息系统的顺畅可靠。因此采用和建立库存管理信息系统、配送分销系统、用户信息系统、EDI/Internet 数据交换、GPS 系统以及决策支持系统、货物跟踪系统和车辆运行管理系统等,对提高物流系统的运行效率起着关键作用。同时要更好地建立和运用企业间的信息平台,将分属不同所有者的物流资源通过网络系统连接起来进行统一管理和调配使用,物流服务和货物集散空间被放大,使物流资源得到充分利用。

三、基于供应链的绿色物流管理

绿色供应链管理过程包括:制造商的绿色设计,评估选择绿色供应商。进行绿色采购;通过绿色制造得到绿色产品;生产过程产生的边角废料、残次品与副产品等将进入内部循环系统再利用;对于合格产品,通过绿色营销渠道或交由第三方物流企业进行专业化运输配送;消费者在产品的消费过程中采用绿色方式,并积极配合回收再造活动的进行,环环相扣,实现绿色供应链管理的有效实施。

1. 绿色采购与供应管理

绿色采购是指企业内部各个部门协商决策,共同决定采用何种材料和零部件以及选择什么样的绿色供应商。采购中充分考虑环境因素,提高材料的再循环和再使用,减少不必要的包装和更多使用可降解或可回收的包装,降低材料使用成本、末端处理成本,保护资源和提高企业声誉。

由于政府对企业的环境行为的严格管制,并且供应商的成本绩效和运行状况对企业经济活动构成直接影响。因此在绿色供应物流中,有必要增加供应商选择和评价的环境指标,即要对供应商的环境绩效进行考察。例如,潜在供应商是否因为环境污染问题而被政府课以罚款?潜在供应商是否因为违反环境规章而被关闭?供应商供应的零部件是否采用绿色包装?供应商是否通过 ISO 14000 环境管理体系的认证?

2. 绿色生产管理

(1) 绿色设计

绿色物流建设起自于产品设计阶段。绿色设计是指在产品和流程设计中,充分考虑其生命周期全过程对资源和环境的影响,在注重产品功能、质量、开发周期和成本的同时,优化各种有关设计因素,使得产品及其制造过程对环境的副作用影响和资源消耗减到最小。包括:绿色产品设计、绿色材料选择、绿色车间设计、绿色工艺设计、绿色包装设计、绿色回收处理。绿色设计要求面向产品的整个生命周期,即在概念设计阶段,就要充分考虑产品在制造、销售、使用及报废后对环境的影响,使得在产品再制造和使用过程中可拆卸、易收回,不产生毒副作用及保证产生最少的废弃物。

(2) 绿色原材料

绿色产品的生产首先要求构成产品的原材料具有绿色特性,绿色原材料应符合以下要求:环境友好性;不加任何涂镀,废弃后能自然分解并能为自然界吸收的材料;易加工且加工中无污染或污染最小;易回收、易处理、可重用的材料,并尽量减少材料的种类,这样有利于原材料的循环使用。

(3) 绿色制造

绿色制造则追求两个目标,即通过可再生资源、二次能源的利用及节能降耗措施缓解资源枯竭,实施持续利用;减少废料和污染物的生成排放,提高工业品在生产过程和消费过程中与环境的相容程度,降低整个生产活动给人类和环境带来的风险,最终实现经济和环境效益的最优化。

(4) 绿色产品

绿色产品是指在其生命周期全过程中,符合环境保护要求,资源利用率高,消耗能源低,对环境污染无害及危害极少的产品。透过这一概念,绿色产品强调三点:其一,产品生产过程以能源和材料为主的资源得到高效利用,不对环境造成危害,这实际上与清洁生产第三阶段内容是一致的;其二是产品在使用过程中不会对使用者及周边环境造成污染影响;其三是产品在使用后废弃处理时及其后对环境不产生污染。

(5) 绿色包装

绿色包装是绿色物流管理的一个重要方面,再生性包装由于容易回收的性质得到越来越广泛的使用,可以重复使用的集装箱也是绿色包装的例子。在日本,食品业包装掀起了"绿色革命",即在食品包装时尽量采用不污染环境的原料,用纸袋包装取代塑料容器,这也减少了将用过后的包装收集到工厂再循环所面对的技术和成本困难,绿色包装设计在这方面发挥很大作用。

3. 绿色销售管理

绿色销售管理是指企业在经营活动中,按照可持续发展的要求,在促进生态、经济和社会的协调发展的前提下,有目的、有计划地为实现经济利益、消费者需求和环境利益相统一的销售管理过程。为实现绿色销售,企业在产品营销过程中应尽可能采用环境友好策略。首先企业的产品应该是绿色产品;产品分销的过程中,尽量少地给环境带来污染。企业可以合理规划营销网络,使运输路线最优;充分利用铁路、水路等较为环保的运输方式;公路运输采用无铅燃料,使用装有控制污染装置的交通工具和节省燃料的交通工具;降低分销过程中的浪费,即对产品处理及储存方面的技术进行革新,尽量采用简单标准、可重复使用的商品包装等。

4. 绿色回收管理

绿色回收是产品生命周期的废弃回收处理环节,指将具有剩余价值的产品从最终使用者回流到制造商或再制造商,经过适当的加工处理获取价值。这是一种在废弃产品回收处理过程中综合考虑废弃产品及再制造过程对环境的影响和再用零部件、再生材料等资源的利用效率和效益的现代制造方式。它以产品全生命周期设计和管理为指导,以优质、高效、节能、节材、环保为目标,以先进技术和产业化生产为手段来修复或改造报废产品。

5. 绿色废弃物管理

废弃物物流指将经济活动中失去原有的使用价值的物品,根据实际需要进行收集、分类、加工、包装、搬运、储存,并分送到专门处理场所时形成的物品实体流动。废弃物物流的作用是,无视对象物的价值或对象物没有再利用价值,仅从环境保护出发,将其焚化的化学处理或运到特定地点堆放、掩埋。降低废弃物物流,需要实现资源的再使用(回收处理后再使用)、再利用(处理后转化为新的原材料使用),为此应建立一个包括生产、流通、消费的废弃物回收利用系统,以使物流活动有利于有效利用资源和维护地球环境。

要达到上述目标,企业就不能只考虑自身的物流效率化,而是需要从整个产供销供应链的视野来组织物流。企业物流系统有必要重新构建,不仅考虑为前向供应链提供快速的、环境友好的物流服务,还必须考虑构建废旧产品的回收、翻新、改制等再循环的物流网络。

第三节 绿色物流发展现状与对策

一、国外绿色物流的发展

1. 政府主导绿色物流发展

和很多与环保相关的问题一样,绿色物流先从发达国家兴起。一方面,发达国家通过立法限制物流的环境影响。例如,欧盟国家、美国和日本等国家都制定了严格的法规限制机动车尾气排放。另一方面,发达国家提出发展循环型经济的目标,积极扶持逆向物流的发展。很多跨国公司都积极响应这一行动,施乐、柯达、美孚、惠普等大型跨国公司都实施了逆向物流的项目,并且收益显著。

(1)美国的绿色物流

美国经济高度发达,也是世界上最早发展物流业的国家之一。美国政府推行自由经济政策,其物流业务数量巨大,且异常频繁,因而就决定了美国对绿色物流的更大关注。针对危险品的承运与配送,美国于1965年成立环境部,专门管理来自公用电力、医疗设施、科研基地以及国防部基地等地的核废料。同年,美国政府制定《固体废弃物处理法》,历经5次修订,完善了固体废物循环利用的法律制度。

美国政府在物流高度发达的经济社会环境下,不断通过政府宏观政策的引导,确立以现代物流发展带动社会经济发展的战略目标,其近景远景目标十分明确。美国在其到2025年的《国家运输科技发展战略》中,规定交通产业结构或交通科技进步的总目标是:"建立安全、高效、充足和可靠的运输系统,其范围是国际性的,形式是综合性的,特点是智能性的,性质是环境友善的。"

SmartWay是美国环保局(EPA)与美国物流产业的协作项目,创立于2004年,目的在于提高能源利用效率,减少温室气体排放和空气污染。这种政府与企业之间的合作形式是十分新颖的,如今,已有1 000多家公司参与该项目。

参与该项目的企业可以从美国环保局获得详细的技术支持,帮助自身减少燃油消耗和污染物排放。此外,这些企业还能够获得用于购买低能耗运输车辆的低息贷款。当然,作为合作项目的一部分,这些企业在环保方面的表现,必须达到美国环保局的要求,合格的企业会获得认证标志。毫无疑问,节能减排最直接的好处就是,这些企业节省了开支。从政府方面来看,与企业的合作,使各种环保政策能够得到最有效的执行。

HPHood公司是美国一家历史悠久的乳品企业,创立于1864年。如今,其产品已覆盖全美国,年销售额达到23亿美元。2009年4月28日,HPHood公司宣布加入SmartWay绿色物流项目。

SmartWay绿色物流项目的目标是:在2012年以前,实现每年减少二氧化碳排放量3300~6600万吨,减少氧化氮排放量20万吨。HPHood公司的销售范围覆盖全美,物流运输是公司重要的碳排放部门。目前,通过改进技术、后勤学和驾驶方式,HPHood公司已将运输车辆的燃料效益提高了5%。

(2)欧洲的绿色物流

欧洲是引进"物流"概念较早的地区之一,而且也是较早将现代技术用于物流管理,提高物流绿色化的先锋。如在20世纪80年代欧洲就开始探索一种新的联盟型或合作式的物流新体系,即综合物流供应链管理。它的目的是实现最终消费者和最初供应商之间的物流与信息流的整合,即在商品流通过程中加强企业间的合作,改变原先各企业分散的物流管理方式,通过合作形式实现原来不可能达到的物流效率,从而减少无序物流对环境的影响。欧洲最近又提出一项整体运输安全计划,目的是监控船舶运行状态。通过测量船舶的运动、船体的变形情况和海水的状况,就可以提供足够的信息,避免发生事故,或者是在事故发生之后,能够及时采取应急措施。这一计划的目的就是为了尽量避免或者减少海洋运输对环境的污染。2004年欧盟颁布了《废旧电子电器设备(WEEE)指令》和《电子电器设备中限制使用某些有害物质指令》,规定新投放市场的电子电器产品不得含有超过标准要求的铅、汞、镉、六价铬、聚溴二苯醚(PBDE)、聚溴联苯(PBB)等有害物质。

欧洲的运输与物流业组织——欧洲货代组织(FFE)也很重视绿色物流的推进和发展,对运输、装卸、管理过程制订出相应的绿色标准,加强政府和企业协会对绿色物流的引导和规划作用,同时鼓励企业运用绿色物流的全新理念(重点在于规划和兴建物流设施时,应该与环境保护结合起来;要限制危害人类生态最严重的公路运输的发展,大力推进铁路电气化运输)来经营物流活动,加大对绿色物流新技术的研究和应用,如对运输规划进行研究,积极开发和试验绿色包装材料等。

1990 年 9 月由德国 95 家包装公司和工厂企业及零售贸易商共同建立 DSD 双元系统模式,专门组织对包装废弃物进行回收利用。DSD 系统促进了德国包装废弃物的回收利用,如玻璃、塑料、纸箱等包装物,政府曾规定其回收利用率为 72%,1997 年已达到 86%;废弃物作为再生材料利用,1994 年为 52 万吨,1997 年达到 359 万吨;包装垃圾已从过去每年 1 300 万吨下降到 500 万吨。

(3) 日本的绿色物流

日本自 1956 年从美国全面引进现代物流管理理念后,大力进行本国物流现代化建设,将物流运输业改革作为国民经济中最为重要的核心课题予以研究。把物流行业作为本国经济发展生命线的日本,从一开始就没有忽视物流绿色化的重要意义,除了在传统的防止交通事故、抑制道路沿线的噪声和振动等问题方面加大政府部门的监管和控制作用外,还特别出台了一些实施绿色物流的具体目标值,如货物的托盘使用率,货物在停留场所的滞留时间等,来减低物流对环境造成的负荷。1989 年日本提出了 10 年内三项绿色物流推进目标,即含氮化合物排出标准降低 3 到 6 成,颗粒物排出降低 6 成以上,汽油中的硫成分降低一成;1991 年先后制定了回收条例、废弃物清除条例修正案、家用电器再生利用法、环保采购法、废弃物处理法等;1992 年日本政府公布了汽车二氧化氮限制法,并规定了允许企业使用的 5 种货车车型,同时在大都市特定区域内强制推行排污标准较低的货车允许行使的规制;1993 年除了部分货车外,要求企业必须承担更新旧车辆、使用新式符合环境标准的货车的义务。另外为解决地球的温室效应、大气污染等各种社会问题,日本政府与物流业界在控制污染排放方面,积极实施在干线运输方面推动模式转换(由汽车强化转向对环境负荷较小的铁路和海上运输)和干线共同运行系统的建构,在都市内的运送方面推动共同配送系统的建构以及节省能源行驶等。在 2001 年出台的《新综合物流实施大纲》中,其重点之一就是要减少大气污染排放,加强地球环境保护,对可利用的资源进行再生利用,实现资源、生态和社会经济良性循环,建立适应环保要求的新型物流体系。

2. 物流企业积极发展绿色物流

国外物流巨头早已意识到发展绿色物流是必然趋势,因此纷纷制订自身减排目标。

（1）马士基的绿色物流

世界海运巨头马士基采用通用轨道技术和通过充分燃烧来减少氮氧化物排放的电子控制发动机、安装催化式排气净化器方法来减少运输过程中的氮氧化物排放。

马士基对绿色物流付诸于实施的行为绝不局限在运输工具上，所应用的 RFID 标签技术，则是通过读取设备对标签的读取，可以清楚地了解商品在某一仓库的全部信息。而类似信息技术的应用，可以使货物在整个供应链中的各种数据不断更新，能确保管理的高效，在企业的整个供应链网络的布局上，帮助企业完成与其上下游客户的信息共享。信息技术的采用还提高了全程供应链的可视性，有助于企业发现供应链上的"非绿"环节，为环保和降低成本方案的实施提供了重要的依据。

此外，为了使客户零距离地感触马士基的绿色物流，其在全球首次推出了由物流供应商开发的专门应对全球供应链挑战的环保类服务——"供应链碳控制"的全新碳减排咨询服务。

（2）UPS 的绿色物流

国际四大快递公司之一的 UPS 也十分重视运输工具的环保设计，2001 年，公司开始使用油电混合车，此后还相继开发出了电气车、丙烷发电车。2005 年，与美国环境保护的合作，公司开始测试第一台水力发电的油电混合车。

UPS 应用的"信息传递收集器（DIAD）"，仅仅是信息技术在 UPS 信息技术应用的冰山一角。但它能根据客户的需求，灵活地规划和调整取件效率，提高快递员的取件效率。UPS 首席执行官吉姆凯利接受媒体采访时表示，因为 DIAD 的研发与使用，让公司每年节省了约 5 900 万张纸张的用量，平均每年少砍伐 5 187 棵树木。

（3）DHL 的绿色物流

DHL 是全球物流行业中的领军者，在环保领域也当仁不让。2008 年，DHL 推出了绿色运输项目 GoGreen，希望通过改进该项目能够在 2020 年提高碳能效 30%。为此，DHL 确立了严格的指标，即到 2012 年，包括转包服务在内，递送的包裹、运输的每吨货物、公司不动产每平方米减少碳排放 10%，到 2020 年达到碳排放比 2007 年降低 30% 的目标。DHL 是全球快递和物流行业内首家对减少二氧化碳排放设定具体量化目标的企业。公司将在航空运输、陆路运输、不动产、产品及服务四个主要的职能部门采取有针对性的措施。其中包括在 2020 年以前将现有机队的 90% 替换成节能机型。2008 年 6 月，DHL 宣布与东风汽车在华合作试运行两辆零碳排放电动快递轻卡。

二、我国绿色物流发展的现状

1. 绿色观念淡薄

虽然人们开始认识到环境的重要性，提倡保护环境，人与自然和谐相处，但是在生活中人们追求的还是绿色食品、绿色消费、绿色服务，至于流通过程中是不是绿色化，很少有人真正地去关心。大部分人还是认为环境与生产企业有关，与流通企业没有多大的关系，没有意识到物流带给环境的负面影响,绿色物流的观念淡薄。

2. 政策体制不完善

现代绿色物流业是一个新兴的复合型产业,物流的运作跨越不同的地区和行业,涉及运输、仓储、装卸、联运、加工、配送、信息、环保等行业,政策上涉及交通、铁道、民航、海关、环保、工商、税务等许多不同的政府职能部门,而各部门又自成体系,独立运作,导致物流行业的无序发展,造成资源配置的巨大浪费,也为以后物流运作上的环保问题增加了过多的负担。

3. 物流基础设施落后

我国物流基础设施与发达国家相比、与我国经济以及物流产业的发展要求相比,都存在着较大的差距,这在相当程度上影响着我国物流效率的提高,不利于绿色物流快速健康发展。主要表现在:首先,我国交通运输基础设施总体规模仍然偏小,按土面积和人均数量计算的运输网络密度,美国为6 869.3 公里/万平方公里和253.59 公里/万人,德国为14 680.4 公里/万平方公里和65.94 公里/万人,我国仅为1 344.48 公里/万平方公里和10.43 公里/万人,远远落后于欧美发达国家。其次,缺乏能够有效连接不同运输方式的大型综合货运枢纽、服务于区域经济或城市的物流基地、物流中心等现代化物流设施,严重影响物流集散和运输效率的提高。第三,物流设施结构不尽合理,不能充分发挥现有物流设施的效率。

4. 物流技术水平较低

从我国目前的情况来看,物流技术和环保要求之间还存在着较大差距,因此要努力提高标准化技术、安全防卫技术、监控技术、各种垃圾处理和废物利用技术等。物流设备与工具,如车辆、船舶、集装箱、托盘、货柜与货架等,对物流作业效率有直接影响,也需要不断提高性能以改善物流作业条件、降低能源消耗、减少环境污染。

5. 物流人才缺乏

随着我国现代物流产业的蓬勃发展,对物流人才的需求也急剧增加,物流人才的严重匮乏已经成为制约我国现代绿色物流业发展的瓶颈,物流专业人才也被列为我国12类紧缺人才之一。当前我国现有的物流从业人员整体素质还比较低,缺乏既懂管理又懂技术的高素质复合型人才;物流学历教育与培训认证工作滞后;物流师资力量薄弱,教育手段落后,严重制约绿色物流的快速发展。

三、我国绿色物流发展的思路与措施

中国的绿色物流与发达国家尚有较大差距,跨国物流企业又纷纷抢滩中国市场,因此必须要加快物流的绿色化建设,否则,一旦国外在物流业的绿色化上设置准入壁垒,我国稚嫩的物流业将遭受巨大打击。可以说,让企业自觉自愿地发展绿色物流是参与全球物流业竞争的重要基础。

我国在绿色物流的政策研究和创新技术上亦有很大的提升空间。绿色物流可以分三个层次推进:一是企业通过创新设备和技术应用实现节能减排的微观层次;二是从物流规划和方案

的设计上体现节能减排,这是中观层次;三是从宏观层次上推进整个物流体系的衔接,以达到整体最优效果。

1. 树立绿色物流观念,提升实施绿色物流的自觉性、自律性

政府要加强宣传环保的重要性和紧迫性,唤醒企业、社会组织和公众的危机意识,树立绿色物流观念,为绿色物流的实施营造良好的舆论氛围和社会环境。

一方面引导消费者自觉选择有利于节约资源、保护环境的生活方式和消费方式,把节能、节水、垃圾分类回收、减少一次性产品使用等与发展循环经济密切相关的活动逐步变为全体国民的自觉行动;另一方面引导工商企业打破其物流活动主要依靠企业内部的自我服务来完成的经营组织模式,鼓励企业实行物流外包,分享社会专业化分工的成果,选择第三方物流服务。物流企业要打破"环保不经济、绿色等于消费"的传统观念,应着眼于企业和社会的长远利益,树立集体协作、节约环保的团队精神,将节约资源、减少废物、避免污染等目标作为企业的长远发展目标。

2. 开发绿色物流技术标准,打造无缝衔接的绿色物流系统

现代物流的特征是建立在先进的物流技术的基础上,没有先进的绿色物流技术支持,就没有绿色物流的发展前景。与美、日、欧等发达国家和地区相比,目前我国产品标准和排放标准不完备且指标偏低,物流业中的非标准化设施、装备和行为相当普遍:一是各类运输方式间设备标准不统一,限制了多式联运的开展;二是物流器具标准不配套,影响了物流配送系统的协调运作;三是信息技术不能自动实现无缝衔接与处理,影响了数据共享。为此,应借鉴国外先进的技术标准进行改进,鼓励绿色物流技术的开发和应用,强制性地限制和淘汰非绿色物流技术标准,更新或增加通用性强、有利于环保的物流技术标准,并使各种相关的技术标准协调一致,与国际标准接轨,从而使绿色物流的实施在一个较高的起点上展开。例如,通过制订具体的环境标准加强对重点地区(大城市)、重点时间带(交通高峰时刻)、重点环境污染者(货运汽车,特别是大型柴油类货运汽车)的管制。

3. 制定绿色物流法规,促进与规范绿色物流发展

从政府约束的角度看,绿色物流法规的制定、颁布和施行,将为绿色物流发展提供保障。政府通过制定法律法规对现有的物流市场进行规范管理,可以明令禁止非绿色物流的行为,尤其是控制物流活动的污染发生源,如运输工具的废气排放污染空气,流通加工的废水排放污染水质,一次性包装的丢弃污染环境,此外,通过环境立法、排污收费制度、许可证制度和建立绿色物流标准来约束、干预物流活动的外部不经济性;通过制定绿色补贴政策、税收扶持政策、贷款优惠政策等激励政策激励和引导物流主体的行为,促进绿色物流健康发展。这样既明确了企业的责任和义务,又为企业发展提供了机会,促使绿色物流建设有法可依,从而推动循环经济的顺利发展。

4. 完善绿色物流公共基础设施,为实现全社会的绿色物流提供保障

首先要重视现有物流基础设施的利用和改造,通过对其规模、布局、功能的科学整合,提高现有设施的使用效率,发挥现有设施资源的综合效能。其次要加强新建物流基础设施的宏观协调和功能整合,从整体战略的高度协调物流相关规划,理顺各种关系,使不同行业、不同部门和不同投资者的物流规划能够有机衔接和配合,避免重复建设,资源浪费。第三,要继续扩大交通基础设施投资规模,加大公路、铁路、水运、航空、管道和城市配送等设施的建设力度。对基础性、公益性设施,政府要增加投入,对经营性设施应按照市场经济规律,扩大投融资渠道,鼓励企业经营。第四,要注重加强各种运输方式的衔接,加快完善综合交通运输网络,大力发展多式联运。

5. 合理规划物流网点布局,建设以城市为中心的现代化物流中心

物流中心是综合性、地域性、大批量的物资位移集中地,它集商流、物流、信息流和资金流为一体,成为产销企业的中介,是整个物流企业的灵魂所在。为此针对我国现代化的物流中心建设迟缓的情况,我们应充分利用城市物流设施和基础建设齐全、消费集中而且需求量大、交通与信息发达的特点,建立现代化物流中心。引进先进的设备,提高机械化、自动化水平,节约人力资本,提高效率。

6. 提升物流信息化水平,建设绿色物流发展的网络平台

信息技术的威力不仅能改造旧的运行方式,而且能摒弃旧的规则,创造新的方式。正是有了信息技术,逆向物流、共同配送等发展绿色物流的重要措施才得以克服高成本而实现,并且在更广泛的领域内实现资源共享。

完善的物流信息系统是发展绿色物流的重要基础,有助于提高物流资源的利用率和经济性。首先,政府应引导企业利用先进的信息技术,包括全面质量管理(TQM)、电子数据交换(EDI)、射频技术(RF)、全球定位系统(GPS)、企业资源计划(ERP)等技术,全面提高企业信息管理水平。其次,政府应大力支持建设公共网络信息平台,加快构筑全国和区域性物流网络,实现不同物流部门、物流企业的资源共享、数据共用、信息互通,为物流信息交流的畅通和高效创造条件。

此外,还应加强培养绿色物流发展的专业人才,加强可应用绿色物流的理论研究。我们应在物流与环境科学进行有益的交叉结合之下,加强企业物流人才的培训,使企业管理人员和业务人员成为既具有物流与管理知识,又有良好的环境保护知识的复合型人才。

本章小结

1. 绿色物流是指在物流过程中抑制物流对环境造成危害的同时,实现对物流环境的净化,使物流资源得到最充分利用。绿色物流分为微观与宏观两个层次。绿色物流的核心思想在于实现企业物流活动与社会和生态效益的协调,进而实现企业的可持续发展。绿色物流系统包括绿色供应物流、绿色生产物流、绿色销售物流以及绿色逆向物流。

2. 企业实施绿色物流管理,要达到共生型物流、节约型物流和循环型物流三个主要目标。实施绿色物流管理就是在闭环的物流的各个环节,包括运输、储藏、包装、装卸、流通加工,以及废弃物处理等物流活动中,采用环保技术,提高资源利用率,最大地降低物流活动对环境的影响。

3. 中国的绿色物流与发达国家尚有较大差距,必须加快物流的绿色化建设,物流企业应加快调整和整合,并自觉自愿地发展绿色物流,为参与全球物流业竞争打下坚实基础。

复习思考题

一、判断题(正确的用√表示,错误的用×表示)

1. 绿色物流的最终目标是可持续发展,实现该目标的准则是经济利益、社会利益和环境利益的统一。(　　)
2. 发展低碳经济是一场涉及生产模式、生活方式、价值观念和国家权益的全球性革命。(　　)
3. 绿色物流可以分为绿色供应物流、绿色生产物流、绿色销售物流以及绿色逆向物流,其中绿色供应物流、绿色生产物流和绿色销售物流统称为绿色正向物流。(　　)
4. 循环经济则是一种建立在物质不断循环利用基础之上的经济发展模式,其表现形式为"资源—产品—废弃"。(　　)
5. 运输是整个物流活动的核心环节,同时也是污染最为严重的环节。(　　)
6. 从全球大力发展绿色能源的角度看,航空业必将借助低碳经济的兴起获得巨大的发展空间。(　　)
7. 绿色物流建设应该起自于产品包装阶段。(　　)

二、名词解释

低碳经济　循环经济　绿色物流　绿色产品　3RID 原则

三、简答题

1. 什么是绿色物流?它有哪些特征?
2. 简述绿色物流的理论基础。
3. 绿色物流产生与发展的动因是什么?
4. 实施绿色物流有哪些价值?
5. 绿色物流管理的目标有哪些?
6. 如何进行绿色物流管理?

四、论述题

企业绿色物流管理包括哪些内容?你对我国发展绿色物流有哪些建议?

【案例分析】

爱普生公司的低碳物流

爱普生公司在 2004 年构筑了物流数据的把握体制,并启动了能够同时削减物流成本和环境负荷(二氧化碳排放量)的绿色物流机制。通过转换为低环境负荷的物流运输方式等活动,努力削减物流过程中二氧化碳以及大气污染物质的排放量。

爱普生公司的生产采购管理部门(各事业部中的相应部门以及统管这些部门的总公司部门)、物流部门(爱普生 Logistics)、环境部门(地球环境推进部)和销售部门(爱普生销售等相关公司)共同构筑针对原材料物流、零部件物流、商品物流的数据把握体制。具体地说,就是首先掌握所运物品的总重量(容积)×距离,再将所得数值乘以每种运输手段(飞机、轮船、汽车、火车)的 CO_2 原单位,从而计算出环境负荷量(换算成二氧化碳排放量)。

2004 年,公司确立了针对日本国内的物流以及在日本安排的国际间物流(日本进出口和国外间)的数据把握体制。针对国外现地物流的数据获取工作也正在推进。

所掌握的数据结果明确显示,在物流产生的全部环境负荷当中,国际间物流产生的负荷占绝大部分,约为92%,由图 15.1 所示。国际间物流通常需要由飞机或船舶来完成,由于航空运输的环境负荷非常高,因此应当尽快采取必要的解决方案,例如改为船舶运输等。

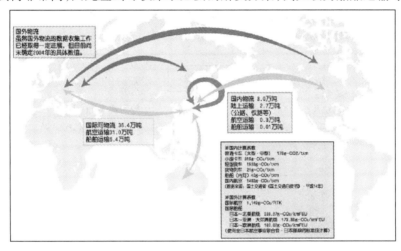

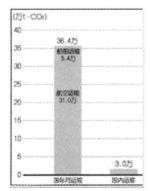 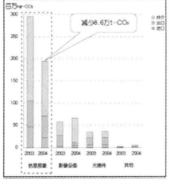 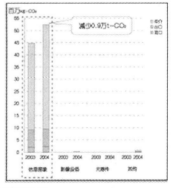

图 15.1　运输产生的二氧化碳排放量具体比例

此外,从运输物品类别来看,运输重量(容积)较大的信息图像商品(打印机等)产生的环境负荷要高于运输元器件商品。为了有效削减环境负荷,必须重点针对这一部分制定相应的对策。

在占总体负荷量8%左右的国内物流方面,必须将汽车运输改为铁路或船舶等低环境负荷的运输方式(模式变化),或将单独运输改为合并运输等。

在国际间物流方面,从2003年开始进行物流数据的掌握工作,以运输量较大的信息图像商品的物流为中心,逐渐由航空运输转变成环境负荷更少的船舶运输方式。通过以上措施,2004年与2003年相比,航空运输产生的二氧化碳排放量减少了8.6万吨,船舶运输产生的二氧化碳排放量增加了8 770吨。从国际间物流的总量来看,二氧化碳排放量减少了7.7万吨左右。以前从东南亚各国到福冈的运输路线是首先用船舶把货物统一运送到大阪港,再用卡车把其中的一部分运到福冈。

2004年,公司对该运输路线做出了修改,即从东南亚等国出发前按目的地分别装船,然后把货物直接运送到福冈港。这样就能够减少国内卡车运输产生的二氧化碳排放量,总共可以减少238.1吨左右的环境负荷,如图15.2所示。

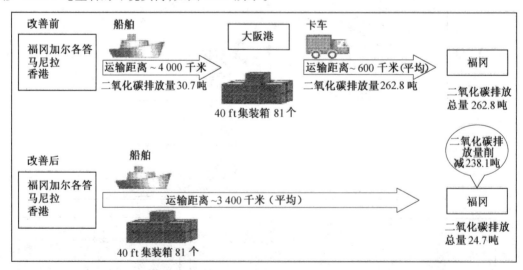

图15.2 福冈路线的改善事例

另外,从东南亚各国到札幌、仙台的运输路线也做了相同的修改,进一步减少了环境负荷。从东南亚各国到大阪港的部分船舶改为驶到东京·台场。通过减少大阪—东京之间的国内卡车运输,从整体上减少了392.8吨的环境负荷。

在国内物流方面,实行了从飞机、大型卡车到船舶、铁路、小型车的模式转换,从单独运输到合并运输的转变以及清理和削减运输任务的各种环境负荷削减措施。

2004年,通过把包租运输改为混载运输(快递),使二氧化碳排放量在一年时间内减少了

108.6 吨。目前该措施正在长野县富士见町~东京都青梅市之间的运输中实施。

此外,通过撤销部分混载运输(快递和轻型货车),并将其合并到现有的包租运输路线中,使二氧化碳排放量在一年时间内减少了 25.2 吨(在长野县松本市~成田·台场之间的运输中实施)。

以运输模式转换为例,把卡车运输改为 JR 集装箱运输之后,在一年时间内减少了 82.8 吨的二氧化碳排放量(在大阪·东京之间的运输中实施)。

[资料来源:http://www.epson.com.cn/store/detail/report.asp?articleId=3904&ColumnId=1180&pg=&view=&category=&productId=]

问题:
1. 爱普生公司是如何计算物流中二氧化碳排放量的?
2. 爱普生公司的二氧化碳排放主要在哪个环节?为什么?
3. 爱普生公司采取了那些具体措施降低二氧化碳排放量?
4. 爱普生公司的低碳物流对我们有何启示?

参 考 文 献

[1] 夏春玉.绿色物流[M].北京:中国物资出版社,2005.
[2] 王长琼.绿色物流[M].北京:化学工业出版社,2004.
[3] 李静芳.现代物流管理[M].北京:清华大学出版社,2009.
[4] 单虹.绿色物流系统的构建[J].商场现代化,2009(03):144-145.
[5] 陈建波.我国绿色物流发展对策分析[J].商业时代,2006(27):14-15.
[6] 蓝庆新.基于循环经济的绿色物流系统发展研究[J].商业经济与管理,2007(7):29-34.

读者反馈表

尊敬的读者：

您好！感谢您多年来对哈尔滨工业大学出版社的支持与厚爱！为了更好地满足您的需要，提供更好的服务，希望您对本书提出宝贵意见，将下表填好后，寄回我社或登录我社网站（http://hitpress.hit.edu.cn）进行填写。谢谢！您可享有的权益：

☆ 免费获得我社的最新图书书目　　☆ 可参加不定期的促销活动
☆ 解答阅读中遇到的问题　　　　　☆ 购买此系列图书可优惠

读者信息

姓名_____　□先生　□女士　　年龄_____　学历_____
工作单位_____　职务_____
E-mail _____　邮编_____
通讯地址_____
购书名称_____　购书地点_____

1. 您对本书的评价

内容质量　□很好　□较好　□一般　□较差
封面设计　□很好　□一般　□较差
编排　　　□利于阅读　□一般　□较差
本书定价　□偏高　□合适　□偏低

2. 在您获取专业知识和专业信息的主要渠道中，排在前三位的是：
① _____ ② _____ ③ _____
A.网络　B.期刊　C.图书　D.报纸　E.电视　F.会议　G.内部交流　H.其他：_____

3. 您认为编写最好的专业图书（国内外）

书名	著作者	出版社	出版日期	定价

4. 您是否愿意与我们合作，参与编写、编译、翻译图书？
_____

5. 您还需要阅读哪些图书？
_____

网址：http://hitpress.hit.edu.cn
技术支持与课件下载：网站课件下载区
服务邮箱　wenbinzh@hit.edu.cn　　duyanwell@163.com
邮购电话　0451-86281013　　0451-86418760
组稿编辑及联系方式　赵文斌(0451-86281226)　杜燕(0451-86281408)
回寄地址：黑龙江省哈尔滨市南岗区复华四道街10号　哈尔滨工业大学出版社
邮编：150006　传真　0451-86414049